15º ANO DE EDIÇÃO

O Lívro da

Lua

2014

Marcia Mattos

15º ANO DE EDIÇÃO

O LIVRO DA

LUA

2014

COMO A LUA INFLUENCIA AS DECISÕES DO DIA A DIA

3ª edição

BestSeller

Rio de Janeiro | 2014

CIP–BRASIL. CATALOGAÇÃO NA FONTE
SINDICATO NACIONAL DOS EDITORES DE LIVROS, RJ

Mattos, Marcia
M392L   O Livro da Lua 2014 / Marcia Mattos. - 3ª ed. - Rio de
3ª ed   Janeiro: Best*Seller*, 2014.
        il

        Apêndice
        ISBN 978-85-7684-802-8

        1. Astrologia. 2. Lua - Influência sobre o homem. I. Título.

13-04925.   CDD: 133.5
                                                 CDU: 133.52

Texto revisado segundo o novo Acordo Ortográfico da Língua Portuguesa.

Título
O LIVRO DA LUA 2014
Copyright © 2013 by Marcia Russo de Mattos

Capa: Aline Haluch | Studio Creamcrackers
Editoração eletrônica: Abreu's System

Direitos exclusivos de publicação em língua portuguesa para o Brasil
adquiridos pela
EDITORA BEST SELLER LTDA.
Rua Argentina, 171, parte, São Cristóvão
Rio de Janeiro, RJ – 20921-380
que se reserva a propriedade literária desta tradução

Impresso no Brasil

ISBN 978-85-7684-802-8

Seja um leitor preferencial Record.
Cadastre-se e receba informações sobre nossos lançamentos e nossas
promoções.

Atendimento e venda direta ao leitor
mdireto@record.com.br ou (21) 2585-2002

*Aos colaboradores que contribuem anualmente
com seu conhecimento, entusiasmo e profunda lealdade ao projeto.
Devo a eles a inigualável alegria das parcerias e dos bons encontros.
Marcia Mattos*

Sumário

O Livro da Lua 2014

Esta edição

Agradecemos aos leitores que vêm acolhendo *O Livro da Lua* com assiduidade. Estamos no 15º ano consecutivo de edição! Mantivemos nesta edição os tópicos mais interessantes e aclamados pelos leitores.

Para quem

O Livro da Lua 2014 é um livro de Astrologia sobre o mais popular dos corpos celestes: a Lua.

É um material de consulta para leigos.

Qualquer um que tenha curiosidade de saber como está o dia — segundo as indicações do céu — e orientar as suas decisões a partir dessas informações é um usuário deste livro.

Os estudiosos, profissionais ou amantes de Astrologia encontrarão alguns dados técnicos e algumas interpretações muito úteis para os seus estudos e aplicação nas consultas.

Ao contrário dos livros de Astrologia, que geralmente se baseiam nos signos (solar, lunar, ascendente etc.) e têm um uso individual, *O Livro da Lua 2014* bem poderia chamar-se *O céu é para todos*.

Nesta edição, empenhamo-nos em destacar os efeitos das atividades planetárias responsáveis por um astral que afeta a todos, coletivamente.

Para quê

O Livro da Lua 2014 possui informações para serem usadas como um calendário-agenda.

A esfera de domínio da Lua se estende por várias áreas das atividades e do comportamento humano. Deve-se usar este livro como meio de consulta e orientação a respeito dos inúmeros assuntos que ela regula, tais como: fertilidade; partos; nutrição; dietas; estética; saúde; cirurgia; sono; cultivo; humores; emoções; vida sentimental; negócios; vida profissional; público.

Que melhor maneira de planejar nossas vidas senão de acordo com os ritmos e ciclos espontâneos da natureza?

Modo de usar

O Livro da Lua 2014 é um livro de consulta. Frequente. Diária.

Na primeira parte do livro, encontram-se:

- ☽ Calendário do ano;
- ☽ Previsões coletivas;
- ☽ O céu em 2014 — *O que nos aguarda para este ano*;
- ☽ O céu do Brasil em 2014 — *Previsão astrológica para o país*;
- ☽ Previsão para os signos em 2014;
- ☽ Fases da Lua (tabela e texto de interpretação);
- ☽ Lua e cirurgia (indicações para procedimentos cirúrgicos);
- ☽ Lua fora de curso (tabela e texto de interpretação);
- ☽ Eclipses (datas e interpretação);
- ☽ Movimento retrógrado dos planetas (tabela e texto de interpretação);
- ☽ Índice lunar de atividades (indicações das atividades mais compatíveis com cada signo e fase da Lua).

A segunda parte do livro trata das **Posições Diárias da Lua** em cada mês, informações *móveis* que variam dia a dia:
- ☽ Fase em que a Lua se encontra;
- ☽ Signo em que a Lua se encontra (com interpretação sucinta);
- ☽ Indicação do período em que a Lua fica fora de curso – hora do início e do término;
- ☽ Aspectos diários da Lua com outros planetas (com indicação da hora de entrada e saída e do momento em que se forma o aspecto exato) e interpretação completa de cada um deles.

Na entrada de cada mês, encontra-se ainda o **Calendário Lunar Mensal**, que oferece uma visualização completa de cada mês.

Não deixe de consultar o Índice Lunar de Atividades para a escolha do melhor momento para: saúde, atividade física, compras e consumo, compras para o lar, serviços, casa, beleza, finanças e negócios, profissão, procedimentos, eventos, lazer, relacionamento, gestação, cultivo, plantio e natureza.

Um ótimo 2014!

CALENDÁRIOS PARA 2014

CALENDÁRIO ANUAL

Janeiro 2014

	Seg	Ter	Qua	Qui	Sex	Sáb	Dom
1			1	2	3	4	5
2	6	7	8	9	10	11	12
3	13	14	15	16	17	18	19
4	20	21	22	23	24	25	26
5	27	28	29	30	31		

Fevereiro 2014

	Seg	Ter	Qua	Qui	Sex	Sáb	Dom
5						1	2
6	3	4	5	6	7	8	9
7	10	11	12	13	14	15	16
8	17	18	19	20	21	22	23
9	24	25	26	27	28		

Março 2014

	Seg	Ter	Qua	Qui	Sex	Sáb	Dom
9						1	2
10	3	4	5	6	7	8	9
11	10	11	12	13	14	15	16
12	17	18	19	20	21	22	23
13	24	25	26	27	28	29	30
14	31						

Abril 2014

	Seg	Ter	Qua	Qui	Sex	Sáb	Dom
14		1	2	3	4	5	6
15	7	8	9	10	11	12	13
16	14	15	16	17	18	19	20
17	21	22	23	24	25	26	27
18	28	29	30				

Maio 2014

	Seg	Ter	Qua	Qui	Sex	Sáb	Dom
18				1	2	3	4
19	5	6	7	8	9	10	11
20	12	13	14	15	16	17	18
21	19	20	21	22	23	24	25
22	26	27	28	29	30	31	

Junho 2014

	Seg	Ter	Qua	Qui	Sex	Sáb	Dom
22							1
23	2	3	4	5	6	7	8
24	9	10	11	12	13	14	15
25	16	17	18	19	20	21	22
26	23	24	25	26	27	28	29
27	30						

Julho 2014

	Seg	Ter	Qua	Qui	Sex	Sáb	Dom
27		1	2	3	4	5	6
28	7	8	9	10	11	12	13
29	14	15	16	17	18	19	20
30	21	22	23	24	25	26	27
31	28	29	30	31			

Agosto 2014

	Seg	Ter	Qua	Qui	Sex	Sáb	Dom
31					1	2	3
32	4	5	6	7	8	9	10
33	11	12	13	14	15	16	17
34	18	19	20	21	22	23	24
35	25	26	27	28	29	30	31

Setembro 2014

	Seg	Ter	Qua	Qui	Sex	Sáb	Dom
36	1	2	3	4	5	6	7
37	8	9	10	11	12	13	14
38	15	16	17	18	19	20	21
39	22	23	24	25	26	27	28
40	29	30					

Outubro 2014

	Seg	Ter	Qua	Qui	Sex	Sáb	Dom
40			1	2	3	4	5
41	6	7	8	9	10	11	12
42	13	14	15	16	17	18	19
43	20	21	22	23	24	25	26
44	27	28	29	30	31		

Novembro 2014

	Seg	Ter	Qua	Qui	Sex	Sáb	Dom
44						1	2
45	3	4	5	6	7	8	9
46	10	11	12	13	14	15	16
47	17	18	19	20	21	22	23
48	24	25	26	27	28	29	30

Dezembro 2014

	Seg	Ter	Qua	Qui	Sex	Sáb	Dom
49	1	2	3	4	5	6	7
50	8	9	10	11	12	13	14
51	15	16	17	18	19	20	21
52	22	23	24	25	26	27	28
53	29	30	31				

DATAS DOS FERIADOS EM 2014:

Dia: 01/01 – Confraternização Universal

Dia: 04/03 – Carnaval

Dia: 18/04 – Paixão de Cristo

Dia: 21/04 – Tiradentes

Dia: 01/05 – Dia do Trabalho

Dia: 19/06 – Corpus Christi

Dia: 07/09 – Independência do Brasil

Dia: 12/10 – Nossa Senhora Aparecida (Padroeira do Brasil)

Dia: 02/11 – Finados

Dia: 15/11 – Proclamação da República

Dia: 25/12 – Natal

Sobre os horários dos calendários

Horário oficial de verão no Brasil

20/10/2013 – 16/2/2014
19/10/2014 – 22/2/2015

Livro da Lua e horário de verão

O Livro da Lua 2014 foi calculado levando em consideração o horário de verão para as localidades brasileiras que o adotam; para as demais cidades é necessário subtrair uma hora nas tabelas.

Livro da Lua e fuso horário

O Livro da Lua 2014 foi calculado levando em consideração o fuso horário de Brasília. Os territórios brasileiros localizados em fusos horários diferentes devem ajustar as tabelas do livro conforme o fuso horário local.

Localidades brasileiras com horário de verão

O horário de verão entrará em vigor nos estados do Rio Grande do Sul, Santa Catarina, Paraná, São Paulo, Rio de Janeiro, Espírito Santo, Minas Gerais, Bahia, Goiás, Mato Grosso, Mato Grosso do Sul e no Distrito Federal.

Acerto de horários para Portugal

A diferença de horário oficial do Brasil para Portugal é de três horas a mais.

Portanto, devem ser acrescentadas três horas nos horários de nossas tabelas, com as seguintes ressalvas:

☽ Durante o horário de verão no Brasil, acrescentar apenas duas horas;
☽ Durante o horário de verão em Portugal, acrescentar quatro.

O horário de verão em Portugal se inicia no dia 19 de março e termina no dia 26 de outubro.

Acerto de horários para Uruguai e Argentina

O horário oficial no Brasil é o mesmo do Uruguai e da Argentina. Caso haja horário de verão nesses países em períodos diferentes do adotado no Brasil, acrescentar uma hora nas tabelas.

O horário de verão do Uruguai se inicia no dia 19 de setembro e termina no dia 13 de março.

Na Argentina não existe horário de verão, ou seja, o horário permanece o mesmo durante todo o ano.

Entrada do Sol nos Signos 2014

Horário de verão 2013 – 0h de 20 de outubro a 0h de 16 de fevereiro
Horário de verão 2014 – 0h de 19 de outubro a 0h de 22 de fevereiro
-3 horas (horário normal)
-2 horas (horário de verão)

Obs: Todos os horários já estão corrigidos com o horário de verão

Sol em Aquário	20/01/2014	01h51min14seg (horário de verão)
Sol em Peixes	18/02/2014	15h59min29seg
Sol em Áries	20/03/2014	13h57min05seg * Equinócio da primavera H. Norte – Equinócio de outono H. Sul
Sol em Touro	20/04/2014	00h56min31seg
Sol em Gêmeos	20/05/2014	23h59min03seg
Sol em Câncer	21/06/2014	07h51min13seg * Solstício de verão H. Norte – Solstício de inverno H. Sul
Sol em Leão	22/07/2014	18h41min21seg
Sol em Virgem	23/08/2014	01h45min58seg
Sol em Libra	22/09/2014	23h29min04seg * Equinócio de outono H. Norte – Equinócio de primavera H. Sul
Sol em Escorpião	23/10/2014	09h57min03seg (horário de verão)
Sol em Sagitário	22/11/2014	07h38min10seg (horário de verão)
Sol em Capricórnio	21/12/2014	21h03min01seg (horário de verão) * Solstício de inverno H. Norte – Solstício de verão H. Sul

SOLSTÍCIO

O início do verão será marcado pela entrada do Sol a zero grau do signo de Câncer, em 21 de junho às **07:51**, para o Hemisfério Norte. Esta mesma posição solar corresponderá no Hemisfério Sul à chegada do inverno.

O Sol, quando passar pelo zero grau do signo de Capricórnio, em 21 de dezembro, às **21:03**, abrirá a estação do inverno no Hemisfério Norte, e do verão no Hemisfério Sul. O Solstício é o nome que se dá à entrada dessas duas estações.

Durante o Solstício de verão, os dias são mais longos do que as noites e há uma predominância de luz na alternância claro-escuro dos ciclos da natureza.

A chegada do Solstício de verão era comemorada com muita alegria e renovação de vida. Muitos festivais e rituais foram criados para celebrar o retorno da luz.

O Solstício de inverno corresponde a dias mais curtos e noites mais longas, com visível predomínio do escuro, na alternância claro-escuro dos ciclos da natureza.

Em lugares onde o inverno é rigoroso e em épocas onde se contava apenas com a luz do Sol, pode-se imaginar o impacto da chegada do Solstício, levando e trazendo a luz.

EQUINÓCIO

Quando o Sol entrar no grau zero do signo de Áries, no dia 20 de março às **13:57**, terá início a primavera no Hemisfério Norte e o outono no Hemisfério Sul.

Quando o Sol entrar no grau zero do signo de Libra, no dia 22 de setembro às **23:29**, marcará a entrada do outono no Hemisfério Norte e da primavera no Hemisfério Sul. Essas duas estações são contempladas com temperaturas mais amenas e menores rigores da natureza.

A palavra Equinócio quer dizer *noites iguais* e distribui a mesma duração de horas entre noite e dia. Isso sugere uma volta de equilíbrio entre claro e escuro, sem predominância de nenhuma das partes do ciclo da luz.

A chegada dessas estações, tradicionalmente, sempre foi celebrada com inúmeros rituais que homenageavam e agradeciam o reequilíbrio das forças do dia e da noite.

ECLIPSES PARA 2014

NATUREZA DO ECLIPSE	DATA	HORA	GRAU E SIGNO
Eclipse Total Lunar	15/04/2014	04:46	25°16' de Libra
Eclipse Solar	29/04/2014	03:04	08°52' de Touro
Eclipse Total Lunar	08/10/2014	07:55	15º05' de Áries
Eclipse Solar Parcial	23/10/2014	19:45	00º 25' de Escorpião

ECLIPSES

Nunca devemos estar "por um fio", assoberbados ou sem espaço de manobra nas proximidades de um eclipse. O que estiver sob muita pressão irá transbordar ou se romper. Todo eclipse *decide* algo.

O melhor modo de se preparar para este fenômeno é eliminar aquilo que não queremos que se mantenha, criando espaço para acontecimentos surpreendentes em todos os setores da nossa vida.

ECLIPSE LUNAR

Ocorre na **Lua Cheia**, quando o **Sol**, a **Lua** e a **Terra** estão alinhados entre si com exatidão.

O **Eclipse Lunar** provoca um confronto entre passado e futuro, mas é o futuro que deve vencer. Neste caso, serão sacrificadas pessoas, circunstâncias, conceitos e experiências que tenham fortes alianças com o passado. O que não parecia possível se revela com uma força surpreendente. A sensação de "puxada de tapete" também é comum.

ECLIPSE SOLAR

Ocorre na **Lua Nova**, quando a **Lua** cobre o **Sol** e o **Sol**, a **Lua** e a **Terra** estão alinhados.

O **Eclipse Solar** provoca um confronto entre passado, presente e futuro, mas é o passado que deve vencer. É uma época de *revival*. É comum ressurgirem antigos relacionamentos, emoções e ideias. Devemos tomar muito cuidado para não recair em comportamentos, vícios e sentimentos que nos custaram tanto a abandonar.

MOVIMENTO RETRÓGRADO DOS PLANETAS EM 2014

	INÍCIO	FIM
Mercúrio	06/02/2014 07/06/2014 04/10/2014	28/02/2014 01/07/2014 25/10/2014
Vênus	21/12/2013	31/01/2014
Marte	01/03/2014	19/05/2014
Júpiter	08/11/2013 08/12/2014	06/03/2014 08/04/2015
Saturno	03/03/2014	20/07/2014
Urano	22/07/2014	21/12/2014
Netuno	10/06/2014	16/11/2014
Plutão	15/04/2014	23/09/2014

O QUE SIGNIFICA MERCÚRIO RETRÓGRADO

A cada três meses, **Mercúrio** entra em movimento **retrógrado**, durante três semanas.

Quando **Mercúrio** está no seu movimento **retrógrado** há uma interferência no funcionamento das áreas de: comunicação, telefonia, telecomunicação, componentes eletrônicos, serviços de entrega, serviços de informação, correio, transportes, veículos, fretes, estradas e acessos.

É indispensável ser mais rigoroso no uso ou na prestação de serviços que envolvem essas áreas.

- ☽ Faxes, telefones, veículos, equipamentos, máquinas e computadores apresentam mais defeitos;
- ☽ Veículos e máquinas comprados apresentam defeitos crônicos ou dificuldade de entrega;
- ☽ Fios, ligações, tubos e conexões podem falhar ou ser mal feitos;
- ☽ O trânsito, acessos e redes estão prejudicados;
- ☽ Papéis, documentos, contratos e assinaturas apresentam problemas e devem ser copiados e revisados;

- ☽ Cláusulas de contratos e prazos estabelecidos geralmente são alterados e renegociados;
- ☽ Tarefas apresentam mais falhas e precisam ser refeitas;
- ☽ Cirurgias devem ser evitadas. A perícia está menos acentuada e erros podem ocorrer;
- ☽ Os exames e diagnósticos devem ser reavaliados;
- ☽ Mudanças de ideias ocorrem para favorecer ou desfavorecer uma situação;
- ☽ A comunicação pessoal pode gerar mal-entendidos;
- ☽ Informações devem ser checadas. Os dados podem estar alterados, errados ou incompletos;
- ☽ Obras em estradas, rodovias e viadutos apresentam atrasos.

Em caso de se lidar com um desses tópicos, evitar o período em que **Mercúrio** estiver **retrógrado**.

OS DEMAIS PLANETAS RETRÓGRADOS

QUANDO VÊNUS ESTIVER RETRÓGRADA, EVITE:
- ☽ Transações financeiras de vulto, negociar salários e preços, abrir negócio;
- ☽ Definir assuntos amorosos, casamento e noivado.

QUANDO JÚPITER ESTIVER RETRÓGRADO, EVITE:
- ☽ Eventos de grande porte, principalmente os esportivos e culturais;
- ☽ Encaminhar processos na justiça e esperar progresso e crescimento de negócios e projetos.

QUANDO MARTE ESTIVER RETRÓGRADO, EVITE:
- ☽ Cirurgias eletivas, não emergenciais.

QUANDO SATURNO ESTIVER RETRÓGRADO, EVITE:
- ☽ Riscos e mudanças no emprego — o mercado de trabalho e de produção estará mais recessivo.

QUANDO URANO ESTIVER RETRÓGRADO, EVITE:
- ☽ Pensar que algo interrompido não vá retornar e que algo iniciado não sofrerá várias alterações.

QUANDO NETUNO ESTIVER RETRÓGRADO, EVITE:
- ☽ Abandonar um assunto já encaminhado achando que está bem entregue.

QUANDO PLUTÃO ESTIVER RETRÓGRADO, EVITE:
- ☽ Considerar algo definitivamente encerrado

O CÉU EM 2014

A Dança dos Signos
(Movimento dos planetas lentos e nodos através dos graus dos signos em 2014)

Júpiter em Câncer	De 27/06/2013 a 16/07/2014	16°Câncer Janeiro → 29°Câncer Julho
Júpiter em Leão	De 18/07/2014 a 11/08/2015	0°Leão Julho → 22°Leão Dezembro
Saturno em Escorpião	De 06/10/2012 a 23/12/2014	20°Escorpião Janeiro → 23°Escorpião Março → 16°Escorpião Julho → 29°Escorpião Dezembro
Urano em Áries	De 12/03/2011 a 05/2018	8° Áries Janeiro → 16° Áries Julho → 12° Áries Dezembro
Netuno em Peixes	De 5/04/2011 a 04/08/2011 De 05/04/2011 a 05/08/2011, volta a Aquário até 02/2012 Retorna a Peixes até 31/03/2025 Entra em Áries 31/03/2025 e retorna a Peixes em 22/10/2025 até 25/01/2026.	3° Peixes Janeiro → 7° Peixes Julho → 4° Peixes Novembro → 5° Peixes Dezembro
Nodo Norte em Escorpião	De 31/08/2012 a 18/02/2014	5° Escorpião Janeiro → 0° Escorpião Fevereiro
Nodo Norte em Libra	De 19/02/2014 a 13/11/2015	29° Libra Fevereiro → 15° Libra Dezembro
Plutão em Capricórnio	De 27/11/2008 a 01/01/2024	11° Capricórnio Janeiro → 13° Capricórnio Julho → 11° Capricórnio Novembro → 13° Capricórnio Dezembro

Os ângulos formados entre os planetas lentos, assim como a sua mudança de signos a cada ano, representam importantes eventos astrológicos que descrevem o clima, a natureza dos fatos, as tendências, enfim, o astral daquele ano. Ao contrário das previsões pessoais, esses ciclos influenciam e criam disposição para eventos de natureza coletiva. Trata-se de uma análise das macrotendências para o período. Esse é um dos mais antigos e nobres usos da Astrologia.

☽ *Alguns trechos dos textos sobre a dança dos signos a seguir são reproduções daqueles publicados em edições anteriores do* Livro da Lua, *por tratar-se de interpretações de passagens idênticas ou de natureza semelhante.*

JÚPITER EM CÂNCER
27 DE JUNHO DE 2013 A 16 DE JULHO DE 2014

Continuam os efeitos da passagem de Júpiter sobre o signo de Câncer até julho de 2014
Reproduzimos aqui o texto sobre o ingresso publicado em O Livro da Lua 2013

A passagem de Júpiter por um signo que lhe é compatível (Júpiter está exaltado no signo de Câncer) é uma bênção, pois há um ambiente propício para que este benéfico planeta atue com seu melhor desempenho.

Júpiter é responsável pela energia de expansão, prosperidade, crescimento. Devemos esperar com isto um melhor índice de crescimento das economias e uma maior facilidade de que este fator alimente vários setores da vida produtiva, pois se trata de expansão em signo fértil.

Quando esse planeta atravessa um signo, beneficia as atividades, competências, comportamentos e posturas associadas a ele. O simples fato de se usar suas qualidades ou tê-las já é garantia de atrair mais oportunidades.

Vamos começar pela fertilidade, um dos assuntos regidos pelo signo de Câncer. Onde houver um terreno fértil haverá expansão. Falamos do cultivo da terra com todo o aproveitamento de áreas produtivas, de supersafras e de bons resultados em se plantar sementes de investimento em áreas da economia e em negócios que sejam embriões de crescimento, mas que ainda não estejam totalmente desenvolvidos ou que estejam em uma fase fértil.

Falamos também de fertilidade biológica, de procriação humana.

Mais facilidade para quem pretende engravidar e mais impulso e desejo de procriar. Este é um signo inspirador dos sentimentos de criar família, ter filhos, cuidar, proteger.

Pode ocorrer um número maior de pessoas que se disponham a adotar crianças e até a criação de mecanismos legais que facilitem os processos de adoção. O impulso que predomina é o de estender cuidado e amparo a um número maior de pessoas, principalmente crianças. As campanhas do tipo adote-uma-criança devem ter mais êxito do que o usual.

Procedimentos e técnicas de fertilização assistida devem ser desenvolvidos neste período, assim como um aumento de pesquisa nesta área para garantir um nível maior de êxito ou a descoberta de processos mais simples ou menos dispendiosos. Tudo para facilitar a concepção encontrará boas chances na passagem de Júpiter em Câncer.

As atividades ligadas à alimentação, desde o cultivo de alimentos em larga escala até a criação de hortas em espaços públicos ou em qualquer pequeno espaço doméstico, de cultivo para consumo próprio em pequenos sítios ou até em casas de campo, serão beneficiadas, assim como a estocagem e comercialização de alimentos.

A criação de novas marcas e produtos, a abertura de novos espaços de alimentação onde antes existia uma outra atividade comercial e a conjugação no mesmo espaço de cafés, lanchonete, bistrôs e locais de degustação são uma tendência que se amplia ainda mais.

Feiras de alimentação crescem em 2013 e 2014 tanto quanto cresceram no ano de 2012 as feiras de livro ou de arte.

Viagens gastronômicas são outro tema presente na agenda de Júpiter em Câncer.

Temos ainda um outro setor privilegiado, que é o da hotelaria, inclusive com o incremento do estilo hostel e da hospedagem doméstica (alugar espaço em casa), uma boa solução para quem está encontrando problemas para sustentar as despesas da casa, cada vez mais altas, e para o viajante, que desta forma pode também reduzir seu custo de hospedagem. O fato é que surgirão várias formas de hospedagem que até então não se apresentavam ou não eram tão comuns.

De qualquer maneira o tom pessoal, aconchegante, hospitaleiro, receptivo deve inspirar o estilo dos serviços dos hotéis que estavam tendendo para uma linha mais impessoal. Fazer alguém se sentir em casa e acolhido pode ser um bom marketing e um bom sentimento para inspirar o crescimento dos negócios. Com Júpiter em Câncer e depois em Leão ninguém aguentará mais se sentir anônimo e invisível.

As atividades ligadas à casa, sejam serviços ou produtos (mobiliário, design, roupa de cama e mesa), tendem a experimentar uma boa safra. Assim como feira de negócios ligada a este setor. As crianças são um público certo neste período. Novidades visando este segmento como novos produtos de alimentação, artigos, lazer, mobiliário, brinquedos, serviços inclusive que revezem com os pais os cuidados dos seus filhos estão em alta, e prósperos.

Veremos também a tendência à criação de muitos abrigos com o sentido verdadeiro de acolher, diminuir o desamparo e a sensação de "orfandade" ou não pertencimento, para os quais estaremos finalmente sensíveis. Abrigos para crianças, idosos, doentes em convalescença ou pós-cirurgia, lares provisórios para pessoas que precisam se mudar, se separaram ou estão mudando de cidade e ainda não encontraram uma nova moradia. Enfim, para qualquer tipo de situação que requeira acolhimento.

Programas que incentivam a construção de imóveis, a aquisição de casa própria ou moradias para os sem-teto terão grande força, receptividade e sucesso.

Como comportamento sugerem-se as atitudes de receptividade, acolhimento, disponibilidade para cuidar, receptividade, as que geram intimidade, enraizamento, sentimento de bem-estar para as pessoas, familiaridade e sensação de pertencer: tudo desabrochará e prosperará sob essas condutas próprias e aprovadas pelo signo de Câncer.

JÚPITER EM LEÃO
17 DE JULHO DE 2014 A 11 DE AGOSTO DE 2015

Quando Júpiter atravessa um signo, as atividades e comportamentos ligados a ele prosperam.

Mercado de luxo, indústria de entretenimento, gastronomia, atividades e locais de férias e recreativos, organização e locais de festas, a função de animador, viagens de lazer, tudo isto terá um grande desenvolvimento sob a passagem de Júpiter no signo de Leão.

Um estado de espírito mais entusiasmado predomina e predispõe à busca natural de prazer e autogratificação.

Mais confiantes e com um desenvolvido sentimento de "eu mereço", privilegiamos o que a vida tem de melhor. Todo mundo vai querer uma vida melhor.

Nessa mesma linha, tratamento "especial" para clientes "especiais" e a abordagem personalizada ganham força. Ninguém aguenta mais ser tratado como mais um... Ou pior, ser tratado com desconsideração.

Investimentos na área de atendimento, portanto, ganharão destaque e terão retorno certo.

Dar valor aos clientes: uma tática a ser adotada.

Uma política de valorização dos clientes, dos funcionários, deve receber atenção especial dos empresários e do departamento de RH... Aliás, valorização será o combustível de crescimento para qualquer negócio e de motivação para todos os envolvidos. Por decorrência, brindes, serviços exclusivos e preferenciais entrarão forte nas estratégias de marketing.

Condições muito adversas de vida, em que a pessoa se sinta reduzida, desconsiderada, serão cada vez menos toleradas. Relacionamentos ou situações familiares onde os envolvidos se sintam preteridos ou desomenageados sofrerão desgastes irreparáveis.

Com a sensação de que os avanços dependem mais da própria pessoa veremos um aumento expressivo da busca e oferta de cursos de capacitação e treinamento.

Felicidade, satisfação e dignidade entram na lista dos bens mais procurados.

SATURNO EM ESCORPIÃO
DE 6 DE OUTUBRO DE 2012 A 23 DE DEZEMBRO DE 2014
DE 16 DE JUNHO DE 2015 A 19 DE SETEMBRO DE 2015

Reproduzimos aqui o texto sobre o ingresso publicado em O Livro da Lua 2013

Saturno é o planeta responsável pelas estruturas. É ele que avalia a qualidade, a solidez, a robustez da estrutura de qualquer coisa: de uma casa, de um negócio, de uma profissão, de um relacionamento, de um mercado, de uma instituição, de um governo.

É ele que garante que algo fique de pé, desde que passe por seu rigoroso e austero sistema de avaliação. Em sua passagem pelo signo de Escorpião só será considerado garantido e estruturado o que estiver profundamente estabelecido, fincado até a raiz. Medidas provisórias, soluções superficiais, "quebra-galhos", arrumações só de fachada, situações que dão uma boa impressão de aparência, mas não têm sustentação, cairão por terra. Assim como comprometimentos, vínculos e relacionamentos de aparência ou superficiais. Ou tem fundo ou cai. É importante durante esses próximos dois anos e meio, tempo de duração dessa passagem, viver dentro de sua real condição para evitar endividamentos penosos de quitar e até comprometedores da estrutura de vida de uma pessoa.

Pensar e agir de forma mais econômica, sem supérfluos e excesso de consumo é a ordem do dia. O crédito deve estar mais escasso e o dinheiro, mais caro. Bom motivo para se adotar uma conduta mais enxuta. Ocorre o que chamamos tecnicamente em Astrologia de recepção mútua.

Plutão, regente de Escorpião, no signo de Capricórnio, e Saturno, regente de Capricórnio, transitando no signo de Escorpião. Um reforçando o outro. O que nos leva de volta a práticas mais econômicas e ao fortalecimento do conceito de sustentabilidade. Tudo o que ferir esse conceito irá mal.

Um construtivo efeito dessa passagem é o aprofundamento da revitalização de áreas urbanas deterioradas e a reconstrução de áreas que foram destruídas pelas mãos dos homens ou da natureza, como deslizamentos, enchentes, terremotos.

Literalmente, Saturno em Escorpião quer dizer pôr de pé, formar estruturas, edificar dos escombros. Um belo uso desse evento astrológico.

Mais atuação e eficiência no saneamento e esgoto em regiões ainda carentes desses serviços e até um sério e profundo trabalho de despoluição pode ser empreendido na duração desse ciclo. Levar a sério lixo, saneamento, esgoto, poluição e tudo que destrói, deprecia, deteriora, apodrece, contamina e mata: essa será uma tarefa para essa posição planetária.

Atividades ligadas à reciclagem, utilização do lixo, revenda de material ou equipamentos usados podem se tornar um bom negócio.

Saturno é um planeta de controle e limite, pode ocorrer uma repressão maior ao abuso da explicitação sexual que até então vem se expressando de forma cada vez menos censurada. Associar responsabilidade à sexualidade é bem cara desse momento astrológico. As denúncias e a gravidade de tratamento para assédio sexual devem aumentar.

URANO EM ÁRIES
DE 12 DE MARÇO DE 2011 ATÉ MAIO DE 2018

Urano fez sua entrada definitiva em Áries em março de 2011
Reproduzimos aqui o texto sobre o ingresso publicado em O Livro da Lua 2013

Depois de atravessar por anos (de março de 2003 até março de 2011) o signo de Peixes, o último signo do zodíaco, Urano fecha um ciclo e reinicia sua rota entrando em Áries, o primeiro signo do zodíaco. É como se a humanidade estivesse iniciando uma nova jornada.

Há um frescor, uma primavera, um despertar. Algo juvenil, viril, inaugural, potente está presente. Afinal, Urano, o planeta da revolução, entra no signo cardinal (que tem energia de início), de fogo (que tem entusiasmo, exuberância, confiança e vigor), e sob as qualidades próprias desse signo de coragem e capacidade de enfrentamento. Há um novo espírito vindo por aí. E um novo homem para encarná-lo. Há uma significativa quebra de inércia.

A sensação que nos dominou nos últimos anos, "de que é assim mesmo", "não tem jeito", o "que se pode fazer?", de que tudo já está dado e que estamos sob o jugo de um destino coletivo é bruscamente rompida e se inverte. Renasce a crença de que o indivíduo tem um lugar privilegiado de ação, que atitude faz diferença na própria vida e na vida coletiva.

Haverá um salto na criação e na utilização quase imediata de novas tecnologias, principalmente em relação a novas fontes de combustíveis e de energia A soberania da autonomia vai estar dominando o espírito dos povos. Podemos assistir a muitos movimentos de independência e libertação de países, regiões ou de partes das sociedades que estiverem sob regimes mais autoritários. Esse é um impulso para quebra de opressão. A última passagem de Urano pelo signo de Áries ocorreu de fevereiro de 1928 até março de 1935.

NETUNO EM PEIXES
DE FEVEREIRO DE 2012 A JANEIRO DE 2026

Netuno fez sua entrada definitiva em Peixes em fevereiro de 2012
Reproduzimos aqui o texto sobre o ingresso publicado em O Livro da Lua 2013

A consciência de que estamos todos imersos no mesmo oceano e de que tudo cada vez mais afeta a todos, desde o início da era globalizante, fica ainda mais expressiva com a entrada de Netuno, o planeta da dissolução de fronteiras, em seu próprio signo. Encontra assim o ambiente ideal para desmanchar uma determinada ordem e reagrupá-la em uma nova síntese, incluindo elementos que estavam de fora.

Tudo remixado e miscigenado, agregando em uma mistura antes improvável raças, culturas, classes, idades e gêneros. Essa é a ideia de Fusion que a gastronomia adotou tão bem quanto a música. Se nosso paladar e nossos ouvidos recebem tão bem esse conceito, por que não todo o resto?

Marcar diferenças, separar, manter de fora, estabelecer limites muito delineados será quase impossível sob esta abrangente combinação. Inclusão é a palavra de ordem. A atitude mais recomendada e contemporânea será flexibilidade. Tempos difíceis para rígidos e intolerantes.

Fenômenos e comportamentos de massa serão ainda mais presentes com ideias, modismos, expressões se espalhando globo afora em prazos muito curtos. As últimas barreiras de resistências regionais, ou de grupos ou culturas que pretendem se manter isolados, serão paulatinamente enfraquecidas e finalmente absorvidas. Como o movimento da água que a passagem de Netuno em Peixes tão plasticamente reproduz.

A música e as artes visuais, principalmente o cinema, um mundo cada vez mais visual e sonoro, viverão momentos de grande expressão. A água, como já se tem anunciado por toda esta década, se torna cada vez mais um precioso bem. E as regiões que possuem reservas hídricas serão muito valorizadas.

Por outro lado, o planeta que rege os mares, que não aprecia limite e bordas, transitando um signo de água, pode produzir efeitos indesejáveis como enchentes, alagamentos e chuvas prolongadas. Quem mora nas proximidades de grandes concentrações de água pode sofrer os efeitos mais nocivos dessa passagem.

Netuno também está associado à química, à indústria farmacêutica e ao acesso a medicamentos em escala cada vez maior. Quebra de patentes ou um crescimento acentuado dos genéricos são boas possibilidades. Como tudo se alastra com mais facilidade sob essa influência, as epidemias podem não ser tão raras.

Também é atribuída a Netuno a regência sobre o petróleo e o gás. As reservas de óleo devem ficar progressivamente menos hegemônicas ou restritas a algumas áreas. Descobertas de novas reservas em outros países, que passam a ser também produtores de petróleo, mudam um pouco a moeda de poder associada a este valioso produto. Por sinal, Netuno em Peixes não é amigo de hegemonia nem de restrição.

É Netuno o responsável por nossa capacidade de encantamento. É ele que nos lembra, ao nos trazer uma tristeza na alma, que viver não é só uma equação material ou corporal, mesmo que esta equação esteja muito bem solucionada.

Isso não garante uma alma plena ou alegre. A falta de encantamento nos torna vazios, robotizados, automáticos.

Em Peixes, essa capacidade e necessidade se tornam ainda mais acentuadas. Surgem daí algumas alternativas: o romantismo no amor, a espiritualidade que sempre dá sentido à existência, a arte, o contato com a natureza. Este último nos lembra que tudo é tão perfeito. E naturalmente todo o arsenal de substâncias químicas que imitam por algum tempo a sensação de bem-estar ou nos fazem esquecer a falta dele como um bom e eficiente anestésico.

A busca de estados mais contemplativos, para repousar e equilibrar nosso vício pelo ritmo frenético, será mais frequente. Com a queda das utopias, vamos todos precisar mais de sonhos e de refúgios paradisíacos. Agora mais do que nunca. Lugares que de algum modo sugerem a ideia de paraíso serão avidamente buscados.

A percepção, agora muito mais difundida, quase corriqueira, de que tudo está conectado como um grande organismo que só pulsa se pulsar junto ou de um sistema que só funciona se suas partes interligadas funcionarem. Soluções isoladas não resolvem mais questões tão complexas. Um só gesto afeta mil outras coisas, situações de uma natureza atraem outras semelhantes ao mesmo tempo, e ainda, o homem contém dentro de si partículas do universo. Esses são os efeitos prováveis dessa passagem. Um pensar sistêmico e um ser humano mais sensível são outros. Estudos interdisciplinares vão crescer cada vez mais... Como se um conhecimento se complementasse com outro.

NODO NORTE EM ESCORPIÃO
De 31 de agosto de 2012 a 18 de fevereiro de 2014

Reproduzimos aqui o texto sobre o ingresso publicado em O Livro da Lua 2013

Quando o Nodo Norte atravessa um signo, sabemos que seguir a natureza daquele signo e as atividades relacionadas com suas qualidades é o rumo certo a se tomar. Sem erro de darmos em um beco sem saída, nos perdermos por má sinalização ou não encontramos o que estávamos buscando e sermos obrigados a fazer o caminho de volta de mãos vazias.

Todas as atividades ligadas à recuperação, restauração, reciclagem, reutilização, reconstrução, saneamento, despoluição, tratamento de esgoto estão em sua mais alta valorização.

Assim como pesquisa, principalmente na área de saúde e energia, mineração e recursos extraídos da terra estão em seu ciclo máximo. Clínicas de exames que auxiliam diagnósticos sobretudo de natureza preventiva para se evitar gastos e desgastes maiores com a saúde também estão em seu momento de força e expansão.

Levar as coisas a fundo e até o fim, exaurir as possibilidades antes de desistir é a atitude que nos leva a um bom rumo, nesse momento. Determinação, persistência, capacidade de transformar e recuperar o que não está indo bem. Saber que todo mundo tem uma segunda chance e que a vida provê um segundo tempo para cada jogo eventualmente perdido é a senha para entrar nessa estrada. Saber que as coisas são complexas demais para ficar só com a primeira impressão e para desistir no primeiro embate. As relações devem ser mais intensas, mais profundas e nos tocar até nos transformar.

O sexo deve recuperar a sua força de nos assombrar e arrebatar. Sua vocação mais misteriosa, provocadora, grave e menos banal, à toa e narcisista. Sexo, sob Escorpião, é para se perder de si, não para se comentar, se filmar e se exibir.

NODO NORTE EM LIBRA
19 DE FEVEREIRO DE 2014 A 13 DE NOVEMBRO DE 2015

As atitudes e situações que condizem com o signo por onde transita o Nodo Norte sinalizam os passos a dar no caminho que devemos seguir se quisermos estar dentro do fluxo... Do movimento que faz as coisas acontecerem.

Conciliar, negociar, fazer acordos, em vez de partir para o ataque ou para a divisão. Guarda compartilhada, cogestão, corresponsabilidade... Dividir tarefas e êxitos... Ônus e bônus...

Ter um substituto, um braço direito... Delegar... São todas situações que devem ser usadas como um norte em todas as decisões que precisarmos tomar.

Apostar nos relacionamentos, uniões, casamento, parcerias, nos bons encontros e em quem fica ao seu lado e oferece cumplicidade. Os sites de relacionamento podem ganhar mais adeptos ou ser aperfeiçoados. Sob Libra ninguém quer estar sozinho.

Mas para isso não bastam os encontros... É necessário cultivar atitudes que favoreçam as relações... Gentileza, pensar no outro, ceder a vez, incluir o outro, incluir-se na vida do outro... Compor... Quem sabe reaprendemos um pouco disso agora com a passagem desse poderoso ponto pelo signo de Libra.

Um momento de ouro para a diplomacia, para o reequilíbrio de forças em regiões onde predominam o conflito e a intolerância e para as democracias onde predominam o pensamento único (que não admite oposição ou divergência) e a demonstração unilateral de força.

Que momento oportuno para todos nós!

Todas as atividades ligadas à arte, estética e apreciação da beleza estão em destaque.

CALENDÁRIO DOS CICLOS PLANETÁRIOS EM 2014

Janeiro de 2014	Netuno trígono Nodos Júpiter oposição Plutão
Fevereiro de 2014	Netuno trígono Nodos Júpiter oposição Plutão Júpiter quadratura Urano
Março de 2014	Júpiter oposição Plutão Júpiter quadratura Urano Plutão quadratura Urano
Abril de 2014	Júpiter oposição Plutão Júpiter quadratura Urano Plutão quadratura Urano
Maio de 2014	Júpiter Trígono Saturno Júpiter quadratura Urano Plutão quadratura Urano
Junho de 2014	Júpiter Trígono Saturno Júpiter quadratura Nodo
Julho de 2014	Júpiter quadratura Nodo
Agosto de 2014	
Setembro de 2014	Júpiter Trígono Urano Júpiter quadratura Saturno Plutão quadratura Urano
Outubro de 2014	Júpiter Trígono Urano Júpiter sextil Nodo Júpiter quadratura Saturno
Novembro de 2014	Plutão quadratura Urano Júpiter sextil Nodo Júpiter quadratura Saturno
Dezembro de 2014	Plutão quadratura Urano

CICLO NETUNO / NODOS (Trígono)
Janeiro a fevereiro de 2014

Esta é a única marca planetária que vem salvar o início do ano.

Os Nodos se despedindo de sua passagem pelo signo de Escorpião e prestes a entrar em Libra (eles andam ao contrário no zodíaco) fazem um belíssimo encontro com Netuno. Esta é uma indicação de boa vontade, solidariedade, disposição de boa-fé para nos orientarmos na busca dos melhores caminhos cujos resultados afetam todos nós.

Mais facilidade para soluções em conjunto entre pares, associações, entidades, blocos econômicos, facções políticas, entre empresas privadas e públicas. Integração e cooperação são os sentimentos que guiam decisões importantes.

Bloqueios e obstáculos que criariam impasses para questões importantes podem ser contornados, dissolvidos, atenuados.

Presença importante de líderes inspirados, que pensam mais no coletivo, no interesse de todos em vez do pessoal, ampliando as vias de acesso para inclusão dos muitos que ainda estão à margem... Deixados de fora. Este é um ciclo que facilita qualquer caminho para inclusão.

CICLO JÚPITER / PLUTÃO (Oposição)
Janeiro a abril de 2014

Esta combinação já esteve presente no céu de julho e agosto de 2013 e lá observamos os efeitos desta passagem.

O dinheiro custa mais caro. Os juros sobem. O custo de energia aumenta, pressionado o custo de vida para cima e criando uma atmosfera propícia à inflação. O resultado é um forte desfavorecimento para a economia.

O mercado financeiro é um dos mais atingidos, sofrendo fortes perdas e desvalorização expressiva de papéis. Esta é uma energia de prejuízo. É desaconselhável contrair dívidas ou entrar endividado neste ciclo. A inadimplência costuma ser maior.

Há uma fome e supervisão maior do fisco, então é recomendável estar em dia com taxas e impostos. Sempre somos cobrados pelo que devemos sob este encontro planetário.

CICLO JÚPITER / URANO (Quadratura)
Fevereiro a maio de 2014

Ainda no início do ano esta tensa composição planetária vem contribuir para o aumento de instabilidade.

Risco e imprevisibilidade cercam os investimentos de resultados incertos. Não é uma boa aliança para o mercado financeiro, que sofre com variáveis que oscilam em curtíssimo prazo.

Vantagens, benefícios, margens de ganho podem sair de cena de forma inesperada. Não é hora de investir em novidades ou lançamentos que ainda não foram suficientemente testados pelo mercado... Podem ter vida curta.

As melhores oportunidades que surgem são cercadas de alto risco. Há que se incluir possíveis danos e reviravoltas. Os processos de crescimento e expansão sofrem descontinuidade causada por variáveis imprevisíveis.

Bons negócios devem aguardar momentos mais estáveis para serem implantados.

CICLO PLUTÃO / URANO (Quadratura)

Junho/julho/agosto de 2010
Julho/agosto até meados de setembro de 2011
Maio a outubro de 2012
Abril/junho/outubro/novembro de 2013
Março a maio e novembro a dezembro de 2014
Janeiro a abril e dezembro de 2015
Janeiro a março de 2016
☽ *Considerando apenas as orbes muito próximas*
Março a maio de 2014 e novembro a dezembro de 2014

Este tenso e explosivo ciclo planetário ativo desde meados de 2010 permanecerá até março de 2016. Nesse longo trajeto, pudemos testemunhar eventos que são manifestações características de seu reflexo.

Muito do que temos assistido nos últimos anos é efeito direto dessa sempre provocadora e irrevogavelmente transformadora assinatura planetária. O mundo nunca mais é o mesmo depois de sua passagem. É sem dúvida a mais dura e significativa influência planetária do ano.

Abaixo reproduzimos o texto publicado em O Livro da Lua 2013

A sensação de que o mundo está de cabeça para baixo, que o nível de imprevisibilidade e risco cresceu, vem desta turbulenta combinação planetária. Muitas turbulências que estamos vendo desde 2010 – as intensas manifestações populares e a repressão violenta dos governos autoritários no Oriente Médio, a rejeição aos programas de austeridade propostos pelos governos dos países europeus em crise – são uma clara expressão deste explosivo encontro astrológico. Os acidentes causados por eventos climáticos como desabamentos, chuvas intensas, *tsunamis* e atividades vulcânicas são o outro braço dessa ameaçadora ligação entre Urano e Plutão.

Todos os fantasmas que habitaram o imaginário da população, fazendo-a pensar que o mundo estava caminhando aceleradamente para o fim, vêm dessa dupla planetária que gera esta ameaça de devastação, de fim súbito. O contato tenso entre Plutão e Urano é responsável por todos os efeitos de turbulências, reviravoltas, instabilidades e desabamentos geofísicos, econômicos e políticos do ano.

Trata-se de dois planetas explosivos, cuja ligação de natureza desarmônica corresponde a efeitos de rupturas, acidentes, agravamento de conflitos entre facções políticas, religiosas e sociais. A própria natureza mostra sua fúria através de fenômenos, como abalos sísmicos, vendavais, tempestades e outras manifestações que desestabilizam a vida de algumas regiões.

Essa influência planetária tem um caráter de incontenção e radicalidade, de modo que as negociações e os acordos são muito mais improváveis de serem fechados. Áreas ou questões que já sofrem com divergências e antagonismos tornam-se muito mais distantes de um consenso, mais turbulentas e até mesmo perigosas. Junta-se ruptura com radicalidade. O fator risco aumenta, em tudo. O que já é arriscado tem seu volume ampliado. É recomendável evitar todo tipo de provocação, pois os ânimos se exaltam com facilidade. Essa não é uma combinação de controle: está mais para barril de pólvora. O uso de equipamentos ou tecnologias mal adaptados ou obsoletos pode ser fatal e provocar acidentes de grandes proporções. Também há uma predisposição maior para acidentes com material radioativo, explosivo ou de fácil combustão. Novas tecnologias, principalmente ligadas a fontes alternativas de energia e de combustível, serão forçadas pelas circunstâncias ou por alguma crise das fontes tradicionais a ter sua implantação acelerada. De uma maneira própria das emergências.

De qualquer modo, trata-se de um período de grandes mudanças, de desacomodação, de aceleração de transformações, de saltos tecnológicos, até com o desaparecimento de uma série de equipamentos que serão tirados definitivamente de uso. Vem aí mais uma nova era de revolução tecnológica.

As companhias aéreas que já estiverem em dificuldades financeiras podem não sobreviver aos desafios deste ciclo. Esta é uma aliança planetária avessa a ditaduras. Poderemos assistir a fortes e dramáticos movimentos de libertação de países, populações e regiões mais oprimidas ou dominadas. Só não serão pacíficas.

Trocas bruscas, queda de poder e derrubada de dirigentes fazem parte desse cenário, com uma inversão da ala que passa a dominar. Como há uma tendência para radicalização das forças que se consideram oprimidas, o terrorismo é sempre uma arma utilizada nestas situações.

CICLO JÚPITER / SATURNO (Trígono)
Maio a junho de 2014

Esta bem-vinda aliança planetária reaparece no céu de 2014 depois de já ter marcado sua presença em julho de 2013. É uma excelente contribuição para amenizar os tensos ciclos planetários que se acumularam no início do ano.

Um sopro de retomada de crescimento da economia com indicadores bem mais robustos surge sob essa passagem planetária que em signos de água sugere que a economia cresce como um todo, em vários segmentos e regiões, e não tão setorizadamente como vinha ocorrendo. Como a água, se espalha e abrange.

É hora de investir em produção e negócios, pois o retorno está muito mais assegurado, o mercado de trabalho está aquecido com aumento de contratações principalmente de profissionais com mais experiência. O sentimento de segurança aumenta. Os governos também vão saindo de seus estrangulamentos, podendo voltar ao papel de investidor, principalmente no setor de infraestrutura.

Parece que finalmente se acertou a mão e atingiu-se o nível de competência exigido para vencer a estagnação e o baixo índice de crescimento econômico em que vários países estavam submergidos.

CICLO JÚPITER / NODO (QUADRATURA)
Junho a julho de 2014

Cuidado com os efeitos causados pelo sentimento de grandiosidade que nos invade sob este desenho celeste.

Ficamos seduzidos por grandes tacadas e acertos que viriam mudar em um único ato toda a história de nossas vidas. Elas acenam neste período, mas não acontecem realmente. Criamos expectativas de supernegócios e superoportunidades. Tudo está superestimado neste momento.

CICLO JÚPITER / URANO (TRÍGONO)
Setembro a outubro de 2014

O segundo semestre parece bem mais ameno. Esta é uma benevolente passagem planetária atravessando signos de fogo. Um espírito mais entusiasmado e confiante volta a predominar. Com a convicção de que crescimento, vantagens, expansão são resultados da iniciativa pessoal.

Há opções que levam ao crescimento e suficiente dinamismo para isso. Um quadro de novas oportunidades, surgimento de novos e criativos negócios, aparece no mercado. Segmentos novos da população também entram no mercado estimulando a economia.

O setor de tecnologia puxa e lidera os investimentos. O mercado financeiro é um dos principais favorecidos pelos efeitos desta passagem com oportunidades de ganhos rápidos. Favorece todo tipo de renovação... Em qualquer área.

O retorno dos investimentos ocorre geralmente em curto prazo sob esta marca planetária.

Ideias criativas podem se transformar em excelentes negócios com retornos de grande liquidez.

Sob essa configuração astrológica, crescimento, vantagem e risco formam uma boa combinação.

CICLO JÚPITER / NODOS (SEXTIL)
Outubro a dezembro de 2014

O final do ano dá outra sinalização de "melhores tempos".

Esta é uma indicação de que são encontrados os caminhos que levam de volta à via de crescimento ou se abrem novos atalhos em direção a ele.

Comércio internacional aquecido, boas relações diplomáticas que dão uma bola dentro na resolução de tensões internacionais, excelente desempenho também para o setor jurídico onde quer que este resolva agir seguindo sua melhor vocação.

Aumento de demanda no setor de viagens e turismo: de todas as origens para todos os destinos.

Governantes, líderes, gestores, empresários e todos aqueles que de alguma forma sejam mais responsáveis pelo rumo das coisas conseguem soluções interessantes, estimulantes e bem-sucedidas para os impasses. A Humanidade caminha.

O CÉU DO BRASIL EM 2014

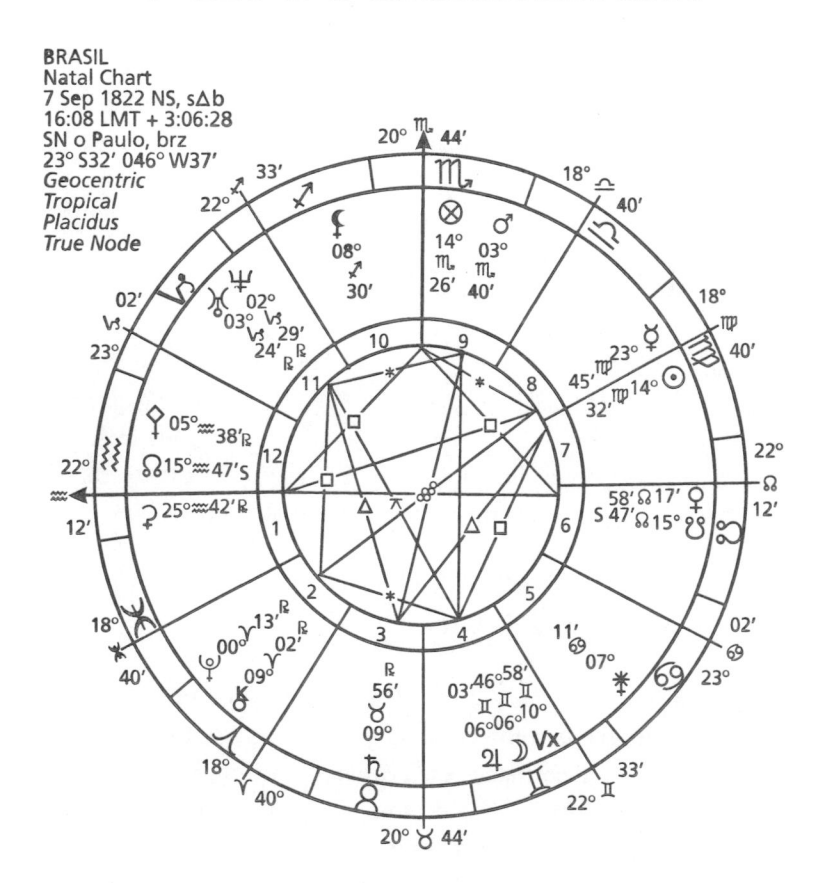

VÊNUS PROGREDIDA SOBRE VÊNUS (TRÍGONO)
Janeiro a dezembro de 2014

Este é um pano de fundo que aponta para um cenário harmônico ao longo de todo o ano. Mesmo com situações áridas e projeções de crescimento decepcionantes, temos algum lastro e alguns segmentos da economia que garantem uma certa margem de segurança e conforto.

Isso é o que acontece quando se está protegido por bons ventos venusianos. Algum saldo de benefício e harmonia diante de possíveis quadros adversos. As contrariedades que se apresentam são atenuadas e não chegam a comprometer a base do que foi conquistado e a comer toda a gordura. Assim como as rusgas que surgirem entre alianças partidárias podem acabar por não romper de vez "o namoro". O esforço de harmonização prevalecerá.

JÚPITER NA CASA 5
Maio de 2013 a junho de 2014

Júpiter transita a Casa 5 do mapa do Brasil até junho de 2014. Sempre que esse auspicioso planeta atravessa uma área do mapa, dá um impulso de prosperidade a ela. É o setor esportivo que ganha fôlego e deve coincidir com os preparativos, movimentação e atividades em torno do grande evento esportivo da Copa do Mundo, que o país sediará neste mesmo ano.

O desempenho esportivo propriamente dito deve ter destaque e apresentar brilho, com boas chances de conseguir excelentes colocações nos resultados dos jogos.

Outro grande ponto de desenvolvimento é o setor de lazer, que vivenciará grande expansão. Shows, espetáculos, criação de áreas de lazer, restaurantes, bares, atrações turísticas: tudo isso está na próspera mira da passagem de Júpiter pela Casa 5. Atividades ligadas ao segmento infantil e juvenil ganham fôlego e ampliam bastante sua atuação, seu público e sua receita. Uma ênfase nos programas de educação, principalmente voltados para as crianças, deve ser buscada, pois não encontrará momento melhor para se expandir com êxito e facilidade.

JÚPITER NA CASA 6
Junho de 2014 a julho de 2014

Este será um momento bem ativo para o mercado de trabalho. Se já vínhamos em uma tendência de pleno emprego, durante este período veremos crescer ainda mais os índices de contratações. É provável que ocorram contratações em número expressivo de estrangeiros devido ao aquecimento da demanda e falta de pessoal. O setor de serviços deve ser o que mais cresce e o que mais contrata.

As empresas e prestadores de serviço estarão com sua capacidade de funcionamento e atendimento bem tomada.

O sistema de saúde em geral, desde atendimento médico a internações e realização de exames, também estará com sua capacidade de atendimento saturada, devido à grande procura causada pelo acesso de um número maior de pessoas.

JÚPITER TRÍGONO PLUTÃO
Julho 2014

Bons ventos sopram para a economia brasileira trazidos por esta breve e auspiciosa passagem. A economia dá sinais de força e os índices de crescimento e desempenho apresentam recuperação. Os investimentos voltam a ter fôlego. É mais fácil atrair capital para investimentos mais robustos, pois os sinais de retorno são muito mais fortes e atrativos. Essa dupla sempre garante bons resultados para investimentos de porte. O mercado financeiro é um dos que mais se beneficiam sob este ciclo.

O nível de inadimplência tende a cair, portanto é seguro se emprestar dinheiro. O nível de arrecadação também alcança melhores índices.

Júpiter em transito sobre Plutão facilita a criação de meios para controle da inflação e é um forte indicador de aumento da capacidade de compra como consequencia desse controle.

SATURNO NO MEIO DO CÉU
Dezembro de 2013 a janeiro de 2017

Esta é a mais decisiva e uma das mais longas marcas planetárias a ativar o mapa do Brasil nos próximos anos. Ela se inicia já no finalzinho de 2013 e se estende até 2017.

O modelo político, a própria história política do país e o perfil de seu próximo governante serão forjados pela "foice" de Saturno.

Afinal teremos eleições presidenciais em outubro de 2014 em plena vigência deste ciclo e em grau exato. (O meio do céu do mapa do Brasil a 20 graus de Escorpião, mesmo grau que Saturno estará transitando.) O meio do céu do mapa de um país representa seus governantes e empresas estatais.

Há 28 anos, quando este mesmo ciclo estava ativo no meio do céu do Brasil (1985/86), vivíamos o movimento das Diretas Já para substituir o regime da ditadura militar pela democracia: as eleições indiretas disputadas por Tancredo Neves e Maluf, a vitória de Tancredo pelo Colégio Eleitoral e sua morte, e a chegada de Sarney à presidência para completar a transição final até a eleição seguinte de um novo presidente.

A democracia é restaurada. Em 1986, para combater uma alarmante inflação, cria-se o Plano Cruzado. Foram momentos compactos e turbulentos que fizeram história para o país, mudaram regime, lançaram nomes que se mantiveram por muito tempo associados ao poder no Brasil.

Quase trinta anos depois, Saturno volta a ocupar o mesmo lugar. Um ciclo com certeza está se fechando e um novo se inicia. Esperamos estar mais maduros, experientes e preparados para ele.

Com certeza, como se trata de fim de ciclo, algumas figuras até então de força no poder podem ter sua fase de atuação considerada cumprida, aos olhos de Saturno. Podem surgir lideranças novas e até novos modelos ou ênfase em outras formas de se governar. Também não é improvável vermos retornar aos palcos figuras que estavam afastadas do cenário político. Saturno, o deus do tempo, tem essa coisa de trazer de volta em uma de suas faces.

O que estará em jogo é o próprio papel do Estado. Que Estado queremos... Um Estado "magro", eficiente, com atuação pontual, ou um que governa de forma concentrada, com uma máquina caríssima, inchada com estruturas pesadas? Qual a responsabilidade do governo? Quais suas atribuições? Quais suas obrigações? Elas estão sendo cumpridas? O que ele nos entrega? O país está sendo bem conduzido?

São essas questões que estarão sendo formuladas agora. A competência do Poder Executivo será testada e desafiada ao máximo. Cobranças e exigências recairão pesadas sobre os ombros de quem estiver no comando desse poder, seja por circunstâncias internacionais externas, seja pela complexidade interna e problemas graves dentro da estrutura e composição do próprio poder. Ou simplesmente pela inviabilidade de continuar levando as coisas como estão. Saturno costuma paralisar e desestabilizar o que está apoiado em estruturas fracas.

Quando esta posição planetária ocorre sobre o mapa do indivíduo, ele é reconhecido, recompensado e quase sempre promovido se demonstra ótimo desempenho. Sob rigorosa avaliação, em compensação, cai de posto, tem sua reputação descredibilizada e é até demitido quando faltam as aptidões para o cargo. Não deve ser diferente para o mapa de um país e nem para seu representante.

Como se trata de Saturno, podemos ver alguns de seus atributos em ação. Será necessário um enxugamento dos gastos de governo, pois Saturno adora limite e premia economia. Um pouco de austeridade e bastante competência têm seu voto. Ele costuma fazer faxina e tirar de cena o que não funciona ou está saturado, mas não costuma pôr no lugar novatos, inexperientes ou aventureiros. Alguma maturidade ou experiência política comprovadas ou de gestão são necessárias para ter destaque em sua vigência.

As estatais também devem passar pelo mesmo crivo de Saturno que balizará o grau de competência dessas empresas e de adequação de suas estruturas, gestão, custos e investimentos diante de suas funções e produção. Ninguém melhor do que Saturno para contabilizar de maneira justa, numérica, precisa e pragmática a relação entre investimento e retorno, e para fazer cumprir a lei de que tudo que é feito gera um efeito.

É todo um destino para o país que está se moldando...

LUA PROGREDIDA CONJUNÇÃO LUA/JÚPITER
Janeiro de 2014 a março de 2014

Estes meses serão particularmente ativos para o mercado imobiliário. Embora uma influência adversa (Netuno sobre Júpiter/Lua) venha pôr em cheque e desmanchar as quimeras desse mercado, o retorno do ciclo lunar vem indicar que ainda temos muito movimento e demanda reprimida no setor de habitação e espaço para médio custo que elas devem predominar.

Programas de construção de habitações populares do tipo Minha Casa Minha Vida devem ganhar ainda mais expressão.

O setor agrícola é outro que deve mostrar um desempenho bastante positivo, bem acima da média, apesar de a mesma influência contrária descrita acima criar alguns desafios para o setor.

Esta passagem marca o início de um ciclo, portanto seus efeitos podem se estender por um período mais prolongado.

O crescimento é um desses efeitos, com uma renovação da população que parecia se encaminhar para a predominância da faixa etária mais idosa. Quadro revertido pelo aumento de nascimentos.

Um maior consumo das classes C e D e o ingresso forte deste segmento na economia também fazem parte dessa influência. Mais uma vez o efeito das multidões, que lotam todos os locais, é um fenômeno próprio desta passagem. Teremos um verão lotado.

Crescerá a tendência a se partilhar moradia, alugar quartos, se construir várias casas no mesmo terreno, uma tendência contrária de se viver em imóvel individual.

NETUNO QUADRADO JÚPITER/LUA
Abril a setembro de 2013
Dezembro de 2013 a março de 2014
Outubro a dezembro de 2015

Esta é a mais dissonante influência planetária sobre o mapa do Brasil. E longa. Vários efeitos podem ser sentidos sob a vigência desta passagem.

Uma delas recai sobre o setor agrícola, que pode sofrer com as intempéries, períodos prolongados de muitas chuvas e também com o prejuízo causado por pragas que se alastram com mais frequência sob este ciclo e que costumam ser mais resistentes aos esforços de erradicação.

Isso reduz a produção de alimentos e pressiona seus custos. Será necessária uma vigilância maior no controle dos alimentos, água e bebidas para se evitar a distribuição e consumo de produtos contaminados ou adulterados.

Os alagamentos e enchentes podem ser mais insistentes do que o usual. É claro que medidas para facilitar o escoamento de águas, obras de segurança em encostas, remoção de construções em áreas de risco e até abrigos criados para essas contingências deveriam ser providenciadas. Deslizamentos são consequências previsíveis desta passagem.

Netuno rege as forças das águas, e quando sua influência está ativa devemos temer seus danos. Assim como epidemias, pragas, fungos e doenças que se alastram por contágio.

Para evitar que tenhamos aquele quadro recorrente e conhecido de desabrigados, seria sábio e oportuno tomar medidas de saneamento, engenharia e logística que reduzissem os danos causados pelas chuvas e enchentes. Ou seremos sempre vencidos pela atuação da natureza mesmo que ela já nos tenha dado todos os sinais e chances de experiência.

É sempre um risco maior de fraude e corrupção quando Netuno se faz presente através de aspectos estressantes. A cultura da corrupção, que normalmente é vista e assistida por nós como espectadores e atribuída às classes dirigentes e aos governantes, pode bem "virar moda" e ir se infiltrando em vários segmentos da sociedade, tornando-se uma práxis natural, assimilada, entranhada. Teremos que ter mais cuidado com golpes, falcatruas, falsificações, clonagem de cartões de crédito e todo tipo de manobra que visa lesar os incautos ou os de boa-fé.

Por falar em boa-fé: cuidado com ela. A dissonante aliança entre Netuno e Júpiter costuma fazer um país inteiro sonhar e acreditar em promessas, discursos marqueteiros que falseiam a realidade, maquiam dados, apontam para milagres que estão longe de ocorrer. Acabamos nos deixando conduzir por caminhos que nos levam a equívocos acreditando que tudo está indo muito bem. A conta depois é alta e o caminho de volta, longo. Devemos desconfiar neste momento de discursos excessivamente positivos, otimistas em demasia, como se habitássemos uma ilha da fantasia e dos caminhos fáceis. Será uma armadilha.

Há uma indicação de pressão inflacionária. A tensão entre Netuno/Lua aponta para um período desafiador para nossa presidente, pois se trata de uma figura feminina representada pela Lua. Talvez este período seja mais confuso para ela, de menos clareza e foco na condução de questões importantes do país. É mais fácil ela perder um pouco a direção com que costuma levar as coisas, tomar medidas equivocadas, mal-aconselhadas e até mesmo se enfraquecer politicamente, com perda de bases importantes de apoio.

O tão valorizado cenário imobiliário pode, finalmente, sob esta influência, começar a mostrar alguns sinais de reversão por ter atingido patamares impagáveis, descolados da realidade. Se é que existe alguma suspeita de que estamos em um processo de bolha imobiliária e se isto for para se confirmar, é aqui que ela dá sinais de que pode estourar.

É um momento de qualquer maneira de fragilidade do setor. Deve-se dobrar a cautela ao se fazer transações imobiliárias neste período, principalmente em relação a imóveis em fase de lançamento ou construção, porque pode-se contar com uma coisa e colher um resultado decepcionante.

Quando se trata de Netuno é sempre menos mal o concreto, o que já existe, do que o projetado.

Este também é um fator que dificulta a conclusão das obras de infraestrutura para abrigar os megaeventos esportivos que o Brasil vai sediar por ocasião da Copa do Mundo e das Olimpíadas.

O grande desperdício de dinheiro é corriqueiro quando esta dupla cósmica se junta. Assim como projetos que não saem do chão. Megaempreendimentos são os que mais sofrem os danos desta influência.

É mais provável ocorrerem vazamentos de óleo, petróleo e gás sob a vigência de Netuno e em grandes proporções devido à participação de Júpiter. É recomendável que se tenha um controle maior de todos os mecanismos envolvidos com escapamento de gás nos ambientes domésticos e obviamente nas atividades que lidem com esses setores tanto em sua exploração, distribuição, transporte e estoque para evitar desastres que podem inclusive contaminar e danificar áreas extensas por um longo tempo.

Outra pauta relacionada ao complexo tema Netuno/Júpiter/Lua diz respeito aos "sem-teto", à tendência à invasão de terra e também à ocupação irregular, predatória dos espaços, gerando caos nas cidades e obviamente condições ultrainadequadas de moradia para seus ocupantes. Essa é uma inclinação bem característica desta dinâmica planetária. Algum programa de moradia, de larga escala, para as camadas mais desfavorecidas deveria se antecipar a esta tendência. Sob a vigência dissonante de Netuno, tudo que é deixado ao sabor da inércia... piora e se alastra.

SATURNO QUADRADO VÊNUS
Maio a junho de 2014
Agosto a setembro de 2014

Aperto no bolso é o efeito direto desta passagem. O dinheiro circula menos, o comércio movimenta menos, o crédito fica mais restrito, a margem de ganhos está reduzida, as pessoas com medo de gastar. Há uma cautela geral em relação aos investimentos e gastos ou porque o caixa está baixo, ou porque o nível de comprometimento da renda está no limite ou ainda porque os custos estão realmente altos. Não é hora de se aumentarem preços para não afugentar a clientela.

Vênus se encontra na casa das Relações e Alianças no mapa do Brasil. Isso sugere endurecimento nas relações com demais países, com restrição de vantagens e concessões.

Também, em ano de eleição, negociações duríssimas e de muita cobrança para se fechar alianças políticas, mesmo as consideradas certas. Os favores e acordos ocorrem sob muitas exigências. É sempre difícil agradar, causar boa impressão e conseguir as coisas só por causa de "nossos belos olhos" quando esta passagem planetária está em curso.

OS ECLIPSES DE 2014 E O BRASIL

O Eclipse Solar do dia 29/04 que ocorre a 8° 51' de Touro, uma Lua Nova, cai em cima da oposição Saturno/Marte do mapa do Brasil.

O Eclipse Solar do dia 23/10 afeta outra vez esse ponto ocorrendo a 0° 24' de Escorpião.

Dois eclipses afetam o Brasil de forma expressiva. E sempre no eixo Saturno/Marte, um dos nossos calcanhares de Aquiles, responsável pelas áreas de Educação, Transportes, Setor Jurídico e segmentos em que a população sempre sofre quando depende deles.

O Eclipse sempre convulsiona, transborda e torna agudas as questões que já estão no limite. Podemos testemunhar, portanto, o agravamento de situações e ocorrências que expõem as já críticas áreas da Educação, Transportes e Jurídica, que serão desafiadas a atuar de forma contundente.

O comércio e as relações internacionais também podem sofrer fortes impactos sob a passagem desses Eclipses, principalmente nas áreas onde já se tem uma tensão acumulada.

Como se trata de um Eclipse Solar, a energia de retorno está presente. Circunstâncias que pareciam superadas, assim como figuras que pareciam fora do jogo e soluções que não eram nem mais pensadas voltam a ganhar força.

JÚPITER CONJUNÇÃO VÊNUS
Outubro de 2014

Esta é uma auspiciosa notícia que vem aliviar os duros efeitos da passagem anterior. Em pleno mês de decisão eleitoral para presidência, há sinais de que a decisão final agrada. Esta é uma combinação planetária que gera satisfação, alcance daquilo de que gostamos. Aqui, sim, agradamos pelos "nossos belos olhos". É também um ciclo planetário que propicia prosperidade, maior circulação de dinheiro, expansão de oportunidades que trazem benefícios e ganhos em maior escala. Não é uma energia que sugere pobreza ou escassez. A boa notícia é que se trata do início de um ciclo, portanto, de abertura para uma nova fase.

Ocorre uma expressiva melhora das relações com os países buscando principalmente a aproximação com aqueles que nos favorecem. O mesmo se dá em relação às alianças políticas e coalizões partidárias... É mais fácil "fazer amigos" e se juntar para crescer.

SEU SIGNO EM 2014

INTRODUÇÃO

As previsões a seguir são baseadas principalmente nos trânsitos de Júpiter, Saturno, Urano, Netuno e Plutão. Para analisar as influências para o ano de 2013 foi necessário olhar a relação de cada planeta citado acima com os 12 signos do zodíaco. É assim que o leitor pode consultar através do seu signo solar, ou ascendente, o que o ano lhe reserva.

Mas vale lembrar que estas previsões não substituem uma análise astrológica individual. A análise a seguir levou em conta somente em que signo o Sol estava no momento do seu nascimento, o que pode ser comparado a 5% de toda a informação que você teria em uma consulta individual. Uma análise completa das previsões do Mapa Natal não só falará do seu signo solar, como também da posição deste planeta na sua vida, além de analisar signos, posições e aspectos de todos os planetas natais. A análise do Mapa Natal é única, pois além de falar da sua vida e de como você lida com suas potencialidades e obstáculos, ela poderá orientar suas ações, de acordo com o momento de vida pessoal.

De qualquer maneira, você verá que as previsões a seguir são uma ferramenta de fácil consulta e podem lhe dar uma boa orientação em questões relacionadas a carreira, finanças, relacionamentos, saúde e influências gerais relacionadas ao seu signo.

Enquanto estiver lendo, você verá que algumas datas de nascimento serão mencionadas ou destacadas no texto de acordo com os decanatos. Por isso, pessoas nascidas nesses decanatos estarão vivendo um momento especialmente significativo este ano. Essas datas são resultado da entrada ou do início de algum trânsito ou aspecto dos planetas citados no início deste texto.

Contudo, nem todas as datas terão relação exata com algum trânsito importante. Por isso, não fique chateado se não encontrar o período do seu aniversário destacado no texto. Se o seu grande dia não estiver lá, só significa que você viverá esse trânsito em um outro momento, talvez no próximo ano.

Para uma análise mais completa e precisa de sua previsão anual, é aconselhável procurar a orientação de um astrólogo sério e profissional.

As datas mencionadas nos textos podem ter uma variação de um ou dois dias de diferença. Isso vai depender sempre da hora e ano de nascimento de uma pessoa.

ÁRIES (21/03 A 20/04) – REGENTE MARTE

Primeiro decanato: de 21/03 a 31/04
Segundo decanato: de 01/04 a 09/04
Terceiro decanato: de 10/04 a 20/04

PANORAMA GERAL

Se no ano passado você fez o dever de casa e botou para correr o que estava parado ou empatando sua vida, já deve ter percebido que lá atrás mesmo o céu pisou no seu freio, fazendo com que tudo que você quer muito demande um pouco mais de tempo ou um pouco mais de boa vontade da parte dos outros para acontecer. Isso é a morte (ou algumas rugas a mais pra você, não?).

E sinto dizer que, até junho deste ano, o cenário não muda muito. Não é você quem toca o apito, cacique. O segredo é contar até dez e lembrar que as coisas têm o seu tempo — não o seu, ariano!

E quando digo para contar até dez, estou falando sério. Caso contrário, sua impaciência e intolerância lhe custarão alguns problemas de saúde e nas relações em geral.

Mas você sabe por que isso acontece? Provavelmente porque você chegou a um momento crítico. Como em um videogame, você veio jogando bem sozinho até pouco tempo. Só que chegou uma fase mais difícil e você vai precisar de ajuda. Por isso pense no que você começou de importante lá atrás e encare o que é preciso ter para continuar crescendo — é de pessoas, investimentos, estrutura... Do que você precisa?

Sabendo responder a essa pergunta, você verá que essa "estagnada" lhe será muito benéfica. Ainda está em tempo de ajustar e arrumar o que for preciso para não entrar numa crise mais séria lá pra frente — quem sabe por volta de 2019.

Por isso, nada de querer abraçar o mundo. Seja mais seletivo e racional (pelo menos um pouquinho!) para seguir com seus planos. Muita coisa pode rolar e desviá-lo do caminho. Cabe a você ser mais forte do que sua impulsividade.

Já no segundo semestre (e até meados de 2015), a coisa muda de figura. E começa com você resgatando ou sendo colocado diante de pessoas, circunstâncias ou situações derivadas de uns três anos atrás. Algo que você começou mais ou menos nesse tempo pode se desdobrar agora — mesmo que você pensasse que já tinha esgotado o assunto. Às vezes você nem se lembrava, ou nem estava pensando nisso, e lá vai a vida o colocar diante dessa história de novo. Fique, portanto, muito atento! Dicas, pessoas e ideias que caem no seu colo podem ser grandes sinais. E cabe a você ligar "alhos com bugalhos" — nada virá pronto!

Carreira e Finanças:

Sabe quando a gente quer pescar um tubarão com um coadorzinho de chá? Mas dá para imaginar como seria, não? Você está lá, na boca do gol, e não tem bola pra chutar... É mais ou menos assim o seu primeiro semestre.

As oportunidades até aparecem, mas por algum motivo você não pode aproveitá-las. Ou quem sabe, você também corre o risco de optar por algo que parecia, mas no fundo nem era grande coisa... Mais um motivo pra parar pra pensar e ficar com o que puder levá-lo mais longe, ou então que lhe trouxer maior segurança. Sabe aquela sensação de que você nasceu pra fazer aquilo? Então, vá em busca dela!

E essa é uma atitude muito madura da sua parte. Procure se colocar novamente de pé, refaça sua estrutura resolvendo qualquer conflito ou pendência — de uma vez por todas. E lembre-se de que nem tudo precisa ser feito por você. Delegue e confie mais nos outros.

Isso o levará a um segundo semestre muito mais criativo e próspero, dando-lhe a oportunidade de fazer o que gosta e gostar do que faz.

Em relação ao bolso, os arianos de segundo decanato devem estar atentos aos assuntos financeiros especialmente entre 8 de fevereiro e 10 de maio. Esqueça qualquer especulação financeira ou negócios arriscados. Isso porque o imprevisto está ao seu lado — mas ele está de cara feia pra você, o colocando em desvantagem.

Mas isso de certa maneira também vale para todos os arianos que precisam ter em mente a importância de viver dentro da sua realidade financeira. Só assim você fica longe dos endividamentos e de comprometer tudo o que conquistou até agora.

Entre 18 de janeiro e 19 de fevereiro e de 3 de abril a 4 de maio os arianos de segundo e primeiro decanato (respectivamente) devem ficar atentos a reformas ou gastos inesperados — especialmente com imóveis. O fato é que você provavelmente será cobrado de todas as dívidas, taxas e impostos possíveis e imaginários. Se antecipe, deixando tudo quitado antes do trânsito.

Cuidado também com pequenas prestações e pedidos de empréstimo. Pague tudo à vista!

Assim como no ano passado, os arianos de segundo decanato viverão novamente um trânsito de rupturas e grandes mudanças entre 14 de março a 24 de maio e de 5 de novembro até o final do ano. Evite pelo menos se comprometer financeiramente. Faça reservas.

No mais, o melhor período para trabalho e dinheiro será entre os dias 6 de março e 5 de abril, de 4 a 29 de maio, de 24 de junho a 18 de julho, de 13 de agosto a 5 de setembro e de 17 de novembro a 10 de dezembro.

Já os menos favoráveis estão entre 1 de janeiro e 5 de março, 19 de julho e 12 de agosto, 30 de setembro e 23 de outubro e de 18 a 31 de dezembro.

RELACIONAMENTOS:

Até julho, o coração anda meio mole... Não sei o que deu em você, mas até os fortes ficam carentes. Pois é, não adianta negar!

Sabe o que você faz? Procura a família, os amigos mais íntimos ou se abre de uma vez com sua cara-metade. Você tem mania de fazer as pessoas que ama de saco de pancada, mas nem todo mundo entende que isso é sinal de amor. Esqueça os tapas e fica com os beijos, que tal?

As melhores ações estão escondidas por trás da simplicidade e da intuição. Lembre-se disso! E nada como um período de calmaria para reanimar e acender novamente o seu fogo!

O segundo semestre volta a agraciar todos os arianos com maior disposição, tempo e vocação para ser feliz! Existe um prazer muito maior em valorizar as pessoas (até pra ser valorizado também) — o que é perfeito para quem quer se entender ou reforçar os lados de uma relação meio morna.

Por outro lado, entre 17 de junho e 1 de julho, os arianos de terceiro decanato devem estar atentos às novas relações ou com o estágio em que uma relação está. A tendência é que você se empolgue muito mais do que a relação merece.

No mais, os melhores períodos para amar e ser amado estão entre os dias 6 de março e 5 de abril, 4 e 29 de maio, 24 de junho e 18 de julho, 13 de agosto e 5 de setembro, e 17 de novembro e 10 de dezembro. Já os menos favoráveis estão entre 1 de janeiro e 5 de março, 19 de julho e 12 de agosto, 30 de setembro e 23 de outubro, e 18 e 31 de dezembro.

SAÚDE:

Pra que querer correr maratona se você não dá a volta nem no quarteirão?

Pois é, não é de hoje que você vem arcando com mais do que pode suportar. Você se credita uma força, capacidade, energia e vitalidade que você não tem — pelo menos não agora! E se não for em excesso de comida, malhação, trabalho ou mesmo nas relações, a saúde mental (estresse e preocupações) também pode afetar demais o funcionamento do seu corpo. Tenha atenção aos seus limites, especialmente nos primeiros seis meses do ano.

Sei que pra você é difícil, mas é importante dar um passo de cada vez. Se for malhar ou fazer uma dieta, por exemplo, faça a adaptação aos poucos. Só assim você dá a chance de o seu organismo se acostumar e aderir aos novos hábitos. Deixe seu corpo confortável para viver uma nova realidade. Dê a ele o tempo que precisar.

Outra boa dica é optar por atividades físicas com as quais você já tenha algum contato anterior. Familiaridade é uma boa palavra para ligar você à sua saúde. Isso inclui fazer uma terapia.

Já no segundo semestre, as coisas melhoram pra você. Para todos os arianos, os próximos 12 meses tendem a ser muito férteis, o que significa que é tempo de aumentar a família — se for esse o seu desejo.

De qualquer maneira, essa é a época de colher os frutos do que plantou nos primeiros seis meses do ano. Se você seguir o conselho que acabei de dar, em julho você já vai sentir mais prazer em comer, se exercitar e viver bem.

No geral, os períodos de maior vitalidade e mais favoráveis à saúde, cirurgias e tratamentos estão entre 14 de setembro e 26 de outubro e 5 e 31 de dezembro.

Já os menos favoráveis estão entre os dias 1 de janeiro e 26 de julho e 27 de outubro e 4 de dezembro.

 ## TOURO (21/04 A 20/05) – REGENTE VÊNUS

Primeiro decanato: 21/04 a 30/04
Segundo decanato: 01/05 a 10/05
Terceiro decanato: 11/05 a 20/05

PANORAMA GERAL

Vamos viajar? E antes que você torça o nariz pensando no trabalho, já adianto que nem vai precisar se levantar da cadeira! Meu convite é para que você volte sua máquina do tempo até meados de 2011. A partir desse período (e durante os próximos 12 meses), tente lembrar o que você começou de importante, quais oportunidades surgiram em sua vida que de alguma maneira mudaram o rumo das coisas. Se não houve nada assim tão significativo, ao menos algo deve ter acontecido para ampliar seus horizontes. Lembrou?

Então agora pense em como está hoje. O que você vive no momento que é consequência daquilo que começou alguns anos atrás? Saiba, portanto, que agora em 2014 você terá que dar atenção a isso. De um jeito ou de outro você sentirá a necessidade de se ajustar ao momento. E por mais difícil que isso seja, se não encarar essa "reciclagem", mais cedo ou mais tarde (na verdade mais cedo) esse caldo vai entornar.

A boa notícia é que durante o primeiro semestre o céu ainda lhe empresta uma maior intuição e sensibilidade. Esteja atento às informações e cuide bem dos contatos em geral. A vida pode colocá-lo diante de pessoas interessantes e essenciais na realização de outras coisas a partir de agora. Tais pessoas podem estar mais perto do que imagina. Agora, o vizinho pode servir para mais coisas dc que o velho fornecimento de açúcar...

Esteja atento às ideias, dicas e informações vindas de qualquer canto. Isso tudo é o céu lhe mandando sinais da melhor direção a seguir. Assim, quando o segundo semestre chegar, você se livra de uma crise maior, de um período que tende a ser pelo menos mais árido para você.

Especialmente os taurinos de segundo decanato, entre 14 de março e 14 de maio, e de 5 de novembro até o final do ano, irão reviver importantes turbulências e mudanças que não podem mais ser adiadas. Na verdade, todos os taurinos estão tendo a chance de mudar o rumo de suas vidas, mas os nascidos no segundo decanato tiveram a chance de resolver isso no ano passado. E se você ainda não entendeu o recado, o céu certamente vai lhe puxar para a realidade mais uma vez.

Carreira e Finanças:

Mas nem tudo são espinhos. Os mesmos taurinos lá de cima (os nascidos no segundo decanato) podem receber uma grande ajuda do céu entre 18 e 31 de maio, onde há grandes chances de expansão — seja com um novo emprego, promoção, desenvolvimento de projeto ou maior reconhecimento profissional. Seu dedo está verde para o trabalho! Aceite o conselho e mostre que merece fazendo um curso de reciclagem ou aperfeiçoamento.

De qualquer maneira, uma coisa é certa: os taurinos precisam estar atentos para tirar o melhor proveito da situação atual. Isso significa que as chances aparecem, as oportunidades chegam, mas nem tudo é tudo aquilo que você imaginava — ou nem tudo está ao seu alcance no momento.

Além disso, o céu também está lhe mostrando aqui que pode ser que você precise fazer alguns ajustes na carreira ou na forma como lida com seu dinheiro. Se compreender os sinais e fizer as mudanças a partir de agora, você vai viver um feliz apogeu a partir de outubro de 2017.

Sua tarefa agora é continuar desenvolvendo a capacidade de administrar bem seu tempo e seus recursos. Mesmo assim, seja mais cauteloso e flexível com seus compromissos. Sua produtividade não está "aquela Brastemp" toda.

Na dúvida, fique com aquilo que não se repetirá, ou que trará maior lucro ou mesmo aquilo que dependa mais de você do que da boa vontade dos outros para acontecer.

No que diz respeito ao bolso, o primeiro semestre é o mais indicado para se informar e até mesmo se arriscar em novos investimentos. Há chances de maiores ganhos, principalmente se você tiver alguma ligação com setores de transporte, comunicação, ensino e clientes em geral. Boas chances podem aparecer se estiver atento às oportunidades. Venda bem o seu peixe.

Por outro lado, os nascidos no primeiro e segundo decanatos devem evitar novos negócios e investimentos entre 18 de janeiro e 19 de fevereiro e de 3 de abril a 4 de maio.

O risco também deve ser calculado (e isso vale para todos) a partir do segundo semestre. Isso porque você entra em uma fase de despesas inesperadas.

Alguém pode precisar mais de você, ou você se verá diante de um compromisso importante com o qual não contava. O fato é que você será testado. Se tiver reservas, nem pense em gastar com supérfluos.

Os períodos mais favoráveis para a carreira e dinheiro estão entre 2 de fevereiro e 5 de março, 6 de abril e 3 de maio, 30 de maio e 23 de junho, 19 de julho e 12 de agosto, 6 e 29 de setembro e de 11 a 31 de dezembro.

Já os menos favoráveis são de 1 a 31 de janeiro, 6 de março a 5 de abril, 13 de agosto a 5 de setembro e 24 de outubro a 16 de novembro.

RELACIONAMENTOS:

Assim como nos anos anteriores, os taurinos (especialmente os de primeiro decanato) estão vivendo um período de maior refinamento e sintonia com as pessoas. Isso se chama empatia, e só faz bem a você — porque o aproxima das melhores pessoas.

As taurinas desse mesmo decanato, especialmente durante o primeiro semestre, sentirão uma melhoria na vida de seus parceiros, o que afeta diretamente na relação. O marido está mais carinhoso, generoso e de boa vontade. Bom, não?

O perdão também continua em pauta. A primeira metade do ano é especialmente favorável para qualquer reconciliação. Não tem problema ou situação que não seja passível de se resolver, se existir amor. Isso porque existem generosidade e a vontade genuína de ficar bem. Aqui, a "DR" purifica!

Por outro lado, os taurinos de segundo e terceiro decanato estão mais críticos. As taurinas do terceiro decanato entre janeiro e maio e de setembro a dezembro e as nascidas no segundo, entre maio e setembro, podem passar por um período de esfriamento na relação. E esse afastamento provavelmente será provocado pelo parceiro — é que a vida dele não está muito fácil...

De qualquer maneira, o céu convida os taurinos a rever sua relação. Aproveite esse período para examinar e redefinir situações em sua relação que estão resultando em instabilidade, dúvida ou insatisfação.

Especialmente o segundo semestre pode deflagrar um confronto, o que lhe causa extrema ansiedade. Mas, antes de se fechar em copas, procure descobrir consigo mesmo qual é o seu limite. Até onde você aguenta ir sem se ferir?

Os períodos mais favoráveis para as relações são de 2 de fevereiro a 5 de março, 6 de abril a 3 de maio, 30 de maio a 23 de junho, 19 de julho a 12 de agosto, 6 a 29 de setembro e 11 a 31 de dezembro.

Já os menos favoráveis são de 1 a 31 de janeiro, 6 de março a 5 de abril, 13 de agosto a 5 de setembro e 24 de outubro a 16 de novembro.

SAÚDE:

A pressão de Saturno pode concretamente trazer problemas de ossos, coluna, dentes e pele. Aliás, não é de hoje que você anda sentindo na pele a idade que tem.

Especialmente os taurinos de segundo e terceiro decanatos estão vivendo uma baixa de vigor e energia, o que traz aquela chata sensação de estar carregando o mundo nas costas, sabe?

Sendo assim, fique firme na missão de administrar bem sua energia, visando à saúde a longo prazo. Isso significa também você não ignorar qualquer sintoma ou mesmo deixar que dores e dificuldades atrapalhem sua vida. Cuide dos sintomas no seu início — isso o livrará de algumas doenças crônicas.

Uma grande ajuda que você dá a si mesmo é encontrar alguma maneira de aliviar as tensões do dia a dia — seja através de exercício ou mesmo de um hobby. Libertar-se de sentimentos ruins (como mágoa, apego, raiva ou desconfiança) é outra boa ideia para deixar o corpo mais leve. Se precisar de ajuda, procure uma terapia.

Os eclipses solares de 29 de abril e de 23 de outubro afetarão especialmente os nascidos no primeiro decanato, trazendo a necessidade de ser firme em relação a hábitos mais saudáveis. Durante essa fase (que dura seis meses após cada eclipse) será mais fácil recair em hábitos que tanto custou abandonar. Evite se estressar em qualquer nível.

Para as taurinas que desejam engravidar, o primeiro semestre é o mais favorável.

Os períodos de maior energia, saúde e capacidade de recuperação estão entre 27 de outubro e 4 de dezembro.

Já os períodos de maior ansiedade, nervosismo e queda de vitalidade estão entre 2 de março e 20 de maio, 27 de julho e 13 de setembro e 5 e 31 de dezembro.

 # GÊMEOS (21/05 A 20/06) – REGENTE MERCÚRIO

Primeiro decanato: 20/05 a 31/05
Segundo decanato: 01/06 a 10/06
Terceiro decanato: 11/06 a 21/06

PANORAMA GERAL

Para o geminiano, o ano tem tudo para ir muito bem. Apesar de algumas restrições e uma tendência a maior lentidão — principalmente porque você pode estar se sentindo pressionado ou cobrado pelo mundo —, existem várias oportunidades de transformar qualquer tipo de restrição em vantagem.

Mas é bom que saiba que isso só acontece enquanto você não se deixar abater pelas críticas ou restrições. O conselho é cuidar da autoestima sendo sempre o mais positivo possível (o que pode não ser tão fácil agora), se preocupando em desenvolver sua própria criatividade e seus talentos — mas não só como fonte de prazer. Faça isso para realmente se tornar melhor em alguma coisa. Está na hora de sair da superfície se quiser ver seus planos e ideias renderem frutos.

Isso inclui se cuidar mais um pouco — inclusive da aparência. Preste atenção na imagem que você está passando para o mundo. Será que não existe algo que poderia mudar ou melhorar em si mesmo?

Uma imagem ao menos mais comprometida e segura diante do espelho (sem deixar de ser criativa e divertida) pode lhe ajudar a não se desviar dos seus propósitos e aumentar sua própria capacidade.

E é bom que saiba também que, não importa o que esteja vivendo, você acabou de começar um ciclo importante e próspero, o que lhe dá o direito de mudar ou ajustar o que tiver vontade, ou o que for preciso. Até porque alguma mudança já está anunciada (e não é de hoje) para os geminianos de segundo decanato.

Mas de um jeito ou de outro, aceite os riscos de suas escolhas, pensando que pode ser muito prazeroso viverem essa aventura.

E se tiver dúvidas sobre qual a melhor direção a seguir, tenha em mente que, das oportunidades que se abriram para você especialmente entre junho de 2012 e junho de 2013, é chegada a hora de começar a colocar em prática, ou melhor, mergulhar de cabeça no *projeto colheita*. Sim, você está em condições de levantar recursos e de se concentrar em melhorar aquilo que começou a plantar em um passado próximo.

Por isso, agora é hora de focar em soluções. Use sua curiosidade e conhecimento em prol dos seus projetos. E o que você não conseguir realizar com o material que já tem, saiba que a partir de junho o céu o convida a colocar a cara para fora da janela e aprender com pessoas e experiências enriquecedoras.

Aproveite este mesmo período para fazer planos, iniciar estudos ou correr atrás de algo que lhe faça subir um degrau.

CARREIRA E FINANÇAS:

O primeiro semestre é favorável para os geminianos que estiverem precisando voltar ou continuar a prosperar quando o assunto é dinheiro.

É tempo não somente de organizar as finanças, como também trabalhar por sua segurança e independência financeira. Se você é do tipo que só aplica no cofrinho, quem sabe não começa a estudar melhor outras formas de investimento?

Aproveite a intuição e o faro para os bons negócios e seja mais conservador na hora de cuidar do seu dinheiro. Pense que está mais do que na hora de vê-lo crescer para cuidar de você no futuro...

Mas é bom estar atento aos meses de janeiro, fevereiro e abril. Os geminianos de primeiro e segundo decanatos correm maiores riscos de ter prejuízos financeiros.

E quando o assunto é estritamente profissional, 2014 o convida a avaliar com calma e muito critério o que tem feito da sua carreira. Você realmente está exercendo sua vocação ou tem trabalhado para cumprir tabela? Essa pergunta fica muito pertinente quando enfrentamos um período de maior cobrança e menor prazer. E é isso que pode acontecer na sua profissão este ano. Portanto, se não estiver envolvido com o que realmente acredita fazer bem, a sensação será de peso, cobrança e extrema desilusão.

Por isso, olhe à sua volta e enxergue o que a vida está mostrando a você. E seja qual for sua decisão em relação à carreira, use e abuse do networking. As pessoas são a chave de uma nova fase em sua vida — também no lado profissional.

Com exceção dos meses de fevereiro e maio (para os nascidos no segundo decanato) e entre junho e julho (para os de terceiro), quando as chances que aparecem têm tudo para ser um tiro pela culatra. Seja mais do que prático e racional nesse período.

No mais, este pode ser um bom ano para fazer um curso, se aperfeiçoar ou começar algo totalmente novo em sua vida. Preste atenção em oportunidades a longo prazo. Você está em um momento de renovação e amadurecimento.

Os nascidos no segundo decanato podem sentir esse processo com mais força entre os dias 18 e 31 de maio.

No geral, as melhores épocas para começar novos negócios, apresentar projetos ou se lançar no lado profissional estão entre 6 de março e 5 de abril, 4 e 29 de maio, 24 de junho e 18 de julho, 13 de agosto e 5 de setembro e de 30 de setembro a 23 de outubro.

Já as menos favoráveis para o dinheiro e negócios vão de 1 de janeiro a 5 de março, 6 de abril a 3 de maio, 6 a 29 de setembro e de 17 de novembro a 10 de dezembro.

RELACIONAMENTOS:

Se por essas bandas a vida andar muito sem graça, pelo menos você terá o alento de saber que o mês de junho chega com a promessa da entrada de pessoas novas e realmente significativas em sua vida.

Salvo os geminianos de terceiro decanato que precisam estar de olhos e ouvidos bem atentos, entre junho e julho, não importa se está solteiro ou comprometido – a tendência é você se entusiasmar mais do que a relação (ou o outro) merece.

Mas é só isso. Porque durante o resto do ano todo, o grande conselho para os geminianos é tomar uma postura mais comprometida em suas relações.

Essa história de pular de galho em galho (com todo o respeito) e viver à superfície das relações não vai dar mais Ibope.

O lance agora é valorizar as pessoas por sua individualidade.

Sendo assim, seu grande desafio é ser especial e tornar especiais todos os afetos, todas as pessoas, todas as suas referências, personalizando as relações, assumindo compromissos e sendo fiel a eles.

Faça escolhas personalizadas, exclusivas, baseadas no que o outro tem de mais especial. Faça questão de ser escolhido também de forma exclusiva pelo que considera mais especial e único em você.

É assim que você faz diferença na vida das pessoas e permite que as pessoas façam diferença em sua vida. Permita ter a quem somar na vida!

No geral, os períodos mais favoráveis às relações, acordos e conquistas vão de 6 de março a 5 de abril, 4 a 29 de maio, 24 de junho a 18 de julho, 13 de agosto a 5 de setembro e de 30 de setembro a 23 de outubro.

Já os mais críticos vão de 1 de janeiro a 5 de março, 6 de abril a 3 de maio, 6 a 29 de setembro e de 17 de novembro a 10 de dezembro.

SAÚDE:

Assim como no ano passado, os geminianos (especialmente durante o primeiro semestre) estão mais suscetíveis às gripes, viroses e intoxicações. É recomendável, portanto, que estejam em dia com o lado emocional, pois a fragilidade interna aumenta a propensão a desenvolver doenças psicossomáticas.

Por outro lado, os geminianos de primeiro decanato passarão por um trânsito muito favorável entre os meses de janeiro e fevereiro. Durante esse período, alguns sintomas ou doenças (como manchas ou alergias) podem desaparecer de uma hora para outra.

De qualquer maneira, essa baixa de energia que se abate sobre os geminianos não se dará somente agora, mas pelos próximos 12 anos, o que continua exigindo de você uma nova postura em relação à saúde, cuidando para que seu estilo de vida seja mais calmo, ou pelo menos um pouco menos estressante.

Você já parou para perceber como vive seu dia a dia? Existe algum momento em que você faça as coisas com calma? Se a resposta for negativa, está mais do que na hora de desacelerar. Quem marca o ritmo é você. Lembre-se disso.

O céu o faz olhar com um pouco mais de carinho para suas necessidades emocionais, onde o respeito pelo corpo (e não só pela cabeça) será necessário. Algo mais fácil de se tornar realidade a partir do segundo semestre.

Para as geminianas que pretendem engravidar, o segundo semestre também é o mais indicado. Mas as nascidas no segundo decanato têm mais uma boa chance no mês de maio.

No geral, os períodos de maior ansiedade e tensão estão entre 14 de setembro e 26 de outubro e de 2 de março a 19 de maio (quando Marte está em movimento retrógrado).

Já os dias de maior saúde e vitalidade vão de 1 de janeiro a 1 de março, 20 de maio a 26 de julho e 5 a 31 de dezembro.

 ## CÂNCER (21/06 A 22/07) – REGENTE LUA

Primeiro decanato: 21/06 a 30/06
Segundo decanato: 01/07 a 11/07
Terceiro decanato: 12/07 a 22/07

PANORAMA GERAL

Nada do que foi será de novo do jeito que já foi um dia... Agora você entende o que o Lulu Santos quis dizer, não?

Pois é, não é de hoje que sua vida tem mudado. A diferença é que você pode estar tomando gosto pela coisa (mas pode deixar que eu não conto pra ninguém!).

Especialmente desde meados do ano passado o céu está lhe mostrando que nada é impossível de acontecer — isso se você estiver disposto a dar o primeiro passo. E nada como o desejo e a certeza do merecimento para tudo conspirar a favor.

E, até meados deste ano, ainda haverá essa busca pela aventura em todas as áreas da sua vida. Mas continue tendo em mente que, quanto mais generoso (consigo e com os outros), mais merecedor será.

Além da aventura, o primeiro semestre ainda colabora lhe dando maior energia, vitalidade e aumento da autoestima. E com tanto magnetismo para atrair as coisas (agora a seu favor) você passa a perceber que a realidade é você quem faz. Claro que uma ajudinha do céu não faz mal a ninguém, mas a responsabilidade de estar onde e como está não é fruto do acaso — ela é só sua. Não só das suas ações, mas de pensamentos e crenças que você cultiva dentro de si.

E aí é aquela história: as coisas acontecem porque você acredita nelas ou é porque você acredita que elas acontecem? Só o falecido *Tostines* poderia nos dizer.

Ok, isso também não importa agora. O que interessa é saber como aproveitar o melhor desse período, não? Faça algo importante por si mesmo, canceriano. E a coisa mais valiosa e duradoura que você pode adquirir na vida é conhecimento. Seja por meio de cursos, viagens ou estudos informais, seu maior legado daqui pra frente pode ser fruto de algum conhecimento adquirido agora.

Mas os cancerianos de terceiro decanato, entre 18 e 31 de maio, poderão sentir na pele a ampliação de uma estrutura já existente, a realização de alguns sonhos que você tem suado a camisa para ver acontecer. Parabéns pela conquista!

Já no segundo semestre, é hora de começar a cuidar muito bem das sementes que plantou nos últimos 12 meses. Nem tudo vai vingar, portanto escolha aquilo que você faz com maior prazer ou o que faz melhor para investir seu tempo e seus recursos. Uma boa dica para até meados do ano que vem é: busque o seu diferencial.

CARREIRA E FINANÇAS:

Aqui, o cenário não muda muito do que foi dito no panorama geral. Mas talvez valha a pena ressaltar que o crescimento que você pode estar vivendo neste momento traz consigo mudanças que certamente fogem do seu controle. Lembre-se de que uma mudança nunca vem sozinha. Sendo assim, solte as rédeas — mesmo que você se apavore diante do desconhecido.

Pense que para as coisas boas entrarem em sua vida, você há de encerrar o que está ocupando espaço. Desocupe a moita do que não serve mais para você, canceriano. Mesmo que por um momento você fique sem nenhum pássaro na mão, um deles (o mais bonito) logo vai pousar perto de você. Acredite.

Aliás, acreditar é uma boa palavra para sua carreira este ano. A fé de que você está recebendo a fartura que merece favorece inclusive os bens materiais. No entanto, cuidado para não perder o controle! Até meados do ano você pode ganhar muito mais do que de costume — mas pode gastar mais também.

Leia sobre finanças pessoais e você verá que não é porque você ganha mais que tem que aumentar o seu padrão de vida. Se fizer isso, nunca vai ser suficiente. Acredite nisso também.

Para as mulheres cancerianas de primeiro e segundo decanatos, o ano pode significar a mudança de vida ou de algo relacionado ao trabalho do marido. Atenção ao período entre 8 de fevereiro e 10 de maio. A dica para não perder o chão é encarar as mudanças ou resolver as crises que já estão instaladas na vida dele — e não é de hoje.

Já no segundo semestre, o conselho para a carreira dos cancerianos é trabalhar a segurança — já que você tenderá a recuar diante de qualquer teste.

Os dias mais favoráveis para o fechamento de negócios, investimentos e carreira estão entre 6 de abril e 3 de maio, 30 de maio e 23 de junho, 19 de julho e 12 de agosto, 6 e 29 de setembro e de 24 de outubro a 16 de novembro.

Já os menos favoráveis para dinheiro, acordos e carreira vão de 1 de janeiro a 5 de março, 4 a 29 de maio, 30 de setembro a 23 de outubro e 11 a 31 de dezembro.

RELACIONAMENTOS:

O primeiro semestre provavelmente continua imprimindo uma energia de renovação nas suas relações. Esteja você enrolado ou louco para se enroscar, o céu certamente não o deixará na mão.

Pessoas podem entrar ou sair de sua vida, mas não sem antes trazer algum aprendizado ou experiência para você enriquecer as demais relações daqui pra frente.

Isso significa que algo muito comum nesse período não é só conhecer pessoas — mas também terminar relacionamentos que já cumpriram seu papel. De repente, ficou mais fácil encerrar uma situação incômoda. Isso vale também para encarar e transpor uma crise.

Sua capacidade de sustentar sua identidade e defender seu ponto de vista é o que faz a diferença. Enfim, você cresceu!

Aproveite essa conquista para escolher ou viver melhor suas relações daqui pra frente. Mas sabendo que uma relação não se faz em ímpar — ela é par. Além de quem você é e do que precisa, existe a parte do outro. Procure conhecer e respeitar.

Lembre-se sempre de que a gente atrai os semelhantes — porque projeta no outro aquilo que mais gosta ou despreza em si mesmo. Em qual dos lados você vai querer vibrar?

Para os cancerianos de terceiro decanato, o período entre 18 e 31 de maio é favorável às uniões — especialmente a oficialização delas.

Por outro lado, os nascidos no segundo decanato devem evitar lidar com processos de casamento ou divórcio entre os meses de janeiro e fevereiro, e depois, entre abril e maio.

Os períodos mais favoráveis para amor, conquistas e entendimento estão entre 6 de abril e 3 de maio, 30 de maio e 23 de junho, 19 de julho e 12 de agosto, 6 e 29 de setembro e de 24 de outubro a 16 de novembro.

Por outro lado, fique bem quietinho e evite confrontos entre 1 de janeiro e 5 de março, 4 e 29 de maio, 30 de setembro e 23 de outubro e de 11 a 31 de dezembro.

SAÚDE:

O primeiro semestre vem no embalo do ano anterior, dando aos cancerianos uma grande injeção de energia e entusiasmo. Mais um motivo para estar com a mente equilibrada, caso contrário a ansiedade pode tomar conta, influenciando inclusive nos pontos da balança. Esteja atento aos limites do seu corpo. Os músculos também precisam ser bem cuidados.

Entre janeiro e fevereiro e abril e maio, os cancerianos de segundo decanato devem evitar qualquer tipo de cirurgia ou tratamentos radicais. Isso porque o período de recuperação pode se estender mais do que o normal.

O mesmo vale entre junho e julho para os nascidos no terceiro decanato. Estes passarão por um período de maior negligência em relação à saúde. Lembre-se de que as doenças começam em níveis muito mais superficiais do que os físicos. Por isso, cuide do que vai na mente, em como vive (e cura) as emoções para não castigar o corpo e fazê-lo sofrer depois.

Já os nascidos no primeiro decanato viverão um trânsito muito benéfico entre os meses de janeiro e fevereiro, onde há maiores chances de recuperação de saúde, melhoria no estado geral ou mesmo o desaparecimento de sintomas — como manchas e alergias, por exemplo.

Use o segundo semestre para buscar um estilo de vida mais saudável, sem deixar de ser prazeroso. Uma coisa puxa a outra — por isso, puxe o que faz bem e verá os resultados positivos em todas as áreas da sua vida.

Para as cancerianas que desejam engravidar, podem apostar no primeiro semestre para realizar este sonho.

No geral, os períodos de maior energia, saúde e disposição estão entre 27 de julho e 13 de setembro.

Já os períodos de maior ansiedade e nervosismo estão entre 1 de janeiro e 26 de julho e de 27 de outubro a 4 de dezembro.

♌ LEÃO (23/07 A 22/08) – REGENTE SOL

Primeiro decanato: 23/07 a 01/08
Segundo decanato: 02/08 a 11/08
Terceiro decanato: 12/08 a 22/08

PANORAMA GERAL

Mesmo que o mundo pareça ter entrado em guerra justo contra você (e sem entrar no mérito se isso é um fato ou apenas impressão sua), pare desde agora de se preocupar. Porque se tem uma coisa certa nessa vida é que nada vai ficar como está — e pra você, um novo ciclo começa em julho deste ano.

O segundo semestre marca uma energia de abertura e novidades, que vem com muita força, influenciando todos os leoninos. Por isso é hora de recomeçar (não importa o quê) e de uma maneira mais gostosa, produtiva e sem aquela sensação chata de estar carregando o mundo nas costas. É tempo de prosperar.

Especialmente porque o intrépido Urano se junta a Júpiter, o que significa que você terá não só a sorte ao seu lado, mas também as oportunidades. É o famoso estar no lugar certo, na hora certa. E isso não tem preço!

Por isso, é muito importante ser ainda mais inteligente e estratégico. Trace um norte, um caminho ou pelo menos um desejo para ter onde mirar. Caso contrário, tudo o que você conseguirá neste período é uma tremenda sensação de angústia e ansiedade — porque certamente muitas portas vão se abrir, e você têm que saber em qual vai entrar...

Até lá, nada de queimar neurônio. Durante o primeiro semestre o céu lhe pede para ter fé. Não se acanhe em sonhar e desejar coisas novas. Principalmente quando estiver diante de uma situação desconhecida ou preocupante, sua melhor saída será confiar que as coisas estarão ao seu favor. Até porque assim é que o universo conspira a favor. Quando você achar que está perdido é que estará de fato "encontrado".

Siga a filosofia Zeca Pagodinho sabendo que o acaso o levará para os caminhos corretos. Depois, quando estiver diante do que queria, aí sim é tempo de trabalhar duro e mostrar que é merecedor.

É importante lembrar também que os nascidos no terceiro decanato estarão vivendo uma fase importante de mudanças — a tal da revisão de processos que falamos para os leoninos de primeiro e segundo decanato no ano passado.

E se quiser relembrar essa mesma sensação de renovação vivida nesses últimos tempos, volte sua máquina do tempo até meados de 2002 a 2003. O que mudou na sua vida desde aquela época? Quais portas se abriram? E como você aproveitou essas oportunidades? E, independentemente de ter sido bem-sucedido ou não, é importante definir quais atitudes você tomou para que esse resultado acontecesse. Aí é só repetir ou consertar o que não deu certo na outra vez.

CARREIRA E FINANÇAS:

Não sei se alguém chegou a lhe contar isso, mas para alcançar o pote de ouro no final do arco-íris há que suar a camisa. Por isso, prepare-se para um primeiro semestre mais árido — especialmente na sua carreira.

O período entre 18 de janeiro e 19 de fevereiro e de 3 de abril a 4 de maio é de alerta para os leoninos de segundo decanato, que devem se preparar para um período de cobrança muito maior. Por isso, é melhor que cumpra com tudo o que prometer. Prazos, metas, negócios e projetos devem ser muito bem estudados antes que você assuma o compromisso.

O mesmo vale para as finanças, que podem viver um momento de recessão. Cobranças antigas podem ser feitas neste período.

Além disso, os mesmos leoninos tendem a viver um período de reviravoltas importantes entre 14 de março e 24 de maio e de 5 de novembro até o fim do ano. Tudo indica que serão em seu ambiente de trabalho ou rotina.

Os nascidos no primeiro decanato se juntam aos de segundo no alerta entre 8 de fevereiro e 10 de maio e de 7 a 23 de agosto para terem atenção a chances e promessas que aparecem do nada — mesmo que pareça muito promissor, pense em assumir riscos calculados.

Mas o que mais importa entender agora (e isso vale para todos os leoninos) é que você está prestes a inaugurar uma nova (e tudo indica que importante) fase em sua vida. Mas para que algo novo possa entrar, é preciso abrir espaço e ter coragem de se transformar. A lagarta não vira borboleta à toa, não é? Permita que a vida lhe mostre o que deve ser cortado. Acelere o processo de encerramento sem medo.

No geral, as melhores épocas para carreira, negócios e finanças estão entre 4 e 29 de maio, 24 de junho e 18 de julho, 13 de agosto e 5 de setembro, 30 de setembro e 23 de outubro e de 17 de novembro a 10 de dezembro.

Já as menos favoráveis para o dinheiro e negócios vão de 6 de março a 5 de abril, 30 de maio a 23 de junho e 24 de outubro a 16 de novembro.

RELACIONAMENTOS:

Apesar de o segundo semestre significar não somente o início de um ciclo e a chance de ver entrar pela sua porta novas pessoas, novas oportunidades e de quebra realizar alguns sonhos (não só individuais, como também a dois), por outro lado ainda existirá uma cobrança interna muito grande. Isso significa que não adianta perfumar o que está cheirando mal. Antes de aproveitar a boa fase que vem pela frente, é importante você se preparar, fazendo uma reforma íntima. Para isso, não se leve tão a sério. Só assim você consegue se transformar naquele que deseja (e precisa) ser.

De qualquer maneira, especialmente a partir de março, o céu lhe traz grandes chances de viver relacionamentos muito benéficos, sejam novos, antigos ou ensaiados. E o melhor é que você se sentirá livre para se expressar, poder ser quem é, porque é aceito e acolhido do jeitinho que você é. Para isso, fique atento aos amigos e pessoas disfarçadas de cupido.

As leoninas em geral tendem a ver uma melhora de vida para os seus parceiros — especialmente a partir de julho. É nessa época também que as mulheres deste signo estarão ainda mais férteis. É a vida que se amplia.

De qualquer jeito, todos os nativos deste signo voltam a ver o Sol ofuscando seus corações. Aproveite a injeção de autoestima para buscar o que você precisa para a vida valer a pena — ser feliz. Isso inclui também sair de uma relação, se for de sua vontade.

No geral, a melhor época para o amor está entre 4 e 29 de maio, 24 de junho e 18 de julho, 13 de agosto e 5 de setembro, 30 de setembro e 23 de outubro e de 17 de novembro a 10 de dezembro.

Já as menos favoráveis para conquistas e reconciliações vão de 6 de março a 5 de abril, 30 de maio a 23 de junho e 24 de outubro a 16 de novembro.

SAÚDE:

Pelo menos até julho os leoninos de terceiro decanato (os demais já viveram isso no ano passado) enfrentam uma baixa na vitalidade, por isso a sensação é de carregar o mundo nas costas. Não sei dizer se realmente o peso da responsabilidade aumentou ou se foi você que de certa maneira enfraqueceu. Isso, se não for tratado internamente, provavelmente será sentido no corpo — acarretando desde cansaço nas pernas e tensões musculares até problemas cardíacos.

Por isso, assim como no ano passado, é indicado fazer reposição energética com vitaminas, sais minerais ou aminoácidos. De qualquer forma, o mais importante é respeitar os limites do corpo e aumentar o tempo de descanso.

Quer mais um conselho para se fortalecer novamente? Procure viver uma vida mais regrada e saudável. É dica batida, mas pra você vale como nunca — especialmente a partir de julho. Isso porque com a entrada de Júpiter no seu signo, a tendência é desrespeitar os limites do seu próprio corpo. Você está crente de que tem uma força que na verdade não tem. Isso vale também na sua relação com a balança. Cuidado com a maior tendência a ganhar peso.

Cuide também da saúde mental — ela aguentará o tranco dos males físicos.

Para as leoninas que desejam engravidar, aproveitem o segundo semestre. Não tem hora melhor!

Os períodos de menor vitalidade, onde não é indicado marcar procedimentos cirúrgicos, estão entre 2 de março e 19 de maio, 27 de julho e 13 de setembro e de 27 de outubro a 31 de dezembro.

Já os períodos de maior energia e saúde estão entre 1 de janeiro e 1 de março, 20 de maio e 26 de julho e de 14 de setembro a 26 de outubro.

 ## VIRGEM (23/08 A 22/09) – REGENTE MERCÚRIO

Primeiro decanato: 23/08 a 01/09
Segundo decanato: 02/09 a 11/09
Terceiro decanato: 12/09 a 22/09

PANORAMA GERAL

Se o ano passado já foi bom, este ano pode ser ainda melhor. Isso porque, assim como da metade do ano pra cá, os virginianos em 2014 ainda terão grandes chances de realizar sonhos importantes e de grande crescimento (em todas as esferas da vida). Na verdade, você começa a colher muito do que plantou de uns anos para cá — mais precisamente a partir de 2004.

No entanto, é preciso estar atento às oportunidades, porque elas poderão surgir, mas não sem que você mexa os seus pauzinhos... Esteja certo de que muito depende só de você para acontecer.

Por isso é tão importante ficar atento ao seu networking. O melhor que você tem a fazer é se fazer lembrar, sempre. É assim também que você acaba chamando atenção para si e atraindo os benefícios para o seu lado.

Ainda bem que agora carisma e magnetismo não serão um problema — você está batendo um bolão! Bom, pelo menos durante o primeiro semestre.

Mas nem só de sombra e água fresca vive um bom virginiano. Você bem sabe que muitas de suas glórias (na verdade a maior parte delas) são à custa de muito suor e sacrifício. Sendo assim, saiba que o esforço em se ajustar a algumas crises vividas entre 2012 e 2013 não foi em vão.

Se no ano passado você já entrou em um processo de sedimentação, estabilização e sustentação de sua identidade, agora os outros começam a respeitá-lo e valorizá-lo por isso.

Ainda assim, a ansiedade e a tendência a ser reativo podem tirá-lo do melhor caminho. Lembre-se de que o mais acertado é usar a prudência, conciliação, o equilíbrio e a razão — pura e simples, porque é livre de julgamentos. Pois é, quem disse que era fácil?

Fazendo isso, você terá grandes chances de viver um processo importante de amadurecimento, principalmente porque aprenderá a resolver seus problemas de modo definitivo.

E uma coisa é certa: para tudo existe um jeito. E você, mais do que nunca, saberá arrumar o melhor caminho, até porque continua produtivo e com uma capacidade invejável de transformar problemas em soluções inovadoras. Quem sabe você até não começa a torcer para que as coisas deem errado? Pelo menos um pouquinho...? Não mesmo?

Carreira e Finanças:

Ainda tem muita água para correr debaixo da sua ponte... Por isso não descarte nada assim tão depressa. O céu pode sempre surpreendê-lo na última hora.

E antes que você comece a sentir calafrios por conta desse lado um tanto instável, saiba que não estará sozinho. Se cuidar bem dos seus contatos, terá sempre alguém a postos para ajudá-lo. Use sua intuição e sensibilidade (sim, você também as tem!) para acionar a pessoa certa na hora certa.

O que me faz lembrar outra grande dica para este ano. Quanto mais você particularizar, personalizar e individualizar o que entrega como trabalho, mais reconhecido e valorizado será. Não tenha vergonha de querer agradar. Lembre-se de que você não é só o que faz ou como faz, portanto tem que aproveitar mais do que nunca que o momento é de ser valorizado também por quem você é.

Mas nem tudo são flores. Para os virginianos de primeiro e segundo decanatos (principalmente para os últimos), um trânsito complicado entre 8 de fevereiro e 10 de maio atenta para tomar cuidado com novas propostas de negócio ou trabalho. Elas podem ser arriscadas demais para você. Sendo assim, nem pense em arriscar seu dinheiro — especialmente aquele que você ainda nem tem!

Além disso, os períodos entre março e maio e novembro e dezembro podem deflagrar uma grande reviravolta para os nascidos no segundo decanato — especialmente no que diz respeito a sua carreira e patrimônio. O melhor remédio para não se perder nesse período é ter um Plano B.

De qualquer jeito, tenha em mente que só será "tirado" de você aquilo que de alguma maneira não lhe pertence — especialmente porque não está bem estruturado.

E aconteça o que acontecer, os virginianos podem ter certeza de que o céu está fazendo o possível para colocá-los de encontro com sua vocação. Siga o fluxo do que o faz feliz e do que lhe traz maior segurança — mesmo que isso a princípio não faça tanto sentido.

Os períodos mais favoráveis para a carreira e dinheiro estão entre 2 de fevereiro e 5 de março, 30 de maio e 23 de junho, 19 de julho e 12 de agosto, 6 e 29 de setembro, 24 de outubro e 16 de novembro e 11 e 31 de dezembro.

Já os menos favoráveis vão de 1 a 31 de janeiro, 6 de abril a 3 de maio, 24 de junho a 18 de julho e de 17 de novembro a 10 de dezembro.

Relacionamentos:

O ano de 2014 pode lhe trazer grandes chances de promover um maior entendimento, ou quem sabe o amadurecimento de relações estáveis ou importantes para você. Até porque não é de hoje que você vem sendo confrontado no que diz respeito a sua maneira de se relacionar.

Você deve ter percebido que tudo flui melhor quando você realmente se entrega, quando para de procurar defeito nas pessoas, situações ou relações em geral. Até aqui, é importante que você tenha aprendido que se é de sua vontade ficar junto, isso é suficiente (para ao menos tentar). Cabe a você dar e fazer o seu melhor, assim não fica com aquele gosto amargo na boca achando que podia ter feito mais. Não importa o resultado, e sim a sua capacidade de se entregar e viver o tempo e a função que aquela pessoa veio lhe trazer.

Mas você não aprendeu isso tocando flauta, não é mesmo? Especialmente os virginianos nascidos no primeiro decanato estão sentindo que por mais perfeitos que tentem ser, isso não livra suas relações de um período de crise ou instabilidade. Até porque é o outro que pode estar em dúvidas a respeito de seus sentimentos. Isso o deixa inseguro, sim, mas saber que está fazendo o seu melhor é o que pode lhe trazer paz.

De qualquer maneira, é bom que saiba que entre os meses de janeiro e fevereiro você passa por um trânsito muito favorável aos relacionamentos, onde o romantismo, a compreensão e a cumplicidade estão em alta, o que traz boas chances de colocar uma relação nos trilhos novamente.

Os solteiros (especialmente os de primeiro decanato) podem encontrar alguém durante esse trânsito. Não será necessariamente algo duradouro, mas lhes trará ao menos o encantamento típico das grandes paixões.

Um conselho: não idealize nada — aceite a pessoa e o momento, assim, do jeito que eles são. A dica também vale para os nascidos no terceiro decanato durante o mês de junho.

Já em maio, os nascidos no segundo decanato se juntam aos de primeiro para viver um novo estágio da relação. É tempo de mudar de fase!

Os períodos mais favoráveis para as relações vão de 2 de fevereiro a 5 de março, 30 de maio a 23 de junho, 19 de julho a 12 de agosto, 6 a 29 de setembro, 24 de outubro a 16 de novembro e 11 a 31 de dezembro.

Já os menos favoráveis vão de 1 a 31 de janeiro, 6 de abril a 3 de maio, 24 de junho a 18 de julho e 17 de novembro a 10 de dezembro.

SAÚDE:

Se por um lado o céu está lhe dando várias chances de crescer, prosperar e se estabilizar, por outro existe uma energia de grande ansiedade e imediatismo que pode tirá-lo dos trilhos. O segredo é se reencontrar com seu equilíbrio e moderação – o que não será mais tão fácil.

Sendo assim, aceite o conselho e respire. Pura e simplesmente. Não importa o que esteja fazendo, lembre-se de respirar com calma e profundamente. Ah, contar até dez também é outra dica boa. Por isso, a meditação e as atividades aeróbicas em geral podem ser as melhores alternativas para o seu caso.

Tais atividades também o ajudarão a se livrar da maior tendência à insônia. Ajude a si mesmo e se desconecte do mundo pelo menos duas horas antes de se deitar. Caso contrário, você tende a ficar ligado durante a noite e totalmente apático durante o dia. Produtividade e saúde zero.

Para as virginianas que desejam engravidar, o primeiro semestre é o mais favorável. Esse período também é o mais indicado aos tratamentos de saúde em geral.

Os períodos de maior energia, saúde e capacidade de recuperação estão entre 27 de julho e 13 de setembro e 27 de outubro e 4 de dezembro.

Já os períodos de maior ansiedade, nervosismo e queda de vitalidade estão entre 2 de março e 19 de maio e 14 de setembro e 26 de outubro.

Ω LIBRA (23/09 A 22/10) – REGENTE VÊNUS

Primeiro decanato: 23/09 a 01/10
Segundo decanato: 02/10 a 11/10
Terceiro decanato: 12/10 a 22/10

PANORAMA GERAL

O ano começa com uma energia de maior tensão sendo emanada para os librianos, principalmente por conta de cobranças e compromissos externos. A verdade é que muita coisa pode estar "querendo" acontecer, mas pelo menos durante o primeiro semestre você pode não dar conta de tudo como gostaria. É bem provável que você tenha que abrir mão de algumas coisas para vingar o que realmente importa.

Até junho, esteja preparado para se confrontar com seus próprios limites.

Por isso, não é hora de querer abraçar o mundo, acreditando que pode mais do que realmente consegue. É preciso encarar que existe um desajuste se formando e tentar se adaptar.

Mas isso não será tão difícil se você estiver disposto a priorizar um pouco mais a si mesmo. Você, que é tão acostumado a viver conforme toca a banda do outro, precisa começar a tocar sua própria música. Assim como no ano passado, 2014 lhe pede para desenvolver sua individualidade, singularidade e autonomia.

Não adianta mais se esconder atrás do trabalho, do parceiro, da família ou de qualquer outra coisa que não revele sua verdadeira identidade.

O que você quer? Do que você gosta? Fugir dessas respostas só irá afastá-lo mais do caminho certo.

Ok, isso é quase inédito e impossível pra você — pelo menos à primeira vista (ou até março chegar). Isso porque a partir deste mês o céu lhe traz maior clareza, consciência e lucidez sobre o caminho a seguir. Ele ilumina não só o próprio destino, como os meios para cumpri-lo.

Aproveite o entusiasmo e a motivação em alta (especialmente no segundo semestre) para dar um grande salto em direção aos seus desejos. Estenda sua canga, libriano. Você agora tem um lugar ao Sol.

Outra coisa muito importante é estar atento e cuidar bem dos amigos e dos contatos em geral. Principalmente o segundo semestre pode colocá-lo em contato com pessoas interessantes e que exerçam um papel fundamental na realização de outras coisas. Tais pessoas podem ser encontradas em ambientes de lazer ou mesmo relacionados aos estudos. Aliás, o ano é muito bom também para aprender algo novo. Vá em frente e avante — você está prestes a colher frutos importantes daqui pra frente!

CARREIRA E FINANÇAS:

Se por um lado o ano começa com uma pequena crise, por outro, sua expertise em diplomacia e jogo de cintura podem salvá-lo da maior parte dos problemas.

Provavelmente existe uma situação em sua carreira, que se iniciou lá atrás, que você já deveria ter consertado e ajustado — seja contratando um sócio, demitindo um funcionário, se preparando através de um curso, o que for.

Se você fez o dever de casa e encarou essa realidade lá atrás, menos mal. Sua crise pode não ser tão grave.

Até porque agora sua capacidade de gerenciamento de crise pode não estar em alta. Você tem a sensação de que pode conquistar o mundo (e ninguém duvida disso), mas é melhor não ir além dos seus limites (em nenhuma direção), porque da potência para a onipotência é um pulo — e aí é que seu caldo desanda.

Por isso é bom que saiba que o primeiro semestre é mais restritivo. Imagine que você tem um coador para pescar um tubarão... Deu para visualizar? É o mesmo que ter muitas oportunidades em vista, mas não ter as mesmas condições materiais, físicas, estruturais ou estratégicas para dar conta disso tudo. E daí você acaba gastando muito da sua energia sem na verdade ser tão produtivo. Invista na sua capacidade de se relacionar.

Os dias mais favoráveis para negócios, investimentos, apresentação de projetos e acordos estão entre 6 de março e 5 de abril, 24 de junho e 18 de julho, 13 de agosto e 5 de setembro, 30 de setembro e 23 de outubro e 17 de novembro e 10 de dezembro.

Já os menos favoráveis a qualquer tipo de investimento, acordos e negócios em geral vão de 1 de janeiro a 5 de março, 4 a 29 de maio, 19 de julho a 12 de agosto e 11 a 31 de dezembro.

RELACIONAMENTOS:

As amizades estão em pauta durante o ano — mais especificamente a partir do segundo semestre. Por isso, não importa o que aconteça, uma coisa é certa:

conhecer pessoas novas, nos lugares mais inusitados, pode ser uma constante na sua vida, o que por sua vez aumenta sua autoestima e pode reforçar aquela independência de que estávamos falando acima.

Mas, assim como nos últimos anos, você está no meio de uma grande transformação interna. Está certo querer coisas novas e diferentes, mas cuidado para não recair no mesmo erro — o de projetar no outro aquilo que mais quer ver brotar em você. Até porque um parceiro não sustenta tudo o que você precisa. Seu alimento interno só pode ser dado por você mesmo.

E o céu já lhe deu várias dicas dessa armadilha enquanto levava embora (ou fazia você chutar) relacionamentos que só se sustentam na aventura ou na superficialidade. Na hora em que você enxerga o outro como ele realmente é (e vice-versa), o caldo logo desanda. Uma nova lição disso pode ser dada aos librianos dos dois primeiros decanatos entre fevereiro e maio. Se antecipe ao maremoto buscando encarar as crises.

Não deixe o problema se criar, libriano. Se ele existe, é porque você ainda não tomou consciência do que precisa transformar dentro de si.

Os dias mais favoráveis para as relações, conversas e conquistas estão entre 6 de março e 5 de abril, 24 de junho e 18 de julho, 13 de agosto e 5 de setembro, 30 de setembro e 23 de outubro e de 17 de novembro a 10 de dezembro.

Já os menos favoráveis vão de 1 de janeiro a 5 de março, 4 a 29 de maio, 19 de julho a 12 de agosto e 11 a 31 de dezembro.

Saúde:

O ano começa para os librianos com o aumento do nível de ansiedade, e isso pode desencadear outros problemas que afetam a saúde. Os nascidos no segundo decanato sentirão ainda mais essa influência durante os meses de janeiro, fevereiro, abril e maio.

Sendo assim, preste atenção ao que come, além de buscar praticar atividades de relaxamento. Mais do que se exercitar, o importante é fazer algo que alivie a tensão.

De qualquer forma, é importante saber que essa tensão também deriva de uma tendência a dar uma dimensão maior aos seus problemas. Dê às coisas o peso que elas realmente têm — parece óbvio, mas não será uma tarefa tão fácil de cumprir agora.

No geral, durante todo o ano, os librianos (especialmente os de primeiro decanato) devem se precaver contra a tendência a contrair gripes, viroses e alergias alimentares ou medicamentosas. A imunidade estará um pouco mais baixa, por isso não é indicado abusar em nenhum sentido.

Evite também situações de grande estresse e a companhia de pessoas ou lugares em que você não se sinta confortável. Nesse caso, uma boa dica para curar o mal-estar é dormir ou entrar em contato com a água.

Por outro lado, o segundo semestre traz um bom reforço de energia e disposição para dar conta dos compromissos ou obrigações que no primeiro semestre estavam mais morosas para serem cumpridas.

Há uma sensação maior de felicidade, estímulo e bem-estar — e, consequentemente, a saúde melhora.

Para as librianas que desejam engravidar, o segundo semestre é o mais favorável.

Os períodos de maior energia, saúde e vitalidade estão entre os dias 1 de janeiro e 1 de março, 20 de maio e 26 de julho, 14 de setembro e 26 de outubro e 5 e 31 de dezembro.

Já os dias menos favoráveis para recuperação de cirurgias, menor vitalidade, ansiedade e nervosismo estão entre 2 de março e 19 de maio (Marte em movimento retrógrado) e de 27 de outubro a 4 de dezembro.

♏ ESCORPIÃO (23/10 A 21/11) – REGENTE PLUTÃO

Primeiro decanato: 23/10 a 01/11
Segundo decanato: 02/11 a 11/11
Terceiro decanato: 12/11 a 21/11

PANORAMA GERAL

Escorpião é um signo que vem enfrentando (e não é de hoje) mudanças significativas em todos os aspectos da vida, o que também significa um processo muito importante no curso do seu futuro. As escolhas que você tem feito, especialmente no último ano, transformarão as próximas décadas.

De qualquer maneira, desde meados do ano passado, uma luz provavelmente começou a surgir no final do túnel. Junho de 2013 pode ter significado um grande empurrão ao surgimento de boas oportunidades. E levante as mãos para o céu, pois você ainda será agraciado com essa energia até junho deste ano.

Sendo assim, cuidado com o que deseja, escorpiano — mais do que nunca, o que você projeta é passível de ser realizado.

Mais um motivo para você correr atrás do que o faz feliz. Porque se é para suar a camisa, é bom que você faça isso por quem ou o que vale a pena.

Aceite então o convite e faça um mergulho no fundo de si mesmo, a fim de descobrir o que carrega de mais forte e valioso dentro de si. Caso contrário, você pode estar acreditando ou desejando muito pouco. Você sabe que pode muito mais — não sabe?

Na dúvida, esteja aberto às novas oportunidades. Saia da toca, viaje, tire projetos da gaveta. Na verdade, quanto mais longe e distante algo lhe parecer, maiores as chances de ser bem-sucedido.

Já no segundo semestre, a cena tende a mudar. O céu pode desandar o caldo de algumas coisas que iam muito bem, obrigado. Mas para não se prejudicar ainda mais com os obstáculos que tem enfrentado, use seu maior talento — o de não fugir de uma crise.

No entanto, o grande segredo é fazer dessa sua guerra uma arte. Como? Usando a inspiração, a intuição e a grande capacidade de eliminar o que é negativo da sua vida. Não tenha medo de recuar e abandonar o que estiver lhe fazendo mal. Digo isso porque você pode atrair pessoas interesseiras e manipuladoras também.

Esse conselho vale em dobro para os escorpianos de primeiro decanato, que enfrentarão a influência de um eclipse solar a partir de 23 de outubro. Essa "faxina do mal" é ainda mais necessária quando esses escorpianos se virem diante de pessoas, situações ou emoções do passado. Cuidado com essa armadilha!

CARREIRA E FINANÇAS:

Na carreira, mais do que nunca, é hora de fazer o que gosta e gostar do que faz. E por vários motivos. Quer ver?

No primeiro semestre, é tempo de gostar do que faz. Isso porque essa é uma sensação que lhe traz segurança, além de aumentar a criatividade e produtividade. Ainda assim, as mudanças neste momento são bem-vindas. Até junho você está em uma época mais propícia para encontrar um novo emprego, alavancar uma oportunidade, diversificar ganhos ou mesmo fazer mudanças dentro da carreira de uma maneira mais leve — ou pelo menos sem consequências desastrosas — com exceção do período entre 8 de fevereiro e 10 de maio, onde as chances são suicidamente arriscadas para os nascidos no segundo decanato.

Mas logo depois, entre 18 e 31 de maio, esses mesmos escorpianos sentirão na pele essa abertura de caminhos, liberação de projetos e ampliação do seu campo de atuação.

No geral, o primeiro semestre também lhes apresenta as melhores oportunidades de investimento ou novas parcerias. No entanto, é preciso ter muito claro o que as pessoas esperam de você e o que estão lhe oferecendo, para que não haja mal-entendidos. E isso pode acontecer muito antes do que imagina — já a partir do segundo semestre.

E aí o que era novidade pode ter se transformado em realidade — e esta nunca é tão sedutora como quando estava apenas começando... Por isso, é hora de fazer o que gosta. Porque quando esse sentimento está presente, nenhum obstáculo é maior do que seu desejo. Quando a gente faz o que gosta, a solução chega — de um jeito ou de outro.

É nesse momento que você terá a oportunidade de se ajustar, de colocar em prática para ver onde estão os erros e pontos fracos. No que dá para melhorar? Fazendo esse dever de casa agora, você não dá um passo maior do que as pernas — o que por sua vez pode acabar obrigando-o a dar um passo para trás, quando já tiver feito mais da metade do percurso. Isso sim é frustrante.

Os melhores dias para negócios, acordos e finanças estão entre 1 de fevereiro e 5 de março, 6 de abril e 3 de maio, 19 de julho e 12 de agosto, 6 e 29 de setembro, 24 de outubro e 16 de novembro e de 11 a 31 de dezembro.

Já os menos favoráveis estão entre 1 e 31 de janeiro (Vênus em movimento retrógrado), 6 de março 05 de abril, 30 de maio e 23 de junho e de 13 de agosto a 5 de setembro.

RELACIONAMENTOS:

Não é de hoje que você está amadurecendo, escorpiano. E digo isso porque você agora tem tudo para aprender a conciliar paixão e individualidade. Ok, nem tanto assim — mas já dá pra perceber que você tem afrouxado um pouco as expectativas.

Mas isso também não se deu assim tão fácil. Você tem passado por várias privações e testes, que se foram bem assimilados, estão fazendo com que você conheça ainda mais sobre si mesmo — e especialmente sobre a maneira mais bem-sucedida para se relacionar. Isso, por sua vez, lhe traz maior compreensão também sobre as pessoas.

Este ano, o céu o convida a aprender mais uma importante lição — a de admitir que existe um limite de atuação pessoal. Tem uma hora que não adianta mais tentar qualquer coisa. E aí é tempo de entregar e deixar que o universo (o outro ou quem mais esteja envolvido) faça a sua parte. Reconheça que existem essas forças atuando além da sua percepção, do seu conhecimento e da sua vontade.

É aquela velha história: se tiver que ser seu, será.

E assim como no ano passado, empatia e magnetismo continuam jogando ao seu favor. Isso, aliado ao desejo de mudar de fase, pode fazer com que muitos escorpianos oficializem uma união estável ou aumentem a família — especialmente no primeiro semestre.

Aliás, os filhos, a família e a expansão desses relacionamentos estão em pauta. Aqueles que estiverem vivendo alguma transformação nesse aspecto se verão totalmente envolvidos nessa nova fase — afinal, a gente mais aprende com os filhos do que ensina a eles, não é verdade?

No geral, os melhores dias para o amor, conquistas e relações em geral estão entre 1 de fevereiro e 5 de março, 6 de abril e 3 de maio, 19 de julho e 12 de agosto, 6 e 29 de setembro, 24 de outubro e 16 de novembro e de 11 a 31 de dezembro.

Já os menos favoráveis estão entre 1 e 31 de janeiro (Vênus em movimento retrógrado), 6 de março e 5 de abril, 30 de maio e 23 de junho e de 13 de agosto a 5 de setembro.

SAÚDE:

A primeira metade do ano tende a ser mais favorável em termos de saúde e bem-estar. Nessa época, assim como em meados do ano passado, os escorpianos terão mais energia e disposição para qualquer coisa. É muito indicado, portanto, usar esse momento como uma prevenção, um tipo de carregamento de energia, se preparando assim para um período de menos vitalidade a partir do segundo semestre.

Para isso, inicie o quanto antes o hábito de praticar esportes ou atividades físicas regulares. O conselho para manter o interesse em alta é fazer algo diferente. Pode ser uma atividade entre amigos, ou com pessoas interessantes. Varie também nos lugares.

Uma boa dica é levar um tênis de corrida aonde quer que vá — assim, é só calçar e colocar o pé na estrada.

E por falar em pé na estrada, viajar pode ser o grande remédio para curar qualquer estresse ou mal-estar. Especialmente no primeiro semestre, aproveite para mudar de ares.

Ah, mas isso sem descuidar da dieta, ok? Saiba que os primeiros seis meses do ano poderão ser seus maiores inimigos quando o assunto é a balança. Quando você se der conta, o ponteiro foi lá pra cima!

Já o segundo semestre é um período que tende a acarretar um peso um pouco maior — seja no emocional ou no físico dos escorpianos. É bom que saiba desde já que a maior parte dos seus problemas de saúde pode se manifestar por consequência de preocupação excessiva, estresse e tensão.

Para as escorpianas que desejam engravidar, o primeiro semestre é o mais favorável.

Os períodos de maior vitalidade, energia e capacidade de recuperação estão entre 27 de julho e 13 de setembro e de 27 de outubro a 4 de dezembro.

Já os de maior ansiedade, nervosismo e baixa energética estão entre 5 e 31 de dezembro.

 ## SAGITÁRIO (22/11 A 21/12) – REGENTE JÚPITER

Primeiro decanato: 22/11 a 04/12
Segundo decanato: 05/12 a 14/12
Terceiro decanato: 15/12 a 21/12

PANORAMA GERAL

Lembra quando eu disse que no ano passado você estava vivendo o ápice de uma crise ou situação? Você até aqui deve ter descoberto que independentemente do que seja, uma coisa é certa: do chão você não passou. Você viveu o máximo de alguma coisa, e de certa maneira ainda estará vivendo em função dela — seja encerrando, transformando ou ajustando para que tudo fique ao seu contento.

Até junho, os sagitarianos em geral (mas especialmente os nascidos no primeiro decanato) ainda estarão vivendo aquela fase meio "míope" em relação às oportunidades. Por isso, continue dando passos curtos (tenta, vai!) e pensando bem antes de avançar para o próximo. Os demais decanatos já podem ir treinando... Isso evitará que você perca seu tempo — até porque você não tem tempo a perder, acertei?

Além disso, cuidado com situações ou oportunidades que se mostram muito sedutoras em um primeiro momento — um emprego, um negócio ou um relacionamento pode não estar sendo revelado na sua essência. É como se você estivesse esperando um milagre do santo errado.

Mas nem tudo será tão árido como pintei até agora. Pelo contrário!

Já no segundo semestre, a sorte volta a brilhar para você. Alguma coisa que você fez ou viveu seis anos atrás terá seu desdobramento. É uma continuidade de coisas que você achava que tinham se esgotado, mas que de alguma maneira, sob a forma de pessoas, assuntos, ideias ou circunstâncias, o colocam em contato com esse passado que está mais presente do que nunca. E o melhor de tudo é que as coisas meio que caem no seu colo, sabe? Cabe a você saber aproveitar.

Mas não importa qual novela esteja passando no seu "Vale a pena ver de novo". Isso porque a mensagem real que o céu está lhe mandando é: sonhe novamente, sagitariano! Faça planos, se arrisque em novas aventuras, mas sempre lembrando que, para chegar até o futuro, você tem que arregaçar as mangas agora.

Carreira e Finanças:

Se o ano passado também foi de ajustes na carreira, o primeiro semestre ainda lhe pede cautela.

Por outro lado, o segundo semestre é de bonança. Você verá que não importa o que passou, não foi em vão.

Isso porque você está diante de uma nova estrada, muito mais bonita e interessante do que aquele caminho batido que você estava seguindo até então. Agora é hora de cumprir o seu chamado — de mostrar a que veio, sabe?

Até meados do próximo ano, tenha muito cuidado com o que deseja — porque realmente pode acontecer. Os sagitarianos voltam a ampliar seu poder de alcance e a capacidade de fazer muito, não importa os recursos de que disponha. Uma promoção, um concurso, uma viagem, um curso... Não importa o que esteja almejando, saiba que com um pouco de estratégia e uma pitada de networking você vai longe. Cuide dos seus contatos e aproveite a melhoria nas relações de trabalho.

No mapa das sagitarianas que não tenham uma carreira ou projeto profissional, provavelmente verão tal crescimento e melhoria na carreira do marido ou dos filhos homens.

Este período também pode coincidir com o início de um curso superior ou mestrado.

De qualquer maneira, o magnetismo e a criatividade estão em alta — com exceção do período entre 8 de fevereiro e 10 de março para os sagitarianos de primeiro e segundo decanato. Nessa época, as chances até aparecem, mas o risco pode ser muito grande.

Por isso, este é um período perigoso para novos negócios ou qualquer tipo de especulação financeira — isso porque as coisas tendem a mudar de uma hora para outra, e não tendem a beneficiá-lo.

Entre os dias 18 e 31 de maio, os nascidos no segundo decanato já sentirão uma expansão da estrutura existente. Você cresce no emprego, cresce um projeto que esteja realizando, surgem oportunidades que lhe permitem ganhar nova projeção social. Por isso, é hora não só de ampliar seus horizontes, como de arcar com o bônus e o ônus que as novas chances lhe trazem.

Os melhores dias para acordos, negócios e investimentos vão de 6 de março a 5 de abril, 4 a 29 de maio, 13 de agosto a 5 de setembro, 30 de setembro a 23 de outubro e 17 de novembro a 10 de dezembro.

Já os menos favoráveis vão de 1 a 31 de janeiro, 6 de abril a 3 de maio, 24 de junho a 18 de julho e 6 a 29 de setembro.

RELACIONAMENTOS:

Assim como no ano passado, os sagitarianos nascidos no primeiro e segundo decanatos (principalmente os últimos) podem fazer qualquer mudança significativa que queiram em suas vidas — especialmente em suas relações. As coisas tendem a se dar sem tanta dor, sem tanta penalidade. Pelo contrário — a mudança pode trazer alívio. Saiba que ainda está em tempo!

Na verdade, o primeiro semestre todo ainda é de ajuste e adaptação.

Até que chega o segundo semestre. É bem provável que a entrada de Júpiter no signo de Leão traga com ele pessoas novas e interessantes, que façam você voltar a acreditar no amor, na alegria e no prazer de viver.

E assim como mencionado na carreira, aqui vale voltar a frisar que as sagitarianas em geral podem ver neste ano (e até meados do ano que vem) uma grande melhoria na vida do seu parceiro. Seja porque foi promovido, melhorou de grana ou mesmo saiu de uma crise pessoal, o fato é que ele também volta a sorrir — o que é meio caminho andado para melhorar ou manter uma relação feliz.

Além disso, se o desejo é aumentar a família, este é um período onde tudo conspira a favor — a fertilidade, a gravidez e a adaptação a uma nova realidade. É como se você estivesse influenciado por uma fé muito maior — na vida e na sua própria capacidade.

Ainda para as mulheres, o período entre julho deste ano até julho do ano que vem pode coincidir com a entrada de um homem importante em sua vida, ou ainda uma relação que tende a se desenvolver nos próximos anos.

Mas não importa o estado civil, este é o tempo de renovar os planos e procurar um futuro em comum com mais prazer.

Os melhores dias para as conquistas, relações e conciliações vão de 6 de março a 5 de abril, 4 a 29 de maio, 13 de agosto a 5 de setembro, 30 de setembro a 23 de outubro e 17 de novembro a 10 de dezembro.

Já os menos favoráveis vão de 1 a 31 de janeiro, 6 de abril a 3 de maio, 24 de junho a 18 de julho e 6 a 29 de setembro.

SAÚDE:

Pra você que gosta de novidade, provavelmente não vai gostar de ler a figurinha repetida que tenho para dizer sobre sua saúde. Especialmente os nascidos no primeiro decanato ainda sofrem com uma queda de vitalidade e maior apatia. A diferença é que agora você tem a chance de virar o jogo.

Para todos os sagitarianos, o ano de 2014 é do vai ou racha — até porque se não for, depois racha mesmo! Se você não buscou meios de viver uma vida mais regrada e saudável, a hora é agora.

Para ajudá-lo, pense em mudar de tática. Talvez você venha a se adaptar a uma dieta, exercícios ou tratamentos que venham com uma "recompensa" depois. É importante ter prazer no que faz, para que seu esforço não seja fogo de palha.

Saiba que especialmente entre julho deste ano até meados do ano que vem, tudo o que você não queimar vai se transformar em culote, barriga e afins.

Procure profissionais (de preferência os melhores) para ajudá-lo a pegar o gosto pela coisa. Eles também vão frear seu impulso de achar que aguenta mais do que pode (ou do que lhe faz bem). Ser mais saudável e preocupado com seu corpo e sua saúde certamente vai fazer você se enxergar de uma nova maneira — com mais amor e admiração por si mesmo.

Entre 1 de janeiro e 5 de fevereiro, os nascidos no primeiro decanato vivem um período de revitalização, inclusive com a possibilidade de ver desaparecer certos sintomas ou doenças, como manchas e alergias.

Para os nascidos no terceiro decanato, o período entre 1 de junho e 17 de julho pode ser de negligência em relação à saúde. Respeite os seus limites — e saiba que eles provavelmente são muito menores do que você pensa. Indicação de doenças hepáticas decorrentes dos excessos.

Os períodos de maior ansiedade, nervosismo e baixa energética estão entre 2 de março e 19 de maio.

Já os períodos de maior vitalidade, saúde e capacidade de recuperação estão entre 1 de janeiro e 1 de março, 20 de maio e 26 de julho, 14 de setembro e 26 de outubro e de 5 a 31 de dezembro.

 ## CAPRICÓRNIO (22/12 A 20/01) – REGENTE SATURNO

Primeiro decanato: 22/12 a 31/12
Segundo decanato: 01/01 a 09/01
Terceiro decanato: 10/01 a 20/01

PANORAMA GERAL

Os capricornianos estão, literalmente, colhendo o que plantaram — não só agora, mas desde meados do ano passado.

E isso pode ser tanto bom quanto ruim — tudo depende de como você lidou com as questões do passado ou se fez os ajustes necessários para crescer e se desenvolver.

Até junho, você estará no ápice de uma crise ou situação, porque, de alguma maneira, algo em sua vida cresceu até o ponto máximo. E agora? Ou vai, ou racha.

Mas até isso acontecer, é bom você saber que terá que conciliar questões íntimas e pessoais com sua missão, metas e ambições. Você pode viver uma fase onde é mais fácil se encolher, é mais cômodo ficar quieto, do jeito que estava.

Mas se você diz tanto que quer, se você sua tanto a camisa para conquistar, a vida está lhe dando a chance de provar a si mesmo se isso tudo é pra valer. E antes que saia sempre em frente e avante, o pulo do gato agora é outro. É hora de parar para pensar, capricorniano. Leve a vida com mais calma, com mais equilíbrio e com um pouco mais de humildade também.

Não sei se você já percebeu, mas você terá sempre o que aprender e tirar da ajuda de outras pessoas. A partir de agora (ou pelo menos durante esse ano) você evolui enquanto aprende a se relacionar com os outros, integrando seus interesses com os demais.

Se o ego prevalecer, você provavelmente enfrentará dificuldades para realizar o que quer, porque de um jeito ou de outro os obstáculos (exteriores ou interiores) vão atrapalhar seus planos.

O lado bom é que agora os nascidos no terceiro decanato (os de primeiro já viveram e os de segundo ainda estão vivendo) adentram em um momento de sedimentação, estabilização e sustentação da identidade.

Assim como no ano passado, este ano você pode continuar a trabalhar pela estabilização de seus propósitos e objetivos a médio e longo prazo.

Por isso, para onde quer que sua atenção esteja voltada, seja perseverante no intuito de definir e estabilizar o que estiver provisório ou indefinido em sua vida. Se agora não tomar forma, é porque é hora de desapegar.

Aceite o convite e entre em contato com o que é vital em sua vida, capricorniano. O que também quer dizer que, se estiver com vontade de mudar algo em sua vida, ainda está em tempo.

CARREIRA E FINANÇAS:

Pra você que não é chegado a rodeios, já vou logo avisando que durante este ano (mais precisamente durante o primeiro semestre) é muito recomendado imprimir um estilo ainda mais conservador ao investir o seu dinheiro, ou na hora de se aventurar em oportunidades novas na carreira.

Observe se essas possibilidades, principalmente as que dizem respeito ao retorno financeiro, não estão sendo superestimadas.

Segure também os gastos, pois a tendência é gastar mais do que se tem ou ser pego com as calças curtas, de uma hora pra outra. Principalmente os nascidos nos dois primeiros decanatos devem ter maior cautela durante os meses de janeiro, fevereiro e abril, evitando o fechamento de negócios ou a contração de dívidas de todo tipo. Acredite: pode não ser nada do que você estava imaginando.

O mesmo vale para os nascidos no terceiro decanato entre os meses de junho e julho. Cuidado com propostas de emprego e negócios durante esse período. Tenha pelo menos o cuidado de não trocar o certo pelo duvidoso — você pode embarcar numa furada.

Ainda para os nativos do segundo decanato, um trânsito que ocorre entre março e maio e depois volta em novembro e vai até o final do ano pode colocá-lo diante de uma grande reviravolta — que pode atingir sua carreira. Um conselho? Deixe ir embora os projetos, pessoas e ideias que estão capengando (e não é de hoje). A vida está lhe mostrando o que não está dando certo, e você não larga com medo de não aparecer nada melhor. Mas quer saber? É melhor mergulhar e esperar o socorro do que ficar agarrado no mastro esperando o barco afundar. Se antecipe ao naufrágio e ficará a salvo.

Por outro lado, o mês de maio pode significar um grande salto na carreira para os nascidos no segundo decanato. Você cresce, seus limites se ampliam e sua carreira de alguma maneira se expande. Este é o momento exato para integrar o ideal ao real. Seja organizado para aproveitar ainda mais as oportunidades que surgem nesse momento.

Bom momento também para fazer concursos, entrevistas e até cursos profissionalizantes.

No geral, os dias mais favoráveis para os negócios, acordos e finanças estão entre 1 de fevereiro e 1 de março, 6 de abril e 3 de maio, 30 de maio e 23 de junho, 6 e 29 de setembro, 24 de outubro e 16 de novembro e de 18 a 31 de dezembro.

Já os menos favoráveis vão de 1 a 31 de janeiro (com Vênus em movimento retrógrado), 4 a 29 de maio, 19 de julho a 12 de agosto e 30 de setembro a 23 de outubro.

RELACIONAMENTOS:

Os capricornianos devem saber que, qualquer mudança séria que queiram fazer em suas vidas — e isso inclui as relações —, é recomendado que o façam agora. Isso porque a mudança tende a se dar sem dor, sem penalidade ou sem custar tanto para você e para as pessoas diretamente envolvidas.

Isso acontece porque você está passando por um período de ajustes e adaptação. Quer dizer, não necessariamente de ajustes. Na verdade, essa fase já passou, deixando você sem muita escolha a partir de agora.

Para as capricornianas solteiras, o primeiro semestre ainda pode indicar a entrada de um homem em sua vida — alguém ligado, quem sabe, ao exterior, ou que trabalhe com direito, causas sociais ou educação, por exemplo.

De qualquer maneira, não só as capricornianas, mas todos os nativos deste signo estão com um magnetismo e poder de atração maior. A tendência é até atrair pessoas melhores do que você — inclusive em termos sociais e econômicos.

Mas para quem estiver em uma relação estável, o primeiro semestre tende a influenciar uma das partes. Se não é você que está em crise, provavelmente você está projetando isso para o seu parceiro, que pode estar insatisfeito, querendo buscar novos horizontes.

Portanto, é bom tirar a prova com sinceridade e abertura para ouvir o que o outro sente. Assim, você não poderá dizer que ninguém o avisou...

Se estiver em alguma situação litigiosa, esteja preparado: as coisas tendem a não estar favoráveis para o seu lado — especialmente no primeiro semestre.

Se puder evitar, fique longe de brigas e confrontos diretos — seja com parceiros amorosos ou profissionais. Seu "oponente" está tão forte quanto você.

Os períodos mais favoráveis para as conquistas e relações em geral estão entre 1 de fevereiro e 1 de março, 6 de abril e 3 de maio, 30 de maio e 23 de junho, 6 e 29 de setembro, 24 de outubro e 16 de novembro e de 18 a 31 de dezembro.

Já os menos favoráveis estão entre 1 e 31 de janeiro (Vênus em movimento retrógrado), 4 e 29 de maio, 19 de julho e 12 de agosto e de 30 de setembro a 23 de outubro.

Saúde:

Assim como no ano passado, sua saúde física tende a estar estreitamente relacionada ao bem-estar mental.

Doenças de fundo nervoso, como ansiedade e depressão, podem pegá-lo de jeito, por isso é preciso ter muito cuidado para não exaurir sua energia sem se dar conta. Tratar de questões emocionais agora também não é mais uma escolha — é de vital necessidade.

E se no geral o primeiro semestre tende a ser de menor ânimo, a segunda metade do ano pode ajudar a diminuir pelo menos a tensão e a falta de energia típicas do período anterior.

Os primeiros seis meses também nos alertam contra os abusos de toda ordem. Seja nos exercícios, compromissos, alimentos ou atividades a tendência é não respeitar os limites do seu corpo, o que pode acarretar desde acidentes e lesões musculares até diabetes, excesso de peso e problemas renais.

Ainda assim, para as capricornianas que desejam engravidar, o segundo semestre é mais favorável.

Os períodos de maior ansiedade, nervosismo e baixa energética estão entre 1 de janeiro e 26 de julho.

Já os períodos de maior vitalidade, saúde e capacidade de recuperação estão entre 27 de julho e 13 de setembro e de 27 de outubro a 4 de dezembro.

AQUÁRIO (21/01 A 19/02) – REGENTE URANO

Primeiro decanato: de 21/01 a 31/01
Segundo decanato: de 01/02 a 09/02
Terceiro decanato: de 10/02 a 19/02

PANORAMA GERAL

Durante este ano os aquarianos terão a chance de colher o que plantaram — literalmente. E isso pode ser tanto bom quanto ruim — tudo depende de como você irá lidar com algumas situações. Especialmente durante o primeiro semestre, você terá algumas oportunidades para se ajustar ou encarar os problemas que se instalaram, especialmente na sua vida cotidiana.

Você, que é tão inusitado e criativo em tudo, pode estar empacado quando o assunto é tempo X atividades. É provável que você tenha se comprometido com muita coisa de uma vez só (lembra do prazer sem economias do ano passado?). Pois é, só que agora é hora de encarar que o seu dia não vai se multiplicar em mais horas só porque você quer.

Mas o contrário também pode estar acontecendo: uma coisa de repente virou muita coisa para você, tomando mais tempo do que antes.

Saiba, portanto, que o maior problema é que sua habilidade para gerenciar o tempo e enxergar os próprios limites não está lá essas coisas...

O conselho então é se ajustar. Na dúvida, escolha ficar com aquilo que você faz com o pé nas costas — ou pelo menos com o que está mais familiarizado. Isso lhe trará mais prazer, segurança e, consequentemente, economia de tempo.

Fazendo isso, quando julho chegar — e o ápice de algo em sua vida se instalar —, você terá apenas coisas boas para aproveitar. No segundo semestre, algo em sua vida crescerá até o ponto máximo. E aí só cabe a você decidir — vai continuar olhando o mundo de cima ou vai descer ladeira abaixo?

Pelo menos os aquarianos dos dois primeiros decanatos estão com grandes chances de levar maior vantagem sobre suas escolhas. É importante, portanto, tomar uma direção na certeza de que sua escolha foi a mais acertada. É o céu colocando as circunstâncias ao seu favor.

Aproveite o benefício de Urano, que lhe traz maior liberdade para se expressar e correr atrás do que realmente lhe dá prazer.

O que, aliás, me lembra de lhe contar sobre outra coisa muito importante para esse seu ano: correr atrás de uma nova visão de vida.

Que tal mudar sua perspectiva sobre as coisas? Afrouxe um pouco o seu ponto de vista para aceitar opiniões e estruturas de pensamento mais coletivas – através de culturas, filosofias ou religiões diferentes da sua. Expanda sua mente e aceite o convite para entrar em contato com o que é vital em sua vida, aquariano. O que também quer dizer que, se estiver com vontade de mudar algo, a hora é agora.

Carreira e Finanças:

Não é à toa que você está assoberbado, afinal não é de hoje também que você tem perdido muito em produtividade e eficiência. A diferença é que agora o céu colocou-o diante da sua kriptonita — o confronto com seus próprios limites.

Mas antes que você deixe sua inteligência e criatividade correr entre os dedos, aceite o conselho e reveja a maneira como está lidando com seu dia a dia. Tudo é uma questão de transpor as dificuldades e não se deixar abater por elas.

Para os nascidos no segundo decanato, o céu pode soltar um pouco o freio entre 18 e 31 de maio, ajudando-o na liberação de projetos ou fazendo você acertar na escolha de algum curso de capacitação.

De qualquer maneira, especialmente os próximos dois anos colocarão seu mundo material em cheque, testando especialmente seus relacionamentos profissionais e a maneira como lida com seus recursos financeiros.

E se por um lado você não é dos mais organizados quando o assunto é finanças, o céu vem lhe mostrar que o dinheiro é essencial para a realização de muitos sonhos. É só uma questão de saber o que quer e se planejar para chegar lá. O resto, a vida lhe mostra.

Só não dê ouvidos (e o recado vai direto para os nascidos no terceiro decanato) às propostas e negócios feitos entre junho e julho. Não que alguém esteja querendo passá-lo para trás — mas é que o outro está empolgado demais à toa.

E voltando àquela história das relações profissionais, é bom saber se preservar, ou pelo menos evitar confrontos com colegas de trabalho ou figuras hierarquicamente superiores. Até meados de 2015 seu oponente tende a ser mais forte do que você.

Isso inclui as sociedades. É melhor ter os dois pés atrás — a menos que se tenha consciência de todos os riscos envolvidos.

Mesmo que um sócio tenha muito a acrescentar (não só em conhecimento como em inovação), existe um clima de maior tensão no ar. Por outro lado, as relações já existentes que passarem por essa fase conflitante — essas sim vale a pena manter. Isso vale também para os relacionamentos – dos quais falaremos a seguir.

No geral, os dias mais favoráveis para os acordos, finanças e carreira vão de 6 de março a 5 de abril, 4 a 29 de maio, 24 de junho a 18 de julho, 13 de agosto a 5 de setembro, 30 de setembro a 23 de outubro e 17 de novembro a 10 de dezembro.

Já os menos favoráveis estão entre 30 de maio e 23 de junho, 13 de agosto e 5 de setembro e de 24 de outubro a 16 de novembro.

Relacionamentos:

Para aqueles que já estão comprometidos em alguma relação antiga, precisarão da compreensão dos seus parceiros.

Talvez você esteja realmente mudando muito, por isso é preciso reavaliar e questionar — não só a si mesmo, como também o seu parceiro. O que ainda há em comum entre vocês? O que os une?

Por isso é tão importante que haja diálogo, troca e que vocês busquem sonhos e planos em comum — especialmente se ainda existe amor. Isso será tão necessário que pode inclusive evitar uma crise mais séria a partir do segundo semestre.

De qualquer maneira, os aquarianos em geral tendem a encontrar pessoas que vêm para ampliar seus horizontes e transformar sua maneira de enxergar as coisas — o que também pode criar insegurança na sua cara-metade.

Mas, de um jeito ou de outro, você tem nas mãos uma grande oportunidade de se aprimorar e evoluir com suas relações. Sendo assim, não fuja delas!

As aquarianas que estiverem lindas e felizes "na pista" podem não se importar de mudar de status quando derem de cara com um homem — daqueles com "H" maiúsculo — que veio para ficar e oficializar uma nova fase para o seu coração.

Os períodos mais favoráveis para as relações, conquistas e relacionamentos em geral vão de 6 de março a 5 de abril, 4 a 29 de maio, 24 de junho a 18 de julho, 13 de agosto a 5 de setembro, 30 de setembro a 23 de outubro e 17 de novembro a 10 de dezembro.

Já os menos favoráveis estão entre 30 de maio e 23 de junho, 13 de agosto e 5 de setembro e de 24 de outubro a 16 de novembro.

SAÚDE:

Pois é, com tanto limite pra encarar e crise para ajustar, não é de espantar que a saúde tenda a ficar mais vulnerável, não? Durante o ano todo (e especialmente até meados do próximo) os aquarianos sentirão uma baixa de vitalidade. A sensação é a de que você está tendo que carregar mais peso do que o normal, ou que então tudo ficou mais pesado do que era antes.

Isso, se não for tratado internamente, certamente se prolongará para o corpo físico, acarretando desde cansaço nas pernas, dores ou tensões musculares até problemas cardíacos — assim como foi dito no ano passado.

É indicado, portanto, fazer reposição energética com vitaminas, sais minerais ou aminoácidos. De qualquer forma, o mais importante é respeitar os limites do corpo e aumentar o tempo de descanso.

Durante o segundo semestre é ainda mais recomendável dar atenção ao seu corpo, respeitando seus limites. Cuidado para não exagerar no que come ou bebe, pois há uma grande tendência a acumular peso e gordura.

O exagero nos exercícios ou postura durante o dia também pode causar acidentes ou deflagrar um problema de joelho ou coluna.

Para as aquarianas que desejam engravidar, o primeiro semestre é mais favorável às tentativas.

Os períodos de maior saúde, vitalidade e capacidade de recuperação estão entre 1 de janeiro e 1 de março, 20 de maio e 26 de julho, 14 de setembro e 26 de outubro e de 5 a 31 de dezembro.

Já os dias de maior ansiedade, nervosismo e baixa energetica estão entre 2 de março e 19 de maio (Marte em movimento retrógrado) e de 27 de julho a 13 de setembro.

 ## PEIXES (20/02 A 20/03) – REGENTE NETUNO

Primeiro decanato: de 20/02 a 01/03
Segundo decanato: de 02/03 a 10/03
Terceiro decanato: de 11/03 a 20/03

PANORAMA GERAL

Quer uma boa notícia? Então fique feliz em saber que o céu tem lhe reservado os melhores momentos — e você talvez já esteja sentindo isso desde a metade do ano passado. Mas se ainda não teve essa sorte, poderá ser agraciado nos próximos seis meses.

Nesse período, os piscianos poderão viver períodos muito felizes e recompensadores.

A criatividade unida à capacidade o coloca no lugar certo e na hora certa — só que agora da maneira mais segura e duradoura.

Aproveite também a autoconfiança, o carisma e o magnetismo para não só transmitir o "melhor", mas quem sabe também inspirar as pessoas à sua volta a seguirem o mesmo caminho.

Saiba que não só a sorte, como também a força da fé e do pensamento positivo tendem a acompanhar os piscianos por todos esses meses, o que por sua vez os colocarão ainda mais próximos ao seu prazer. Na verdade, existe até uma propensão a ignorar os limites — sejam de que tipo for — quando o assunto envolver o seu prazer e sua felicidade. Com prazer agora não existe economia.

Se puder, tire umas férias durante o primeiro semestre. Mesmo que seja uma viagem curta, mudar de ares será uma das melhores coisas que pode fazer por si mesmo. Mais do que nunca, é tempo de ampliar os horizontes.

E flexível como poucos, você não há de se abater com as mudanças de rumo que os acontecimentos podem tomar. Tenha em mente que a vida é quem está lhe guiando pelo melhor caminho. Portanto, siga o fluxo, mas direcione sua busca na direção dos seus objetivos.

Um vento contrário a todos os outros que vêm soprando ao seu favor traz apenas uma sensação de maior confusão e vulnerabilidade em relação a tudo — mas especialmente às questões de ordem prática. É como se você tivesse tomado um remédio para dormir, mas durante o dia. E aí você fica *grogue*, fazendo as coisas sem muita consciência sobre elas.

Essa energia será sentida especialmente pelos nascidos no primeiro decanato (os demais sentirão tal efeito nos próximos anos).

CARREIRA E FINANÇAS:

Assim como no ano passado, os piscianos vêm vivendo uma fase muito interessante para o lado profissional que este ano continua atingindo os nascidos no segundo e terceiro decanatos.

Você vem, a cada dia, colocando mais um tijolinho em busca da construção de algo realmente sólido para o seu futuro. Saiba, portanto, que você será recompensado, pisciano.

Especialmente no primeiro semestre, é tempo de unir o sonho à realidade. Mas quem sentirá na pele esse fato provavelmente serão os nascidos no segundo decanato, entre 18 a 31 de maio.

Os demais podem ter certeza de que, tudo a que se dedicarem com afinco, seriedade e propósito bem definido, tende a ser altamente recompensador.

No entanto, cuidado com a armadilha de achar que você não está suficientemente preparado ou de que não conhece nada sobre um determinado assunto. Isso é autossabotagem. É você com medo do sucesso.

E assim como no ano passado também, aproveite para se relacionar com pessoas influentes ou hierarquicamente superiores. É muito importante prestar atenção porque muita coisa pode acontecer através dos seus contatos, amigos ou grupos dos quais faz parte.

Quanto ao dinheiro, tenha cuidado para não superestimar as oportunidades ou sua própria capacidade. Mesmo as ideias e projetos mais geniais precisam de estratégia e tempo para vingar (ou não). Sendo assim, não conte com o ovo dentro da galinha. Isso vale especialmente para os nascidos no primeiro decanato entre fevereiro e março e para os de segundo entre os meses de janeiro a maio. De onde menos se espera pode vir o erro, a cobrança ou o mal entendido.

Ainda os nascidos no segundo decanato devem se precaver com um pé de meia. Os meses de março a maio e depois de novembro ao final do ano podem significar uma mudança brusca na carreira. Mesmo que esteja contando com isso, não é aconselhável estar desprevenido financeiramente.

Os melhores dias para acordos, negócios e carreira em geral são de 01 de fevereiro a 05 de março, 06 de abril a 03 de maio, 30 de maio a 23 de junho, 19 de julho a 12 de agosto, 24 de outubro a 16 de novembro e de 11 a 31 de dezembro.

Já os menos favoráveis estão entre 01 a 31 de janeiro (vênus em movimento retrógrado), 24 de junho a 18 de julho, 06 a 29 de setembro e de 17 de novembro a 10 de dezembro.

RELACIONAMENTOS:

Assim como em meados do ano passado, os piscianos viverão um ano de maior disposição, tempo e vontade para estar presente. Existe um prazer muito grande em estar na companhia daqueles que ama. Mesmo entre amigos e nas situações de lazer, você vai querer estar perto de quem é especial para você — o que, por sua vez, atrairá pessoas novas e diferentes para a sua vida. Aliás, relações iniciadas entre 2010 e 2011 podem ter um feliz desdobramento este ano.

Mas aconteça o que acontecer, o que este ano mais tem a lhe ensinar é sobre a importância de se reinventar — não importa como e com quem. É tempo de transformar as coisas, situações, relações desgastadas para continuar evoluindo e atraindo só o que te faz bem.

Até porque, você continua vivendo um momento de grande empatia e compreensão em relação às pessoas. Isso só pode melhorar as relações já existentes ou tornar mais especiais as que acontecerem daqui pra frente.

Por outro lado, continue se cuidando para não absorver as energias ruins das pessoas. Fique atento a que tipo de influência o outro exerce sobre você e fique com aquelas que vêm para somar e multiplicar coisas boas.

Os melhores dias para conquistas e relações são de 01 de fevereiro a 05 de março, 06 de abril a 03 de maio, 30 de maio a 23 de junho, 19 de julho a 12 de agosto, 24 de outubro a 16 de novembro e de 11 a 31 de dezembro.

Já os menos favoráveis estão entre 01 a 31 de janeiro (vênus em movimento retrógrado), 24 de junho a 18 de julho, 06 a 29 de setembro e de 17 de novembro a 10 de dezembro.

SAÚDE:

Os próximos seis meses (assim como os últimos seis meses da sua vida) lhe trazem uma energia que pode ser muito bem investida em atividades variadas e exercícios físicos. É importante que você busque praticar esportes que lhe tragam prazer e bem-estar.

No entanto, também há uma tendência à busca pelo resultado rápido — o que, por sua vez, pode fazer com que você acabe ultrapassando alguns limites do seu corpo, podendo acarretar até em acidentes ou lesões físicas.

Por isso é importante respeitar os limites e o tempo que seu corpo precisa para que você veja os resultados esperados — e este tempo certamente não se dará do dia para a noite.

Não adie também a adoção de uma rotina mais equilibrada e, principalmente, de um cardápio mais saudável, já que a tendência é exagerar ou calcular mal a dose recomendada de comida e bebida, o que pode provocar alterações de peso e, consequentemente, mais problemas de saúde.

Mas nem tudo é obrigação! O primeiro semestre é também um período de maior beleza e magnetismo, o que faz muito bem ao corpo.

Os tratamentos estéticos e de beleza também são aconselhados neste período.

Por outro lado, os piscianos de primeiro decanato podem sentir uma baixa de vitalidade (e não é de hoje). Uma apatia e a tendência a somatizar problemas emocionais deve ser observada, a fim de evitar que se desenvolvam para uma doença mais preocupante.

É importante se livrar do estresse, fazendo atividades de relaxamento e ficando distante de pessoas ou situações que não lhe fazem bem. Uma terapia também é indicada.

Para as piscianas que desejam engravidar, o primeiro semestre é mais favorável às tentativas.

Os períodos de maior saúde, vitalidade e capacidade de recuperação energética estão entre 27 de julho a 13 de setembro e de 27 de outubro a 04 de dezembro.

Já os dias de maior ansiedade, nervosismo e baixa energia estão entre 14 de setembro a 26 de outubro.

CALENDÁRIO DAS FASES DA LUA
EM 2014

Obs.: Todos os horários já estão corrigidos com o horário de verão

Janeiro

Nova	01/01	09:15	10°57' de Capricórnio
Crescente	08/01	01:40	17°46' de Áries
Cheia	16/01	02:53	25°58' de Câncer
Minguante	24/01	03:20	04°08' de Escorpião
Nova	30/01	19:40	10°55' de Aquário

Fevereiro

Crescente	06/02	17:22	17°55' de Touro
Cheia	14/02	21:54	26°13' de Leão
Minguante	22/02	14:16	03°59' de Sagitário

Março

Nova	01/03	05:01	10°39' de Peixes
Crescente	08/03	10:28	17°54' de Gêmeos
Cheia	16/03	14:09	26°02' de Virgem
Minguante	23/03	22:47	03°21' de Capricórnio
Nova	30/03	15:46	09°59' de Áries

Abril

Crescente	07/04	05:32	17°27' de Câncer
Cheia	15/04	04:43	25°16' de Libra
Minguante	22/04	04:53	02°07' de Aquário
Nova	29/04	03:15	08°52' de Touro

Maio

Crescente	07/05	00:16	16°30' de Leão
Cheia	14/05	16:17	23°55' de Escorpião
Minguante	21/05	10:00	00°24' de Peixes
Nova	28/05	15:41	07°21' de Gêmeos

Junho

Crescente	05/06	17:40	15°06' de Virgem
Cheia	13/06	01:13	22°06' de Sagitário
Minguante	19/06	15:40	28°24' de Peixes
Nova	27/06	05:10	05°37' de Câncer

JULHO

Crescente	05/07	09:00	13º24' de Libra
Cheia	12/07	08:26	20º03' de Capricórnio
Minguante	18/07	23:09	26º21' de Áries
Nova	26/07	19:43	03º52' de Leão

AGOSTO

Crescente	03/08	21:51	11º36' de Escorpião
Cheia	10/08	15:10	18º02' de Aquário
Minguante	17/08	09:27	24º32' de Touro
Nova	25/08	11:14	02º19' de Virgem

SETEMBRO

Crescente	02/09	08:12	09º55' de Sagitário
Cheia	08/09	22:39	16º19' de Peixes
Minguante	15/09	23:06	23º09' de Gêmeos
Nova	24/09	03:15	01º08' de Libra

OUTUBRO

Crescente	01/10	16:34	08º33 de Capricórnio
Cheia	08/10	07:52	15º05' de Áries
Minguante	15/10	16:13	22º21' de Câncer
Nova	23/10	19:58	00º25' de Escorpião
Crescente	30/10	00:49	07º36' de Aquário

NOVEMBRO

Cheia	06/11	20:24	14º26' de Touro
Minguante	14/11	13:17	22º10' de Leão
Nova	22/11	10:33	00º07' de Sagitário
Crescente	29/11	08:07	07º06' de Peixes

DEZEMBRO

Cheia	06/12	10:28	14º18' de Gêmeos
Minguante	14/12	10:52	22º26' de Virgem
Nova	21/12	23:37	00º06' de Capricórnio
Crescente	28/12	16:33	06º56' de Áries

AS FASES DA LUA

LUA NOVA

Esta fase ocorre quando o Sol e a Lua estão em conjunção, isto é, no mesmo signo, em graus exatos ou muito próximos.

A luz refletida da Lua é menor do que em qualquer outra fase do seu ciclo.

A atração gravitacional da Lua sobre a Terra é a mais forte, e pode ser apenas comparada com a fase da Lua Cheia.

Neste momento, a Lua nasce e se põe junto com o Sol e, ofuscada pela proximidade deste, fica invisível.

Considera-se este como um período de ponto de partida, já que o Sol e a Lua estão unidos no mesmo grau. Novos começos, projetos e ideias estão em plena germinação.

Um alívio ou liberação das pressões do mês anterior nos dá a sensação de estarmos quites com o que passou e disponíveis para começar algo novo em folha. Não vamos trazer nada da fase anterior para este momento — o que era importante e nos envolvia perdeu a força. Estamos aliviados e descarregados. Qualquer direção pode nos atrair.

Todos os resíduos e expectativas do mês anterior já devem ter sido zerados, para que possamos... mudar de assunto. Como se estivéssemos inaugurando uma agenda nova.

Devemos introduzir um assunto, uma pauta, uma ideia nova em nossas vidas, e muitas coisas vão ser geradas a partir daí.

Todas as possibilidades estão presentes.

Qualquer coisa que fizermos nesta época, até mesmo uma palavra ou um pensamento, terá muito mais chance de se concretizar-se.

Pelo menos uma intenção deve ser colocada.

Qualquer coisa deve ser plantada aqui: a semente de um projeto, de um romance, de uma ideia e ou de uma planta. Nem tudo vai dar resultado, mas estamos plantando no período mais fértil possível.

Nunca podemos saber, de antemão, onde novos começos vão nos levar, mas os primeiros passos devem ser dados aqui.

O instinto está muito aguçado e o estado de alerta idem, e funcionam como um guia. A vida está se expressando na sua forma mais básica. A consciência das coisas não está muito clara e só o impulso nos orienta.

A ação ainda é muito espontânea. Não temos nem plano, nem estratégia. Só o vigor do começo.

Lidar com qualquer coisa que diga respeito a nós mesmos e não aos outros — que dependa só de nossa própria intenção e empenho e que possamos fazer por conta própria — terá mais chance.

Relacionamentos começados aqui podem ser estimulantes e muito espontâneos, mas não duradouros. Isso porque as relações neste momento são baseadas nas expectativas pessoais e não na observação de quem é o outro, ou do que a realidade pode de fato oferecer.

Ainda dentro do estilo "tudo-depende-da-motivação-pessoal", empregos, atividades e tarefas que oferecem maior autonomia, que possam ser realizados com um maior índice de liberdade, são os mais vantajosos nesta fase.

BOM PARA:

☽ Comprar casa, adquirir imóvel para investimento;

☽ Fertilidade em alta: concepção, fertilização, gestação;

☽ Comprar legumes, verduras e frutas maduros somente para consumo imediato (acelera a deterioração);

☽ Comprar flores desabrochadas somente para consumo imediato (diminui a durabilidade);

☽ Comprar legumes, verduras e frutas verdes e flores em botão (acelera amadurecimento);

☽ Criar;

☽ Relacionamentos passageiros e que servem mais para afirmação do ego;

☽ Ganhar peso;

☽ Cortar o cabelo para acelerar crescimento;

☽ Introduzir um elemento novo em qualquer esquema;

☽ Viagem de lazer;

☽ Fazer poupança;

☽ Cobrar débitos;

☽ Começar cursos;

☽ Iniciar um novo trabalho;

☽ Trabalhos autônomos, os que dependem de iniciativa pessoal e de pouca colaboração;

☽ Contratar empregados que precisam ter iniciativa própria;

☽ Começar uma construção ou uma obra;

☽ Consertar carro;

☽ Cirurgia — cinco dias antes e cinco dias depois.

DESACONSELHÁVEL:

☽ Cirurgia: no dia exato da Lua Nova;

☽ Exames, *check-ups* e diagnósticos, pois falta clareza.

LUA CRESCENTE

Ocorre quando o Sol e a Lua estão em signos que se encontram a 90 graus de distância entre si — uma quadratura —, o que representa desarmonia de qualidades.

A luz refletida da Lua é progressivamente maior.

Agora, metade da Lua pode ser vista no céu. Ela é visível ao meio-dia e desaparece à meia-noite.

É um aspecto de crise e resistência. O que quer que estejamos pretendendo passará por um teste e precisará ser defendido, sustentado e direcionado com firmeza.

Isso significa fazer opções, manter o curso das atividades e comprometer-se.

Não é hora de fugir, desistir, duvidar. Temos que aumentar nossa resistência contra as resistências encontradas. As coisas estão bem mais visíveis.

É o primeiro estágio de desenvolvimento dos nossos desejos e objetivos.

Tudo está muito vulnerável, pois há uma luta entre o que era apenas um projeto e o que pode de fato tomar forma.

Nem todas as promessas são cumpridas e nem todos os anseios são concretizados, assim como nem todas as sementes vingam.

É um período muito movimentado onde as coisas se aceleram, mas os resultados não estão garantidos, estão lutando para se impor. Os obstáculos devem ser enfrentados e ainda há tempo para qualquer mudança necessária se o crescimento estiver impedido.

O padrão que predominar na Lua Crescente é o que vai progredir durante todo o ciclo lunar, seja o de crescimento do sucesso ou de crescimento dos obstáculos.

É bom abandonarmos completamente os planos que não estão desabrochando e nos concentrarmos nas sementes que estejam crescendo.

Tudo está mais claro, delineado e definido. Temos mais certeza do que queremos, conhecemos melhor a possibilidade de realização do que pretendemos e também os problemas e as resistências à concretização de nossos objetivos.

Tanto as chances quanto os obstáculos se apresentaram.

O que ou quem quer que tenha que resistir aos nossos intentos vai aparecer e a hora é de enfrentar ou negociar.

As chances estão empatadas. A natureza de todas as coisas está lutando para vencer — até as adversidades.

Em vez de enfrentar cegamente os nossos obstáculos, pois, com isso, perderemos o fôlego, devemos reconhecer os limites e usar nossos recursos e nossas competências. Aliás, esta é a natureza das quadraturas.

Não estamos mais por conta própria ou dependendo apenas de nosso empenho pessoal. Temos que trocar com os outros e com as circunstâncias externas.

É hora de concentrar e focar os esforços. Nada de atirar em todas as direções. Por exemplo: não quebrar o ritmo, não interromper uma dieta, ou um programa de exercícios, não faltar a um compromisso, não se omitir ou se afastar de um relacionamento.

A hora é de comparecer e marcar presença. Uma ausência pode, literalmente, nos tirar do jogo.

Não ser reticente e não permitir que sejam conosco. É a melhor tática.

Devemos fazer uma proposta, tomar uma atitude, sustentar uma opinião ou, ainda, mudá-las se não estivermos encontrando eco. Também devemos mudar a tática de luta se sentirmos que perdemos força ou o alvo se distanciou.

Esta é a fase que pede mais desinibição, encorajamento e comunicação.

Sair da sombra, do silêncio e da letargia é o que vai nos fazer dar voz e formas às coisas.

Devemos insistir no que está ganhando força e aproveitar o crescimento da onda.

BOM PARA:
- Cortar o cabelo para crescimento rápido — em compensação, o fio cresce mais fino;
- Cortar o cabelo para acelerar o crescimento quando se quer alterar o corte anterior, eliminar a tintura ou o permanente;
- Tratamento de beleza;
- Ganhar peso ou aumentar o peso de qualquer coisa;
- Fazer poupança e investimentos;
- Comprar imóvel para investimento;
- Cobrar débitos;
- Viagem de lazer;
- Começar cursos;
- Iniciar novos trabalhos;
- Trabalhos de venda, contratar empregados para área de vendas;
- Acordos e parcerias;
- Romances iniciados nesta fase são mais duradouros e satisfatórios;
- Atividades físicas que consomem muita energia e vigor;
- Lançamentos;
- Noites de autógrafos, exposições e vernissage;
- Favorece mais quem empresta do que quem pega emprestado;
- Presença de público;
- Assinar contratos, papéis importantes e acordos;
- Novos empreendimentos;
- Comprar legumes, verduras e frutas maduros somente para consumo imediato (acelera a deterioração);

- ☽ Comprar flores desabrochadas somente para consumo imediato (diminui a durabilidade);
- ☽ Comprar legumes, verduras e frutas verdes e flores em botão (acelera o amadurecimento);
- ☽ Plantio de cereais, frutas e flores;
- ☽ Transplantes e enxertos;
- ☽ Crescimento da parte aérea das plantas e vegetação.

DESACONSELHÁVEL:
- ☽ Dietas de emagrecimento (é mais difícil perder peso);
- ☽ Propósitos e planos com pouca praticidade ou imaturos.

LUA CHEIA

Ocorre quando o Sol e a Lua estão em signos opostos, ou seja, se encontram a 180° graus de distância, formando uma oposição.

A luz refletida da Lua atinge o seu ponto máximo.

Agora o círculo lunar é inteiramente visível durante toda a noite. O Sol se põe a oeste e a Lua nasce na direção oposta no leste.

A atração gravitacional do Sol e da Lua sobre a Terra é a mais forte, equivalente apenas à da Lua Nova. Só que aqui essas forças operam em direções opostas sobre a Terra.

Esse é um aspecto de polarização, culminância, mas também de complementaridade dos opostos.

A Lua Cheia é um transbordamento.

Se os obstáculos surgidos na fase da Lua Crescente foram enfrentados e todas as etapas próprias do processo de crescimento foram cumpridas a tempo, no período anterior, então a Lua Cheia trará realização e culminância. Caso contrário, experimentaremos frustração, conflito e muita ansiedade.

A Lua Cheia revela o máximo de qualquer situação.

O sucesso ou o fracasso dos nossos esforços será revelado à plena luz da Lua Cheia.

O humor das pessoas está completamente alterado nesta fase.

O magnetismo da Lua Cheia influencia os níveis de água no nosso corpo e em todo o planeta, elevando-os.

Todos os frutos deveriam estar agora plenamente fertilizados e prontos para colheita. A luz não vai crescer para além desse ponto. Não se pode brilhar mais do que isso e nenhum projeto vai desabrochar para além desse nível.

Tudo chegou ao seu clímax e à sua energia máxima.

Se não estivermos preenchidos e satisfeitos, a reação de descontentamento se intensificará.

Toda iluminação que vinha crescendo e todo o campo magnético que vinha se ampliando devem ser canalizados para algo; caso contrário, a ansiedade e agitação crescerão desproporcionalmente.

As sensações e as emoções estão muito aguçadas.

Pode-se esperar mudança de tempo e marés altas devido ao aumento de força gravitacional. E também um sensível aumento do número de partos.

É comum ocorrer antecipação dos nascimentos devido ao aumento de volume de água no organismo.

O que quer que tenha que ser atraído energicamente o será aqui.

Ocorre um aumento de preocupação com os relacionamentos, pode-se mesmo ficar obsessivo com alguma relação em particular.

Em nenhuma outra fase os relacionamentos terão igual importância.

Problemas nas relações existentes, ou mesmo a falta de um relacionamento, podem nos afetar mais do que o normal.

Encontros iniciados nesta fase exigem o máximo de negociação e colaboração dos parceiros, pois é uma fase que mostra muito explicitamente as diferenças.

Viveremos as consequências internas e externas das ações iniciadas na Lua Nova.

Se fomos bem-sucedidos agora, as experiências começam a ser usadas, ampliadas, partilhadas e assimiladas.

Se o que tentamos até agora não teve forças para vingar, ou se faltou empenho para lutar pelo que desejávamos, é hora de abandonar as expectativas e voltar a tentar apenas na fase da Lua Crescente do próximo mês.

Um clima de anticlímax pode nos invadir.

As reações emocionais são mais intensas do que o normal e um sentimento de perturbação e excitação invade a alma.

É muito mais difícil manter o equilíbrio.

LUA DISSEMINADORA

É assim chamada a segunda fase da Lua Cheia, que ocorre 45° após o seu início (o que equivale a aproximadamente cinco dias depois da entrada da Lua Cheia) e permanece até o início da Lua Minguante.

Aqui é aconselhável espalhar, disseminar, desconcentrar. É favorável dispersar energia, porque os problemas também se dispersarão, mas ao mesmo tempo isso indica espalhar os recursos, partilhá-los, pensar nos outros, porque os retornos podem desdobrar-se e multiplicar-se.

Os relacionamentos criados nesta fase são bastante resistentes, mas atraem pessoas que gostam de impor seu ponto de vista a todo custo. Acabam gerando relações nas quais um dos parceiros termina cedendo e se submetendo à firme vontade do outro.

BOM PARA:

- ☾ Cortar o cabelo para crescer mais cheio com fio mais forte (volume);
- ☾ Hidratação e nutrição da pele (os poros mais dilatados absorvem melhor os nutrientes);
- ☾ Encontros sexuais;
- ☾ Encantamento e magnetismo;
- ☾ Grande presença de público;
- ☾ Atividades de muito público realizadas num ambiente externo;
- ☾ Aumento de frequência em bares, restaurantes etc. (As pessoas saem mais, tudo fica cheio);
- ☾ Atividades de comércio;
- ☾ Apresentações, shows, exposições, espetáculos, lançamentos e noites de autógrafos;
- ☾ Acelerar o amadurecimento de frutas e legumes;
- ☾ Desabrochar os botões das flores;
- ☾ Colheita de plantas curativas;
- ☾ Colheita de frutos mais suculentos;
- ☾ Pesca.

DESACONSELHÁVEL:

- ☾ Cirurgia (aumenta o risco de hemorragia, inflamação, edemas e hematomas);
- ☾ Dietas para emagrecimento (há maior retenção de líquido);
- ☾ Depilação e tinturas de cabelo (crescimento acelerado dos pelos);
- ☾ Capinar e aparar grama (crescimento acelerado do capim);
- ☾ Legumes e frutas já maduros (acelera a deterioração);
- ☾ Comprar flores (diminui a durabilidade);
- ☾ Sono (predisposição para alteração do sono e insônia);
- ☾ Cerimônias de casamento (excesso de vulnerabilidade, excitação e predisposição à discórdia);
- ☾ Pegar estrada (predispõe a aumento de acidentes);
- ☾ Sair de carro (caos e congestionamento no trânsito).

LUA MINGUANTE

A luz refletida da Lua começa progressivamente a diminuir.

Na primeira fase da Lua Minguante, ela ainda é bastante visível, mas, aos poucos, vai extinguindo seu brilho.

É a fase de menor força de atração gravitacional da Lua sobre a Terra, é o mais baixo nível de volume de água no organismo e no planeta.

O período sugere mais recolhimento e interiorização.

Devemos olhar para dentro e examinar como nos sentimos em relação às vitórias ou insucessos da Lua Cheia.

Os resultados do ciclo inteiro devem ser revistos, avaliados e resumidos agora. Devemos nos ajustar às circunstâncias que prevaleceram. É uma energia de síntese. É tempo de conciliar as coisas e terminá-las para não começar um novo ciclo com pendências.

Não é aconselhável nenhuma resistência, muito pelo contrário, a fase é de aceitação e adaptação, como se a Lua estivesse perdendo fôlego e luz. Não devemos desgastar as situações para que elas possam ser retomadas à frente.

O que não aconteceu até agora não terá mais forças para acontecer. Não temos a menor condição para uma reviravolta.

Em compensação, conflitos e crises perdem igualmente força e podem apaziguar-se e até desaparecer por completo ou perder totalmente o impacto sobre nós.

Temos mais facilidade para largar as coisas, pois estamos menos afetados por elas.

As possibilidades ficaram totalmente esclarecidas na Lua Cheia, agora sabemos o que fazer com elas.

A questão aqui é se estamos contentes com o resultado final de nossas tentativas. Se não estivermos, temos que nos ajustar à realidade. Mudar dentro para melhorar fora.

É comum nos sentirmos desorientados nesta fase.

As pessoas que não têm o hábito da introspecção e da autoanálise podem reagir negativamente a esta fase e sofrer um pouco de depressão.

As tentativas feitas na vida profissional não são muito bem-sucedidas. É melhor insistir nas atividades que já estejam em curso e que se realizem num clima de recolhimento.

Nas pessoas mais interiorizadas, só os relacionamentos mais íntimos e profundos encontram eco. Geralmente, nesta fase, formam-se relações onde um dos parceiros precisa da ajuda e conforto do outro.

Não é recomendável divulgação, lançamento de produtos ou promulgação de leis. Eles podem passar despercebidos.

LUA BALSÂMICA

É assim chamado o último estágio da Lua Minguante (que ocorre nos últimos quatro dias desta fase).

Este é um tempo de retração, restauração, cura e rejuvenescimento. O termo balsâmico quer dizer elemento ou agente que cura, suaviza e restaura.

É hora de largar a atração magnética que a Lua exerce sobre nós e nos deixarmos conduzir no vazio, na sombra. Por incrível que pareça, ficar à deriva trará os melhores resultados. Também devemos procurar fazer as coisas por elas mesmas, sem nenhum outro propósito, além de simplesmente fazê-las.

Uma energia sutil, mais suave, é filtrada, e a cura pode acontecer.

A energia psíquica está no máximo e é a intuição que nos guia.

Devemos aceitar as coisas com os resultados que se apresentarem. Tudo está na sua forma final e não vai passar disso. Colhemos o que semeamos.

É tempo de retroceder, levantar acampamento, limpar o terreno, descansar e principalmente armazenar forças para a próxima fase que em breve se inicia.

Não se começa coisa alguma, ao contrário: resolvem-se todas as pendências, senão vão perdurar pelo mês seguinte. Nestes últimos quatro dias da Lua Minguante, um clima propício à reflexão nos invade naturalmente.

As pessoas estão mais maleáveis e dispostas a fazer adaptações e conciliações.

Não é um período brilhante para entrevistas de trabalho, pois falta clareza e objetividade na expressão e definição do que se pretende realizar.

Nos relacionamentos, este é um momento de mais aceitação entre os parceiros.

BOM PARA:
- ☽ Dietas de emagrecimento (intensivas para perder peso rápido);
- ☽ Dietas de desintoxicação;
- ☽ Processos diuréticos e de eliminação;
- ☽ Cortar o cabelo para conservar o corte;
- ☽ Cortar o cabelo para aumentar o volume (fios mais grossos, pois o crescimento é lento);
- ☽ Tintura de cabelo;
- ☽ Depilação (retarda o crescimento dos pelos);
- ☽ Limpeza de pele;
- ☽ Tratamento para rejuvenescimento;
- ☽ Cirurgias;
- ☽ Cicatrização mais rápida;
- ☽ Tratamentos dentários;
- ☽ Cortar hábitos, vícios e condicionamentos;
- ☽ Encerrar relacionamentos;
- ☽ Dispensar serviços e funcionários;
- ☽ Arrumar a casa;
- ☽ Jogar coisas fora;
- ☽ Conserto de roupas;
- ☽ Limpeza de papéis;

- ☽ Pintar paredes e madeira (absorção e adesão da tinta são melhores);
- ☽ Dedetização;
- ☽ Combater todos os tipos de pragas;
- ☽ Colher frutos (os que não forem colhidos até aqui vão encruar);
- ☽ Comprar frutas, legumes e verduras maduros (retarda a deterioração). Cuidado para não comprá-los já secos;
- ☽ Comprar flores desabrochadas (retarda a deterioração). Cuidado para não comprá-las já secas;
- ☽ Poda;
- ☽ Tudo que cresce debaixo da terra;
- ☽ Plantio de hortaliças;
- ☽ Corte de madeira;
- ☽ Adubagem;
- ☽ Desumidificação, secagem e desidratação;
- ☽ Capinar e aparar a grama;
- ☽ Balanço financeiro do mês;
- ☽ Corte de despesas;
- ☽ Pegar empréstimo;
- ☽ Terminar todas as pendências;
- ☽ Romances começados nesta fase transformam as pessoas envolvidas;
- ☽ Finalizar relacionamentos;
- ☽ Quitar pagamentos;
- ☽ Fazer conservas de frutas e legumes;
- ☽ Cultivo de ervas medicinais;
- ☽ Retardar o crescimento.

DESACONSELHÁVEL:
- ☽ Inseminação, fertilização, concepção e gestação;
- ☽ Atividades de público (a mais baixa frequência de público);
- ☽ Divulgação;
- ☽ Poupança e investimentos;
- ☽ Abrir negócios;
- ☽ Lançamentos;
- ☽ Vernissage, noite de autógrafos, exibições, estreias, exposições, inaugurações;
- ☽ Conservação de frutas, verduras, legumes e flores;
- ☽ Comprar frutas, legumes e verduras verdes (ressecam antes de amadurecer);
- ☽ Comprar flores em broto (ressecam antes de desabrochar);
- ☽ Começar qualquer coisa (é uma energia de fim).

LUA E CIRURGIA

LUA MINGUANTE:
Melhor fase para procedimentos cirúrgicos. A recuperação será mais rápida do que o esperado. Há uma diminuição do nível de líquidos e fluidos corporais, favorecendo sua natural eliminação e menor tendência a inchaços.

LUA NOVA:
Evitar procedimentos cirúrgicos no dia exato da Lua Nova e no dia seguinte. Sempre há algum tipo de ocultação neste período.

LUA CHEIA:
Evitar recorrer a procedimentos cirúrgicos durante esta fase. Os fluidos e líquidos do corpo encontram-se em seu nível máximo, havendo assim maior tendência a inchaços, inflamações, hematomas e risco de hemorragia. A recuperação será mais lenta do que o previsto.

LUA FORA DE CURSO:
Nunca operar três horas antes de seu início, durante sua ocorrência e três horas depois de seu término.

PROCEDIMENTOS CIRÚRGICOS

SIGNOS FIXOS:
Há maior estabilidade tanto durante o procedimento quanto no pós-operatório de cirurgias feitas quando a Lua se encontra em Touro, Leão, Escorpião ou Aquário, exceto quando envolvem partes do corpo regidas por estes signos.

SIGNOS MUTÁVEIS:
Evitar cirurgias quando a Lua encontra-se em Gêmeos, Peixes, Sagitário e Virgem. O período sugere instabilidade, reações e comportamentos irregulares durante a cirurgia e no pós-operatório.

SIGNOS REGENTES:
Nunca operar órgãos ou partes do corpo que são regidos pelo signo onde a Lua se encontra ou pelo signo oposto a este.

SIGNOS	PARTES E ÓRGÃOS DO CORPO
Áries	Face, cérebro e região da cabeça
Libra	Rins
Touro	Garganta, tireoide, lábios e boca
Escorpião	Aparelhos urinários e genitais, intestino grosso e reto
Gêmeos	Pulmões, traqueia, laringe, faringe, mãos, braços, pernas e trompas
Sagitário	Bacia, coxa, fígado, quadril
Câncer	Estômago, abdômen, aparelho digestivo, útero, ovários
Capricórnio	Coluna, ossos, juntas, joelhos, pele, dentes, olhos, vesícula
Leão	Região lombar, coração
Aquário	Calcanhar, tornozelos, veias, vasos e capilares
Virgem	Aparelho gastrintestinal
Peixes	Pés, sistema linfático

Observação: Evitar procedimentos cirúrgicos e diagnósticos no período de **Mercúrio retrógrado**. Há maior imprecisão no resultado de exames e probabilidade de equívocos por parte dos médicos e assistentes. Não é incomum que a cirurgia precise ser refeita. (Veja os períodos em que Mercúrio fica retrógrado este ano na seção **Calendários para 2014**.)

TABELA DA LUA FORA DE CURSO
2014

Obs: Tudo que é iniciado ou que se decida nestes horários tem grandes chances de não dar certo.

Horário de verão 2013 – 00:00h de 20 de outubro à 00:00h de 16 de fevereiro

Horário de verão 2014 – 00:00h de 19 de outubro à 00:00h de 22 de fevereiro

-3 horas (horário normal)
-2 horas (horário de verão)

JANEIRO		FEVEREIRO	
INÍCIO	FIM	INÍCIO	FIM
02/01 – 09:11	02/01 – 15:02		01/02 – 01:44
03/01 – 23:46	04/01 – 14:58	02/02 – 14:34	03/02 – 02:54
06/01 – 07:44	06/01 – 17:45	04/02 – 21:14	05/02 – 07:46
08/01 – 14:21	09/01 – 00:23	07/02 – 02:49	07/02 – 16:43
11/01 – 08:58	11/01 – 10:25	09/02 – 19:08	10/02 – 04:32
12/01 – 19:33	13/01 – 22:24	12/02 – 08:51	12/02 – 17:15
16/01 – 02:52	16/01 – 11:00	15/02 – 01:13	15/02 – 05:25
18/01 – 06:51	18/01 – 23:23	17/02 – 02:04	17/02 – 15:22
20/01 – 18:55	21/01 – 10:43	19/02 – 18:52	20/02 – 00:32
23/01 – 01:50	23/01 – 19:43	21/02 – 19:09	22/02 – 07:11
25/01 – 11:55	26/01 – 01:12	24/02 – 06:25	24/02 – 10:50
27/01 – 20:01	28/01 – 03:04	26/02 – 07:51	26/02 – 11:55
29/01 – 14:47	30/01 – 02:33	28/02 – 07:54	28/02 – 11:52
31/01 – 14:44			

MARÇO		ABRIL	
INÍCIO	FIM	INÍCIO	FIM
02/03 – 08:03	02/03 – 12:39		01/04 – 02:20
04/03 – 14:30	04/03 – 16:12	03/04 – 03:43	03/04 – 08:47
06/03 – 10:54	06/03 – 23:37	05/04 – 17:30	05/04 – 18:39
09/03 – 04:52	09/03 – 10:33	07:04 – 15:13	08/04 – 06:50
11/03 – 16:50	11/03 – 23:08	10/04 – 03:25	10/04 – 19:07
14/03 – 04:23	14/03 – 11:17	12/04 – 14:11	13/04 – 05:33
16/03 – 14:08	16/03 – 21:45	15/04 – 04:42	15/04 – 13:19
18/03 – 22:06	19/03 – 06:13	17/04 – 04:09	17/04 – 18:43
21/03 – 00:11	21/03 – 12:38	19/04 – 22:18	19/04 – 22:29
23/03 – 07:40	23/03 – 17:03	21/04 – 20:20	22/04 – 01:17
25/03 – 09:34	25/03 – 19:38	23/04 – 13:10	24/04 – 03:55
27/03 – 10:13	27/03 – 21:10	25/04 – 17:02	26/04 – 07:00
29/03 – 10:43	29/03 – 22:53	27/04 – 08:01	28/04 – 11:23
31/03 – 17:06		30/04 – 12:53	30/04 – 17:55

MAIO		JUNHO	
INÍCIO	FIM	INÍCIO	FIM
02/05 – 22:21	03/05 – 03:12	01/06 – 03:32	01/06 – 22:42
05/05 – 05:45	05/05 – 14:55	03/06 – 11:41	04/06 – 11:19
07/05 – 11:56	08/05 – 03:23	06/06 – 06:12	06/06 – 23:00
09/05 – 19:08	10/05 – 14:19	08/06 – 16:46	09/06 – 07:38
11/05 – 21:50	12/05 – 22:06	10/06 – 23:20	11/06 – 12:23
14/05 – 16:15	15/05 – 02:43	13/06 – 01:11	13/06 – 14:04
16/05 – 04:43	17/05 – 05:11	15/06 – 03:35	15/06 – 14:27
19/05 – 04:02	19/05 – 06:57	17/06 – 15:07	17/06 – 15:25
20/05 – 23:59	21/05 – 09:18	19/06 – 16:05	19/06 – 18:25
23/05 – 03:25	23/05 – 13:01	21/06 – 19:23	22/06 – 00:03
25/05 – 12:57	25/05 – 18:27	23/06 – 22:48	24:06 – 08:05
27/05 – 06:09	28/05 – 01:47	26/06 – 08:56	26/06 – 18:05
29/05 – 06:58	30/05 – 11:13	28/06 – 22:02	29/06 – 05:42

JULHO		AGOSTO	
INÍCIO	FIM	INÍCIO	FIM
01/07 – 06:59	01/07 – 18:23	01/08 – 23:57	02/08 – 23:56
04/07 – 01:21	04/07 – 06:42	04/08 – 14:42	05/08 – 07:18
06/07 – 12:30	06/07 – 16:33	06/08 – 11:51	07/08 – 10:38
08/07 – 19:32	08/07 – 22:24	09/08 – 05:08	09/08 – 10:51
10/07 – 21:19	11/07 – 00:24	10/08 – 19:11	11/08 – 09:55
12/07 – 22:56	13/07 – 00:06	12/08 – 13:00	13/08 – 10:00
14/07 – 16:22	14/07 – 23:40	17/08 – 09:25	17/08 – 19:41
16/07 – 21:57	17/07 – 01:06	19/08 – 23:53	20/08 – 05:44
18/07 – 23:17	19/07 – 05:42	21/08 – 16:33	22/08 – 17:49
21/07 – 11:12	21/07 – 13:35	24/08 – 05:25	25/08 – 06:32
23/07 – 21:52	23/07 – 23:59	26/08 – 23:28	27/08 – 18:54
25/07 – 23:24	26/07 – 11:54	29/08 – 12:59	30/08 – 05:52
27/07 – 21:37	29/07 – 00:36		
31/07 – 11:47	31/07 – 13:09		

SETEMBRO		OUTUBRO	
INÍCIO	FIM	INÍCIO	FIM
01/09 – 12:39	01/09 – 14:16		01/10 – 01:40
03/09 – 15:06	03/09 – 19:14	02/10 – 13:18	03/10 – 04:59
05/09 – 12:08	05/09 – 20:58	04/10 – 15:32	05/10 – 06:24
07/09 – 14:18	07/09 – 20:46	06/10 – 16:38	07/10 – 07:06
09/09 – 16:09	09/09 – 20:33	08/10 – 11:20	09/ 10 – 08:43
10/09 – 21:57	11/09 – 22:16	10/10 – 21:48	11/10 – 12:50
13/09 – 18:56	14/09 – 03:26	13/10 – 14:58	13/10 – 20:30
15/09 – 23:04	16/09 – 12:24	15/10 – 20:26	16/10 – 07:29
18/09 – 15:38	19/09 – 00:09	18/10 – 10:09	18/10 – 20:07
21/09 – 01:33	21/09 – 12:53	21/10 – 01:29	21/10 – 09:11
23/09 – 09:14	24/09 – 00:59	23/10 – 18:52	23/10 – 19:09
26/09 – 09:38	26/09 – 11:29	25/10 – 14:11	26/10 – 02:39
28/09 – 17:30	28/09 – 19:50	27/10 – 14:18	28/10 – 08:03
30/09 – 00:28		30/10 – 01:00	30/10 – 11:51

NOVEMBRO		DEZEMBRO	
INÍCIO	FIM	INÍCIO	FIM
01/11 – 04:21	01/11 – 14:36	03/12 – 00:41	03/12 – 03:14
03/11 – 07:05	03/11 – 16:53	05/12 – 04:44	05/12 – 08:28
05/11 – 11:24	05/11 – 19:32	07/12 – 07:51	07/12 – 15:34
07/11 – 14:16	07/11 – 23:44	09/12 – 22:14	10/12 – 01:14
09/11 – 14:21	10/11 – 06:37	12/12 – 10:48	12/12 – 13:18
12/11 – 07:16	12/11 – 16:44	15/12 – 00:10	15/12 – 02:04
15/11 – 00:52	15/11 – 05:08	17/12 – 03:39	17/12 – 12:51
17/11 – 09:11	17/11 – 17:29	19/12 – 19:11	19/12 – 19:55
19/11 – 12:24	20/11 – 03:30	21/12 – 21:03	21/12 – 23:25
22/11 – 07:38	22/11 – 10:19	23/12 – 14:34	24/12 – 00:52
24/11 – 01:16	24/11 – 14:31	25/12 – 13:10	26/12 – 02:06
26/11 – 13:29	26/11 – 17:22	27/12 – 13:43	28/12 – 04:35
28/11 – 15:14	28/11 – 20:03	29/12 – 22:45	30/12 – 08:55
30/11 – 18:47	30/11 – 23:13		

LUA FORA DE CURSO

Tecnicamente, a Lua fora de curso é o intervalo que vai da hora em que a Lua forma seu último aspecto com um planeta antes de deixar um signo até o momento em que entra no signo seguinte.

Este período ficou tradicionalmente conhecido como um período infrutífero. As atividades realizadas enquanto a Lua está fora de curso geralmente não dão resultados. Isso vem da ideia de que depois de a Lua ter percorrido todos os aspectos dentro de um signo, ela ficaria sem rumo, "vazia", sem objetivo, cairia em uma espécie de vácuo, um "ponto cego", até entrar no próximo signo e começar uma nova série de aspectos com outros planetas.

Durante o período em que a Lua está fora de curso, é como se ela entrasse simbolicamente em repouso. Portanto, não acessamos o conhecimento instintivo que ela nos oferece.

As perspectivas de qualquer assunto não estão claras ou são mal avaliadas. Podemos nos sentir vagos e confusos, agindo sem objetivo ou finalidade definida ou, ainda, lidando com pessoas nessa condição. Por isso não acertamos o alvo.

Durante este período, tudo está estéril, incerto e descontínuo. Nos são negados os frutos de empreendimentos que, em outros momentos, seriam promissores.

Algumas coisas que não acontecem neste momento podem ser tentadas de novo em outra hora. Devemos usar este período para assimilar o que ocorreu nos últimos dias, antes de iniciarmos um novo curso de ação.

Por isso:

Evite: Decisões importantes, cirurgias e atividades para as quais espera desdobramentos futuros, pois as coisas podem não sair como planejadas ou podem estar baseadas em falsos julgamentos.

Dedique-se: Às atividades rotineiras; ao que já foi planejado anteriormente; aos assuntos sem maior relevância ou dos quais vocês não esperam muito.

Nota: A Lua se move 1° a cada duas horas ou duas horas e meia. Sua influência exata sobre cada planeta dura apenas algumas horas, mas, na realidade, seus efeitos podem fazer-se sentir por grande parte do dia. O início do período da Lua fora de curso baseia-se no momento do último aspecto *exato* que ela forma com um planeta, antes de entrar em um novo signo. No entanto, ela ainda estará se afastando deste planeta por algum tempo. Por isso, este período, em certos casos, pode coincidir com a formação de aspectos da Lua com outros planetas, o que não é tecnicamente preciso. Considere, portanto, os períodos fornecidos no **Calendário da Lua Fora de Curso** para evitar a escolha de uma data inadequada para a realização de atividades importantes.

ÍNDICE LUNAR DE ATIVIDADES

Consulte os melhores signos e fases lunares adequadas para as diversas atividades. Se não coincidir o melhor signo com a melhor fase para determinada atividade, dê preferência à fase lunar.

SAÚDE	Fase Lunar	Signo Lunar
Desintoxicação – Diurese – Eliminação	Ming	Vir ▪ Cap ▪ Esc ▪ Aqu
Diagnóstico e exames	Cresc	Vir ▪ Esc
Cirurgia	Ming	* Ver Lua e Cirurgia
Cicatrização mais rápida	Ming	Esc
Cura – restabelecimento	Ming	Esc
Abandonar vícios, dependências e hábitos prejudiciais	Ming	Aqu ▪ Gem ▪ Esc ▪ Cap
Mudar ou corrigir alimentação	Ming ▪ Nova	Vir ▪ Esc
Dieta de emagrecimento	Ming	Ari ▪ Vir ▪ Esc ▪ Cap ▪ Aqu
Dieta para ganhar peso	Cresc ▪ Cheia	Tou ▪ Can ▪ Leo ▪ Sag ▪ Pei
Tratamentos intensivos	Cresc	Esc
Tratamentos alternativos		Aqu ▪ Pei
Tratamento dentário	Ming	Esc ▪ Cap
Exame de vista	Nova ▪ Cresc	Vir ▪ Cap
Elevar taxas baixas	Cresc	Tou ▪ Can ▪ Sag
Reduzir taxas elevadas	Ming	Vir ▪ Esc ▪ Cap
Fisioterapia		Cap ▪ Esc ▪ Vir

ATIVIDADE FÍSICA	Fase Lunar	Signo Lunar
Exercícios físicos	Nova ▪ Cresc ▪ Cheia	Ari ▪ Gem ▪ Sag ▪ Aqu
Competições – Esportes – Maratonas	Nova ▪ Cresc	Ari ▪ Sag
Ganhar massa muscular	Cresc	Ari ▪ Sag
Condicionamento físico	Cresc	Ari ▪ Sag
Queimar	Cresc	Ari ▪ Sag

COMPRAS E CONSUMO	Fase Lunar	Signo Lunar
Presentes	Cresc ▪ Cheia	Tou ▪ Leo ▪ Lib
Artigos de luxo	Cresc ▪ Cheia	Leo
Artigos de beleza, moda e decoração	Nova ▪ Cresc	Tou ▪ Lib
Cosméticos		Tou ▪ Lib
Lingerie		Esc
Joias – Anéis		Leo
Relógios		Cap
Pulseiras – Esmaltes		Gem
Cintos – Bolsas – Artigos de couro		Lib ▪ Tou ▪ Cap
Óculos – Acessórios – Colares – Echarpes		Ari ▪ Lib ▪ Tou
Artigos originais		Aqu
Livros – Papelaria		Gem ▪ Sag
Equipamentos / telefonia	Nova ▪ Cresc	Gem ▪ Vir ▪ Sag ▪ Aqu
Delicatessen	Cresc ▪ Cheia	Tou ▪ Can ▪ Leo
Antiguidades		Can ▪ Esc ▪ Cap
Roupas de dormir		Tou ▪ Can ▪ Pei
Roupas de trabalho		Vir ▪ Cap
Roupas recicladas ou de segunda mão		Esc
Roupas esportivas – Tênis		Sag ▪ Ari
Roupas de praia – Sapatos		Pei
Roupas combinadas – Conjuntos		Lib
Objetos de valor – Bens duráveis	Cresc ▪ Cheia	Tou ▪ Leo
Carro	Nova ▪ Cresc	Ari ▪ Gem ▪ Vir ▪ Sag ▪ Aqu
Adquirir imóvel	Nova ▪ Cresc	Tou ▪ Can ▪ Cap
Pechinchas	Ming	Vir ▪ Cap
Pontas de estoque		Cap

COMPRAS PARA O LAR	Fase Lunar	Signo Lunar
Artigos domésticos – Cama, mesa e banho	Nova	Tou ▪ Can ▪ Vir ▪ Lib
Artigos de farmácia: remédios, higiene pessoal		Vir ▪ Esc
Comprar legumes e frutas maduras para consumo imediato	Nova ▪ Cresc	
Comprar legumes e frutas maduras para consumo posterior	Ming	
Comprar flores desabrochadas para uso imediato	Nova ▪ Cresc	
Comprar flores desabrochadas que duram	Ming	
Comprar legumes, frutas e flores para amadurecimento	Nova ▪ Cresc	

SERVIÇOS	Fase Lunar	Signo Lunar
Consertos	Cresc	Vir ▪ Cap ▪ Esc
Lavanderia	Cresc	Vir ▪ Esc
Tingir roupas	Ming	Vir ▪ Esc
Dedetização	Ming	Vir ▪ Esc
Delivery	Ming	Tou ▪ Can ▪ Leo
Atendimento rápido, self-service	Nova ▪ Cresc	Ari ▪ Aqu

CASA	Fase Lunar	Signo Lunar
Mudança de casa	Cresc	Tou ▪ Can
Arrumação – Faxina	Ming	Vir ▪ Esc ▪ Cap
Decorar a casa	Cresc	Tou ▪ Lib
Obras e reformas	Nova ▪ Cresc	Esc ▪ Cap
Pintura	Ming	Ari ▪ Tou ▪ Leo ▪ Aqu
Contratar serviços para a casa	Ming	Can ▪ Vir ▪ Cap
Limpeza "astral"	Ming	Pei
Reaver artigos perdidos	Nova ▪ Cresc	Esc

BELEZA	Fase Lunar	Signo Lunar
Corte de cabelo para aumentar volume	Nova para Cresc	Tou ▪ Can ▪ Leo
Corte de cabelo para crescimento rápido (fio mais fino)	Cheia	Can ▪ Pei

BELEZA	Fase Lunar	Signo Lunar
Corte de cabelo para crescimento lento (fio mais grosso)	Ming	Tou • Vir • Esc
Corte de cabelo curto	Ming	Vir
Manutenção do corte	Ming	Tou • Vir • Esc
Tintura de cabelo	Ming	Tou • Leo • Vir • Aqu
Depilação	Ming	Esc • Vir
Hidratação e nutrição da pele	Cheia	Can • Pei
Limpeza de pele	Ming	Esc • Vir
Tratamento para rejuvenescimento	Ming	Esc
SPA para beleza e relaxamento	Ming	Tou • Leo • Lib
Drenagem linfática	Ming	

FINANÇAS E NEGÓCIOS	Fase Lunar	Signo Lunar
Desfazer contratos	Ming	Vir • Lib • Esc • Cap • Aqu
Pedir empréstimo	Ming	
Cobrar débitos	Nova • Cresc	Ari
Investimentos mais conservadores e de longo prazo	Nova • Cresc	Tou • Cap
Investimentos de risco e de curto prazo	Cresc para Cheia	Ari • Sag • Aqu
Seguros	Nova • Cresc	Tou • Cap
Procedimentos jurídicos	Cresc	Lib • Sag
Especulação financeira – Apostas – Loteria	Cresc • Cheia	Leo • Sag • Pei

PROFISSÃO	Fase Lunar	Signo Lunar
Apresentação de ideias e projetos	Cresc	Ari • Gem • Sag • Aqu
Distribuição de tarefas	Cresc	Gem • Vir • Lib
Contratar e treinar funcionários	Nova • Cresc	Vir • Cap • Gem
Procurar emprego	Nova • Cresc	Tou • Gem • Sag
Pedir aumento ou adiantamento de salário	Cresc	Tou • Leo • Sag
Dispensar empregados ou serviços	Ming	Esc • Aqu • Cap
Procedimentos de controle de qualidade	Cresc	Vir • Cap
Atividades autônomas	Nova	Ari • Aqu

PROFISSÃO	Fase Lunar	Signo Lunar
Atividades em parcerias	Cresc ▪ Cheia	Lib
Reuniões de pauta		Gem ◂ Aqu
Novos empreendimentos	Nova ▪ Cresc	Ari ▪ Can ▪ Cap ▪ Lib ▪ Aqu
Lançar "moda", produtos ou serviços que precisam "pegar"	Cresc ▪ Cheia	Pei

PROCEDIMENTOS	Fase Lunar	Signo Lunar
Tomar providências – Decidir	Cresc ▪ Cheia	Ari
Organização	Ming	Vir ▪ Cap
Estabelecer prazos e orçamentos	Ming	Cap ▪ Vir
Jogar coisas fora – Limpeza de papéis	Ming	Vir ▪ Esc ▪ Cap ▪ Aqu
Envios – Fretes – Transporte – Franquias	Cresc ▪ últimos dias Cheia	Gem ▪ Vir ▪ Sag ▪ Pei
Lidar com burocracia	Ming	Vir ▪ Cap

EVENTOS	Fase Lunar	Signo Lunar
Salões – Feiras – Eventos culturais – Festivais	Cresc ▪ Cheia	Sag
Congressos – Simpósios – Palestras	Cresc ▪ Cheia	Gem ▪ Sag
Noites de autógrafos – Lançamentos – Exposições	Nova ▪ Cresc	Gem ▪ Can ▪ Sag ▪ Lib ▪ Leo
Eventos esportivos	Nova ▪ Cresc	Ari ▪ Sag
Reunir grande público	Cresc ▪ Cheia	Sag ▪ Gem ▪ Can
Reunir público selecionado	Cresc	Lib ▪ Cap

LAZER	Fase Lunar	Signo Lunar
Viagem	Cresc	Gem Sag
Sair	Cheia	Gem Leo Lib Sag Aqu
Bares – Boates – Restaurantes	Cresc Cheia	Gem Leo Lib Sag Aqu
Festas	Cresc Cheia	Gem Leo Lib Sag
Dança	Cresc Cheia	Leo Pei
Cinema – Teatro – Cultura	Cresc Cheia	Gem Lib Sag Aqu Pei
Arte	Cresc Cheia	Tou Lib Pei
Gastronomia	Cresc Cheia	Tou Can
Reunir amigos	Cresc Cheia	Gem Lib Sag Aqu

LAZER	Fase Lunar	Signo Lunar
Curtir a casa ou estar com a família	Ming	Tou Can
Praia e atividades ao mar		Can Leo Pei
Atividades ao ar livre – Espaços abertos	Cresc Cheia	Ari Leo Sag Aqu
Contato com a natureza		Tou Vir Cap
Trilhas – Caminhadas – Passeios exóticos	Nova Cresc Cheia	Ari Sag

RELACIONAMENTO	Fase Lunar	Signo Lunar
Encontros afetivos	Cresc	Lib ▪ Leo
Promover encontros	Cresc ▪ Cheia	Lib ▪ Pei
Estreitar vínculos e laços afetivos	Cresc ▪ Cheia	Can ▪ Pei
Erotismo	Cheia	Tou ▪ Esc
Romantismo	Cresc ▪ Cheia	Can ▪ Pei
Início de relacionamentos duradouros	Cresc	Tou ▪ Can ▪ Leo ▪ Cap
Início de relacionamentos que modificam a pessoa	Ming	
Início de relacionamentos em que uma das partes domina	Nova	Ari ▪ Leo
Reconciliação – Conciliação de diferenças	Cresc	Lib ▪ Pei
Esclarecimento de mal-entendidos	Nova ▪ Cresc ▪ Cheia	Ari ▪ Gem
Terminar relacionamentos	Ming	Ari ▪ Esc ▪ Aqu
Possibilidade de surgirem crises nos relacionamentos	Cheia	Ari ▪ Esc ▪ Aqu
Casamento	Cresc	Pei ▪ Tou ▪ Can ▪ Leo ▪ Lib

GESTAÇÃO	Fase Lunar	Signo Lunar
Gestação – Fertilização	Nova ▪ Cresc	
Partos mais fáceis	Cresc	
Precipitação de nascimento	Cheia	Ari ▪ Sag ▪ Aqu
Concepção de meninas	Cheia a Nova	Tou ▪ Vir ▪ Cap ▪ Can ▪ Esc ▪ Pei
Concepção de meninos	Nova a Cheia	Ari ▪ Leo ▪ Sag ▪ Gem ▪ Lib ▪ Aqu
Período fértil: 1ª metade – concepção de meninas		Tou ▪ Vir ▪ Cap ▪ Can ▪ Esc ▪ Pei
Período fértil: 2ª metade – concepção de meninos		Ari ▪ Leo ▪ Sag ▪ Gem ▪ Lib ▪ Aqu

CULTIVO, PLANTIO E NATUREZA	Fase Lunar	Signo Lunar
Capinar e aparar a grama	Ming	
Adubagem	Ming	
Transplantes – enxertos	Cresc	
Combater pragas	Ming	
Poda	Ming	
Crescimento da parte aérea das plantas	Cresc	
Para o que cresce debaixo da terra	Ming	
Cultivo de ervas medicinais	Ming	Pei
Plantio de hortaliças	Ming	
Plantio de Cereais – Frutos – Flores	Cresc	
Acelerar amadurecimento de frutas, legumes e plantas	Cheia	
Acelerar desabrochar dos brotos de flores e plantas	Cheia	
Colher frutos	Ming	
Colheita de frutos suculentos	Cheia	
Colheita de plantas curativas	Cheia	
Aceleração da secagem de produtos e desidratação	Ming	Ari
Compota de frutas e legumes	Ming	
Corte de madeira	Ming	
Pesca	Cheia	

Calendário Lunar

Janeiro 2014

Domingo	Segunda-feira	Terça-feira	Quarta-feira	Quinta-feira	Sexta-feira	Sábado
			1 ♑	2 ♒	3 ♒	4 ♓
			Lua Nova às 9:15 em Capricórnio	Lua Nova em Aquário às 15:03 LCF 9:11 às 15:02	Lua Nova em Aquário LCF início às 23:46	Lua Nova em Peixes às 14:59 LCF fim às 15:58
5 ♓	6 ♈	7 ♈	8	9 ♉	10 ♉	11 ♊
Lua Nova em Peixes	Lua Nova em Áries às 17:45 LFC 07:44 às 17:45	Lua Nova em Áries	Lua Crescente à 01:40 em Áries LFC início às 14:21	Lua Crescente em Touro à 00:24 LFC fim à 00:23	Lua Crescente em Touro	Lua Crescente em Gêmeos às 10:26 LFC 08:58 às 10:25
12 ♊	13 ♋	14 ♋	15 ♋	16 ♌	17 ♌	18 ♍
Lua Crescente em Gêmeos LFC início às 19:33	Lua Crescente em Câncer às 22:24 LFC fim às 22:24	Lua Crescente em Câncer	Lua Crescente em Câncer	Lua Cheia às 02:53 em Câncer Lua em Leão às 11:00 LFC 02:52 às 11:00	Lua Cheia em Leão	Lua Cheia em Virgem às 23:23 LFC 06:51 às 23:23
19 ♍	20 ♍ ♒	21 ♎	22 ♎	23 ♏	24 ♏	25 ♏
Lua Cheia em Virgem	Lua Cheia em Virgem LFC início às 18:55 Sol em Aquário à 01:51 (horário de verão)	Lua Cheia em Libra às 10:42 LFC fim às 10:43	Lua Cheia em Libra	Lua Cheia em Escorpião às 19:43 LFC 01:50 às 19:43	Lua Minguante às 03:20 em Escorpião	Lua Minguante em Escorpião LFC início às 11:55
26 ♐	27 ♐	28 ♑	29 ♑	30 ♒	31 ♒	
Lua Minguante em Sagitário à 01:11 LFC fim 01:12	Lua Minguante em Sagitário LFC início às 20:01	Lua Minguante em Capricórnio às 03:03 LFC fim às 03:04	Lua Minguante em Capricórnio LFC início às 14:47	Lua Nova às 19:40 em Aquário às 02:32 LFC fim às 02:33	Lua Aquário LFC início às 14:44	

O ano de 2014 começa com grande concentração de planetas no signo de Capricórnio: Sol, Lua, Mercúrio, Vênus e Plutão. A energia do início do novo ano civil é, portanto, de força, autocontrole, pensamentos lineares e desejos antigos em processo de transformação e de regeneração.

A proximidade do Sol com Plutão, na virada do ano, ilumina a capacidade, ou não, de autotransformação ao longo dos anos e o domínio pessoal sobre o próprio destino. É um momento em que a visão alcança as ideias fixas e as vontades contidas. O espírito de renovação, comum a todo início de ano, é maximizado.

Muita tensão, nos primeiros dias do ano, em função dos diversos aspectos desarmônicos no céu. Durante o ano-novo, tem-se Mercúrio em desarmonia com Marte, que evoca debate, atitude irracional e, ainda, acidentes de trânsito provocados por carros velhos, estradas esburacadas e distração. Em resumo, falta de infraestrutura somada à inabilidade ao volante.

Quem puder se locomover dois dias antes e voltar um dia depois do réveillon terá um início de ano com menos problemas. Sem agir ou falar por impulso, tudo fica bem. Mercúrio muito próximo de Plutão sugere mais atenção ao que se diz para evitar ser invasivo ou encarnar o inquisidor. Bom evitar fomentar ideias mórbidas, maliciosas e fala compulsiva do tipo: "doa a quem doer." Bom é garantir pensamentos e as palavras com vibrações positivas.

O Sol desafia Marte e o segundo dia do ano traz a discórdia entre lideranças. O ano mal começa e anunciam-se os sedentos ao pote das alianças pelo poder. Marte, que já vem desde o final do ano em confronto direto com Plutão, provoca a briga entre "fracos abusados" e o alto poder. Relacionamentos pessoais evidenciam crise de natureza sexual já que Vênus, em movimento retrógrado, está revisando propósitos e desejos. Há consequente aumento da agressividade. Ruim para começar uma parceria saudável. O melhor é não colocar muito em jogo e esperar um melhor momento.

A oposição de Mercúrio a Júpiter em Câncer (3/01) prejudica as comunicações de longa distância. Quem estiver longe de casa poderá ter dificuldades de contato com a família. Ainda nesta primeira semana, o Sol opõe-se a Júpiter e Marte começa um desafio com o mesmo planeta Júpiter. O poder instituído não estará "de bem" com a opinião pública. De muitas formas, as famílias já se percebem fortemente impactadas pela ganância, pela falta de vontade política e por fraude das "forças maiores" que exploram a boa-fé das pessoas. Vênus em movimento retrógrado e liderando Marte indica que se deve brigar com outras armas. No primeiro sábado do ano, há desgaste ou esgotamento mental, através do aspecto de Mercúrio com Netuno. Beber demais e tentar abordar um assunto sério é "meter os pés pelas mãos". Bom é se distrair com o que e com quem fizer bem.

A primeira segunda-feira do ano traz maior organização mental e possibilidades de sustentação das diretrizes do ano, para quem as tiver. Quem ainda não se planejou deve aproveitar o dia para pensar e planejar sob o contato harmônico entre Mercúrio e Saturno (6/01). No dia seguinte, temos um encontro entre Mercúrio e Vênus que deixa a mente em paz, as conversas mais agradáveis e as pessoas menos sisudas. A boa conversa promove o aumento da produtividade e deixa o comércio mais otimista (7/01). Com Marte em desafio com Júpiter (8/01), é importante não superestimar as metas. Excessos e extravagâncias estão em evidência. Relações extraconjugais também. Vale observar se é possível cumprir o que se diz. No dia 8, o Sol em um aspecto desgastante com Netuno traz a falta de clareza em situações que envolvam impostos indevidos, inadimplência e estresse com o serviço público. Com outros interesses, Marte começa a formar um aspecto desarmônico com Netuno e gera aflição e impotência. Bom não "dirigir na neblina", não tomar atitudes sem certeza.

O segundo final de semana promete ser melhor. No segundo sábado do ano (11/01), o plano das ideias começa a vibrar em sintonia com o ano-novo com a chegada de Mercúrio em Aquário (até 30/01). Momento de maior criatividade, mente mais aberta e maior contato com amigos e amigos de amigos. Crescem as conexões via redes sociais. Progressistas encontram mais espaço. Com o Sol em harmonia com Saturno há oportunidade de quebrar tabus e concretizar um projeto antigo. Sol e Vênus encontram-se no final de semana, quando será perfeito para namorar e encontrar o amor. O amor que começa com o encontro desses planetas no céu, neste signo, tem boa chance de durar. Oportunidade de concretizar um desejo, realizar bons negócios, otimizar o tempo, dinheiro e empenho. Só não se deve esperar por muito, ainda.

No meio do mês, o aspecto tenso que Vênus forma com Netuno (15/01) sugere problemas relativos a dívidas e tributação e, também, alguma desilusão. Vênus desarmoniza com Marte (16/1) e não traz a justa medida para algumas questões. Relações muito desgastadas tendem a "rachar" e precisam de mais cuidado para durar.

Mercúrio em harmonia com Urano (17/01) orienta a mente em direção ao novo e há mais oportunidade para a mudança. Para tanto, será necessário fazer ajustes e concessões importantes que envolvem a vida familiar e financeira conforme o aspecto entre Mercúrio e Júpiter (19/01). Feito isso, muito se pode crescer.

No dia 20, o Sol chega ao signo de Aquário e enxerga-se o futuro no presente. Tempos de maior autenticidade, busca pela igualdade social, racial, cultural...

"Liberdade, igualdade e fraternidade." A visão é a do coletivo, mas a energia de Aquário também comporta o individualismo, a excentricidade, a rebeldia e a incompreensão, uma vez que ilumina o que está à frente de seu tempo.

No terceiro final de semana, têm-se excelentes oportunidades de trocar com muitos amigos e formar parcerias inspiradoras. Ideal para apresentação de um "plano-piloto" sob a harmonia de Mercúrio com Marte (24/01). Ideia nova pode ter boa receptividade e convencer, se puder se sustentar, em função da desarmonia entre Mercúrio e Saturno (25/01). Com estrutura, tem futuro. Mercúrio desarmoniza com Urano (26/01) e com Plutão (29/01). Nem tudo será possível mudar na velocidade desejada. Podem ocorrer comunicação imprecisa e tropeço. Para revolucionar, são essenciais rigorosa avaliação de riscos e firme fundamentação de respostas para difíceis questionamentos.

Quem tiver feito o dever de casa, enquanto o Sol estava em Capricórnio, agora (29/01), com ele em Aquário, terá muitas oportunidades de avançar no tempo, sob o aspecto harmonioso do Sol com Urano.

Mercúrio, "em brasas" com Júpiter (29/01) e "estressado" com Vênus (30/01), impõe conflito entre a vida social, afetiva e o ambiente doméstico. Há falta entre o que se diz e o que se faz.

O mundo passa por grandes transformações (quadratura Urano-Plutão) e os valores familiares são afrontados diretamente sob a oposição que Júpiter vem fazendo a Plutão, desde o ano passado, e que ganha intensidade, novamente, no final do mês (31/01). Ações governamentais impactam o bolso de todos — pessoa física e jurídica. Não é bom momento para investimentos de risco. Mercúrio entra em Peixes (31/01) e deixa as ideias bastante confusas, subjetivas e relativizadas. Em fevereiro, Mercúrio está em movimento retrógrado e volta ao signo de Aquário para reavaliar a diferença entre o novo e a novidade.

No último dia do mês, Vênus volta ao movimento direto e as vidas afetivas e financeiras voltam a "andar pra frente". Amor e dinheiro em ritmo de prosperidade.

POSIÇÃO DIÁRIA DA LUA NO MÊS DE JANEIRO

DIA 1 DE JANEIRO – QUARTA-FEIRA
● Nova às 09:15 em 10°57' de Capricórnio ● em Capricórnio

Lua quadratura Urano – 04:04 às 07:14 (exato 05:39)
O final da madrugada e o início da manhã trazem uma dose alta de inquietação. Ansiedade e tensão geradas por mudanças inesperadas de planos. É bom reconfirmar o ponto de encontro, e, pelo sim, pelo não, tenha um plano B preparado. Não tente controlar com muito rigor os outros. Seja diplomático e contorne as dificuldades com criatividade. Muito cuidado ao dirigir e ao voltar para casa das comemorações do ano-novo.

Lua conjunção Sol – 07:33 às 10:54 (exato 09:14)
Há equilíbrio entre a razão e a emoção, entre a vontade e a capacidade de realizar. Tudo está em sua forma inicial. A disposição física é boa, use a sua energia para organizar o seu dia e deixe os acontecimentos se desdobrarem naturalmente, sem interferir muito. Com a Lua e o Sol conjuntos em Capricórnio, cuidado com o excesso de rigidez e a necessidade de exercer o controle. Observe e aguarde.

Lua conjunção Plutão – 08:09 às 11:17 (exato 09:43)
Há uma intensidade emocional que nos dá forças para enfrentar com disposição tarefas mais difíceis. Assuntos delicados e que demandem maior profundidade estão favorecidos nessa manhã. Se você não tiver dormido muito bem, esse é um ótimo momento para tirar uma soneca. O sono será profundo e restaurador.

Lua quadratura Marte – 09:03 às 12:17 (exato 10:40)
Embora o Sol e Plutão estejam cooperando com a Lua, um encontro com Marte traz cores mais agressivas para esta manhã. É necessário mais cuidado com a nossa impaciência. As pessoas estão mais inquietas e nos sentimos mais vulneráveis e defensivos. Explosões de humor e incidentes são possíveis. Aja com cautela.

Lua conjunção Mercúrio – 10:46 às 14:16 (exato 12:31)
Mercúrio forma um bom aspecto com a Lua. A conversa flui e as emoções dão o tom às preparações para o almoço. Confidências são trocadas, o diálogo é favorecido e é possível esclarecer mal-entendidos.

Lua oposição Júpiter – 15:35 às 18:41 (exato 17:08)
À tarde, nossas expectativas inflam e perdemos o contato com a realidade. Há possibilidade de desperdiçarmos energias, pessoas e recursos por dimensionarmos mal o que é necessário. O melhor para este período é nos concentrarmos em tarefas mais leves, menos críticas e que gerem menos desgaste

Lua sextil Saturno – 22:31 à 01:40 de 02/01 (exato 00:05)
A nossa produtividade retorna, depois das oscilações da tarde. Use bem essa energia para finalizar o que começou e para planejar com tranquilidade sua semana. O sentimento de dever cumprido é o melhor sonífero nesse momento e a recompensa dada por Saturno para aqueles que cumpriram com suas obrigações.

DIA 2 DE JANEIRO – QUINTA-FEIRA
● Nova ● em Aquário às 15:03 ☾ LFC Início às 9:11 ☾ LFC Fim às 15:02

Enquanto a Lua estiver em Aquário, nos tornamos mais abertos ao novo. A curiosidade e a intuição aumentam, queremos experimentar novas realidades e relações. Mais gregários nesse período, as atividades de grupo, os encontros e trocas intelectuais são preferidos aos contatos mais íntimos. Podemos nos desapegar do que é antigo, do que nos prende e do que não faz mais sentido.

Lua conjunção Vênus – 07:40 às 10:43 (exato 09:11)
O dia nasce feliz. Estamos mais afetuosos e gentis. Ótima manhã para curtir um romance e para preparar um café da manhã especial. Use a sua melhor louça ou decore a mesa com algo que o faça sorrir. Experimente introduzir algo novo para temperar a refeição, o importante é inovar.

DIA 3 DE JANEIRO – SEXTA-FEIRA
● Nova ● em Aquário ☾ LFC Início às 23:46

Lua sextil Urano – 03:11 às 06:21 (exato 04:46)
Esta madrugada favorece a mudança de hábitos. A Lua em harmonia com o regente da Lua Nova facilita o desapego. E já que o sono promete mesmo ser leve, por que não acordar um pouco mais cedo para experimentar uma caminhada ao nascer do sol?

Lua trígono Marte – 08:34 às 12:51 (exato 11:12)
Há uma grande dose de energia no ar. Muito bom para praticar esportes e para atacar os trabalhos que demandem força, coragem e iniciativa. Excelente também para tomar providências que dependam de nós e que estiveram se arrastando indefinidamente. Seja espontâneo, mas cuide para canalizar positivamente a sua agressividade.

Lua quadratura Saturno – 22:10 à 01:24 de 04/01 (exato 23:47)

À noite, as obrigações parecerão mais pesadas. Pendências, cansaço e excesso de atenção às frustrações podem deixá-lo de mau humor. Não é um bom momento para confraternizações, as pessoas parecerão pouco disponíveis e distantes. Em momentos como esse, evite avaliações realistas, pois é mais fácil pender para o pessimismo. Reduza as cobranças e relaxe.

DIA 4 DE JANEIRO – SÁBADO
● Nova ● em Peixes às 14:59 ☽ LFC Fim às 14:58

Enquanto a Lua estiver em Peixes, ficamos mais sonhadores e sensíveis ao nosso entorno com a entrada da Lua no signo de Peixes. Somos capazes de, intuitivamente, compreender o que os outros têm dificuldade em expressar e ser compassivos com a dor alheia. Durante esses dias, é preciso abrir espaço para o sonho, encontrar tempo para nos conectarmos com o que consideramos sagrado.

Lua conjunção Netuno – 18:47 às 22:06 (exato 20:26)

Esta noite traz um clima de magia e delicadeza. As atitudes românticas estão favorecidas e será mais fácil conciliar os desejos. Estamos inspirados, cooperativos e tolerantes. Ótimo momento para os lançamentos culturais e para programas que estimulem a imaginação. O acaso nos protege e as coincidências são abundantes.

DIA 5 DE JANEIRO – DOMINGO
● Nova ● Peixes

Lua sextil Plutão – 08:12 às 11:34 (exato 09:53)

Aproveite a manhã de domingo para recuperar-se profundamente. Manhã excelente para limpar a alma das mágoas e o corpo das toxinas. Dê uma segunda chance a quem parecer estar sinceramente arrependido. Os amores profundos e antigos são os mais favorecidos.

Lua sextil Sol – 14:41 às 18:19 (exato 16:30)

Esse aspecto favorece a harmonia entre os casais e facilita os encontros de todos os tipos. Há uma energia positiva e as reconciliações são bem-sucedidas. Esse aspecto também é muito favorável às concepções e aos casamentos. Mesmo que você não se encontre em um relacionamento, esse é um bom momento para construir pontes com aqueles que são muito diferentes de você.

Lua trígono Júpiter – 15:03 às 18:23 (exato 16:43)

Esta é mesmo uma tarde especial, nos sentimos generosos e bem-humorados. Estamos otimistas e é quase impossível não acreditar que a vida nos sorri. E, pelo menos nesta tarde de domingo, essa sensação é mais do que justificada.

Lua sextil Mercúrio – 23:15 às 03:08 de 06/01 (exato 01:12)

O domingo termina com o bom contato entre a Lua e Mercúrio. Conversas fluem com leveza e é fácil expressar nossas emoções. Um bom uso para esse aspecto é atualizar sua correspondência e agenda da semana que logo, logo começa.

DIA 6 DE JANEIRO – SEGUNDA-FEIRA
● Nova ● em Áries às 17:45 ☾ LFC início às 07:44 ☾ LFC fim às 17:45

Enquanto a Lua estiver em Áries, estamos mais corajosos e nada parece poder nos deter! A Lua ariana espanta a preguiça e o medo. Sabe a velha frase "na segunda, eu começo..."? Pois é, sob essa influência, pode contar que haverá energia de sobra para fazê-la sair do mundo da promessa para virar realidade.

Lua trígono Saturno – 00:06 às 03:33 (exato 01:49)

Com as emoções controladas, relaxamos e podemos descansar serenamente Caso trabalhe à noite, a produtividade estará beneficiada, assim como a disciplina.

Lua sextil Vênus – 06:04 às 09:24 (exato 07:44)

Amanhecemos bem-dispostos e gentis. As pessoas estão mais receptivas e diplomáticas. Lembre-se disso quando estiver se arrumando para sair e começar seu dia. Escolha sua roupa favorita e não se esqueça de vestir o seu melhor sorriso para potencializar o bom astral dessa manhã.

DIA 7 DE JANEIRO – TERÇA-FEIRA
● Nova ● em Áries

Lua conjunção Urano – 07:32 às 11:09 (exato 09:20)

Para tirar o máximo desta manhã, procure não se levar muito a sério, reduza as expectativas e abra espaço para que o novo possa se manifestar. Saia da rotina, busque outros caminhos, encontre-se com pessoas diferentes. Seja flexível, pois os planos podem ser alterados sem aviso. Pensando bem, talvez seja melhor deixar a manhã livre na sua agenda.

Lua quadratura Plutão – 12:26 às 16:03 (exato 14:14)

O tempo vira à tarde e é preciso ter cuidado. Um clima hostil se instala e há uma inclinação ao radicalismo. Se for possível, evite aglomerações e reuniões. Não é um bom momento para portar más notícias ou exercer o poder de forma passional.

Lua oposição Marte – 18:01 às 21:47 (exato 19:54)
O clima continua tenso ao entardecer e à noite. Estamos intolerantes e impulsivos. Provocações trazem consequências imprevisíveis e mágoas e danos são frequentes. Aumenta a pressão e tudo parece urgente, gerando bastante ansiedade. Mantenha a calma e a atenção, especialmente no trânsito.

Lua quadratura Júpiter – 19:06 às 22:44 (exato 20:55)
Confirmando o clima tenso. A percepção fica distorcida e as expectativas inflacionadas e irracionais. Tendência a buscar no exagero o alívio para a tensão. Por isso, não considere usar as compras, o happy hour ou o jantar como terapia.

Lua quadratura Sol – 23:41 às 03:39 de 08/01 (exato 01:40)
O dia foi desgastante e a noite não promete ser mais tranquila. Estamos em desalinho, o que pensamos e o que sentimos estão em conflito. Talvez não seja possível encontrar consolo em nossos parceiros, já que o dia para eles também foi difícil. É melhor evitar discutir a relação hoje à noite, já que a racionalidade e o equilíbrio de forças não estão favorecidos.

DIA 8 DE JANEIRO – QUARTA-FEIRA
☽ Crescente à 01:40 em 17°46' de Áries ☉ LFC Início às 14:21

Lua quadratura Vênus 09:33 às 12:06 (exato 11:19)
Vênus em desarmonia com a Lua nos deixa mais insatisfeitos, indecisos e carentes. Cuidado com a indulgência, as compras caras e as mudanças estéticas, que poderão causar arrependimentos.

Lua quadratura Mercúrio 12:15 às 16:31(exato 14:23)
A comunicação estará mais difícil hoje à tarde. Assuntos irrelevantes interferem no andamento do trabalho e somos interrompidos com frequência. As emoções colorem o ambiente e uma palavra descuidada pode gerar desentendimentos desnecessários. Confira as informações antes de divulgá-las.

DIA 9 DE JANEIRO – QUINTA-FEIRA
☽ Crescente ☽ em Touro à 00:24 ☉ LFC Fim à 00:23

Enquanto a Lua estiver em Touro, buscamos a estabilidade, a paz e o conforto daquilo que conhecemos e agrada nossos sentidos. Uma boa refeição em um lugar que amamos faz milagres ao espírito. Cerque-se do que considera prazeroso e belo. Relaxar será mais fácil assim.

Lua sextil Netuno – 05:02 às 08:50 (exato 06:55)

Com a Lua em Touro e em bom aspecto com Netuno, a cama parece o melhor lugar do mundo! Fica aquela vontade de dormir mais um pouquinho e se aninhar sob os lençóis. Mas vá em frente e levante-se. Vale a pena, o dia começa mais gentil e há boa vontade entre as pessoas.

Lua trígono Plutão – 20:31 à 00:23 de 10/01 (exato 22:27)

Esta noite, Plutão reconcilia-se com a Lua, e sob a influência estável de Touro podemos olhar para o que foi deixado para trás e investigar se há espaço para recuperar o que se quebrou. Essa influência é perfeita para nos dar a força necessária para transformar em ouro o que havíamos descartado como chumbo.

DIA 10 DE JANEIRO – SEXTA-FEIRA
☾ Crescente ☾ em Touro

Lua sextil Júpiter – 02:54 às 06:43 (exato 04:48)

Encontros com os amigos queridos madrugada afora no nosso lugar favorito são beneficiados, alimentando o nosso otimismo e projetos sobre o futuro. Boa companhia e lençóis macios são uma ótima combinação para essa madrugada.

Lua trígono Sol – 01:27 às 17:42 (exato 15:34)

Encontros estão favorecidos e o clima é de harmonia e equilíbrio entre casais. Se você conhecer alguém interessante nesse período do dia, invista! As chances são boas para os relacionamentos começados sob esse aspecto. E se estiver só? Aproveite para prestar atenção ao que acontece em você, as dúvidas e os conflitos tendem a desaparecer.

Lua oposição Saturno – 15:09 às 19:05 (exato 17:07)

Um tom pessimista se insinua em meio à vitalidade do dia. Demoras e cancelamentos podem vir a atrapalhar a nossa agenda. Talvez seja necessário refazer algum trabalho. Cuidado para não afastar quem você gosta pelo excesso de crítica. Pensa em praticar algum esporte nesse horário? Uma palavra só para ajudar no desafio: alongue-se!

Lua trígono Vênus – 16:06 às 19:49 (exato 17:57)

Apesar dos contratempos trazidos pelo contato Lua/Saturno, há outra influência nessa tarde e começo de noite que pode ajudar a torná-los mais leves. O regente do signo de Touro em contato harmônico com a Lua esbanja charme e gentileza, deixando o clima muito mais agradável.

DIA 11 DE JANEIRO – SÁBADO

☽ Crescente ☽ em Gêmeos às 10:26 ☉ LFC Início às 08:58 ☉ LFC fim às 10:25

Enquanto a Lua estiver em Gêmeos, conversamos mais, trocamos mais, nos comunicamos mais. Não basta o pensamento, é preciso divulgar as ideias ao maior número de pessoas possível. Curiosos, queremos saber sobre tudo o que nos cerca, mesmo que superficialmente. Estamos muito mais flexíveis, ágeis e aptos a acomodar as situações que em outros momentos poderiam nos incomodar.

Lua trígono Mercúrio – 06:41 às 11:16 (exato 08:58)

A mente estará a mil. Sendo assim, pule mais cedo da cama e vá caminhar. Se for em grupo, melhor ainda. Aproveite a manhã para fazer contatos, apresentar seus planos aos colegas, seu produto ao público. E não se espante caso se encontre falando ao celular, digitando um e-mail e checando as últimas notícias na internet, tudo ao mesmo tempo! Um brunch com os amigos também é uma ótima pedida.

Lua quadratura Netuno – 15:26 às 19:24 (exato 17:25)

A produtividade cai à tarde e perdemos a clareza mental da manhã. Não ¿abemos muito bem por que, mas nos sentimos mais inseguros, até um pouco tristes. Reveja a sua agenda com atenção. É possível que o caos marque ponto em suas atividades até a hora do jantar. Melhor reduzir o ritmo e planejar se recolher mais cedo.

DIA 12 DE JANEIRO – DOMINGO

☽ Crescente ☽ em Gêmeos ☉ LFC início às 19:33

Lua sextil Urano – 02:02 às 06:01 (exato 04:02)

Se você decidiu ir dormir mais cedo, os sonhos podem trazer mensagens inusitadas e inspiradoras. Essa é uma energia leve e inovadora. Que tal ir àquele *after hours* sobre o qual seus amigos estão falando tanto e que você ainda não teve a oportunidade de conhecer? Se a insônia veio visitá-lo, escrever sobre suas ideias pode dar origem a outras ideias ainda mais originais.

Lua trígono Marte – 17:29 às 21:37 (exato 19:33)

Esse é um aspecto de força, de impulso para a vitória. Conseguimos canalizar a energia emocional para realizar nossos projetos. Estamos mais convincentes e mais entusiasmados. Que tal reunir os amigos e jogar aquela partidinha de vôlei? Mesmo que você não goste de esportes, pode ter certeza de que a torcida será animada.

DIA 13 DE JANEIRO – SEGUNDA-FEIRA

☾ Crescente ☾ em Câncer às 22:24 ☺ LFC Fim às 22:24

Enquanto a Lua estiver em Câncer, a casa, ou melhor, o lar e nosso bem-estar físico e emocional passam a ser protagonistas. Cuidar e ser cuidado nos dará muito prazer nos próximos dias.

Hoje a Lua não faz aspecto com nenhum planeta no céu.

DIA 14 DE JANEIRO – TERÇA-FEIRA

☾ Crescente ☾ em Câncer

Lua trígono Netuno – 03:39 às 07:42 (exato 05:41)

O sono é bom e profundo e os sonhos são encantadores. Para despertar bem, evite o alarme estridente. Tente, em vez disso, uma música suave que o faça lembrar de momentos bons. E não deixe de tomar o seu café da manhã antes de sair de casa. De preferência, com alguma coisa que lhe traga um gostinho de infância e fantasia.

Lua quadratura Urano – 14:24 às 18:26 (exato 16:25)

Uma tarde desconfortável emocionalmente. Nada é seguro, previsível ou mesmo estável. A rotina, que poderia nos acalmar com seu ritmo familiar, nos irrita. Compromissos são cancelados, decisões ficam suspensas ou tomam rumos surpreendentes. É melhor não forçar o ritmo de nada para não causar rupturas. Fique mais na sua e evite sobrecarregar seu organismo com alimentos e pensamentos muito ácidos.

Lua oposição Plutão 20:05 à 00:08 de 15/01 (exato 22:07)

O clima não melhora muito à noite. Na realidade, as coisas ficam mais tensas. Tudo é sentido com mais intensidade e profundidade. Dores antigas voltam a incomodar e o ciúme pode querer dar o ar da graça. Definitivamente, não é recomendável fazer uma lista atualizada das suas mágoas de estimação e muito menos convidá-las a fazer parte do seu jantar. As consequências podem ser desastrosas.

DIA 15 DE JANEIRO – QUARTA-FEIRA

☾ Crescente ☾ em Câncer

Lua conjunção Júpiter – 01:06 às 05:05 (exato 03:06)

O que quer que o tenha aborrecido tem agora uma oportunidade para ser deixado para trás. O clima é de generosidade e bom humor. Podemos rir de nós mesmos e perdoar é muito mais fácil sobre esse aspecto. Júpiter confere perspectiva às emoções e percebemos que não há razões para cultivar a tristeza. Faça as pazes consigo mesmo e durma feliz.

Lua quadratura Marte – 07:57 às 12:07 (exato 10:02)
Vá com calma e não leve muito a sério as bravatas, suas ou alheias. Ainda estamos sensíveis e a nossa pele ainda não está curtida o suficiente. Podemos ter reações infantis se levarmos as coisas para o campo pessoal. Aproveite esse aspecto para perceber o que o faz perder as estribeiras e tente reagir de uma forma diferente.

Lua oposição Vênus – 10:20 às 14:11 (exato 12:15)
Enquanto Marte provoca a Lua,Vênus decide entrar na dança para complicar um pouquinho mais essa manhã. Evite atitudes defensivas, pois elas poderão dificultar a compreensão do que está acontecendo e agravar uma situação que poderia ser passageira. Acima de tudo, não caia na armadilha da autopiedade.

Lua trígono Saturno – 15:56 às 20:00 (exato 17:58)
Um pouco de sobriedade ajuda a organizar o que a manhã bagunçou.Trabalho duro, moderação e cautela são os melhores remédios agora. Assuma a sua responsabilidade nas situações criadas e fortaleça as suas bases.Talvez seja uma boa ideia se aconselhar com alguém com mais experiência e a quem você respeite

DIA 16 DE JANEIRO – QUINTA-FEIRA
O Cheia às 02:53 em 25°58' de Câncer O em Leão às 11:00 ☾ LFC início às 02:52 ☾ LFC fim às 11:00

Enquanto a Lua estiver em Leão, devemos acender as luzes da ribalta! Brincar e entreter aqueles que amamos são ótimas atividades para esses dias. Os holofotes não nos incomodam, o importante é poder expressar aquilo que nos faz únicos. Queremos ser amados pelo que somos.

Lua oposição Sol – 00:39 às 05:04 (exato 02:52)
Sonhos tumultuados e desencontrados perturbam nosso sono. Não é fácil conciliar o que sentimos com o que pensamos. Não é um bom momento para lidar com o público, tendemos a avaliar mal a sua reação sob esse aspecto. A lucidez está em baixa e é difícil alcançar o consenso.

DIA 17 DE JANEIRO – SEXTA-FEIRA
O Cheia O em Leão

Lua trígono Urano – 03:07 às 07:10 (exato 05:09)
Podemos ter boas surpresas relacionadas à nossa família ou ao nosso lar nessa madrugada e cedo pela manhã.Visitas ou encontros inusitados também são possíveis. Estamos mais ousados e mais atentos do que o normal.

Lua oposição Mercúrio – 02:55 às 07:36 (exato 05:16)

Apesar das novidades trazidas por Urano, é possível que tenhamos dificuldade em nos expressar nessa madrugada. Estamos mais tagarelas, mas a comunicação não é clara e isso pode levar a pequenos desentendimentos. Atenção redobrada no caminho para o trabalho, e se você tem uma reunião importante essa manhã, o melhor é checar o alarme do despertador.

Lua sextil Marte – 22:28 às 02:37 de 18/01 (exato 00:33)

Há algo no ar que incendeia nosso coração. Impulsivamente, instintivamente, somos levados a expressar nossas paixões. Agimos primeiro, pensamos depois. Sob esse aspecto, podemos nos lançar, pois as consequências dos nossos atos tendem a ser positivas.

DIA 18 DE JANEIRO – SÁBADO

○ Cheia ○ em Virgem às 23:23 ☾ LFC início às 06:51 ☾ LFC fim às 23:23

Enquanto a Lua estiver em Virgem, ser práticos, organizados, atento aos detalhes nos ajudará a realizar o que queremos. Um ambiente limpo, organizado, livre de entulhos ajudará na produtividade e no sono. Fique atento ao que come, estamos com o aparelho digestivo mais sensível e uma alimentação saudável é mais do que recomendada. Cuidado com o excesso de espírito crítico, viu? Sob essa Lua, menos é, definitivamente, mais.

Lua quadratura Saturno – 04:40 às 08:52 (exato 06:51)

Devagar e sempre, esse é o ritmo da madrugada e do começo da manhã de sábado. Estamos mais cansados, mas se tiver compromissos comece mais cedo, pois obstáculos são comuns sob essa influência. Eles nos mostram aonde faltou capricho. Refaça o que precisar ser refeito, quantas vezes forem necessárias. E sem reclamar, por favor.

DIA 19 DE JANEIRO – DOMINGO

○ Cheia ○ em Virgem

Lua oposição Netuno – 04:54 às 08:54 (exato 06:54)

Ai, que preguiça... A mente está enevoada e nos sentimos confusos, desatentos e instáveis. Discernir a realidade do sonho é um desafio. Evite tirar conclusões precipitadas ou idealizar situações, pois as nossas lentes estão embaçadas. O melhor mesmo é ficar na cama e esperar essas horas passarem.

Lua trígono Plutão – 21:09 à 01:07 de 20/01 (exato 23:08)
Ótimo momento para dar aquela geral na casa e deixar tudo pronto para a semana que virá. Há muita disposição para se livrar de tudo que não tem mais utilidade, dar um novo uso a algo que parecia não ter mais valor ou até para encontrar aquele objeto que você jura que desapareceu no ar.

DIA 20 DE JANEIRO – SEGUNDA-FEIRA
○ Cheia (disseminadora) ○ em Virgem ☽ LFC início às 18:55

Entrada do Sol no signo de Aquário às 01h51min14seg

Lua sextil Júpiter – 00:28 às 04:23 (exato 02:25)
Dormimos bem e atravessamos a madrugada com leveza e bom humor. Caso esteja viajando ou em férias, aventure-se a conhecer um pouco sobre outras culturas ou sobre a sua cidade. As pessoas estarão generosas e novas amizades ajudam a expandir nossos horizontes.

Lua trígono Vênus – 05:47 às 09:35 (exato 07:41)
O bom humor continua e mesmo uma manhã de segunda nos parece bonita. Mais acessíveis e simpáticos, podemos verificar na prática que o mundo sorri para nós quando sorrimos para ele.

Lua sextil Saturno – 16:56 às 20:53 (exato 18:55)
Terminamos o dia nos sentindo responsáveis e podemos nos apoiar nas pessoas, pois elas tendem a ser mais confiáveis sob esse aspecto, apesar de mais distantes emocionalmente. Os elogios são escassos, mas tiramos a nossa satisfação da segurança de termos feito o nosso trabalho bem feito.

DIA 21 DE JANEIRO – TERÇA-FEIRA
○ Cheia (disseminadora) ○ em Libra às 10:42 ☽ LFC Fim às 10:43

Enquanto a Lua estiver em Libra, buscamos o caminho do meio, a conciliação dos opostos, uma harmonia dinâmica. Nossa visão se amplia e podemos enxergar as coisas sob o ponto de vista do outro. Estamos mais sociáveis e apreciamos, sobretudo, a leveza e o belo. Essa Lua pode provocar, porém, um efeito colateral indesejável: a indecisão. Mas não se preocupe, apenas assegure-se de que deixou tempo suficiente para ponderar as suas opções até chegar à escolha mais adequada à situação.

Lua trígono Sol – 11:32 às 15:46 (exato 13:39)
Tudo fica mais fácil quando o Sol se harmoniza com a Lua. As coisas parecem fluir, um evento levando ao outro naturalmente. Estamos todos mais receptivos e

é um bom momento para esclarecer mal-entendidos e desfazer desentendimentos. Que tal reapresentar aquela boa ideia que ninguém entendeu antes?

DIA 22 DE JANEIRO – QUARTA-FEIRA
○ Cheia (disseminadora) ○ em Libra

Lua oposição Urano – 02:25 às 06:17 (exato 04:21)
Ansiedade traz insônia, isso nós sabemos. Mas qual a melhor maneira de lidar com ela e evitar passar a noite em branco? Simples, evite estímulos, mesmo os mais inocentes. Desconecte-se totalmente da sua vida eletrônica. Nessa madrugada, qualquer estímulo poderá acordar você ou perturbar os seus sonhos. O dia hoje pedirá uma mente calma e um corpo relaxado.

Lua quadratura Plutão – 07:57 às 11:47 (exato 09:52)
Plutão carrega o ar e estamos mais propensos a perder a paciência ou a ficar obsessivos, investindo tempo em problemas antigos ou dores que já perderam a data de validade. Evite conflitos por poder ou discutir sobre finanças, qualquer assunto assume um tom emocional mais forte do que mereceria. Crises e términos são comuns sob esse aspecto.

Lua quadratura Júpiter – 10:25 às 14:11 (exato 12:18)
E a manhã segue tensa. Estamos propensos ao exagero. Exageramos as diferenças, descontamos na alimentação, achamos que devemos ser compensados pelo desgaste que passamos. Ou subestimamos as dificuldades ou superestimamos os obstáculos. Dê um passo atrás para ver melhor.

Lua quadratura Vênus – 14:14 às 17:56 (exato 16:05)
As complicações da manhã e do início da tarde nos deixaram um pouco melindrados, vulneráveis até. As tarefas parecem mais cansativas e particularmente desinteressantes. Podemos ser privados de fazer aquilo que gostaríamos. Se não for possível, tente se distrair e espairecer.

Lua trígono Mercúrio – 19:50 à 00:08 de 23/01 (exato 21:59)
À noite, o clima melhora bastante. Que tal sair para jantar? Conversar sobre como se sentiu hoje será um bom remédio para aliviar o estresse do dia. Está sozinho? Procure um livro que o ajude a se distrair com as ideias e pensamentos. Escrever sobre suas emoções também é uma boa opção.

Lua conjunção Marte – 23:53 às 03:45 de 23/01 (exato 01:49 de 23/01)
A disposição melhora consideravelmente, e, com ela, o nosso ânimo. À noite, nos conectamos com nossa força de vontade e coragem e encontramos energia

para enfrentar os problemas. Pintou um convite de última hora? Aceite. Um pouco de aventura e ação nos fará bem. E por que não tomarmos a iniciativa e fazermos o convite nós mesmos?

DIA 23 DE JANEIRO – QUINTA-FEIRA
○ Cheia (disseminadora) ○ em Escorpião às 19:43 ☽ LFC início à 01:50 ☽ LFC fim às 19:43

Enquanto a Lua estiver em Escorpião, o mistério nos atrai. Queremos ir mais fundo, enxergar o que está oculto, ouvir o que não foi dito com palavras, ler as entrelinhas. Há poder nessa Lua e viagens aos cantos menos frequentados da nossa imaginação estão em alta. Cuidado para não se entregar a um comportamento desconfiado ou enciumado. É certo que nem tudo é o que parece ser, mas nem todos os armários escondem esqueletos.

Hoje a Lua não faz aspecto com nenhum planeta no céu

DIA 24 DE JANEIRO – SEXTA-FEIRA
☽ Minguante às 03:20 em 04°08' de Escorpião ☽ em Escorpião

Lua trígono Netuno – 01:04 às 04:45 (exato 02:55)
Uma madrugada mágica, propícia às experiências idílicas, próprias do mundo dos sonhos. Dormir será bom, mas também será muito gostoso se render a uma música, ou a um filme, a um namoro. Enfim, qualquer coisa que nos ajude a curtir a energia leve que está no ar.

Lua quadratura Sol – 01:18 às 05:17 (exato 03:17)
Nesta mesma madrugada de contos de fada, algo nos incomoda. Talvez seja o contraste entre o mundo dos sonhos que se desenha nessa madrugada e a nossa realidade. Não aja agora, resista aos impulsos. Os sentimentos e os pensamentos estão em trincheiras e falta objetividade. Experimente um banho, faça uma massagem ou peça uma. O pulo do gato aqui é procurar relaxar.

Lua sextil Plutão – 15:53 às 19:30 (exato 17:42)
Estamos mais sensíveis às nuances políticas do nosso ambiente e podemos obter vantagens e descobrir oportunidades com essa percepção. Uma tarde e começo de noite proveitosas para tarefas e atividades que demandem concentração ou exijam transformações.

Lua trígono Júpiter – 17:35 às 21:08 (exato 19:22)

A sorte parece pairar no ar e um espírito generoso contagia a todos. O final da tarde é alegre e favorece os encontros. O riso é mais fácil, as histórias são ótimas e nos sentimos valorizados pelas pessoas que estão ao nosso redor.

Lua sextil Vênus – 20:20 às 23:49 (exato 22:04)

Que tal isso? O clima só melhora nessa sexta-feira. Sinal verde para o flerte e para as paqueras. Barzinhos e locais da moda estarão cheios de pessoas bonitas e interessantes. Se vista com sua roupa mais bacana, capriche no astral e vá se divertir! A dois ou com mais gente, essa sexta promete bons momentos.

DIA 25 DE JANEIRO – SÁBADO
☽ Minguante ☽ em Escorpião ☉ LFC Início às 11:55

Lua conjunção Saturno – 09:55 às 13:26 (exato 11:44)

Acordamos com uma disposição produtiva. Podemos aproveitar a manhã de sábado para resolver pendências. Para que tudo saia perfeito, o melhor é contar com nós mesmos.

Lua quadratura Mercúrio – 09:55 às 13:50 (exato 11:56)

Evite se aborrecer com pequenos problemas. Mantenha a mente clara e a calma, mesmo que sinta dificuldade de entender os outros ou de se fazer entender ao longo dessa manhã.

DIA 26 DE JANEIRO – DOMINGO
☽ Minguante ☽ em Sagitário à 01:11 ☉ LFC Fim à 01:12

Enquanto a Lua estiver em Sagitário, a vida é uma grande aventura! Sentimo-nos otimistas e entusiasmados. Tudo estimula a nossa curiosidade, e, espontâneos e diretos, queremos explorar o mundo e as verdades das pessoas. Precisamos de espaço e horizontes em nossos ideais, relações e lares. Atividades ao ar livre, perfeitas para o verão, são excelentes para aproveitar a energia dessa Lua.

Lua quadratura Netuno – 06:20 às 09:44 (exato 08:02)

Não deixe de verificar se a carteira está no lugar certo e se você não esqueceu as chaves. A cabeça está no mundo da lua, literalmente. Se for possível, evite esportes aquáticos sob essa influência. Não leve muito a sério a sensação de tristeza que parece cobrir a sua manhã.

Lua sextil Sol – 10:31 às 14:10 (exato 12:21)

O Sol ajuda a dissipar a névoa de hoje cedo e facilita o andamento dos programas da manhã de domingo. Aquela sensação de insegurança que atrapalhava o domingo se esvai. Podemos acreditar novamente em nossos instintos. Conte com a cooperação alheia para preparar o almoço e divirta-se!

Lua trígono Urano – 15:15 às 18:38 (exato 16:56)

A tarde de domingo traz surpresas positivas. Você poderá receber visitas inesperadas ou receber notícias impossíveis de adivinhar. De qualquer forma, preste atenção aos insights. Esse aspecto favorece uma percepção mais afinada da realidade e podemos ter, em um lampejo, a compreensão de uma situação que até então parecia nos escapar todas as vezes que nos aproximávamos dela.

DIA 27 DE JANEIRO – SEGUNDA-FEIRA
☽ Minguante ☽ em Sagitário ☺ LFC Início às 20:01

Lua sextil Marte – 12:10 às 15:31 (exato 13:50)

Uma sensação de vitalidade e ousadia se apresenta no início da tarde dessa segunda e se estende até o meio da tarde. Aproveite essa energia para marcar um almoço de negócios com aquele cliente que você precisa impressionar. Sob esse aspecto será muito mais fácil transmitir sua paixão pelos seus projetos.

Lua sextil Mercúrio – 18:14 às 21:47 (exato 20:01)

Que tal ligar para um amigo com quem você não fala há algum tempo? Colocar as notícias em dia e contar o que aconteceu no final de semana pode ser uma forma divertida e agradável de começar a sua noite.

DIA 28 DE JANEIRO – TERÇA-FEIRA
☽ Minguante (balsâmica) ☽ em Capricórnio às 03:03 ☺ LFC Fim às 03:04

Enquanto a Lua estiver em Capricórnio, é hora de sermos realistas. Limites e consequências são colocados às claras. Podemos ficar mais retraídos, um pouco mais distantes, alheios às nossas turbulências emocionais. Não é que estejamos mais frios, apenas mais controlados. A Lua, sob a influência de Capricórnio, traz uma apreciação pelo que tem potencial para durar.

Lua sextil Netuno – 08:00 às 11:12 (exato 09:36)

A Lua capricorniana faz um aspecto harmônico com Netuno. Como conciliar sonhos com realidade? Bom, se existe a possibilidade de encontrarmos um jeito de realizar nossos sonhos, mesmo os mais ambiciosos, esse aspecto com certeza nos ajudará a encontrá-la.

Lua quadratura Urano – 16:24 às 19:36 (exato 18:00)
O dia termina e a noite começa instável. Podemos nos aborrecer com imprevistos ou comportamentos inesperados de pessoas próximas. Talvez sejamos nós que tenhamos comportamentos erráticos. Cuide para não deixar que a ansiedade assuma o controle; em vez disso, deixe um espaço livre na agenda. Ficar um pouco sozinho pode funcionar como antídoto ao estresse.

Lua conjunção Plutão – 20:59 à 00:09 de 29/01 (exato 22:34)
O jantar promete emoções intensas. Queremos e tememos na mesma frase. Uma compreensão mais profunda dos nossos desejos pode, à primeira vista, assustar um pouco. O melhor agora é mergulhar fundo, reprimir o que se sente pode gerar comportamentos compulsivos. Mas fique atento para não perder a noção da realidade que o cerca.

Lua oposição Júpiter – 21:30 à 00:39 de 29/01 (exato 23:05)
Júpiter opondo-se à Lua não facilita muito mantermos as coisas em perspectiva nessa noite de terça. Os nossos desejos já intensificados pelo contato da Lua com Plutão recebem o reforço desse aspecto e a inquietação cresce. Queremos mais. Cuidado com a imprudência. Mas talvez, quem sabe, uma vez só, dar vazão ao que se sente pode ser exatamente o que precisamos.

Lua conjunção Vênus – 23:22 às 02:30 de 29/01 (exato 00:56)
Vênus chega para animar a festa e dar aquele tom sensual que estava faltando para aliviar a tensão. Sentimo-nos bem conosco, em vestir a nossa pele. Uma propensão à doçura, uma disponibilidade em demonstrar afeto ajudam a aparar as arestas que possam ter surgido nessa noite. Solte-se e deixe a sua emoção fluir.

DIA 29 DE JANEIRO – QUARTA-FEIRA
☽ Minguante (balsâmica) ☽ em Capricórnio ☺ LFC Início às 14:47

Lua sextil Saturno às 13:08 às 16:17 (exato 14:42)
Use essa tarde para terminar os assuntos pendentes. Esse aspecto favorece a disciplina e a produtividade, inclusive o compromisso com as tarefas mais chatinhas. Tire bom partido da seriedade que esse aspecto traz.

Lua quadratura Marte – 13:10 às 16:22 (exato 14:46)
Se for possível, prefira trabalhar sozinho nessa tarde. O aspecto de Saturno com a Lua descrito acima ajuda na conclusão dos trabalhos, mas, ao mesmo tempo, Marte quadra a Lua e nos deixa mais agressivos do que o normal. Talvez até um pouco egoístas, pensando primeiro em nós e depois nos outros. Mesmo justificados, essa atitude será considerada uma provocação e a situação pode perder o equilíbrio.

DIA 30 DE JANEIRO – QUINTA-FEIRA

● Nova às 19:40 em 10°55' de Aquário ● em Aquário às 02:32 ☉ LFC Fim às 02:33

Enquanto a Lua estiver em Aquário, podemos nos desapegar com muito mais facilidade dos hábitos, pessoas e situações que já perderam o sentido. É uma boa fase para conhecer novas pessoas, rever amigos, principalmente em grupos ou fazendo coisas fora da nossa rotina e criativas. Dê boas-vindas ao inusitado!

Lua sextil Urano – 15:41 às 18:49 (exato 17:15)

O período parece mesmo querer favorecer a experimentação. A Lua aquariana encontra Urano em harmonia e cria o clima perfeito para tentarmos alguma coisa fora do ordinário. Tente novos caminhos, brinque com alternativas, prove novos sabores nessa tarde de quinta. Quando permitimos que o novo entre em nossos dias, a aventura volta a fazer parte dele. E todos precisam disso para se sentir mais vivos de vez em quando.

Lua conjunção Sol – 17:57 às 21:19 (exato 19:38)

Em harmonia, emoção e vontade fazem com que seja possível colocarmos em prática as nossas ideias. As audácias pensadas mais cedo encontram terreno fértil para virar realidade. Em um aspecto mais mundano, inaugurar um novo espaço, ir a um restaurante pouco conhecido podem ser alternativas bem bacanas para a noite de hoje.

DIA 31 DE JANEIRO – SEXTA-FEIRA

● Nova ● em Aquário ☉ LFC Início às 14:44

Lua quadratura Saturno – 12:21 às 15:31 (exato 13:56)

À tarde, o tempo parece custar mais a passar. As tarefas podem levar mais tempo e talvez precisem ser refeitas. Estamos mais atentos às nossas falhas e dificuldades do que o normal. Tente não dar muita atenção e peso às suas conclusões, pois há uma tendência ao pessimismo. O melhor para essa tarde é nos concentrarmos naquilo que conhecemos bem. Isso nos deixará mais seguros e tranquilos.

Lua trígono Marte – 13:08 às 16:21 (exato 14:45)

Embora a Lua esteja afligida pelo contato com Saturno, Marte nos ajuda a sacudir um pouco o peso e a nos concentrar em fazer o que precisa ser feito. Use essa energia para aumentar a sua concentração. Talvez seja possível encarar as tarefas difíceis como um desafio. Isso com certeza nos dará mais ânimo para concluí-las!

CALENDÁRIO LUNAR

FEVEREIRO 2014

Domingo	Segunda-feira	Terça-feira	Quarta-feira	Quinta-feira	Sexta-feira	Sábado
						1 ♓
						Lua Nova em Peixes à 01:45 LFC fim à 01:44
2 ♓	**3** ♈	**4** ♈	**5** ♉	**6** ♉	**7** ♊	**8** ♊
Lua Nova em Peixes LFC início às 14:34	Lua Nova em Áries às 02:55 LFC fim às 02:54	Lua Nova em Áries LFC início às 21:14	Lua Nova em Touro às 07:46 LFC fim às 07:46	Lua Crescente às 17:22 em Touro Início Mercúrio retrógrado	Lua Crescente em Gêmeos às 16:44 LFC 02:49 às 16:43 Mercúrio retrógrado	Lua Crescente em Gêmeos Mercúrio retrógrado
9 ♊	**10** ♋	**11** ♋	**12** ♌	**13** ♌	**14** ♌	**15** ♍
Lua Crescente em Gêmeos LFC início às 19:08 Mercúrio retrógrado	Lua Crescente em Câncer às 04:32 LFC fim às 04:32 Mercúrio retrógrado	Lua Crescente em Câncer Mercúrio retrógrado	Lua Crescente em Leão às 17:15 LFC 08:51 às 17:15 Mercúrio retrógrado	Lua Crescente em Leão Mercúrio retrógrado	Lua Cheia às 21:54 em Leão Mercúrio retrógrado	Lua Cheia em Virgem às 05:25 LFC 01:13 às 05:25 Mercúrio retrógrado
16 ♍	**17** ♎	**18** ♎ ♓	**19** ♎	**20** ♏	**21** ♏	**22** ♐
Lua Cheia em Virgem Mercúrio retrógrado	Lua Cheia em Libra às 15:22 LFC 02:04 às 15:22 Mercúrio retrógrado	Lua Cheia em Libra Sol em Peixes às 15:59 Mercúrio retrógrado	Lua Cheia em Libra LFC início às 18:52 Mercúrio retrógrado	Lua Cheia em Escorpião à 00:31 LFC fim à 00:32 Mercúrio retrógrado	Lua Cheia em Escorpião LFC início às 19:09 Mercúrio retrógrado	Lua Minguante às 14:16 em Sagitário às 07:11 LFC fim às 07:11 Mercúrio retrógrado
23 ♐	**24** ♑	**25** ♑	**26** ♒	**27** ♒	**28** ♓	
Lua Minguante em Sagitário Mercúrio retrógrado	Lua Minguante em Capricórnio às 10:49 LFC 06:25 às 10:50 Mercúrio retrógrado	Lua Minguante em Capricórnio Mercúrio retrógrado	Lua Minguante em Aquário às 11:54 LFC 07:51 às 11:55 Mercúrio retrógrado	Lua Minguante em Aquário Mercúrio retrógrado	Lua Minguante em Peixes às 11:52 LFC 07:54 às 11:52 Fim Mercúrio retrógrado	

O CÉU DO MÊS DE FEVEREIRO 2014

O mês começa iluminando os ajustes que precisam ser feitos entre a individualidade e as crenças e os valores de família sob o aspecto que o Sol forma com Júpiter. Amigos podem ajudar ou precisar de ajuda para participar, adequadamente, de um evento social, compreender melhor uma questão íntima ou para compor uma situação econômica.

Convém olhar adiante e ver que ajustes financeiros precisam ser feitos por conta da energia disposta entre Sol e Plutão, que incita reação contra o cerceamento de liberdade gerado pelo mau uso de recursos. Podem se esperar reformistas e organizações de classe em revolta contra a falta de transparência dos que ocupam cargos públicos. No dia 2, o Sol reage a Vênus e incentiva desapego. Isso vale para dinheiro e para relações interpessoais. Tentar "prender" alguém será como incentivar a fuga.

Ainda na primeira semana do mês, Mercúrio começa a sua primeira retrogradação do ano em Peixes. Do dia 6 ao dia 28, vive-se uma espécie de "telefone sem fio" com comunicações imprecisas e ruidosas que geram confusão. E mais: extravio de documentos, engano de endereço e dispersão. O momento é oportuno para rever ideias, negociações e, também, para retomar contatos em busca de eventuais conversas reparadoras. Projetos que envolvam ações sociais passam por sensível revisão de planos. Detalhes passam despercebidos. Pode ser necessário fazer ou refazer exames médicos. É recomendada atenção a qualquer tipo de contaminação, mental e física, porque existe maior suscetibilidade a influências.

No dia 13, quando Mercúrio voltar para Aquário, signo em que vai ficar em retrogradação até o final do mês, a atenção deve se orientar para as comunicações via internet, redes sociais, hackers, "vírus", "bugs", sistemas "fora do ar", entre outros problemas comuns à comunicação do mundo online. A retrogradação de Mercúrio em Aquário estimula o desenvolvimento da capacidade criativa e a percepção da diferença entre o novo e a novidade. A novidade indica um modo diferente de se ver ou se fazer a mesma coisa e, portanto, é passageira. O novo quebra paradigmas e, por isso, dura por muitos anos. Não é recomendável fazer lançamentos de novas tecnologias no período. Operações financeiras estão sujeitas a imprevistos. Pode-se criar ou resolver mal-entendidos. Momento de repensar projetos futuros.

Com Sol em Aquário e Saturno em Escorpião em desarmonia no céu (11/02), observam-se atrasos por distração, falta de comprometimento, baixa de energia e conflitos de autoridade. Limites são impostos aos projetos em desenvolvimento. Tem-se briga entre o futuro e o passado, entre o progressista e o conservador, o anarquista e o militar de alta patente. Padrões rígidos são questionados por novas perspectivas. Não há convergência de interesses e será exigida a capacidade de adaptação. Logo no início da segunda semana do mês, há que se delegar sem abdicar de responsabilidade. Irresponsabilidades dos dirigentes trazem graves prejuízos e podem gerar consequências críticas. Exigem-se paciência e temperança. O aspecto de tensão entre Sol e Urano em Áries (13/02) reafirma estresse com egoísmos, ações arbitrárias e necessidade de mudanças rápidas. Na sequência (14/02), o aspecto abrasivo entre o Sol e Júpiter em Câncer aponta para possibilidade de comprometimento da credibilidade, desordem na vida doméstica e gafes públicas. O desafio é encontrar fé e determinação sobre a compreensão de que o "tempo tem suas razões".

Na metade do mês, entre os dias 15 e 16, o Sol se encontra com Mercúrio e ambos se harmonizam com Marte, trazendo muita vitalidade física e, principalmente, mental. Com clareza de objetivos e energia calibrada sente-se confiança para ganhar o mundo e, com essa qualidade, se ganha mesmo. Ótima oportunidade para atingir metas, e inclusive retomar algumas já desacreditadas. Ocasião também propícia para conquistar boas parcerias e maior liberdade de expressão. Dias de coragem e animação. Mas o Sol e Mercúrio formam aspectos com Urano e Plutão indicando que atitudes muito radicais ou impensadas vão provocar desgastes impactantes e trazer nervosismo. Então, deve-se dar preferência à moderação.

No dia 18, o Sol chega ao signo de Peixes e é dada mais atenção à vida espiritual. Percebe-se melhor a energia que transcende os limites do corpo e da matéria e busca-se uma espécie de purificação. Existe maior solicitude, voluntariedade, compaixão, encantamento e fantasia.

Conversas difíceis podem ser esperadas, no meio da semana, com a desarmonia entre Mercúrio e Saturno (19/02). Coloca-se em "xeque" a diferença entre teoria e prática. Ideia e realidade apresentam divergências que sugerem reavaliação da capacidade de execução de um projeto. Ideias utópicas "caem na real". Mas é preciso sonhar.

O encontro do Sol com Netuno em Peixes (23/02) aumenta o interesse pela metafísica. Fomenta a filantropia e a necessidade de viver um sonho. Essa visão também promove enganos e percepção romanceada da realidade. Ainda assim, a intuição pode ser mais útil que a razão nesse dia. É um ótimo momento para assistir a shows de música, de mágica, ir ao cinema, ao teatro e estar em contato direto com movimentos socioculturais.

Vênus harmoniza com Saturno (25/02) e indica que investimentos conservadores e de baixo risco são os melhores para o final do mês. Guardar, poupar, é o que vai garantir a manutenção do status e da atual condição financeira. Bom momento para fortalecer as relações afetivas.

Júpiter em Câncer desarmoniza com Urano em Áries (26/02) e, no final desse mês, acontece um dos aspectos mais difíceis, advindo desde o ano passado: a quebra de confiança. Há mudanças de convicções, nos âmbitos pessoal e coletivo, diante da quebra de valores morais e sociais. Escândalo e intempestividade repercutem tanto no bolso quanto na bolsa de valores — tanto nas corporações quanto nas residências. Sobretudo, impactam a fé na vida e nas pessoas.

Mas, no final do mês... "Vida que segue!" Mercúrio volta a ficar em movimento direto (28/02). Termina, assim, junto com o mês, o primeiro dos três tempos do ano em que mais se sofre com ruídos de comunicação, confusão de pensamentos e com movimentações equivocadas. O discurso volta a ter fluência e clareza e há intensa vontade de se fazer entender. Ideias cursam no sentido da dissolução e do avanço.

POSIÇÃO DIÁRIA DA LUA NO MÊS DE FEVEREIRO

DIA 1 DE FEVEREIRO – SÁBADO
● Nova ● em Peixes à 01:45 ☉ LFC Fim à 01:44

Enquanto a Lua estiver em Peixes, acordamos com saudades da cama e dos sonhos da noite anterior. Estamos, por alguns dias, passando um tempo no mundo da lua. Aproveite para ver filmes, ler poesias, ouvir música. Quem sabe você não se sentirá inspirado a abrir espaço para o seu lado artístico também?

Lua conjunção Mercúrio – 00:57 às 04:20 (exato 02:38)
A noite de sábado é propícia aos encontros culturais. As pessoas estão mais à vontade, expressando suas emoções e trocando impressões sobre o que viram e sentiram.

Lua conjunção Netuno – 06:52 às 10:06 (exato 08:29)
Depois de uma noite gostosa, o dia amanhece mais leve. Bom momento para atividades que demandem cooperação. Se tiver algo romântico em mente, vá em frente, essa é uma manhã excelente para ideias românticas.

Lua trígono Júpiter – 19:39 às 22:54 (exato 21:16)
À noite, um clima de alegria e otimismo contagia nossos programas. Shows e outras atividades cujo sucesso dependa da presença de um grande público estão beneficiados. Pensamos grande e nos sentimos confiantes o suficiente para transformar nossos planos em realidade. Ótimo para viagens de longa distância.

Lua sextil Plutão – 19:59 às 23:15 (exato 21:37)
Ajudando o clima grandioso da noite, Plutão acrescenta intensidade e profundidade às emoções. Separamos com mais clareza o que é verdadeiro do que é falso e estamos dispostos a promover mudanças mais radicais em nossos caminhos.

Lua sextil Vênus – 22:01 à 01:18 de 02/02 (exato 23:39)
Para completar o clima dessa noite de sábado, Vênus nos brinda com charme e doçura. Se você procurava uma noite para comemorar algo importante, não poderia escolher melhor data!

DIA 2 DE FEVEREIRO – DOMINGO
● Nova ● em Peixes ☺ LFC Início às 14:34

Lua trígono Saturno – 12:55 às 16:15 (exato 14:35)
Aproveite para colocar em ordem as coisas que ficaram por fazer. Durante essa tarde de domingo, estamos mais disponíveis para cumprir nossas obrigações sem que pareçam tão pesadas.

DIA 3 DE FEVEREIRO – SEGUNDA-FEIRA
● Nova ● em Áries às 02:55 ☺ LFC Fim às 2:54

Enquanto a Lua estiver em Áries, a hora certa é agora. Sinceridade, franqueza e entusiasmo são as palavras de ordem para os próximos dias. Aproveite bem a coragem que essa Lua nos dá, mas não se esqueça de ver se há água na piscina antes de pular.

Lua conjunção Urano – 17:33 às 21:02 (exato 19:17)
Impulsividade é a tônica desse final de tarde e começo de noite. Queremos experimentar o inusitado sem nos preocupar com as consequências. Novas abordagens para velhos problemas são bem-vindas.

Lua quadratura Júpiter – 21:42 à 00:02 de 04/02 (exato 23:27)
Talvez as nossas expectativas do início da noite não tenham sido atendidas ou tenhamos esperado uma reciprocidade dos nossos parceiros e amigos que não se cumpriu. Tudo bem, relaxe e não se deixe levar pela indulgência. Evite excessos de todos os tipos.

Lua quadratura Plutão – 22:31 às 02:02 de 04/02 (exato 00:17)
A sensação de insatisfação, carência e hostilidade aumenta essa noite. É recomendável contornar os conflitos e evitar radicalismos. Atitudes tomadas agora podem escalar para resoluções definitivas.

DIA 4 DE FEVEREIRO – TERÇA-FEIRA
● Nova ● em Áries ☺ LFC Início às 21:14

Lua quadratura Vênus – 00:55 às 04:27 (exato 02:41)
Sentimo-nos mais frágeis nessa madrugada, divididos entre o que nos faz confortáveis e o nosso desejo. Mais vulneráveis, é importante caprichar no banho e na arrumação da cama. O travesseiro pode ser um bom conselheiro quando não temos certeza do que queremos.

Lua sextil Sol – 03:32 às 07:19 (exato 05:32)

Aos poucos, ao longo da madrugada e do começo da manhã, nossas emoções começam a clarear. Estamos mais sensatos, mas flexíveis e adaptáveis. O diálogo é favorecido.

Lua oposição Marte – 19:24 às 23:06 (exato 21:15)

A noite traz mais ansiedade e perdemos a calma por qualquer motivo. Impulsos egoístas devem ser seriamente evitados. O potencial para causar mágoa ou para explosões mal-humoradas é alto. Pense duas vezes antes de agir. Mas se o que faltava era coragem para pôr fim a uma situação, use a coragem que esse aspecto favorece para dar o ponto final.

DIA 5 DE FEVEREIRO – QUARTA-FEIRA
● Nova ● em Touro às 07:46 ☉ LFC Fim às 07:46

Enquanto a Lua estiver em Touro, precisamos pisar em solo firme. A velocidade é mais lenta. Avance passo a passo para chegar com segurança ao seu objetivo.

Lua sextil Mercúrio – 11:47 às 15:32 (exato 13:40)

Todas as formas de comunicação estão protegidas. A mente está ágil, atenta aos detalhes, e as tarefas fluem com facilidade. Bom período para agendar almoços de trabalho.

Lua sextil Netuno – 13:59 às 17:41 (exato 15:50)

Mais um bom aspecto que reforça a criatividade. Se você trabalha na área de propaganda ou publicidade, essa tarde é muito boa para a apresentação de campanhas, em especial de produtos populares.

DIA 6 DE FEVEREIRO – QUINTA-FEIRA
☾ Crescente às 17:22 em 17°56' de Touro ☾ em Touro

Início de Mercúrio retrógrado

Lua sextil Júpiter – 03:43 às 07:27 (exato 05:35)

A madrugada é tranquila e amanhecemos com uma ótima disposição. O bom humor e a generosidade trazem alegria e colaboração para as tarefas matutinas.

Lua trígono Plutão – 05:07 às 08:54 (exato 07:00)

O começo da manhã é ótimo para agendar aquele exame que vinha sendo adiado. Os resultados serão precisos. Agora, se for possível, aproveite para dormir mais um pouquinho. O sono será altamente reparador.

Lua trígono Vênus – 08:17 às 12:10 (exato 10:14)

A manhã continua agradável e a melhor maneira de obter os resultados desejados é usar a diplomacia e o charme. Escolha, entre as tarefas que precisam ser feitas, aquela que lhe dá mais prazer e aproveitará melhor a influência dessa manhã.

Lua quadratura Sol – 15:18 às 19:27 (exato 19:27)

À tarde, o clima muda. Em vez da harmonia que reinava pela manhã, a disputa e a concorrência prevalecem. A consciência está enfraquecida e, as pessoas, mais infantis. Evite conversas difíceis nesse período.

DIA 7 DE FEVEREIRO – SEXTA-FEIRA

☾ Crescente ☾ em Gêmeos às 16:44 ☉ LFC Início às 02:49 ☉ LFC Fim às 16:43

Mercúrio retrógrado

Enquanto a Lua estiver em Gêmeos, o foco está na comunicação. Os próximos dias favorecem a troca de informações e podemos ver os dois lados de uma mesma questão com maior facilidade. Estudar, ensinar, ler e escrever estão em alta.

Lua oposição Saturno – 00:54 às 04:46 (exato 02:50)

Cansaço e desânimo marcam a madrugada de hoje. Resfriados malcurados e outros problemas crônicos podem nos assaltar e perturbar nosso descanso. Alongue-se antes de dormir e beba bastante líquido para assegurar a hidratação.

Lua quadratura Mercúrio – 21:06 à 01:00 de 08/02 (exato 23:02)

O que falamos pode não ser o que sentimos. O que entendemos pode não ser o que o outro quis dizer. Cheque a sua comunicação, pois mal-entendidos são comuns nessa noite.

Lua quadratura Netuno – 23:31 às 03:28 de 08/02 (exato 01:29)

As lembranças nem sempre são agradáveis e assuntos do passado podem voltar a perturbar. Há uma incômoda sensação de que não fomos tratados com justiça. Não confie em sua intuição agora, pois não há como ver as coisas com clareza sob esse aspecto.

DIA 8 DE FEVEREIRO – SÁBADO

☾ Crescente ☾ em Gêmeos

Mercúrio retrógrado

Lua sextil Urano – 09:56 às 13:55 (exato 11:56)

Esta manhã é um convite ao novo. Atividades que quebrem a rotina, novas abordagens para velhos problemas serão um excelente antídoto para o tédio. Experimente, inove e veja como tudo ficará mais interessante.

DIA 9 DE FEVEREIRO – DOMINGO
☽ Crescente ☽ em Gêmeos ⊕ LFC Início às 19:08

Mercúrio retrógrado

Lua trígono Sol – 07:30 às 11:54 (exato 09:42)

Mente e coração dançam ao mesmo ritmo. Há mais clareza e vitalidade. Tudo parece fluir com mais facilidade. Conseguimos nos aceitar como somos e, como resultado, os outros também nos aceitam com mais facilidade.

Lua trígono Marte – 17:05 às 21:11 (exato 19:08)

Nossa autoconfiança está em alta e conseguimos ser assertivos sem sermos arrogantes. Estamos em harmonia com o nosso ambiente e podemos nos expressar entusiasticamente. Confie em seus instintos, eles estarão afiados sob essa influência. Esqueça a timidez e vá em frente!

DIA 10 DE FEVEREIRO – SEGUNDA-FEIRA
☽ Crescente ☽ em Câncer às 04:32 ⊕ LFC Fim às 04:32

Mercúrio retrógrado

Enquanto a Lua estiver em Câncer, nada substitui o nosso "lar, doce lar". Nada supera o sabor da comida feita em casa, nenhuma cama é mais confortável que a nossa. As pessoas mais próximas e a nossa família são as prioridades nos próximos dias.

Lua trígono Mercúrio – 07:04 às 10:54 (exato 08:59)

Estamos mais sociáveis nesta manhã de segunda. Articule, argumente, apresente seus pontos de vista. A comunicação está favorecida e nossos talentos ficam mais evidenciados.

Lua trígono Netuno – 11:42 às 15:46 (exato 13:44)

Sentimo-nos mais vulneráveis e suscetíveis às influências externas. Mas isso não chega a ser um problema, pois as influências tendem a ser de natureza mais positiva. Procure um lugar diferente da sua rotina e, se possível, tire um almoço um pouco mais longo.

Lua quadratura Urano – 22:25 às 02:29 de 11/02 (exato 00:27)
É o momento perfeito para experimentarmos novas experiências e facetas da nossa personalidade desconhecidas para nós. O sono tende a ser mais leve, por isso desligue a TV e o celular. Assim dormirá mais tranquilo e poderá aproveitar melhor a energia inovadora do período.

DIA 11 DE FEVEREIRO – TERÇA-FEIRA
☽ Crescente ☽ em Câncer

Mercúrio retrógrado

Lua conjunção Júpiter – 01:26 às 05:27 (exato 03:26)
O sono é bom e os sonhos nos trazem imagens alegres e inspiradoras. Aproveite essa madrugada para descansar profundamente.

Lua oposição Plutão – 04:02 às 08:06 (exato 06:04)
No final da madrugada e pelo início da manhã, velhos ressentimentos podem vir à tona. Preste atenção aos seus sonhos. Eles poderão dar boas pistas sobre sentimentos que precisam ser trazidos à luz do dia para serem curados.

Lua oposição Vênus – 10:14 às 14:24 (exato 12:19)
A manhã e o início da tarde estão comprometidos por um sentimento de preguiça e carência. Estamos mais intolerantes e indecisos e tendemos a buscar consolo em indulgências. Tenha paciência e espere o baixo astral passar.

DIA 12 DE FEVEREIRO – QUARTA-FEIRA
☽ Crescente ☽ em Leão às 17:15 ☉ LFC Início às 08:51 ☉ LFC fim às 17:15

Mercúrio retrógrado

Enquanto a Lua estiver em Leão, abrir espaço para a criatividade e a espontaneidade é recomendável. Precisamos nos sentir amados pelo que somos e é preciso tomar cuidado para não ofuscar a luz dos outros com o nosso desejo de brilhar.

Lua trígono Saturno – 01:07 às 05:10 (exato 03:08)
Antes de dormir, assegure-se de que tudo está em ordem ao seu redor e de que as providências para começar bem o dia foram tomadas. Isso nos ajudará a dormir o "sono dos justos".

Lua quadratura Marte – 06:48 às 10:54 (exato 08:51)

A paciência está curta nesta manhã. Para aliviar a ansiedade, faça pequenas pausas ao longo da manhã e respire profundamente. Trabalhos que exijam mais autonomia são os mais adequados para este período.

DIA 13 DE FEVEREIRO – QUINTA-FEIRA
☾ Crescente ☾ em Leão

Mercúrio retrógrado

Lua trígono Urano – 11:17 às 15:20 (exato 13:19)

Tendemos a racionalizar as emoções e descartar o que nos parece excessivamente dramático. Buscamos nos reinventar. A criatividade está em alta. Permita-se experimentar o novo e curta os encontros inesperados que costumam acontecer sob essa influência.

DIA 14 DE FEVEREIRO – SEXTA-FEIRA
○ Cheia às 21:54 em 26°13' de Leão ○ em Leão

Mercúrio retrógrado

Lua quadratura Saturno – 13:40 às 17:40 (exato 15:40)

O trabalho é árduo e talvez seja necessário pular o almoço para dar conta de tudo que temos pela frente. Problemas com autoridades ou pessoas mais idosas podem ocorrer. Use esse momento para aprender a contar consigo e a não precisar dos outros para validar o seu valor.

Lua oposição Sol – 19:42 à 00:03 de 15/02 (exato 21:52)

Fica mais difícil tomar decisões esta noite, pois estamos divididos entre os instintos e as emoções. Evite perder tempo se debatendo, aproveite para identificar os conflitos e as soluções possíveis para eles.

Lua sextil Marte – 20:01 à 00:03 de 15/02 (exato 22:02)

O nosso lado mais instintivo parece levar vantagem nos nossos embates. É difícil resistir às paixões e cedemos com mais facilidade aos impulsos.

Lua oposição Mercúrio – 23:23 às 03:01 de 15/02 (exato 01:12)

Pequenos aborrecimentos e falhas em equipamentos eletrônicos são comuns sob esse aspecto. Pelo sim, pelo não, é melhor garantir backups. E para não perder a hora, uma alternativa é o despertador digital.

DIA 15 DE FEVEREIRO – SÁBADO
O Cheia O em Virgem às 05:25 ☽ LFC Início à 01:13 ☽ LFC Fim às 05:25

Mercúrio retrógrado

Enquanto a Lua estiver em Virgem, precisamos nos sentir úteis. Estamos mais discriminativos e seletivos. A organização, a análise e a padronização são exaltadas sob essa influência lunar.

Lua oposição Netuno – 12:50 às 16:48 (exato 14:49)
Tendemos a passar a tarde sonhando acordados. O desejo de escapar à realidade é forte e estamos mais vulneráveis às influências externas. Que tal tirar uma soneca e colocar o sono em dia?

DIA 16 DE FEVEREIRO – DOMINGO
O Cheia O em Virgem

Mercúrio retrógrado

Lua sextil Júpiter – 00:12 às 04:08 (exato 02:10)
A madrugada é gostosa e animada. Há uma sensação de otimismo e alegria no ar. Conhecer pessoas e lugares que ampliem nosso horizonte estão favorecidos.

Lua trígono Plutão – 03:41 às 07:38 (exato 05:40)
Os encontros amorosos estão favorecidos. Apimente sua relação com uma linda e excitante noite de amor. Uma dica: os pequenos detalhes e gestos é que farão a diferença.

Lua quadratura Vênus – 14:04 às 18:10 (exato 16:07)
A tarde de domingo traz uma sensação de descompasso. Nem sempre o que desejamos é o que nos faz bem. Evite as compras, podemos acabar trazendo para casa algo que não tenha nada a ver com nosso gosto ou ambiente.

DIA 17 DE FEVEREIRO – SEGUNDA-FEIRA
O Cheia O em Libra às 15:22 ☽ LFC Início às 02:04 ☽ LFC Fim às 15:22

Mercúrio retrógrado

Enquanto a Lua estiver em Libra, buscamos harmonizar nossas emoções, relações e ambientes. É um momento perfeito para tarefas que demandem cooperação e estejam relacionadas ao embelezamento em geral.

Lua sextil Saturno – 00:06 às 04:01 (exato 02:03)
Nada supera a sensação de estar em dia com nossas responsabilidades quando o assunto é dormir tranquilos. Cuide bem de si e do seu entorno e a recompensa será um descanso livre de sobressaltos.

DIA 18 DE FEVEREIRO – TERÇA-FEIRA
Cheia (disseminadora) O em Libra

Mercúrio retrógrado

Entrada do Sol no signo de Peixes às 15h59min29seg

Lua oposição Urano – 09:04 às 12:55 (exato 11:59)
Nada parece seguir o programado e tentar controlar a agenda é um desperdício nessa manhã. É difícil reconciliar a vontade de todos. O melhor é exercitar a flexibilidade e tentar acomodar o inesperado.

Lua quadratura Júpiter – 10:22 às 14:12 (exato 12:17)
A manhã se complica um pouco mais com esse aspecto. Falta realismo e objetividade. Oscilamos entre o otimismo e o pessimismo. Mantenha em mente que o exagero raramente é um bom conselheiro.

Lua quadratura Plutão – 14:08 às 17:59 (exato 16:03)
Fuja dos embates emocionais, especialmente se envolverem questões financeiras. Suspeitas infundadas, manipulações e comportamentos obsessivos costumam gerar crises sob esse aspecto. Tenha cuidado.

DIA 19 DE FEVEREIRO – QUARTA-FEIRA
O Cheia (disseminadora) O em Libra ☽ LFC Início às 18:52

Mercúrio retrógrado

Lua quadratura Vênus – 02:45 às 06:44 (exato 04:45)
Acordar pode ser um pouco complicado e passamos um tempo pensando se iremos ou não à academia. Sob esse aspecto, é mais provável que a preguiça vença a disputa.

Lua trígono Mercúrio – 09:28 às 12:57 (exato 11:12)
Nem parece que amanhecemos tão preguiçosos, pois a mente agora está a mil. Aproveite para se dedicar a tarefas que exijam análise e aprendizado. Poderá contar com a sua memória para armazenar as informações.

Lua conjunção Marte – 16:58 às 20:45 (exato 18:51)
Energia em alta. Use o final de tarde e começo da noite para aumentar o ritmo e concluir as tarefas acumuladas. Tome a iniciativa e vá em frente!

DIA 20 DE FEVEREIRO – QUINTA-FEIRA
O Cheia (disseminadora) O em Escorpião à 00:31 ☾ LFC Fim à 00:32

Mercúrio retrógrado

Enquanto a Lua estiver em Escorpião, privacidade é algo para ser levado a sério. Respeite os limites, os seus e os dos outros. As pessoas se sentem mais facilmente ofendidas e estão mais lentas para perdoar.

Lua trígono Sol – 01:21 às 05:25 (exato 03:23)
A madrugada é ótima para reconciliações. Equilibradas a razão e a emoção, os encontros e os sonhos felizes estão favorecidos.

Lua trígono Netuno – 07:50 às 11:32 (exato 09:41)
Foque em visualizar o futuro e em criar uma imagem que exemplifique essa visão. Uma imagem inspiradora, que ilustre o que o grupo tem em comum, facilitará o engajamento de todos.

Lua trígono Júpiter – 18:36 às 22:15 (exato 20:25)
Positividade é a tônica do final de tarde e noite de hoje. Esse estado de espírito é a ponte que liga mentes em sintonia e favorece o aparecimento de boas oportunidades.

Lua sextil Plutão – 22:31 às 02:11 de 01/02 (exato 00:21)
Bom momento para reconciliações. Se há algo que queira dizer, a hora é essa. Abra seu coração e expresse os seus mais profundos sentimentos. Com certeza dormirás com a alma lavada.

DIA 21 DE FEVEREIRO – SEXTA-FEIRA
O Cheia (disseminadora) O em Escorpião ☾ LFC Início às 19:09

Mercúrio retrógrado

Lua sextil Vênus – 13:08 às 16:56 (exato 15:02)
Precisa de ajuda para fechar aquela negociação ou convidar aquela pessoa especial para sair? Pode pedir. Usando charme e diplomacia, as chances de receber um sim aumentam bastante na tarde de hoje.

Lua quadratura Mercúrio – 13:15 às 16:39 (exato 14:57)
Se for pedir ajuda aos outros, não se esqueça de escolher suas palavras com cuidado e revisar antes as informações. Ser cuidadoso ajudará a não ferir a sensibilidade alheia e botar tudo a perder.

Lua conjunção Saturno – 17:21 às 20:56 (exato 19:09)
Com a cabeça fria e com uma abordagem mais pragmática, é fácil identificar onde está o nó dos seus projetos e planos. Use esse aspecto para revisar o seu planejamento antes de colocá-lo em prática.

DIA 22 DE FEVEREIRO – SÁBADO
☽ Minguante às 14:16 em 03°59' de Sagitário ☽ em Sagitário às 07:11 ☉ LFC Fim às 07:11

Mercúrio retrógrado

Enquanto a Lua estiver em Sagitário, a estrada é o melhor lugar para se estar. Movimente-se, saia, amplie seus horizontes! Duvide das ideias concebidas na escuridão do quarto, submeta-as à luz do dia e verá se tem valor.

Lua quadratura Sol – 12:19 às 16:08 (exato 14:14)
Conflitos entre o que se quer e o que se precisa causam tensões nesta tarde de sábado. Em vez de distribuir a culpa por aí, que tal usar essa energia para identificar possíveis soluções para o que divide você?

Lua quadratura Netuno – 14:14 às 17:46 (exato 16:00)
Nem sempre é bom abrir a porta para a nostalgia. Deixar o passado para trás pode ser a melhor escolha para esta tarde. Não conseguimos ver o quadro inteiro e podemos tirar as conclusões erradas.

Lua trígono Urano – 23:40 às 03:09 de 23/02 (exato 01:24)
Tudo fica mais leve à noite e já não levamos tudo tão a sério. Desapegue-se e surpreenda-se!

DIA 23 DE FEVEREIRO – DOMINGO
☽ Minguante ☽ em Sagitário

Mercúrio retrógrado

Lua sextil Mercúrio – 15:24 às 18:42 (exato 17:03)
Esse aspecto faz com que seja uma delícia juntar as pessoas queridas para uma tarde regada a muito bate-papo e conversa jogada fora. Use a sua imaginação e curta o domingo.

DIA 24 DE FEVEREIRO – SEGUNDA-FEIRA

☽ Minguante ☽ em Capricórnio às 10:49 ☯ LFC Início às 06:25 ☯ LFC Fim às 10:50

Mercúrio retrógrado

Enquanto a Lua estiver em Capricórnio, fazer o nosso trabalho bem-feito é motivo de orgulho. Estamos mais conscientes e sensíveis ao que os outros pensam sobre nós. Um pouco de timidez pode até ser charmoso.

Lua sextil Marte – 04:43 às 08:05 (exato 06:24)
Pule da cama cedo e aproveite essa energia para fazer atividades ao ar livre. Dinamismo e ação comandam as primeiras horas do dia.

Lua sextil Netuno – 17:39 às 20:58 (exato 19:18)
Complete o dia visitando uma exposição ou indo ao cinema. Atividades ligadas às artes, em especial à fotografia, são um bom programa para a noite desta segunda.

Lua sextil Sol – 19:33 às 23:06 (exato 21:19)
Um daqueles momentos em que o que desejamos e o que queremos estão em harmonia. Confie em seus instintos, eles serão bons guias hoje à noite.

DIA 25 DE FEVEREIRO – TERÇA-FEIRA

☽ Minguante ☽ em Capricórnio

Mercúrio retrógrado

Lua quadratura Urano – 02:35 às 05:54 (exato 04:14)
A noite é inquieta e o sono, inconstante. O corpo precisa descansar, mas a mente não sossega. Hora de praticar os truques aprendidos contra a insônia.

Lua oposição Júpiter – 02:43 às 06:01 (exato 04:22)
Exageros no jantar podem deixar você acordado e indisposto essa madrugada. Ideias concebidas essa madrugada podem não sobreviver a uma análise mais realística quando a manhã chegar.

Lua conjunção Plutão – 06:41 às 09:58 (exato 08:19)
A manhã é propícia a ultimatos e atitudes do tipo "tudo ou nada". Se precisar mudar um hábito arraigado, este é o momento perfeito para isso.

Lua sextil Saturno – 23:29 às 02:44 de 26/02 (exato 01:06)
As emoções não atrapalham as avaliações e é um bom momento para fazer avaliações sensatas sobre seus planos. Se for possível, procure o conselho de pessoas mais velhas.

DIA 26 DE FEVEREIRO – QUARTA-FEIRA
☽ Minguante (balsâmica) ☽ em Aquário às 11:54 ☉ LFC Início às 07:51 ☉ LFC Fim às 11:55

Mercúrio retrógrado

Enquanto á Lua estiver em Aquário, moramos no futuro, na terra das possibilidades infinitas. A liberdade é o bem mais procurado e somos capazes de romper os laços com o que nos prende com menos esforço.

Lua conjunção Vênus – 00:34 às 03:58 (exato 02:16)
Mimar e ser mimado são ótimas formas de aproveitar a noite e madrugada de hoje. Investir no que lhe agrada é o jeito certo de garantir um sorriso em seu rosto agora.

Lua quadratura Marte – 06:14 às 09:27 (exato 07:50)
Estamos propensos a esticar nossos limites além do razoável agora. Reações intempestivas são comuns e de nada ajudarão a superar nossos desafios. Aja com cautela pela manhã.

DIA 27 DE FEVEREIRO – QUINTA-FEIRA
☽ Minguante (balsâmica) ☽ em Aquário

Mercúrio retrógrado

Lua sextil Urano – 03:17 às 07:30 (exato 04:54)
Experimente fazer algo diferente e mude a sua rotina. Abrir espaço para o novo poderá trazer surpresas agradáveis no começo da manhã de hoje.

Lua conjunção Mercúrio – 15:26 às 18:36 (exato 17:01)
As ideias fluem livres esta tarde e as conversas giram em torno do que vivenciamos. Conviver com pessoas mais novas, usar a imaginação, receber e dar conselhos são atividades favorecidas.

Lua quadratura Saturno – 23:35 às 02:47 de 28/02 (exato 01:11)
Estamos mais preocupados e podemos nos sentir um pouco isolados. Confie em você mesmo para dar conta do que o preocupa. Alongue-se antes de dormir e hidrate-se, isso ajudará o sono a chegar.

DIA 28 DE FEVEREIRO – SEXTA-FEIRA

☽ Minguante (balsâmica) ☽ em Peixes às 11:52 ☉ LFC Início às 07:54 ☉ LFC Fim às 11:52

Fim Mercúrio retrógrado

Enquanto a Lua estiver em Peixes, a pressa cede lugar à contemplação. O tempo roda em outro ritmo e a imaginação tem mais valor do que o que é concreto. Busque trazer um pouco mais de encanto para o seu cotidiano para que os dias se encham de graça.

Lua trígono Marte – 06:18 às 09:31 (exato 07:54)
Momento perfeito para tentar alguma coisa nova ou que você queria fazer, mas não tinha coragem. Coragem não há de faltar esta manhã, e superar um obstáculo pode ser altamente recompensador.

Lua conjunção Netuno – 18:40 às 21:54 (exato 20:17)
Fim de tarde e noite excelentes para curtir um programinha cultural ou um jantar romântico. O importante é cuidar para que o clima seja de encanto e sonho. Fazendo assim, o sucesso estará garantido!

CALENDÁRIO LUNAR

MARÇO 2014

Domingo	Segunda-feira	Terça-feira	Quarta-feira	Quinta-feira	Sexta-feira	Sábado
						1 ♓
						Lua Nova às 05:01 em Peixes
2 ♈	3 ♈	4 ♉	5 ♉	6 ♊	7 ♊	8 ♊
Lua Nova em Áries às 12:40 LFC 8:03 às 12:39	Lua Nova em Áries	Lua Nova em Touro às 16:12 LFC 14:30 às 16:12	Lua Nova em Touro	Lua Nova em Gêmeos às 23:38 LFC 10:54 às 23:37	Lua Nova em Gêmeos	Lua Crescente às 10:28 em Gêmeos
9 ♋	10 ♋	11 ♌	12 ♌	13 ♌	14 ♍	15 ♍
Lua Crescente em Câncer às 10:33 LFC 04:52 às 10:33	Lua Crescente em Câncer	Lua Crescente em Leão às 23:08 LFC 16:50 às 23:08	Lua Crescente em Leão	Lua Crescente em Leão	Lua Crescente em Virgem às 11:16 LFC 04:23 às 11:17	Lua Crescente em Virgem
16 ♍	17 ♎	18 ♎	19 ♏	20 ♏ ♈	21 ♐	22 ♐
Lua Cheia às 14:09 em Virgem Lua em Libra às 21:45 LFC 14:08 às 21:45	Lua Cheia em Libra	Lua Cheia em Libra LFC início às 22:06	Lua Cheia em Escorpião às 06:13 LFC fim às 06:13	Lua Cheia Escorpião Sol em Áries às 13:57	Lua Cheia em Sagitário às 12:38 LFC 00:11 às 12:38	Lua Cheia em Sagitário
23 ♑	24 ♑	25 ♒	26 ♒	27 ♓	28 ♓	29 ♈
Lua Minguante às 22:47 em Capricórnio às 17:02 LFC 07:40 às 17:03	Lua Minguante em Capricórnio	Lua Minguante em Aquário às 19:38 LFC 09:34 às 19:38	Lua Minguante em Aquário	Lua Minguante em Peixes às 21:10 LFC 10:13 às 21:10	Lua Minguante em Peixes	Lua Minguante em Áries às 22:54 LFC 10:43 às 22:53
30 ♈	31 ♈					
Lua Nova em Áries às 15:46	Lua Nova em Áries LFC início às 17:06					

O CÉU DO MÊS DE MARÇO 2014

O Sol no signo de Peixes e em grande harmonia com Júpiter (01/02) traz muito entusiasmo para o início do mês de março, além de esperança e fé na evolução humana, a partir da observação do nosso próprio crescimento. Divergências religiosas tendem a encontrar convivência pacífica. É um dia iluminado ou encantado. Viagens de longa distância superam as expectativas, mesmo com possíveis problemas de transporte. Para os que vão ou não viajar, dia de preparar a fantasia, afinal é carnaval!

Ainda no primeiro dia do mês, Marte começa a retrogradar em Libra (de 01/03 até 19/05). Nesse período há um desequilíbrio de energia. Tendência a descuidar das necessidades físicas e a agir conforme a motivação alheia. Há baixa autoestima. A vida sexual está em fase de provações. Enquanto Marte estiver em Libra, as relações homoafetivas estão favorecidas, porque existe maior entendimento social sobre a busca de identificação sexual, de autoidentificação. Marte retrógrado traduz-se por: ter outra reação. Ainda que a energia esteja desmedida e, portanto, sujeita a rompantes, existe baixa disposição à briga. Há maior interesse em compartilhar conquistas.

Saturno em Escorpião também fica em movimento retrógrado (de 02/03 até 20/07). Durante esse período, repensam-se quais são os recursos essenciais à vida, tanto de ordem material quanto espiritual. Processos autodestrutivos estão em tempo de regeneração. Há desconformidade entre práticas, tradições e costumes. Pode-se esperar retrocesso depois de quebrado o tabu. Tempos de amadurecimento forçado.

Apesar do entusiasmo de Sol e Júpiter, com Marte e Saturno em retrogradação, a ordem ainda é moderação. As oportunidades que o Sol cria com Plutão em Capricórnio (03/03) dizem respeito à intensa necessidade de autotransformação. Tornar-se uma pessoa melhor é o que realmente faz acreditar que o mundo pode ser melhor. Em questão: os pesos e as medidas de uma sociedade e as próprias valorações.

Com o aspecto formado entre o Sol e Vênus em Capricórnio (04/03), existe tendência a desperdiçar dinheiro com status, investir em ilusão e desejar o que não se pode ter. No finalzinho do carnaval, a fantasia entra em conflito com as relações desestruturadas. Hora de "rasgar a fantasia", em ambos os sentidos.

No dia 5, Vênus entra em Aquário, liberta os desejos reprimidos e promove a diversidade. Neste signo (até 05/04), traz o desprendimento com dinheiro, com o formato dos relacionamentos e com o modo de lidar com desejos. Tendência à expansão dos investimentos financeiros para "outra dimensão". Mesmo porque, no dia 6, Júpiter volta ao movimento direto e a vida retoma seu sentido maior de evolução. Júpiter, em curso, diz do progresso das operações financeiras, dos projetos e ambições. E, também, aumenta a religiosidade.

Sol em grande harmonia com Saturno (13/03) aponta para o caminho da dissolução de grandes problemas emocionais. Está no âmago das questões mais relevantes a forte sensibilidade para perceber o que pode ou não ser dito ou tocado. Visão aprofundada sobre a fase atual diante dos ciclos da vida. Intenso questionamento sobre o que é eterno com grande intuição sobre o porvir.

Com o aspecto de Sol e Marte (16/03), precisa-se chegar ao senso comum sobre dispersão de energia. Romances e relacionamentos inadequados se ajustam ou, em breve, não seguirão adiante. Somada ao aspecto formado entre Vênus e Júpiter (17/03) está a sugestão de que, se é amor de verdade, concessões são necessárias; porém, nenhuma que subjugue uma das partes. Liberdade e respeito precisam coexistir. Parceiros comerciais, fornecedores, colaboradores e chefias estão compreendidos nos aspectos descritos acima, sob a perspectiva da busca por uma relação mais justa e humana entre todos. O amor livre e ideologias religiosas em fase de adequação.

Vênus em harmonia com Urano (18/03) gera oportunidade de desenvolver produtos criativos e de grande consumo, de aumentar a rede de relacionamentos e o universo de amigos com interesses afins. Visionários podem vislumbrar o que será preciso empreender para ter sucesso. Há maior facilidade para afirmar autenticidade de propósitos.

O Sol chega ao signo de Áries e tem-se o começo do ano-novo astrológico. Portanto: Feliz Ano-Novo! No dia 20, o Sol chega ao zero grau de Áries, depois de completar o seu curso, e dá início ao novo ano cósmico. Vive-se o Equinócio, quando há equilíbrio perfeito na natureza, em que dias e noites têm igual duração. Início do outono, no Hemisfério Sul; primavera no Hemisfério Norte. Áries, signo dos inícios, mostra que o novo sempre vem. Grau a grau, o Sol caminha a cada dia iluminando parte da sua história anual. O Sol em Áries torna os dias mais cheios de vigor, força e vitalidade. Signo do espírito de luta, do impulso necessário a todo começo, da motivação, das paixões quentes. Com o Sol em Áries há maior franqueza, agressividade e força de vontade para conquistar um objetivo.

Mercúrio encontra Netuno (22/03). As ideias flutuam por um ambiente inóspito e, por isso, recorrem à linguagem sutil, cênica, surrealista. A intuição e a percepção sensorial são favorecidas; todavia, o detalhamento e a precisão são desfavorecidos. É natural que a desconcentração gerada por esse aspecto promova a falta de senso de direção e alguns "atropelamentos". É necessário ter mais atenção aos interesses e acordos para evitar transtorno, também, em função da desarmonia entre Mercúrio e Marte (24/03).

No final do mês, o pensamento está em sintonia fina com os princípios valorosos da sociedade e orientado para o desenvolvimento de expressivas causas sociais. Mercúrio em harmonia com Júpiter em Câncer (28/03) une ideologias em benefício do maior e do melhor para todos, inspira o sentimento de que "todos somos um". Mercúrio em bom aspecto com Plutão em Capricórnio (28/03) traz, do sonho para a realidade, oportunidades de reformar o poder. Como é início do ano, as aspirações se lançam sobre os projetos mais ambiciosos. Mesmo que para isso haja muita disputa incitada pelo clima "quente" entre o Sol e Plutão. Conversas estratégicas com a liderança apresentam soluções importantes para os negócios. Bom momento para os tratamentos psicológicos.

Fechando o mês, no dia 29, Vênus desarmoniza com Saturno e se harmoniza com Marte. Novos desejos entram em conflito com velhos acordos e buscam uma relação mais equilibrada de ganha-ganha. Mantêm-se vínculos que envolvam estímulos e gostos comuns. Regra por regra, acordo por acordo, tudo se revisa. Vênus e Marte (29/03) mostram que o amor é livre, justo e fala mais alto.

POSIÇÃO DIÁRIA DA LUA
NO MÊS DE MARÇO

DIA 1 DE MARÇO – SÁBADO
● Nova às 05:01 em 10°39' de Peixes ● em Peixes

Lua trígono Júpiter – 03:07 às 06:20 (exato 04:44)
A alta madrugada de sábado promete muita alegria. Os desfiles das escolas do grupo A e os blocos de foliões espalhados pela cidade neste horário prometem trazer muita animação para a avenida.

Lua conjunção Sol – 03:16 às 06:43 (exato 04:59)
Mais uma indicação de bem-estar e energia para a madrugada e manhãzinha de sábado de Carnaval. Novos talentos em potencial podem ser identificados neste período.

Lua sextil Plutão – 07:18 às 10:33 (exato 08:55)
Neste sábado de Carnaval os reencontros estão favorecidos. Podemos esbarrar em antigos colegas, amigos e amores ao sairmos bailando por aí. Um pouco de mistério ajudará a aumentar o clima de erotismo desta manhã.

DIA 2 DE MARÇO – DOMINGO
● Nova ● em Áries às 12:40 ☽ LFC Início às 08:03 ☽ LFC Fim às 12:39

Enquanto a Lua estiver em Áries, temos pique suficiente para dar e vender e não precisamos ser chamados duas vezes para vestir a nossa fantasia de super-herói! Se o que faltava para as coisas acontecerem era um pouco de iniciativa, agora não falta mais nada.

Lua trígono Saturno – 00:00 às 03:16 (exato 01:38)
Um pouquinho de sobriedade no meio da festa. Com as emoções sobre controle, podemos aproveitar para ver através das ilusões e identificar aquilo que tem potencial para durar além da quarta-feira de Cinzas.

Lua sextil Vênus – 06:19 às 09:50 (exato 08:04)
O romance está no ar! Flertar, paquerar e se divertir com muito charme está em alta nesta manhã de domingo. Vista seu melhor sorriso e o distribua com toda a generosidade.

DIA 3 DE MARÇO – SEGUNDA-FEIRA
● Nova ● em Áries

Lua quadratura Júpiter – 04:32 às 07:56 (exato 06:14)
Grande tendência a ultrapassar os limites e exagerar em tudo. Preste bastante atenção para não perder a medida das coisas. Mesmo algo bom, quando em demasia, pode fazer mal.

Lua conjunção Urano – 05:08 às 08:33 (exato 06:50)
Tudo é possível nessa manhã de segunda surpreendente. Livres e soltos, assim amanhecemos hoje. É melhor seguir sem planos e sem guias, improvisando ao sabor do acaso. Mas é necessário não subestimar pessoas ou situações. Liberdade com responsabilidade.

Lua quadratura Plutão – 09:05 às 12:30 (exato 10:48)
Às vezes, é difícil não sentir ciúme ou deixar nossos companheiros inseguros no meio de tanto "oba-oba", não é mesmo? Fique atento para evitar confusões. O clima pode pesar e estragar a festa.

Lua sextil Mercúrio – 18:41 às 22:16 (exato 20:29)
À noite, o clima fica bem mais leve. Se o começo do dia deixou algum mal-entendido no ar, aproveite para conversar. É quase impossível resistir a um bom papo.

DIA 4 DE MARÇO – TERÇA-FEIRA
● Nova ● em Touro às 16:12 ☾ LFC Início às 14:30 ☾ LFC Fim às 16:12

Enquanto a Lua estiver em Touro, é hora de relaxar e se deixar levar um pouquinho pela preguiça. Ouça o seu corpo, ele lhe dirá exatamente do que você precisa agora.

Lua oposição Marte – 09:59 às 13:31 (exato 11:45)
Parece que ninguém está muito a fim de ceder e as brigas são comuns quando do todos querem impor a sua vontade. Cuidado para não se precipitar e acabar falando o que não deveria ser dito.

Lua quadratura Vênus – 12:39 às 16:25 (exato 14:32)
Carência e ciúmes não combinam com o Carnaval. Esperar demais do outro é um caminho certo para a frustração. Estamos divididos e é melhor não cobrar nada de ninguém.

DIA 5 DE MARÇO – QUARTA-FEIRA
● Nova ● em Touro

Lua sextil Netuno – 00:06 às 03:42 (exato 01:54)
A madrugada da quarta-feira de Cinzas é ótima para o romance. Deixe os aborrecimentos de ontem para trás e curta o clima idílico proporcionado pelo encontro feliz da Lua com Netuno.

Lua sextil Júpiter – 09:13 às 12:53 (exato 11:03)
Bom humor, alegria e otimismo contagiam as pessoas. Parece que a brincadeira não quer terminar. Ria muito com seus amigos e com as histórias divertidas deste feriado.

Lua trígono Plutão – 14:12 às 17:52 (exato 16:02)
Que tal usar esta tarde para se livrar de vez de um hábito que insiste em vencer suas melhores intenções de abandoná-lo? Essa é uma ótima energia para novos começos e para separar o joio do trigo.

Lua sextil Sol – 17:56 às 21:58 (exato 19:57)
E a limpeza continua, mesmo que sem toda a intensidade do começo da tarde. Estamos dispostos a recomeçar. Bom momento para colocar a vida em ordem, para enfim começarmos mais um novo dia.

DIA 6 DE MARÇO – QUINTA-FEIRA
● Nova ● em Gêmeos às 23:38 ☾ LFC Início às 10:54 ☾ LFC Fim às 23:37

Enquanto a Lua estiver em Gêmeos, é hora de contar tudo o que aconteceu nos últimos dias. Estamos mais falantes e queremos passar horas a fio falando. Se tiver viajado, é melhor voltar mais cedo ou lembrar-se de trazer muita paciência na bagagem. O trânsito promete estar bem carregado.

Lua quadratura Mercúrio – 02:21 às 06:14 (exato 04:18)
Parece que o mundo inteiro decidiu pegar a estrada na mesma hora. Fique atento, pois é mais fácil se distrair com pensamentos ou conversas irrelevantes.

Lua oposição Saturno – 09:02 às 12:49 (exato 10:55)
Atraso, bloqueios, nada flui. Isso vale tanto para o trânsito quanto para as nossas ações. Evite conflitos com autoridades, intransigência é comum nesse trânsito. O melhor mesmo é ficar em casa e descansar.

Lua trígono Vênus – 23:49 às 03:49 de 07/03 (exato 01:46)
À noite, as coisas melhoram bastante. Ótimo período para encontros em geral, mas especialmente para curtir bons momentos a dois.

DIA 7 DE MARÇO – SEXTA-FEIRA
● Nova ● em Gêmeos

Lua quadratura Netuno – 08:15 às 12:08 (exato 10:12)
É difícil acordar, sair da cama então é um desafio e tanto! Não é uma boa hora para tratar de assuntos que requeiram minúcias. Estamos desatentos, podemos interpretar mal, ser mal interpretados ou esquecer detalhes importantes.

Lua sextil Urano – 19:02 às 22:58 (exato 21:00)
O inesperado está a nosso favor. Portanto, se receber um convite inusitado, aceite. Sair da rotina fará maravilhas para o seu astral!

DIA 8 DE MARÇO – SÁBADO
☾ Crescente às 10:28 em 17°53' de Gêmeos ☾ em Gêmeos

Lua quadratura Sol – 08:18 às 12:36 (exato 10:27)
Não perca tempo reclamando, isso não resolverá nada e só trará aborrecimentos. Preste atenção no que o incomoda e busque soluções. Não é hora para tomar decisões, mas é um bom momento para explorar as alternativas.

Lua trígono Mercúrio – 15:13 às 19:26 (exato 17:19)
À tarde, é mais fácil chegar a alguma conclusão sobre o que nos incomodava pela manhã. Anote as suas ideias, assim não esquecerá nada e poderá começar a colocar as mudanças em prática.

DIA 9 DE MARÇO – DOMINGO
☾ Crescente ☾ em Câncer às 10:33 ⊕ LFC Início às 04:52 ⊕ LFC Fim às 10:33

Enquanto a Lua estiver em Câncer, nossa casa é nosso castelo. Queremos estar perto do que conhecemos bem. Visitar lugares antigos, cheios de tradição, ou arrumar aquelas fotos da família com carinho são ótimas maneiras de curtir essa Lua.

Lua trígono Marte – 02:54 às 06:51 (exato 04:52)
Acordamos cheios de disposição e super animados nesse domingo! Com adrenalina lá em cima e uma dose extra de autoconfiança para o que der e vier. Vá em frente e arrisque-se!

Lua trígono Netuno – 19:45 às 23:47 (exato 21:46)

Estamos mais sensíveis, intuitivos, influenciáveis e compreensivos. Jantares românticos, um cineminha com a família e os amigos são ótimas pedidas para essa noite de domingo.

DIA 10 DE MARÇO – SEGUNDA-FEIRA
☾ Crescente ☾ em Câncer

Lua conjunção Júpiter – 05:36 às 09:38 (exato 07:37)

O dia amanhecerá com as pessoas otimistas e cheias de expectativas. Tudo começa bem nessa segunda. Sentimo-nos com sorte e confiantes em relação à semana que começa.

Lua quadratura Urano – 07:02 às 11:06 (exato 09:04)

Queremos tanto que as coisas mudem que, às vezes, o universo nos responde. Mas nem sempre exatamente da forma como desejávamos. Não se desespere diante dos imprevistos. Relaxar e ser flexível é a postura mais adequada do momento.

Lua oposição Plutão – 11:14 às 15:17 (exato 13:16)

Não é uma boa hora para medir forças ou camuflar situações. O que se tentou esconder ou o que achávamos que poderia estar resolvido tende a vir à tona. Por mais complicado que seja, o melhor a fazer é evitar confrontos.

DIA 11 DE MARÇO – TERÇA-FEIRA
☾ Crescente ☾ em Leão às 23:08 ☺ LFC Início às 16:50 ☺ LFC Fim às 23:08

Enquanto a Lua estiver em Leão, nos sentimos especiais, ensolarados. As pessoas se tornam mais interessadas em adquirir bens sofisticados, caros e de boa qualidade, além de presentes. Momento certo para viver experiências luxuosas e refinadas, que mostrem o melhor que a vida tem a oferecer!

Lua trígono Sol – 01:58 às 06:23 (exato 04:10)

Aproveite a Lua leonina em excelente aspecto com o Sol para escolher seu melhor lençol, sua roupa de dormir mais especial e dormir como um rei! Ou rainha, claro.

Lua trígono Saturno – 07:27 às 11:30 (exato 09:29)

Novas responsabilidades podem assustar um pouco, mas siga em frente. Comprometa-se, pois a dedicação desta manhã renderá bons frutos mais tarde.

Lua quadratura Marte – 14:50 às 18:50 (exato 16:50)
Cuidado com a impulsividade hoje à tarde. Estamos mais propensos a querer mais desafios sem que tenhamos, necessariamente, avaliado se estamos prontos para eles.

DIA 12 DE MARÇO – QUARTA-FEIRA
☾ Crescente ☾ em Leão

Lua oposição Vênus – 08:45 às 13:07 (exato 10:56)
Pequenos aborrecimentos domésticos ou com pessoas queridas podem perturbar a manhã de hoje. A capacidade de tomar decisões está comprometida.

Lua trígono Urano – 19:58 à 00:00 de 13/03 (exato 21:59)
Boas surpresas relacionadas à família ou ao nosso lar nos aguardam à noite. Pelo sim, pelo não, garanta que há algo para beliscar ou beber na geladeira. Talvez haja um bom motivo para celebrar.

DIA 13 DE MARÇO – QUINTA-FEIRA
☾ Crescente ☾ em Leão

Lua quadratura Saturno – 19:48 às 23:46 (exato 21:47)
O trabalho poderá exigir mais horas do nosso dia hoje e demandará nossa atenção. Uma sensação de bloqueio nos convida a avaliar a situação com mais calma.

DIA 14 DE MARÇO – SEXTA-FEIRA
☾ Crescente ☾ em Virgem às 11:16 ☉ LFC Início às 04:23 ☉ LFC Fim às 11:17

Enquanto a Lua estiver em Virgem, é um ótimo momento para reavaliar a alimentação e os hábitos ligados à saúde. Colocar a casa e a vida em dia e em ordem são atividades perfeitas para os próximos dias.

Lua oposição Mercúrio – 01:16 às 05:37 (exato 03:27)
O sono poderá ser intermitente essa noite, perturbado pela ansiedade e pela mente inquieta e tagarela. Evite deslocamentos de curta distância esta noite, pois tendem a ser mais tumultuados.

Lua sextil Marte – 02:25 às 06:21 (exato 04:23)
As primeiras horas da manhã são propícias para prestarmos atenção ao que nos dizem nossos instintos. Eles estão afiados e podemos confiar na direção para a qual apontam.

Lua oposição Netuno – 20:42 à 00:38 de 15/03 (exato 22:40)
Escolha o seu destino desta noite com cuidado. Estamos mais vulneráveis às influências externas e podemos nos ver envolvidos em confusão. O melhor mesmo é ir para a cama mais cedo.

DIA 15 DE MARÇO – SÁBADO
☽ Crescente ☽ em Virgem

Lua sextil Júpiter – 06:09 às 10:04 (exato 08:07)
Uma manhã alegre e cheia de otimismo! Programas envolvendo a família ou os amigos estão particularmente favorecidos.

Lua trígono Plutão – 11:34 às 15:29 (exato 13:31)
O final da manhã e a tarde deste sábado são excelentes para atividades regeneradoras. Dietas e massagens que ajudem na eliminação de toxinas serão muito bem-sucedidas agora.

DIA 16 DE MARÇO – DOMINGO
○ Cheia às 14:09 em 26°02' de Virgem ○ em Libra às 21:45 ☯ LFC Início às 14:08 ☯ LFC Fim às 21:45

Enquanto a Lua estiver em Libra, as atividades em equipe estão favorecidas. Buscamos a harmonia e o equilíbrio e usamos de diplomacia e charme para alcançá-los.

Lua sextil Saturno – 06:40 às 10:31 (exato 08:35)
Sob essa energia, podemos confiar em nossa capacidade de avaliar as situações que demandem um maior distanciamento emocional. Se precisar, é também um bom momento para buscar o conselho de pessoas mais experientes.

Lua oposição Sol – 12:02 às 16:13 (exato 14:07)
Conflitos internos ameaçam nosso equilíbrio e podem nos conduzir a reações desproporcionais aos acontecimentos. Adie a tomada de decisões para outro momento.

DIA 17 DE MARÇO – SEGUNDA-FEIRA
○ Cheia ○ em Libra

Lua quadratura Júpiter – 16:08 às 19:56 (exato 18:02)
Procure se envolver apenas com atividades mais leves neste fim de tarde e começo de noite. E cuidado com a empolgação para não abraçar mais do que pode no momento.

Lua trígono Vênus – 16:13 às 20:19 (exato 18:16)
Escolha as atividades que mais gosta de fazer para finalizar o dia de hoje. Se possível, também se cerque das pessoas com quem mais gosta de fazê-las. Atenção apenas aos gastos.

Lua oposição Urano – 17:55 às 21:42 (exato 19:49)
Tensão gerada por mudanças de última hora ou por desentendimentos inesperados. Flexibilidade é uma atitude desejável diante do que não se pode controlar.

Lua quadratura Plutão – 21:17 à 01:04 de 18/03 (exato 23:10)
À noite, o clima fica mais pesado. Desconfiança, ciúmes e suspeitas infundadas levam a confrontos e manipulações.

DIA 18 DE MARÇO – TERÇA-FEIRA
O Cheia O em Libra , LFC Início às 22:06

Lua conjunção Marte – 20:16 às 23:55 (exato 22:06)
Aventura e paixão são palavras que nos acedem esta noite. Encontros ingênuos podem evoluir para algo mais quente. Dê vazão à sua energia física, assim evitará o mau humor.

DIA 19 DE MARÇO – QUARTA-FEIRA
O Cheia O em Escorpião às 06:13 ☉ LFC Fim às 06:13

Enquanto a Lua estiver em Escorpião, assuntos mal resolvidos incomodam mais. Agora é hora de eliminar o que não faz mais sentido e abrir espaço para que o novo possa nascer.

Lua trígono Mercúrio – 07:38 às 11:42 (exato 09:40)
Ótima manhã para provas, apresentações, reuniões de trabalho e estudo. A mente está afiada e atenta aos detalhes. A comunicação flui e é mais fácil expressar as nossas emoções.

Lua trígono Netuno – 15:18 às 18:59 (exato 17:09)
Confie em sua intuição. Esse aspecto favorece a empatia e a compaixão. Aproveite também para se expressar criativamente, pois atividades envolvendo a imaginação estão favorecidas.

DIA 20 DE MARÇO – QUINTA-FEIRA
O Cheia (disseminadora) O em Escorpião

Entrada do Sol no signo de Áries às 13h57min05seg
Equinócio de primavera no H. Norte, equinócio de outono no H. Sul

Lua trígono Júpiter – 00:06 às 03:46 (exato 01:56)
Sono e sonhos tranquilos ajudam o descanso e promovem o bem-estar.

Lua quadratura Vênus – 04:25 às 08:21 (exato 06:24)
Um pouco de preguiça e outro tanto de carência podem dificultar o início desta manhã. Talvez surja a vontade de compensar um pouco da tristeza com doces. Cuide-se bem e seja gentil consigo mesmo.

Lua sextil Plutão – 04:58 às 08:36 (exato 06:48)
Esse aspecto nos ajuda a perdoar o que precisa ser perdoado. Comece o dia limpando as mágoas, as que você carrega e aquelas que você causou.

Lua conjunção Saturno – 22:23 à 01:58 de 21/03 (exato 00:10)
Antes de dormir, alongue-se para liberar as tensões do dia. Também organize tudo o que for necessário para que a sexta comece bem. Saber que as suas responsabilidades estão em dia o ajudará a dormir tranquilamente.

DIA 21 DE MARÇO – SEXTA-FEIRA
O Cheia (disseminadora) O em Sagitário às 12:38 ☾ LFC Início à 00:11 ☾ LFC Fim às 12:38

Enquanto a Lua estiver em Sagitário, as pessoas buscam expansão e desejam novos horizontes, mas há maior falta de concentração e desperdício. Essa Lua favorece atividades expansivas, viagens e aventuras, esportes e tudo o que necessite de entusiasmo.

Lua trígono Sol – 12:31 às 16:21 (exato 14:26)
Com as emoções e a consciência em harmonia os conflitos internos são apaziguados. Conseguimos dividir com o outro o que somos e sentimos com facilidade. Os encontros e reuniões estão favorecidos essa tarde.

Lua quadratura Mercúrio – 19:31 às 23:25 (exato 21:28)
À noite, comunicação e transporte são prejudicados por esse aspecto. É comum vivenciarmos engarrafamentos e provocarmos mal-entendidos. Tenha paciência.

Lua quadratura Netuno – 21:32 à 01:04 de 22/03 (exato 23:18)
Qualquer lugar nos parece melhor do que aquele em que nos encontramos. O desejo de fugir da realidade é forte e estamos propensos a nos distrair. Cuidado redobrado ao dirigir é recomendável.

DIA 22 DE MARÇO – SÁBADO
○ Cheia (disseminadora) ○ em Sagitário

Lua trígono Urano – 07:49 às 11:20 (exato 09:34)
Quebre a rotina e experimente algo novo! Passear ao ar livre, visitar lugares desconhecidos e que estimulem a mente são ótimos programas para essa manhã.

Lua sextil Vênus – 14:09 às 17:55 (exato 16:02)
A tarde tende a ser agradável e propícia a eventos sociais e encontros românticos. Estamos bem-humorados e afetuosos. Gentileza, esta tarde, fará toda a diferença.

DIA 23 DE MARÇO – DOMINGO
☽ Minguante às 22:47 em 03°21' de Capricórnio ☽ em Capricórnio às 17:02 ☾ LFC Início às 07:40 ☾ LFC Fim às 17:03

Enquanto a Lua estiver em Capricórnio, o melhor a fazer é nos dedicarmos com afinco e competência aos nossos deveres e obrigações. Essa atitude proporcionará paz de espírito nos próximos dias.

Lua sextil Marte – 05:58 às 09:21 (exato 07:39)
Acordamos cheios de energia e é uma pena desperdiçar esse arsenal dormindo até mais tarde. Experimente, em vez disso, pular da cama mais cedo e atacar a sua lista de coisas a fazer.

Lua quadratura Sol – 20:55 à 00:35 de 24/03 (exato 22:45)
À noite, nos encontramos em uma encruzilhada entre o que queremos e o que precisamos fazer. Preste atenção aos sinais de descontentamento e procure identificar suas origens. Evite descarregar suas tensões internas em seu entorno.

DIA 24 DE MARÇO – SEGUNDA-FEIRA
☽ Minguante ☽ em Capricórnio

Lua sextil Netuno – 01:44 às 05:09 (exato 03:27)
Sono tranquilo e profundo nesta madrugada de segunda. Atenção aos sonhos pois eles poderão trazer mensagens interessantes.

Lua sextil Mercúrio – 05:02 às 08:47 (exato 06:55)
A manhã começa afinada. Nossos planos para a semana desenham-se claros diante de nós e tudo parece se encaixar corretamente. Aproveite para registrar suas ideias, assim elas não se perderão ao longo do dia

Lua oposição Júpiter   10:01 às 13:25 (exato 11:43)
Tendemos ao exagero ao longo da manhã e no começo da tarde de hoje. Ao mesmo tempo, temos dificuldades em perceber as consequências das nossas atitudes. Por mais difícil que seja, busque a moderação.

Lua quadratura Urano – 11:43 às 15:07 (exato 13:25)
Situações inusitadas, quebras de protocolos e pequenas rebeliões fazem parte do cardápio da tarde de hoje. Não tome nada por certo.

Lua conjunção Plutão – 14:15 às 17:38 (exato 15:56)
E para completar a tarde já plena de cores intensas e exageradas, Plutão une-se à Lua e traz uma propensão a ultimatos e brigas por poder. Há uma tendência a polarizarmos o mundo e enxergamos o que é diferente de nós como sendo contrário a nós.

DIA 25 DE MARÇO – TERÇA-FEIRA
☽ Minguante ☽ em Aquário às 19:38 ☉ LFC Início às 09:34 ☉ LFC Fim às 19:38

Enquanto a Lua estiver em Aquário, podemos mudar um hábito, uma atitude, um endereço ou um estado civil com muito mais leveza. O que parecia impossível poucos dias atrás agora está ao alcance das mãos.

Lua sextil Saturno – 06:07 às 09:26 (exato 07:46)
Determinação, disciplina e disposição para cumprir os compromissos nos ajudam a sair da cama na hora certa e começar o dia já cruzando itens da nossa lista de coisas a fazer.

Lua quadratura Marte – 07:55 às 11:12 (exato 09:34)
Cuidado, pois esse aspecto nos leva a agir de forma mais impulsiva e, por vezes, imprudente. Procure manter suas reações proporcionais aos acontecimentos

DIA 26 DE MARÇO – QUARTA-FEIRA
☽ Minguante ☽ em Aquário

Lua sextil Sol – 03:07 às 06:40 (exato 04:54)
O sono esta noite nos ajuda a acalmar a alma e os sentimentos, trazendo a cura para inseguranças e medos que sabotam nossa alegria.

Lua sextil Urano – 14:01 às 17:20 (exato 15:40)
Pequenas surpresas e imprevistos trazem um colorido bonito para a tarde de hoje e ajudam a espantar o tédio. As mudanças em geral estão favorecidas.

DIA 27 DE MARÇO – QUINTA-FEIRA

☽ Minguante (balsâmica) ☽ em Peixes às 21:10 ☺ LFC Início às 10:13 ☺ LFC Fim às 21:10

Enquanto a Lua estiver em Peixes, deixamos os acontecimentos seguirem seu curso sem apresentar resistência. Estamos mais crédulos e acreditamos que há uma lógica por trás dos fatos que, ao final, trará sentido a tudo.

Lua conjunção Vênus – 03:05 às 06:38 (exato 04:52)
Não resista se sentir vontade de ir dormir mais tarde ou acordar mais cedo para namorar. O encontro de Vênus com a Lua pisciana favorece o romance e tudo que traz beleza ao nosso cotidiano.

Lua quadratura Saturno – 07:41 às 10:58 (exato 09:20)
Depois do sonho da madrugada, a realidade do despertador não é muito bem-vinda. Mas, mesmo sentindo-se um pouco solitário e desvalorizado, siga em frente, a manhã tende a melhorar.

Lua trígono Marte – 08:36 às 11:49 (exato 10:13)
Marte chega e ajuda a transformar o astral do início da manhã, trazendo autoconfiança para lidar com a concorrência. Acredite em seu potencial para a liderança e em seus instintos e vá à luta!

DIA 28 DE MARÇO – SEXTA-FEIRA

☽ Minguante (balsâmica) ☽ em Peixes

Lua conjunção Netuno – 05:47 às 09:06 (exato 07:26)
O entusiasmo flui sem limites e o acaso nos abençoa nesta manhã de sexta. Esqueça a praticidade e curta o romantismo que contagia a todos. Mas tente manter ao menos um pé no chão, pois é comum enganar e nos enganarmos sob essa influência sedutora.

Lua trígono Júpiter – 14:02 às 17:21 (exato 15:41)
O alto astral presente na tarde de hoje contagia a todos e nos ajuda a sermos o melhor que podemos ser. Generosos, tendemos a atrair oportunidades e benefícios.

Lua sextil Plutão – 17:47 às 21:06 (exato 19:26)
Um pouco de mistério, uma pitada de erotismo e uma disposição incrível em dar uma segunda chance ao que vale a pena fazem deste final de tarde e começo de noite um momento muito especial.

Lua conjunção Mercúrio – 19:29 às 23:10 (exato 21:20)

O papo rola solto e gostoso nesta sexta à noite. Compartilhar as lembranças e os sentimentos, buscar e dar conselhos, escutar com atenção e falar com sinceridade estão favorecidos.

DIA 29 DE MARÇO – SÁBADO

☽ Minguante (balsâmica) ☽ em Áries às 22:54 ☉ LFC Início às 10:43 ☉ LFC Fim às 22:53

Enquanto a Lua estiver em Áries, vemos o mundo com os olhos das crianças e temos a audácia dos navegadores dos tempos antigos. Explore os dias com entusiasmo e espontaneidade e sinta-se renovado.

Lua trígono Saturno – 09:04 às 12:24 (exato 10:44)

Manhã produtiva. Podemos nos dedicar a colocar a casa e nossa vida pessoal em ordem. Com determinação e disciplina conseguiremos completar as tarefas que iniciarmos nesta manhã.

DIA 30 DE MARÇO – DOMINGO

● Nova às 15:46 em 09°59 de Áries ● em Áries

Lua conjunção Sol – 13:55 às 17:34 (exato 15:45)

O almoço de domingo promete harmonia e equilíbrio entre as emoções e a razão. Sentimo-nos apoiados e incentivados a tomar decisões que influenciarão nosso futuro. Há clareza em nossas decisões agora.

Lua quadratura Júpiter – 16:26 às 19:51 (exato 18:08)

Ao final do dia, perdemos um pouco da clareza do começo da tarde. Nossa noção de realidade fica comprometida e devemos evitar análises e decisões sob essa influência. Tendência ao exagero, cuidado com a ingestão alcoólica.

Lua conjunção Urano – 18:02 às 21:28 (exato 19:45)

Ações tomadas por impulso são muito comuns sob essa influência. Seguimos somente a nossa própria consciência e ignoramos os avisos alheios. Somada ao aspecto ao anterior, há a possibilidade de incorrermos em riscos desnecessários e imprevisíveis. Sendo assim, tome cuidado, em especial ao dirigir.

Lua quadratura Plutão – 20:04 às 23:30 (exato 21:47)

A situação não melhora e não temos sinal de alívio para a noite. Evite conflitos, desconfie de pensamentos obsessivos e pense muitas vezes antes de julgar os outros. Cuide-se para que problemas crônicos ou malcurados não voltem de forma mais séria hoje à noite.

DIA 31 DE MARÇO – SEGUNDA-FEIRA
● Nova ● em Áries ☾ LFC Início às 17:06

Lua oposição Marte – 10:40 às 14:03 (exato 12:21)
Estamos temperamentais e podemos explodir à menor provocação. No entanto, se estivermos conscientes dos impulsos que nos movem, talvez seja possível usar essa energia para resolver um problema que há muito nos assustava.

Lua sextil Vênus – 15:14 às 19:00 (exato 17:06)
A última tarde de março termina mais serena e tranquila. Estamos mais dispostos a dar e pedir ajuda. Compromissos sociais e atividades ligadas ao romance e à beleza estão favorecidos sob esse aspecto.

CALENDÁRIO LUNAR

ABRIL 2014

Domingo	Segunda-feira	Terça-feira	Quarta-feira	Quinta-feira	Sexta-feira	Sábado
		1 ♉	2 ♉	3 ♊	4 ♊	5 ♋
		Lua Nova em Touro às 02:21 LFC fim às 02:20	Lua Nova em Touro	Lua Nova em Gêmeos às 08:48 LFC 03:43 às 08:47	Lua Nova em Gêmeos	Lua Nova em Câncer às 18:39 LFC 17:30 às 18:39
6 ♋	7 ♋	8 ♌	9 ♌	10 ♍	11 ♍	12 ♍
Lua Nova em Câncer	Lua Crescente às 05:32 em Câncer LFC início às 15:13	Lua Crescente em Leão às 06:50 LFC fim às 06:50	Lua Crescente Leão	Lua Crescente em Virgem às 19:07 LFC 03:25 às 19:07	Lua Crescente em Virgem	Lua Crescente em Virgem LFC início às 14:11
13 ♎	14 ♎	15 ♎ ♏	16 ♏	17 ♐	18 ♐	19 ♑
Lua Crescente em Libra às 05:33 LFC fim às 05:33	Lua Crescente em Libra	Lua Cheia às 04:43 em Libra Lua em Escorpião às 13:19 LFC 04:42 às 13:19 Eclipse Total Lunar às 04:46 25°16' de Libra	Lua Cheia em Escorpião	Lua Cheia em Sagitário às 18:43 LFC 04:09 às 18:43	Lua Cheia em Sagitário	Lua Cheia em Capricórnio às 22:29 LFC 22:18 às 22:29
20 ♑ ♉	21 ♑	22 ♒	23 ♒	24 ♓	25 ♓	26 ♈
Lua Cheia em Capricórnio Sol em Touro à 00:56	Lua Cheia em Capricórnio LFC início às 20:20	Lua Minguante às 04:53 em Aquário à 01:17 LFC fim à 01:17	Lua Minguante em Aquário LFC início às 13:10	Lua Minguante em Peixes às 03:55 LFC fim às 03:55	Lua Minguante em Peixes LFC início às 17:02	Lua Minguante em Áries às 07:00 LFC fim às 07:00
27 ♈	28 ♉	29 ♉	30 ♊			
Lua Minguante em Áries LFC início às 08:01	Lua Minguante em Touro às 11:24 LFC fim às 11:23	Lua Nova às 03:15 em Touro Eclipse Solar às 03:04 08°52' de Touro	Lua Nova em Gêmeos às 17:55 LFC 12:53 às 17:55			

O CÉU DO MÊS DE ABRIL 2014

Crescer exige esforço e fé. O desafio estabelecido entre Sol e Júpiter (01/04) traz luz à falta de confiança sobre excessos de otimismo. O Sol faz contato direto com Urano (02/04) e ativa a criatividade. Surgem ideias que beneficiam o futuro. É acionada a massa revolucionária que urge transformação. E, no dia seguinte (03/04), o Sol desafia Plutão a tirar do poder a liderança corrosiva. Atravessam-se os primeiros dias com fortes "turbulências", mas com harmonia mental gerada por Mercúrio e Saturno (03/04), que fazem prevalecer o bom senso diante do caos.

Vênus desarmoniza com Plutão (04/04) pouco antes de entrar em Peixes e há maior indisposição à promiscuidade ou displicência com dinheiro. O clima começa a favorecer o amor romântico com a chegada de Vênus em Peixes (05/04 a 02/05). Bom para os relacionamentos e para os investimentos em ações sociais e culturais.

Mercúrio entra em Áries (de 07/04 a 29/04) e a fala ganha agilidade e a vida ganha o tom da pressa. Tempo de ações diretas, reuniões objetivas e maior debate. Importante avaliar qual discussão se justifica. Será preciso controlar a hostilidade sobretudo contra quem representar apoio, porque o Sol faz oposição a Marte (08/04), e atentar para a energia da passionalidade, já que Vênus forma um aspecto desconfortável com o mesmo planeta (09/04).

No segundo final de semana do mês, romance e ansiedade. Vênus encontra Netuno (11/04) e traz o desejo de viver o amor dos sonhos. E, também, acentua a sensibilidade para com as necessidades do próximo. O Sol em aspecto difícil com Netuno e com Saturno (11/04) mostra o que é viável e o que é ilusão. Em outro campo, veem-se desvios de dinheiro e "soluções maquiadas". Mercúrio e Saturno "conversam, em alta temperatura" (11/04), a fim de neutralizar quem precisa se afastar, mas "não quer largar o osso".

Bem no meio do mês, existe grande possibilidade de ocorrerem mudanças de posição, quebra de acordos e, principalmente, de paradigmas. Mercúrio encontra Urano e desarmoniza com Júpiter (14/04) para, na sequência (15/04), desarmonizar também com Plutão. Há um entendimento diferente sobre caminho certo e errado, valores sociais e morais. Vê-se a necessidade de questionar profundamente verdades e mentiras, incluindo dogmas religiosos.

A oposição que Marte em movimento retrógrado (de 14/04 a 30/04) faz a Urano provoca um estado de exaustão diante da arbitrariedade e da falta de diplomacia. Aponta para a individualidade exacerbada, negligência e meias verdades. Por esses dias, convém ainda evitar esportes radicais e atividades de risco.

No dia 15, acontece o primeiro Eclipse Lunar do ano, a 25°16' de Libra. Os eventos ocorridos em eclipse marcam os próximos seis meses. Esse, em particular, terá uma nova representação, na metade do mês de julho (16). Tudo o que for demandado aqui voltará com maior intensidade. O eclipse traz luz sobre o que assombra os relacionamentos. O objetivo do medo, aqui, é provocar reação à necessidade de levar uma vida compartilhada e mais leve. Isso será melhor percebido pelos nascidos no último decanato de Libra, Áries, Câncer e Capricórnio, e por aqueles que tiveram planetas próximos ao grau em que acontece o eclipse. Ótima oportunidade de trancar, no passado, memórias negativas de velhos relacionamentos.

Mercúrio em oposição a Marte (16/04) instaura a discussão acalorada e a dificuldade de compor diante de fatos ou evidências contraditórias. Significativa compensação chega com grande harmonia entre Vênus e Júpiter (17/04), trazendo felicidade, prazer e otimismo. Essa harmonia também é um indicador de êxito nas operações financeiras, de sinceridade afetiva e alegria. Projetos ligados a causas sociais têm melhores possibilidades de sucesso diante da disposição ao voluntariado e da prática do desapego.

Na sequência, o aspecto que Vênus forma com Plutão (18/04) pactua com a criação de poderosas e produtivas uniões. "Para cada problema, pelo menos uma solução", ainda que radical. Mesmo que entre Mercúrio e Saturno (19/04) e também entre Vênus e Marte (19/04) haja "ideias que não correspondem aos fatos" e ajustes por fazer da teoria à prática.

No final de janeiro, no dia 20, temos novamente, exata, a oposição que Júpiter faz a Plutão e a desarmonia que forma com Urano. Outra vez, ela traz os impactos da necessidade de transformação da economia mundial a vida doméstica e aos valores familiares. Observa-se, com distanciamento, o poder da fé diante da insatisfação coletiva.

Ainda no dia 20, o Sol entra em Touro iluminando a inteligência na vida material e o sentido de preservação. A energia solar está disposta a salvaguardar tudo o que nutre. É o signo que valoriza o bom gosto, a boa mesa e os prazeres da vida. Ascendem a beleza da forma e a sensualidade.

Um dia após a Páscoa (21/04), acontece pela antepenúltima vez mais um entre os sete momentos em que há grande desarmonia entre Urano e Plutão no céu. O mundo muda a olhos vistos. A economia mundial está em crise. Acirram-se guerras religiosas e entre poderes. O mundo globalizado mostra que nenhuma verdade é mais absoluta. No plano individual, é natural que o aspecto também seja o de mudança radical, principalmente sobre as áreas em que Áries e Capricórnio ocupam no mapa natal. Essa é uma guerra que teve início em 2011 e cujo "início do fim" será em 2015. O desafio é andar "sem chão", com a instabilidade inerente a toda mudança. Quanto mais flexível e receptivo, melhor.

Marte e Plutão, desde a metade do mês de abril até o início de maio, estão em confronto. Dia 23 é um dia tenso em que há um choque de ordem. Será preciso manter a serenidade para não se prejudicar. Mercúrio entra no signo de Touro (de 23/04 até 07/05) trazendo bom senso, paciência para ouvir e calma para lidar com as questões de ordem prática. A mente funciona de modo linear e com mais determinação. Fala e movimentos cuidadosos são as lições de Mercúrio neste signo, vindo de Áries.

Vênus e Saturno, em grande harmonia (25/04), inspiram a união estável, o compromisso de longo prazo e a recuperação da mútua confiança; além de sensibilidade aos desejos e necessidades íntimas do outro. É um lindo momento para se unir a alguém, pois o céu emana romance com leveza e responsabilidade. Amor intuitivo, denso e intenso. Momento excelente, inclusive, para os negócios com organizações públicas, investimentos no setor marítimo e para contratação de planos de previdência.

Sol e Mercúrio se encontram (26/04) e parecem selar um acordo de pacificação: "depois da tempestade vem a bonança." No mesmo dia, Mercúrio em harmonia com Netuno (26/05) estimula a apresentação de soluções bem desenhadas e acordos envolventes. O Sol também se harmoniza com Netuno (26/05) para dizer que sonhar é preciso e realizar é possível. Mas Mercúrio e Vênus (27/04) divergem entre as vontades explicitadas e os desejos não declarados. E Mercúrio e Marte (28/04) questionam as motivações e interesses entre as partes. O melhor é deixar claro o que se quer.

No final do mês, a grande harmonia entre Mercúrio e Plutão (29/04) estimula movimentos assertivos em benefício da segurança material e manutenção do status. Diante de intensa ambição há disciplina mental. Com grande firmeza de propósitos, objetivos são alcançados. Momento de agir com astúcia, perspicácia, e realizar movimentos estratégicos. No mesmo dia 29, temos outro eclipse, desta vez solar, a 8°52' de Touro. Ainda que em busca de harmonia, tal como no eclipse libriano, este não se refere aos relacionamentos pessoais, mas ao relacionamento com a matéria. Com nostalgia, agora a questão está entre o que se tem e o que se teve. A tendência é resgatar o passado a todo custo como se só nele residisse a segurança. O sentimento é de que o melhor já passou e não foi preservado. Sol e Lua são representações de Pai e Mãe e, neste eclipse, vão dizer do medo da sua falta e da falta de tudo o que alimenta a existência da vida na Terra. O medo protege, já que possibilita a reação antecipada. O olhar no passado serve para aprender com a experiência sem, no entanto, aprisionar as ações no presente. Este eclipse é melhor percebido pelos nascidos até o primeiro decanato de Touro, Leão, Escorpião e Aquário.

Mercúrio em harmonia com Júpiter (30/04) otimiza os passos na direção do sucesso e privilegia a ética. Há melhor entendimento entre pais e filhos, mestres e alunos.

POSIÇÃO DIÁRIA DA LUA
NO MÊS DE ABRIL

DIA 1 DE ABRIL – TERÇA-FEIRA
● Nova ● em Touro às 02:21 ☺ LFC Fim às 02:20

Enquanto a Lua estiver em Touro, o momento é ótimo para dar continuidade às coisas começadas e para fazer a manutenção daquilo que possuímos. Estamos mais teimosos, mas também muito mais firmes e confiáveis.

Lua sextil Netuno – 11:51 às 15:25 (exato 13:38)
Preste atenção nas coincidências. Podem surgir ajudas inexplicáveis. Deixe-se levar pelas circunstâncias, elas são favoráveis. A boa fortuna maneja o leme do dia de hoje.

Lua sextil Júpiter – 21:07 à 00:45 de 02/04 (exato 22:56)
Pense grande e faça projetos generosos. Procure estar em ambientes onde haja fartura. Tanto de comida e bebida como de entusiasmo e afetividade. Não se isole. Há uma vibração muito positiva no ar.

DIA 2 DE ABRIL – QUARTA-FEIRA
● Nova ● em Touro

Lua trígono Plutão – 00:41 às 04:18 (exato 02:30)
Temos coragem para decidir e colocar um ponto final nas situações, e não temos medo de enfrentar os obstáculos que surgem. A sexualidade está em alta e a noite promete ser muito agradável para os casais.

Lua sextil Mercúrio – 16:04 às 20:16 (exato 18:09)
Estamos com capacidade de expressar nossas ideias de modo claro, compreensível e direto. O comércio costuma ganhar fôlego sob esta influência lunar.

Lua oposição Saturno – 17:04 às 20:45 (exato 18:54)
Não tente dar conta de tudo. Não seja tão rigoroso. Procure cultivar alguma leveza de espírito. Caso contrário você terminará o dia esgotado!

DIA 3 DE ABRIL – QUINTA-FEIRA
● Nova ● em Gêmeos às 08:48 ☾ LFC Início às 03:43 ☾ LFC Fim às 08:47

Enquanto a Lua estiver em Gêmeos, ficamos mentalmente mais ativos. O comércio e a imprensa ganham também muita agilidade. Todos querem estar mais informados e temos maior necessidade de circular e trocar com o ambiente.

Lua quadratura Vênus – 01:42 às 05:45 (exato 03:43)
A produtividade está diminuída pela ação de uma energia mais letárgica. Nos relacionamentos, pode haver discussões. Melhor não exigir muito do parceiro(a).

Lua quadratura Netuno – 19:04 às 22:53 (exato 20:58)
Um excesso de sensibilidade que pode gerar variação de humor. Atrasos, confusão de informações e desconcentração podem prejudicar o andamento das coisas. É aconselhável ser mais rigoroso nos prazos de validade e conservação dos produtos.

DIA 4 DE ABRIL – SEXTA-FEIRA
● Nova ☾ em Gêmeos

Lua sextil Urano – 06:46 às 10:38 (exato 08:42)
Estão beneficiadas todas as medidas de atualização e renovação. Lembre-se, não é preciso descartar o antigo, basta estar disponível para fazer os *upgrades* necessários e estar mais de acordo com as exigências atuais. Isso vale para todos os setores da vida!

Lua sextil Sol – 10:52 às 15:03 (exato 12:58)
Estão beneficiados todos os acordos, pois as pessoas estão naturalmente com um espírito colaborador e benevolente. Tudo funciona melhor e parece fluir com facilidade.

Lua trígono Marte – 21:52 à 01:39 de 05/04 (exato 23:46)
Tome a iniciativa de se aproximar de alguém, este é um momento favorável. Em todas as situações, expresse seus sentimentos de modo verdadeiro e espontâneo, esse tipo de atitude está beneficiado e facilitará um desfecho positivo.

DIA 5 DE ABRIL – SÁBADO
● Nova ● em Câncer às 18:39 ☾ LFC Início às 17:30 ☾ LFC Fim às 18:39

Enquanto a Lua estiver em Câncer, as emoções muitas vezes afloram e há uma maior propensão a mágoas e ressentimentos. O bem-estar e o conforto emocional costumam ser o parâmetro através do qual julgamos as situações.

Lua quadratura Mercúrio – 09:39 às 14:12 (exato 11:56)
Melhor não contar com a compreensão dos outros e também desconfiar um pouco do seu próprio entendimento. As informações podem estar chegando um pouco truncadas. Conselho: procure ter jogo de cintura.

Lua trígono Vênus – 16:36 às 20:56 (exato 18:46)
Esse benéfico aspecto suaviza o humor e torna o período propício a encontros amorosos, favorecendo os contatos de modo geral. Podemos apostar em um aumento na venda de produtos voltados para o público feminino e para casa.

DIA 6 DE ABRIL – DOMINGO
● Nova ● em Câncer

Lua trígono Netuno – 05:37 às 09:37 (exato 07:37)
Esta é uma combinação de muita criatividade e inspiração. Também beneficia negócios, produtos ou ambientes de algum modo ligados ao mar. E promete encontros e momentos agradáveis nesse tipo de paisagem.

Lua conjunção Júpiter – 16:31 às 20:34 (exato 18:32)
A alma, neste momento, pensa grande e temos bastante confiança para promover o crescimento. A melhor dica é usar o clima de otimismo e bom humor para favorecer os contatos e a convivência.

Lua quadratura Urano – 18:01 às 22:03 (exato 20:02)
Não é hora de pressionar ou exigir o comprometimento de ninguém. Muitas coisas podem ser antecipadas e nos pegar ainda despreparados. Os sistemas automáticos e eletrônicos podem apresentar problemas.

Lua oposição Plutão – 19:41 às 23:42 (exato 21:42)
Cuidado com cortes ou rupturas precipitadas. Essa combinação também pode indicar a possibilidade de roubos ou furtos. Evite maiores prejuízos guardando com mais segurança dinheiro ou artigos de valor.

DIA 7 DE ABRIL – SEGUNDA-FEIRA
☾ Crescente às 05:32 em 17°27' de Câncer ☾ em Câncer ☉ LFC Início às 15:13

Lua quadratura Sol – 03:19 às 07:42 (exato 05:30)
O clima torna-se mais pesado no início da manhã e pode haver conflitos entre os casais. Tendemos a ficar mais ressentidos por qualquer falta de atenção e falta bom senso e lucidez para esclarecer os problemas que possam surgir.

Lua quadratura Marte – 07:36 às 11:31 (exato 09:34)
Esse é um aspecto de risco. Podemos não usar as armas adequadas para enfrentar as situações. Para abater um passarinho, não é preciso um tiro de canhão! Todos estão mais arrogantes e dispostos a criar confusão por muito pouca coisa.

Lua trígono Saturno – 13:13 às 17:14 (exato 15:13)
Esse aspecto acalma um pouco os ânimos e favorece a concentração e os procedimentos objetivos. Recorra à ajuda de profissionais. Não é o momento de buscar serviços amadores.

DIA 8 DE ABRIL – TERÇA-FEIRA
☽ Crescente ☽ em Leão às 06:50 ☉ LFC Fim às 06:50

Enquanto a Lua estiver em Leão, reina um sentimento de que a vida vale a pena pois sentimos que temos algo de grandioso em nós. É um tempo de extroversão, brilho e liderança.

Lua trígono Mercúrio – 07:33 às 12:17 (exato 09:55)
A manhã é muito favorável para transações comerciais, contratos, aluguéis. É também um excelente período para lançamento de campanhas publicitárias, divulgação e publicação. As pessoas estão extrovertidas e comunicativas. Bom período para fazer contatos ou entrevistas. Aproveite para enviar o seu currículo e cuide de exaltar nele todos os seus talentos!

DIA 9 DE ABRIL – QUARTA-FEIRA
☽ Crescente ☽ em Leão

Lua trígono Urano – 06:48 às 10:51 (exato 08:50)
É um bom momento para testar a sua inventividade no modo de lidar com as situações. A ousadia e a criatividade serão muito apreciadas nessa manhã.

Lua sextil Marte – 18:15 às 22:08 (exato 20:12)
A noite favorece as decisões. Bom momento para lidar com os desafios. Estamos dispostos a lutar pelo que queremos e a estimular os que estão à nossa volta a fazer o mesmo. Tenha atitudes diretas e honestas, isso irá facilitar e encurtar as "negociações".

Lua trígono Sol – 21:16 à 01:38 de 10/04 (exato 23:27)
Ânimo e disposição. Há harmonia entre as nossas emoções e a nossa vontade, de modo que buscamos aquilo que nos traz bem-estar emocional. Isso gera um sentimento de contentamento contagiante. Relacionamentos que vinham esfriando podem ser aquecidos agora.

DIA 10 DE ABRIL – QUINTA-FEIRA

☾ Crescente ☾ em Virgem às 19:07 ☉ LFC Início às 03:25 ☉ LFC Fim às 19:07

Enquanto a Lua estiver em Virgem, ficamos mais exigentes e críticos do que o usual. Aumentamos os critérios de seletividade. É um ótimo momento para se organizar e cuidar dos pequenos detalhes. Hábitos saudáveis serão preferidos durante o período e darão um resultado tão visível que pensaremos em adotá-los para sempre.

Lua quadratura Saturno – 01:25 às 05:25 (exato 03:25)
Essa é uma combinação que pode trazer algumas frustrações durante a madrugada. Podemos nos sentir inseguros sobre nossa capacidade de atender às exigências. Esteja preparado para algumas críticas e lide com as situações de modo objetivo.

DIA 11 DE ABRIL – SEXTA-FEIRA

☾ Crescente ☾ em Virgem

Lua oposição Vênus – 04:44 às 09:04 (exato 06:54)
Não há segurança suficiente para seduzir ou usar de charme nas situações. Estamos divididos e nos sentindo impotentes e sem ânimo. E todos estão mais fechados e com tendência a se isolar.

Lua oposição Netuno – 06:21 às 10:18 (exato 08:20)
Essa combinação traz um pouco de preguiça e torna as coisas mais indefinidas. O humor pode estar especialmente instável durante a manhã. Problemas referentes a umidade, como vazamentos, infiltrações e mofo, estão ampliados.

Lua sextil Júpiter – 17:48 às 21:44 (exato 19:46)
Esse aspecto promove expansão e ampliação dos vínculos. Se você está sozinho é provável que encontre companhia na noite de hoje. E com certeza escolherá alguém que trará benefícios e ajudará no seu crescimento em alguma área da vida.

Lua trígono Plutão – 19:55 às 23:49 (exato 21:52)
Aproveite para colocar em andamento aquilo que é fundamental e que você vem adiando. Há disposição necessária para fazer transformações realmente importantes. Se você anda doente ou com algum problema, o período promete recuperação.

DIA 12 DE ABRIL – SÁBADO
☽ Crescente ☾ em Virgem ☪ LFC Início às 14:11

Lua sextil Saturno – 12:15 às 16:06 (exato 14:11)
Se você pretende fazer algum tipo de reforma ou construção, este é um bom momento para planejar e contratar os serviços necessários. Estamos especialmente econômicos e com grande noção de custo e benefício. Todos estão podendo pensar antes de agir e sabendo avaliar objetivamente as situações. Não são esperadas compras por impulso e é provável que sejam mais procurados os artigos de primeira necessidade.

DIA 13 DE ABRIL – DOMINGO
☽ Crescente ☾ em Libra às 05:33 ☪ LFC Fim às 05:33

Enquanto a Lua estiver em Libra, há maior sensibilidade para apreciar a beleza e harmonia. Cercar-se de coisas e pessoas bonitas, ter atitudes gentis e caprichar na aparência irão trazer muito bem-estar e benefícios. Há preferência por pessoas mais colaboradoras e situações mais justas e equilibradas. Devemos procurar contornar as situações em vez de confrontá-las. Essa é a melhor atitude para inibir os adversários.

Hoje a Lua não faz aspecto com nenhum planeta no céu

DIA 14 DE ABRIL – SEGUNDA-FEIRA
☽ Crescente ☾ em Libra

Lua oposição Mercúrio – 01:49 às 06:12 (exato 04:00)
Há dificuldade de comunicação e maior chance de nos depararmos com ideias muito opostas às nossas. O melhor seria tentar não se expor à dificuldade de interação que reina no momento. Os deslocamentos e pequenas viagens não estão favorecidos.

Lua quadratura Júpiter – 03:43 às 07:29 (exato 05:37)
O exagero está no ar! Nos tornamos muito impacientes e descontentes com qualquer coisa que nos pareça menor. Cuidado para não superestimar os resultados de suas atitudes e projetos.

Lua oposição Urano – 04:27 às 08:12 (exato 06:20)
Esse aspecto torna as coisas imprevisíveis. Não tome nada por certo. Tudo pode mudar de última hora. Crie alternativas.

Lua quadratura Plutão – 05:15 às 08:58 (exato 07:07)
Pode haver problemas nos relacionamentos provocados por ciúmes ou sentimento de posse excessivo. Não é o momento de enfrentar as crises ou situações mais agudas. Poupe-se, mantenha-se de algum modo à parte dos conflitos.

Lua conjunção Marte – 11:10 às 14:46 (exato 12:58)
Aproveite o dia para resolver assuntos pendentes. Tente ser mais despachado e dê ritmo às suas atividades. Todos estão um pouco impacientes com atrasos e obstáculos!

DIA 15 DE ABRIL – TERÇA-FEIRA
O Cheia às 04:43 em 25°16' de Libra O em Escorpião às 13:19 ☉ LFC Início às 04:42 ☉ LFC Fim às 13:19

Eclipse Total Lunar às 04:46 em 25°16' de Libra

Enquanto a Lua estiver em Escorpião, é um ótimo momento para resgatar situações consideradas perdidas e para curar velhas feridas. Também é hora de resolver situações que chegaram a um ponto crítico. Há um aumento da capacidade de se dedicar inteiramente a algo. Mas, também, grande tendência a radicalizar.

Lua oposição Sol – 02:42 às 06:40 (exato 04:41)
As emoções estão alteradas. É melhor evitar os conflitos. Não subestime os seus rivais e adversários. É bom não provocar ninguém. Facilmente descarregamos nossas emoções e pode ocorrer um desgaste energético.

Lua trígono Netuno – 23:49 às 03:26 de 16/04 (exato 01:37)
Essa combinação promove um astral mais leve e afável. Momento de muita inspiração. Ocorre um aumento de situações benéficas ao acaso.

DIA 16 DE ABRIL – QUARTA-FEIRA
O Cheia O em Escorpião

Lua trígono Vênus – 08:10 às 12:03 (exato 10:07)
Há predisposição para harmonia, o que favorece muito os acordos e negociações. Estão beneficiados tanto os pedidos de aumento como os encontros mais ardentes.

Lua trígono Júpiter – 10:58 às 14:34 (exato 12:46)
O clima de fartura facilita o fechamento de grandes negócios e favorece os pedidos de aumento e promoção. Aspecto favorável para investidas mais ambiciosas. Procure se lançar.

Lua sextil Plutão – 11:57 às 15:31 (exato 13:44)

Essa combinação promove profundidade nos vínculos, sentimentos e emoções. Excelente momento para recuperar um relacionamento ou reencontrar pessoas importantes na nossa vida. Há muita determinação e vontade de levar as coisas até o fim.

DIA 17 DE ABRIL – QUINTA-FEIRA
O Cheia O em Sagitário às 18:43 ☽ LFC Início às 04:09 ☽ LFC Fim às 18:43

Enquanto a Lua estiver em Sagitário, precisamos sentir que estamos *indo adiante*. O que é conhecido ou está ao alcance das mãos se torna desinteressante. Atitudes mesquinhas, pessoas mais limitadas ou situações mais restritas se tornam particularmente incômodas.

Lua conjunção Saturno – 02:23 às 05:54 (exato 04:08)

É aconselhável dormir mais cedo. A disposição de humor fica um tanto pesada durante a madrugada e há uma tendência geral ao pessimismo. Não devemos tentar "esticar a corda" de modo algum.

DIA 18 DE ABRIL – SEXTA-FEIRA
O Cheia O em Sagitário

Lua quadratura Netuno – 04:57 às 08:25 (exato 06:41)

Estamos mais sonolentos e preguiçosos, com maior dificuldade para acordar. É aconselhável prestar o dobro de atenção ao que fazemos nas primeiras horas da manhã. Não estamos com muita capacidade de concentração, e tudo pode ficar um pouco no ar.

Lua trígono Urano – 16:16 às 19:44 (exato 18:00)

Abrir espaço para o novo e o inesperado é uma boa atitude neste período. Coisas ou encontros surpreendentes podem acontecer e ser extremamente benéficos. Procure estar atento para as oportunidades que se apresentem.

Lua quadratura Vênus – 17:26 às 21:11 (exato 19:19)

É muito fácil cometer excessos nesse período. Estamos pouco disciplinados e há tendência a adiar as tarefas que exigem mais esforço. Qualquer atitude que proporcione maior conforto e alguma regalia será bem-vinda.

Lua sextil Marte – 19:17 às 22:39 (exato 20:58)

Expressar os sentimentos de modo honesto e verdadeiro pode ser muito benéfico, causando alívio de tensões acumuladas e tornando o clima bastante descontraído em qualquer ambiente. Procure ter atitudes encorajadoras, isso fortalecerá os vínculos.

DIA 19 DE ABRIL – SÁBADO
O Cheia (disseminadora) O em Capricórnio às 22:29 ☾ Início às 22:18 ☾ LFC Fim às 22:29

Enquanto a Lua estiver em Capricórnio, prevalece um sentimento geral de responsabilidade, dever e compromisso. Ficamos mais cientes das nossas obrigações e mais preocupados com nossa segurança material e carreira. Sentimo-nos capazes de fazer pequenos sacrifícios no presente em benefício de vantagens futuras.

Lua trígono Mercúrio – 06:48 às 10:48 (exato 08:48)
Durante a manhã há facilidade de trocar informações, o raciocínio está aguçado e observa-se uma maior rapidez de compreensão. As pessoas estão pegando o sentido "no ar". Aumenta a flexibilidade para lidar com os assuntos, o que favorece as negociações.

Lua trígono Sol – 20:26 à 00:06 de 20/04 (exato 22:16)
Temos maior facilidade de esclarecer nossos sentimentos e de resolver os conflitos. Aumenta a clareza a respeito dos nossos objetivos e desejos. Vemos as coisas como elas realmente são e estamos dispostos a aceitá-las.

DIA 20 DE ABRIL – DOMINGO
O Cheia (disseminadora) O em Capricórnio

Entrada do Sol no signo de Touro à 00h56min31seg

Lua sextil Netuno – 08:32 às 11:57 (exato 10:15)
Esta é uma combinação de muita inspiração que beneficia o mercado de artes em geral. Favorece também produtos, negócios e ambientes associados ao mar.

Lua quadratura Urano – 19:44 às 23:08 (exato 21:26)
Esse é um aspecto de ansiedade e agitação. Parece que tudo está errado! Mas cuidado para não pôr tudo a perder por uma impaciência momentânea.

Lua conjunção Plutão – 19:49 às 23:13 (exato 21:31)
Essa é uma energia potencializadora que favorece o magnetismo e a determinação. Aproveite o desapego do momento para se libertar de ressentimentos raivas e controles.

Lua oposição Júpiter – 19:49 às 23:14 (exato 21:32)
Cuide para não exagerar no consumo de bebida, comida e cigarro. Há maior necessidade de aventura, mas é bom prestar atenção para que isso não prejudique os relacionamentos.

Lua quadratura Marte – 21:16 à 00:34 de 21/04 (exato 22:55)
A impaciência, a intolerância e a necessidade de se ver livre das coisas podem forçar acontecimentos que ainda não estavam plenamente maduros. Devemos tomar o dobro de atenção no que fazemos.

DIA 21 DE ABRIL – SEGUNDA-FEIRA
O Cheia (disseminadora) O em Capricórnio ☾ LFC Início às 20:20

Lua sextil Vênus – 01:02 às 04:43 (exato 02:52)
Na madrugada de domingo para segunda, há uma predisposição afetuosa das pessoas e impera o bom humor. Essa combinação favorece a aproximação, o romance e a sedução. Sabemos ser delicados, cuidadosos e acolhedores.

Lua sextil Saturno – 09:07 às 12:29 (exato 10:48)
Essa combinação beneficia as atitudes sensatas e comedidas. Nos satisfazemos com pouco e não cometemos desperdícios. É um momento ideal para iniciar atividades cujos resultados virão a longo prazo e que exijam manutenção e empenho.

Lua quadratura Mercúrio – 18:22 às 22:18 (exato 20:20)
As coisas não estão funcionando com a rapidez que deveriam. Pode haver dificuldade em se chegar a acordos por falta de convergência de ideias e interesses. Há tendência a muita conversa e pouca concretização.

DIA 22 DE ABRIL – TERÇA-FEIRA
☽ Minguante às 04:53 em 02°07 de Aquário ☽ em Aquário à 01:17 ☾ LFC Fim à 01:17

Enquanto a Lua estiver em Aquário, devemos buscar ter atitudes mais autênticas, menos ditadas pela vaidade ou pelo medo de não atender as expectativas do outro. É um bom momento para sermos quem somos e expressarmos a nossa originalidade. Todos os tipos de amizade e de empreendimentos comunitários estão favorecidos.

Lua quadratura Sol – 03:02 às 06:40 (exato 04:51)
No início da manhã, as emoções estão prejudicando o bom julgamento dos fatos. Ficamos mais suscetíveis e irritáveis. Os conflitos só poderão ser amenizados através do respeito mútuo às individualidades.

Lua sextil Urano – 22:36 à 01:59 de 23/04 (exato 00:18)

Propor alternativas mais práticas que solucionem os impasses é altamente produtivo.

Pode ser muito vantajoso aconselhar-se com pessoas que tenham um ponto de vista diferente do seu. Preste atenção nas ideias originais que lhe passarem pela mente.

Lua trígono Marte – 22:45 às 02:03 de 23/04 (exato 00:24)

Essa combinação favorece a concepção e fertilização. Estamos especialmente ousados e espontâneos. Tenha atitudes, não fique só pensando no que deveria fazer — faça! O momento é extremamente favorável.

DIA 23 DE ABRIL – QUARTA-FEIRA

☽ Minguante ☽ em Aquário ☾ LFC Início às 13:10

Lua quadratura Saturno – 11:29 às 14:51 (exato 13:10)

Pode haver conflito entre as nossas emoções e as necessidades práticas. Possivelmente teremos que enfrentar tantos obstáculos que acabamos desanimados! Podemos nos cobrar as providências que deixamos de tomar. Mas a exigência excessiva só aumentará a chance de desacertos.

DIA 24 DE ABRIL – QUINTA-FEIRA

☽ Minguante ☽ em Peixes às 03:55 ☾ LFC Fim às 03:55

Enquanto a Lua estiver em Peixes, tendemos a reagir coletivamente de forma coesa. É um ótimo momento para dissolver mágoas, tensões e para perdoar. Mas essa Lua também torna tudo mais impreciso, prejudicando nossa objetividade.

Lua sextil Mercúrio – 05:41 às 09:40 (exato 07:41)

No início da manhã o comércio vai ganhar fôlego, principalmente o de artigos esotéricos. Contratos e acordos que visem beneficiar um grupo estão favorecidos no momento. É uma ocasião excelente para divulgação e contatos.

Lua sextil Sol – 09:24 às 13:03 (exato 11:13)

Muito favorável para entrar em sintonia com as suas emoções e fazer valer sua vontade de modo positivo. Práticas espirituais que permitam acessar as camadas mais sutis da nossa personalidade podem ser extremamente benéficas na manhã de hoje.

Lua conjunção Netuno – 14:07 às 17:31 (exato 15:49)
A tarde pode ser cheia de surpresas agradáveis, coincidências meio "mágicas" e muito romantismo. Mas não espere que as promessas e juras de amor feitas hoje sejam realmente cumpridas. Todos estão querendo viver um pouco no mundo da fantasia.

DIA 25 DE ABRIL – SEXTA-FEIRA
☽ Minguante ☽ em Peixes ☺ LFC Início às 17:02

Lua sextil Plutão – 01:12 às 04:36 (exato 02:54)
Há maior facilidade em distinguir o verdadeiro do falso, o que é viável do que não leva a nada. Sentimentos e emoções reprimidos podem vir à tona, aproveite para liberá-los encarando-os de frente.

Lua trígono Júpiter – 02:11 às 05:37 (exato 03:54)
Estamos com excelente capacidade de julgamento das situações. Devemos ter atitudes mais grandiosas e generosas. É um bom momento para se aventurar em um romance.

Lua trígono Saturno – 14:06 às 17:29 (exato 15:48)
Esse aspecto é extremamente favorável para a realização de muitos de nossos sonhos. Estamos com uma disposição bastante produtiva e podemos concretizar muitas das coisas que imaginamos.

Lua conjunção Vênus – 15:11 às 18:54 (exato 17:02)
Esse é um aspecto de ganhos e benefícios. O espírito geral é de amabilidade e gentileza, o que facilita todos os tipos de negociação. Todos estão mais dispostos a cooperar. Reserve uma parte da tarde para se dedicar a tarefas que lhe dão prazer.

DIA 26 DE ABRIL – SÁBADO
☽ Minguante (balsâmica) ☽ em Áries às 07:00 ☺ LFC Fim às 07:00

Enquanto a Lua estiver em Áries, é um ótimo período para colocar em prática os projetos e resolver as situações adiadas. É bom para dar um impulso na nossa vida. Não fique passivo diante das circunstâncias. Ouse e assuma os riscos de suas decisões. Você terá uma intensa sensação de que tudo depende só de você. Mas também há maior tendência à impaciência com qualquer tipo de indecisão e adiamento.

Hoje a Lua não faz aspecto com nenhum planeta no céu

DIA 27 DE ABRIL – DOMINGO

☽ Minguante (balsâmica) ☽ em Áries ☺ LFC Início às 08:01

Lua oposição Marte – 02:46 às 06:10 (exato 04:28)

As brigas, discussões e desavenças podem ficar muito acirradas nessa madrugada de sábado para domingo. É melhor não provocar o oponente. Obstáculos podem surgir causando grande frustração. Procure controlar seus ímpetos e esfrie a cabeça.

Lua quadratura Plutão – 04:42 às 08:11 (exato 06:26)

Todos estão animicamente mais expostos e captando o clima pesado que pode estar rondando muitos ambientes. Esse aspecto promove também uma tendência à radicalização, que pode tornar muito intensas todas as situações e o clima sujeito a rompimentos.

Lua conjunção Urano – 05:16 às 08:46 (exato 07:01)

No último minuto as coisas ainda podem virar. Tudo está mais acelerado, o que produz grande dinamismo.

Lua quadratura Júpiter – 06:15 às 09:47 (exato 08:01)

Essa combinação exige mais sensatez na hora de avaliar as possibilidades de alguma situação. Excesso de credulidade e grandes expectativas impossíveis de se cumprir podem interferir no bom andamento das coisas.

DIA 28 DE ABRIL – SEGUNDA-FEIRA

☽ Minguante (balsâmica) ☽ em Touro às 11:24 ☺ LFC Fim às 11:23

Enquanto a Lua estiver em Touro, ficamos mais cautelosos. Tendemos a ser mais econômicos e ficamos menos imediatistas. Gostamos de comer bem, dormir bem e estamos menos dispostos a fazer esforços. Também há uma disposição mais teimosa no ar e maior resistência a mudanças.

Lua sextil Netuno – 22:20 à 01:56 de 29/04 (exato 00:08)

No fim da noite, esta suave combinação traz maior sensibilidade e favorece os romances. Aproveite este momento para declarar seu afeto a alguém em quem você já esteja interessado há algum tempo. Esse aspecto também traz muita proteção espiritual e facilita o contato com o que há de mais profundo e sutil em nós.

DIA 29 DE ABRIL – TERÇA-FEIRA

● Nova às 03:15 em 08°52' de Touro ● em Touro

Eclipse Solar às 03:04 em 08°52' de Touro

Lua conjunção Sol – 01:18 às 05:11 (exato 03:14)

Não é hora de colocar obstáculos ou ver os problemas e sim de buscar as soluções em todas as áreas. Esse aspecto da Lua Nova abre um novo ciclo e permite iniciar projetos, colocar ideias novas em prática.

Lua conjunção Mercúrio – 08:57 às 13:17 (exato 11:07)

Aspecto muito favorável para o comércio e contratos. Podemos apostar em um aumento de circulação de produtos. Estamos com as ideias mais claras e com maior facilidade de negociar nossos pontos de vista e esclarecer as situações.

Lua trígono Plutão – 09:51 às 13:29 (exato 11:40)

Excelente período para tratamentos, exames e diagnósticos. Favorece uma abordagem mais profunda das situações e uma investigação dos nossos sentimentos e motivações.

Lua sextil Júpiter – 12:06 às 15:46 (exato 13:56)

Mais confiança e generosidade nas relações. Pode indicar um aumento de consumo e subida das ações na Bolsa de Valores em função de um clima otimista. Também beneficia a concepção e fertilização.

Lua oposição Saturno – 23:07 às 02:46 de 30/04 (exato 00:57)

É aconselhável ter atitudes mais sensatas e responsáveis. Todos se tornam mais exigentes e é possível que você tenha que responder por algumas irresponsabilidades cometidas anteriormente.

DIA 30 DE ABRIL – QUARTA-FEIRA

● Nova ● em Gêmeos às 17:55 ☾ LFC Início às 12:53 ☾ LFC Fim às 17:55

Enquanto a Lua estiver em Gêmeos, todos estão mais abertos para fazer contatos, trocar ideias, oferecer informações. Impera uma certa camaradagem e espontaneidade nos relacionamentos. Há maior facilidade em ver os dois lados de uma situação, e nos sentimos mais adaptáveis. Porém torna-se mais difícil nos concentrarmos ou nos dedicarmos a uma única atividade ou pensamento.

Lua sextil Vênus – 10:52 às 14:56 (exato 12:54)

Clima de sedução e prazer no ar. Queremos e podemos nos sentir felizes. Todos estão mais agradáveis e dispostos a enxergar as situações pelo seu melhor ângulo. Podemos esperar maior favorecimento e facilidades em qualquer empreendimento.

CALENDÁRIO LUNAR

MAIO 2014

Domingo	Segunda-feira	Terça-feira	Quarta-feira	Quinta-feira	Sexta-feira	Sábado
				1 ♊	2 ♊	3 ♋
				Lua Nova em Gêmeos	Lua Nova em Gêmeos LFC início às 22:21	Lua Nova em Câncer às 03:13 LFC fim às 03:12
4 ♋	5 ♌	6 ♌	7 ♌	8 ♍	9 ♍	10 ♎
Lua Nova em Câncer	Lua Nova em Leão às 14:55 LFC 05:45 às 14:55	Lua Nova em Leão	Lua Crescente em Leão à 00:16 LFC início às 11:56	Lua Crescente em Virgem às 03:23 LFC fim às 03:23	Lua Crescente em Virgem LFC início às 19:08	Lua Crescente em Libra às 14:18 LFC fim às 14:19
11 ♎	12 ♏	13 ♏	14 ♏	15 ♐	16 ♐	17 ♑
Lua Crescente em Libra LFC início às 21:50	Lua Crescente em Escorpião às 22:05 LFC fim às 22:06	Lua Crescente em Escorpião	Lua Cheia às 16:17 em Escorpião LFC início às 16:15	Lua Cheia em Sagitário às 02:42 LFC fim às 02:43	Lua Cheia em Sagitário LFC início às 04:43	Lua Cheia em Capricórnio às 05:11 LFC fim às 05:11
18 ♑	19 ♒	20 ♒ ♊	21 ♓	22 ♓	23 ♈	24 ♈
Lua Cheia em Capricórnio	Lua Cheia em Aquário às 06:57 LFC 04:02 às 06:57	Lua Cheia em Aquário LFC início às 23:59 Sol em Gêmeos às 23:59	Lua Minguante às 10:00 em Peixes Lua em Peixes às 09:18 LFC fim às 09:18	Lua Minguante em Peixes	Lua Minguante em Áries às 13:01 LFC 03:25 às 13:01	Lua Minguante em Áries
25 ♉	26 ♉	27 ♉	28 ♊	29 ♊	30 ♋	31 ♋
Lua Minguante em Touro às 18:27 LFC 12:57 às 18:27	Lua Minguante em Touro	Lua Minguante em Touro LFC início às 06:09	Lua Nova às 15:41 em Gêmeos à 01:48 LFC fim à 01:47	Lua Nova em Gêmeos LFC início às 06:58	Lua Nova em Câncer às 11:13 LFC fim às 11:13	Lua Nova em Câncer

O CÉU DO MÊS DE MAIO 2014

Sol e Marte (01/03) abrem o mês sugerindo ajustes na forma como se gasta a energia para trabalhar, pelo sustento e para com o outro, por um relacionamento.

No dia 2, Vênus entra em Áries (até 28/05) e Mercúrio faz oposição a Saturno (02/03). Vênus, neste signo, aumenta a agressividade comercial, a compra por impulso, ativa o fogo da paixão e também o amor egoísta. Admiram-se mais pessoas de atitude. Junto a isso, a energia de Mercúrio e Saturno (02/03) detona conversas "duras", mas necessárias à boa convivência.

O Sol em grande harmonia com Plutão (03/05) indica gratificação para aqueles que perseguiram um objetivo com a determinação do "tudo ou nada". Momento de realização material, ascensão social, recuperação de prestígio e aumento do poder de compra. Há mais sensualidade e poder de persuasão.

Mercúrio e Marte (05/05) trazem a atenção para os acordos unilaterais e a inconformidade entre as partes. Fundamental ler as entrelinhas, principalmente porque no dia seguinte (06/05) Mercúrio forma o mesmo aspecto desarmônico com Plutão. Será, então, difícil fugir do tom da veemência — mas convém. No mesmo dia 6, Sol e Júpiter, em desarmonia, valorizam fidelidade e compensam os fiéis. Bom momento para economizar dinheiro e palavras. No final da primeira semana, Marte desfaz um aspecto desafiador com Plutão (formado desde abril) e começa um aspecto de adequação com Netuno (até junho). Será necessário garantir o todo para preservar as partes.

Mercúrio entra em Gêmeos (07/05 até 29/05), signo no qual tem domicílio e onde exerce, com plenitude, suas qualidades essenciais. Ativam-se as relações de troca, a comunicação, o comércio, a capacidade de raciocínio e a memória. Bom momento para o estudo, fazer um curso ou viagens rápidas. Mercúrio em aspecto com Urano (07/05) e com Júpiter (08/05) indica futuros problemas com excessos ou imprevistos. Mesmo com maior facilidade, melhor evitar o improviso.

O Sol se opõe a Saturno (10/05) trazendo algum saudosismo. Dias de ganhos com o suor do trabalho, com superação de obstáculos e com a experiência. Ocasião difícil para negociações sobre bens materiais. Vênus faz oposição a Marte (11/05) e acontece uma "guerra dos sexos". Há grande força de atração. No mesmo dia e no dia seguinte, Mercúrio desafia Netuno (11/05) e se harmoniza com Marte (12/05). Ideias confusas ganham definição por meio de parcerias. Bom momento para buscar um sócio que complemente, com talento, o sucesso de um projeto.

Vênus em desarmonia com Plutão (14/05) indica que será preciso fazer uma escolha sofrida e renunciar a algo ou alguém, que não se pode ter tudo ou todos. Sol e Marte, no mesmo dia, trazem o sentimento de posse e Mercúrio e Plutão intensificam a busca por equiparação. Há maior necessidade de compensação. A partir da metade do mês (15/05), Mercúrio em harmonia com Vênus cria diversas oportunidades de bons negócios e novos relacionamentos. Ativa o charme, a paquera, o erotismo, a bela fala e torna todos os encontros mais agradáveis e animados. Vênus encontra Urano (15/04) — a meta é mudar. Os desejos ganham liberdade de expressão. O porvir é mais interessante que o passado. No mesmo dia, o aspecto entre Mercúrio e Urano favorece lançamento, consumo ou desenvolvimento de produtos de beleza e alta tecnologia, principalmente para o setor de telecomunicações. Causas sociais revolucionárias ampliam a expressão e adesão. O contexto é de muita inspiração criativa.

Vênus em desarmonia com Júpiter (18/05) envolve os gastos por impulso e aborrecimento com excessos de vaidade. Não é um bom dia para realizar grandes investimentos. Saturno com Mercúrio (18/05) e com Vênus (19/05) equacionam os termos mais importantes de uma negociação complexa. Oportuno promover acordo sobre endividamento, rever apólices, assuntos relativos a heranças e a financiamentos. Ainda em Touro, o Sol desarmoniza com Plutão (19/05) e a disputa de poder territorial fica mais acirrada. Há ganância, instinto de preservação, medo da perda e estímulo à reciclagem. Marte volta ao movimento direto (19/05) e a vida retoma seu ritmo, mesmo que lentamente. Em curso, as atitudes são mais autênticas, há recuperação de autoestima, da força de vontade e mais iniciativa. Os relacionamentos entram em melhor fase.

No dia 20, o Sol chega ao signo de Gêmeos. Há agilidade mental, percepção de dualidade em tudo e em todos, inclusive nos fatos e nos entendimentos das situações. Visão rápida e ampliada dos interesses entre partes. Aumento da capacidade argumentativa, da curiosidade, da versatilidade e do bom humor. O Sol, neste signo, aproxima as classes sociais, as pessoas, à juventude, e aumenta a alegria em compartilhar a vida com os outros.

Assim que entra em Gêmeos, o Sol forma um aspecto de desarmonia com Urano (21/05) iluminando o que precisa ser mudado na forma de expressão. Não dá para mudar de ideia, de repente, sem consequências. Questionam-se lideranças não colaborativas. Há divergências entre níveis de consciência, agravadas pelo aspecto que Vênus forma com Netuno (22/05). O romantismo cede à praticidade. E a imprudência afeta relações comerciais.

Júpiter em grande harmonia com Saturno, desde o final do ano passado, com ponto alto no dia 24, vem norteando as diretrizes do crescimento sustentado. Apurando o senso de justiça, trazendo talento para a administração da vida financeira que desabona o desperdício e dá valor à história e à experiência. Bom período para as causas judiciais e assunto relativos ao poder legislativo. A ideia é "fazer certo da primeira vez". Seguindo seu caminho, o Sol em desarmonia com Júpiter (25/05) traz a atenção para a diversificação de interesses que acabam por comprometer os investimentos sobre o que é mais relevante.

O Sol desarmoniza com Netuno (28/05) e traz esquecimentos, desilusão e a propagação de escândalos. Mas, no mesmo dia, Vênus e Mercúrio (28/5) ativam novamente o aspecto que se traduz por "movimento gera movimento". Muitas novas oportunidades também acontecem e tornam o clima mais leve. O final do mês de maio é cheio de energia harmônica. Dia 28, Vênus entra em Touro (até 23/06), e dia 29 Mercúrio entra em Câncer (até 31/07). Há, então, maior conforto emocional. Ideias em conformidade e desejos mais comprometidos com tudo o que se quer manter. Conversas em família tendem a ser acolhedoras e produtivas. Negócios férteis podem ser "plantados" no período. Bom momento para a gastronomia, os investimentos com moradia e o que disser respeito a funcionalidade, aconchego e requinte.

No último dia do mês, Sol em grande harmonia com Marte (31/05) brilha para os relacionamentos. Momento de grande empatia. Dia de "bem-entendidos", de convergência de interesses. Fechando o mês, tem-se um dia em que se pode encontrar um amor amigo.

POSIÇÃO DIÁRIA DA LUA
NO MÊS DE MAIO

DIA 1 DE MAIO – QUINTA-FEIRA
● Nova ● em Gêmeos

Lua quadratura Netuno – 05:29 às 09:16 (exato 07:23)
No início da manhã as coisas podem estar confusas, lentas e indefinidas. Há maior propensão a perder objetos e horários. Redobre a atenção no que faz.

Lua trígono Marte – 13:11 às 16:54 (exato 15:02)
É um bom momento para dizer o que você pensa e para marcar o seu território. Excelente para divulgação, entrevistas, contatos e lançamentos. Agimos do modo mais favorável sem pensar. É como se algo guiasse as nossas ações para o melhor desfecho.

Lua sextil Urano – 18:37 às 22:27 (exato 20:32)
A inventividade e a criatividade estão trabalhando a nosso favor. Atitudes mais originais podem ser extremamente favoráveis. Todos estão mais receptivos a novidades em todos os setores.

DIA 2 DE MAIO – SEXTA-FEIRA
● Nova ● em Gêmeos ☯ LFC Início às 22:21

Hoje a Lua não faz nenhum aspecto com outros planetas no céu

DIA 3 DE MAIO – SÁBADO
● Nova ● em Câncer às 03:13 ☯ LFC Fim às 03:12

Enquanto a Lua estiver em Câncer, ficamos mais sensíveis e menos racionais. Magoamo-nos com mais facilidade e há uma maior propensão a ressentimentos. A família e os laços afetivos tornam-se muito importantes. Todos os assuntos e produtos referentes à casa estão favorecidos.

Lua quadratura Vênus – 01:34 às 5:52 (exato 03:43)
Esta não é uma boa madrugada para festas e encontros amorosos. Há um aumento excessivo das nossas expectativas nos relacionamentos e maior tendência ao mau humor. Melhor procurar ter uma boa noite de sono.

Lua trígono Netuno – 15:27 às 19:24 (exato 17:25)
Momento altamente favorável para todos os tipos de arte e para tudo que requeira inspiração. Estamos de tal modo afinados com os sentimentos que somos capazes de compreender o que o outro deseja por um simples olhar.

Lua quadratura Marte – 22:20 às 02:14 de 04/05 (exato 00:17)
No fim da noite há tendência à irritabilidade. É recomendável adiar encontros e não tomar decisões. Estamos de cabeça quente e não sabemos agir do melhor modo. Também é recomendável maior cautela ao dirigir.

DIA 4 DE MAIO – DOMINGO
● Nova ● em Câncer

Lua oposição Plutão – 03:50 às 07:49 (exato 05:49)
Alguns segredos mantidos muito bem guardados podem ser revelados durante esse período. Assaltos e pequenos furtos podem ocorrer, não se exponha a situações que deem margem para isso.

Lua sextil Sol – 04:23 às 08:43 (exato 06:33)
O período favorece o contato e o entendimento entre as pessoas. Os casais estão particularmente favorecidos. Há maior disposição para fazer acordos e encontrar o melhor modo de viver o relacionamento.

Lua quadratura Urano – 05:20 às 09:20 (exato 07:20)
Podemos nos sentir ávidos por viver momentos excitantes e diferentes do padrão. No entanto, há tendência a cometer excessos nessa busca por novidade. Vale ter um pouco de cautela.

Lua conjunção Júpiter – 07:50 às 11:52 (exato 09:51)
Esse é outro aspecto que pode conduzir a alguns exageros. Há um clima de muita generosidade e queremos exibir o melhor de nós. É um momento favorável para atividades que atraiam o grande público.

Lua trígono Saturno – 17:44 às 21:44 (exato 19:44)
À noite as coisas assumem uma melhor proporção. Aproveite para avaliar seriamente as bases nas quais você se sustenta. Tome providências "saneadoras", principalmente no que diz respeito à casa. Período de disciplina e força de vontade.

DIA 5 DE MAIO – SEGUNDA-FEIRA
● Nova ● em Leão às 14:55 ☾ LFC Início às 05:45 LFC Fim às 14:55

Enquanto a Lua estiver em Leão, há maior visibilidade e reconhecimento dos nossos talentos pessoais. Atitudes mais demonstrativas e desinibidas beneficiarão o andamento de todos os assuntos. É um ótimo momento para comemorar, cultivar a alegria e abrir o coração.

Lua sextil Mercúrio – 03:20 às 08:11 (exato 05:45)
No início da manhã, há uma disposição de ânimo alegre, falante, bem-humorada. As ideias estão em ordem e a mente tem maior facilidade de absorção e compreensão. Bom momento para estudar ou fazer atividades intelectuais.

Lua trígono Vênus – 19:30 às 23:58 (exato 21:44)
Bom momento para festas, comemorações, eventos sociais. Todos estão mais disponíveis. Use o seu charme e peça as coisas com jeitinho que você verá todos os seus favores atendidos.

DIA 6 DE MAIO – TERÇA-FEIRA
● Nova ● em Leão

Lua sextil Marte – 09:32 às 13:31 (exato 11:32)
Vale a pena ter atitudes encorajadoras e apoiar as iniciativas dos que estão à nossa volta. Este pode ser um bom momento para tomar uma atitude que vinha sendo adiada. A sinceridade e a franqueza serão bastante apreciadas nesse período.

Lua trígono Urano – 17:54 às 21:58 (exato 19:56)
Surpresas e mudanças de última hora podem "virar o jogo" a nosso favor. Este é um excelente momento para sair da monotonia, "inventar moda" e ser mais criativo. E também para "se livrar" de pessoas que não nos dão o devido valor e de situações pouco gratificantes.

Lua quadratura Sol – 22:02 às 02:26 de 07/05 (exato 00:14)
É comum, nestes momentos, ressaltarmos as incompatibilidades em detrimento das afinidades que temos com alguém. Não é favorável para buscar acordos ou chegar a um consenso.

DIA 7 DE MAIO – QUARTA-FEIRA
☽ Crescente à 00:16 em 16°30' de Leão ☽ em Leão ☺ LFC Início às 11:56

Lua quadratura Saturno – 05:50 às 09:50 (exato 07:50)
Nas primeiras horas da manhã, podemos nos sentir mais limitados, inseguros, e reagir a isso nos fechando e nos isolando do mundo. Devemos

tomar cuidado para não magoar aqueles que amamos com atitudes muito severas. Encontramos muitos obstáculos em tudo que pretendemos fazer. Não é um bom período para tomar providências, resolver pendências ou produzir.

DIA 8 DE MAIO – QUINTA-FEIRA
☾ Crescente ☾ em Virgem às 03:23 ☺ LFC Fim às 03:23

Enquanto a Lua estiver em Virgem, todos estão mais metódicos, organizados e, portanto, menos tolerantes com a desordem, a bagunça. Atitudes realistas e pragmáticas têm melhor aceitação. Há mais afinidade com pessoas, projetos ou situações mais simples e mais possíveis.

Lua quadratura Mercúrio – 04:01 às 08:47 (exato 06:24)
Há predisposição a problemas digestivos e estresse em função da inquietação mental no início da manhã. Alguns assuntos de menor importância podem atrapalhar nossa concentração.

Lua oposição Netuno – 16:00 às 19:58 (18:00)
As pessoas tendem a ficar mais passivas do que ativas, mais sensíveis do que produtivas e mais dispostas a imaginar soluções do que praticá-las. Não é um bom período para tomar providências ou dar andamento às coisas.

DIA 9 DE MAIO – SEXTA-FEIRA
☾ Crescente ☾ em Virgem ☺ LFC Início às 19:08

Lua trígono Plutão – 04:07 às 08:03 (exato 06:06)
As primeiras horas da manhã são excelentes para check-ups e diagnósticos. Também é um bom período para fazer a reforma e os consertos que vinham sendo adiados.

Lua sextil Júpiter – 09:46 às 13:45 (exato 11:45)
Favorece contatos com o estrangeiro. Reunir funcionários de outras sedes, de outros estados, buscar mercados geograficamente distantes está beneficiado. É um bom momento para trabalhos de equipe, encontramos mais boa vontade e colaboração.

Lua trígono Sol – 15:07 às 19:22 (exato 17:15)
Estamos dispostos, cheios de energia e confiantes. Reina um sentimento de harmonia e as emoções estão no lugar. Estamos emocionalmente maduros e lidamos com as situações com o distanciamento ideal e necessário.

Lua sextil Saturno – 17:11 às 21:03 (exato 19:07)
Escolhas confiáveis, sensatas e rentáveis. Investimentos seguros a longo prazo. Estamos também mais inclinados a nos comprometer nos relacionamentos. Excelente momento para estabilizar as uniões.

DIA 10 DE MAIO – SÁBADO
☾ Crescente ☾ em Libra às 14:18 ☺ LFC Fim às 14:19

Enquanto a Lua estiver em Libra, todos estão mais sociáveis e tentando buscar o que têm em comum com os que os cercam. Essa posição favorece os acordos, as associações e parcerias. A arte, a estética, o bom gosto tornam-se muito importantes quando a Lua está nesse signo. Pode-se apostar no aumento do consumo de objetos de arte, assim como de roupas, acessórios, maquiagem e artigos de decoração.

DIA 11 DE MAIO – DOMINGO
☾ Crescente ☾ em Libra ☺ LFC Início às 21:50

Lua trígono Mercúrio – 01:13 às 05:39 (exato 03:26)
Os contatos e trocas de ideias e informações estão bastante beneficiados na madrugada de sábado para domingo. Uma conversa informal em um ambiente amigável pode render frutos inesperados.

Lua conjunção Marte – 06:29 às 10:12 (exato 08:21)
Romances platônicos podem se concretizar com esse aspecto que favorece encontros físicos e aumenta a iniciativa. Aproveite para injetar energia e levar adiante os seus projetos.

Lua oposição Vênus – 06:30 às 10:37 (exato 08:33)
Definitivamente não é o melhor momento para iniciar uma dieta. Esse é um daqueles domingos em que nos permitimos cometer alguns excessos e pensamos: "amanhã eu começo o regime..."

Lua quadratura Plutão – 13:47 às 17:31 (exato 15:39)
Procure estar entre pessoas pelas quais se sente acolhido. Não é o momento de enfrentar as crises. Proteja-se e procure não deixar que antigas mágoas se instalem, prejudicando a sua tarde.

Lua oposição Urano – 16:02 às 19:46 (exato 17:55)
Em poucos minutos as pessoas mudam de ideia. De uma hora para outra você pode se surpreender. O melhor é manter-se aberto para improvisar.

Lua quadratura Júpiter – 19:57 às 23:42 (exato 21:49)
Devemos prestar atenção porque provavelmente estamos esperando demais e o que queremos pode ser algo sobre-humano. Lembre-se de que todos podem errar e apontar os erros dos outros não nos torna melhores.

DIA 12 DE MAIO – SEGUNDA-FEIRA
☾ Crescente ☾ em Escorpião às 22:05 ☼ LFC Fim às 22:06

Enquanto a Lua estiver em Escorpião, nada é superficial, inocente ou inconsequente. Sentimo-nos mais dispostos a enfrentar as crises e muitas vezes preferimos lidar com situações mais agudas e levamos as coisas ao seu ponto máximo. Não ter nada às vezes parece melhor do que ter só um pouquinho. Por isso é um momento em que tendemos a radicalizar. Preferimos que doa de uma só vez!

DIA 13 DE MAIO – TERÇA-FEIRA
☾ Crescente ☾ em Escorpião

Lua trígono Netuno – 09:33 às 13:06 (exato 11:19)
Favorece produtos, negócios e ambientes que possuam alguma ligação com o mar. Se possível, inclua alguma atividade artística na sua manhã. Não deixe de dar asas à imaginação. A criatividade e as ideias inspiradas estão proliferando!

Lua sextil Plutão – 20:09 às 23:39 (exato 21:54)
Ótimo período para aprofundar vínculos, tanto profissionais como pessoais. Há um sentimento geral de força interior que nos faz superar as dificuldades e passar uma espécie de renascimento em diversos sentidos.

DIA 14 DE MAIO – QUARTA-FEIRA
○ Cheia às 16:17 em 23°55 de Escorpião ○ em Escorpião ☼ LFC Início às 16:15

Lua trígono Júpiter – 02:40 às 06:13 (exato 04:27)
Não deixe de aproveitar as oportunidades que porventura surgirem nesse momento. Não permita que a desconfiança o impeça de buscar suas metas. Mantenha seus princípios e tenha atitudes generosas — isso pode trazer muitos benefícios.

Lua conjunção Saturno – 07:18 às 10:44 (exato 09:01)
Durante a manhã haverá uma disposição bastante produtiva favorecendo o cumprimento de prazos e resolução de pendências. As pessoas estão dispostas a assumir compromissos. A previsibilidade do público permite acerto de estimativa.

Lua oposição Sol – 14:23 às 18:07 (exato 16:15)
Esse é, por excelência, um aspecto de encontros, de interação e complementaridade. Funcionamos melhor em dupla e devemos buscar colaboração. Mas pode ser um momento particularmente tenso para relacionamentos que já estejam em crise.

DIA 15 DE MAIO – QUINTA-FEIRA
O Cheia O em Sagitário às 02:42 LFC Fim às 02:43

Enquanto a Lua estiver em Sagitário, vale a pena frequentar lugares amplos e movimentados, reina um espírito de expansão e aventura. Temos também mais sede de conhecimento, o que beneficia congressos, seminários, estudos.

Lua quadratura Netuno – 13:39 às 17:03 (exato 15:21)
É aconselhável confirmar compromissos marcados para este período. Há forte tendência a esquecimentos e equívocos. Distrações e enganos também provocam perda e extravio de objetos e documentos.

Lua sextil Marte – 16:34 às 19:56 (exato 18:15)
Aqueles que saírem na frente, que se lançarem com mais rapidez, serão favorecidos. Uma boa ideia é praticar algum esporte ou atividade física em lugares abertos no final da tarde. Isso proporcionará uma deliciosa sensação de liberdade.

DIA 16 DE MAIO– SEXTA-FEIRA
O Cheia O em Sagitário ☺ LFC Início às 04:43

Lua trígono Urano – 02:08 às 05:31 (exato 03:50)
Grande chance de encontrar saídas inovadoras para velhos problemas. É possível que você acorde no meio da noite tendo uma ideia inesperada ou que seus sonhos lhe forneçam *insights*. A madrugada promete boas surpresas para os notívagos.

Lua trígono Vênus – 02:35 às 06:15 (exato 04:25)
Esse benéfico aspecto promete uma madrugada muito agradável e cheia de inspiração. Preste atenção na sua intuição, dê ouvidos aos seus sentimentos.

Lua oposição Mercúrio – 02:49 às 06:35 (exato 04:42)
Tome especial cuidado para não cometer alguma indiscrição, falar demais ou usar mal as palavras na hora de comunicar suas ideias. O trânsito também pode estar confuso nessa madrugada.

DIA 17 DE MAIO – SÁBADO
○ Cheia ○ em Capricórnio às 05:11 ☽ LFC Fim às 05:11

Enquanto a Lua estiver em Capricórnio, sentimos uma disposição mais produtiva. Estamos dispostos a pagar o preço dos nossos objetivos e ficamos muito determinados. Temos uma visão bastante realista e prática do que nos acontece.

Lua sextil Netuno – 15:54 às 19:13 (exato 17:34)
Estamos mais tolerantes e compreensivos com os motivos dos outros. Os lançamentos de campanhas comunitárias serão beneficiados. Também nos tornamos mais sedutores sob essa influência.

Lua quadratura Marte – 18:34 às 21:52 (exato 20:13)
Podemos ter conflitos com qualquer pessoa ou situação que ameace nossa segurança ou atrapalhe nosso bem-estar. No ímpeto de proteger nossos interesses, podemos acabar criando alguns sérios confrontos.

DIA 18 DE MAIO – DOMINGO
○ Cheia (disseminadora) ○ em Capricórnio

Lua conjunção Plutão – 01:37 às 04:56 (exato 03:17)
Os ânimos estão mais exaltados, não é hora de medir forças. Deve-se tomar maiores medidas de segurança, pois esta energia favorece roubos e assaltos.

Lua quadratura Urano – 04:16 às 07:36 (exato 05:56)
No início da manhã, as coisas estarão bem agitadas e imprevisíveis. Não tome nada como certo e garantido. O organismo pode ter reações inesperadas. Tente não mudar muito os hábitos alimentares e tenha cautela com medicamentos.

Lua quadratura Vênus – 08:53 às 12:29 (exato 10:41)
Podemos ter a sensação de não sermos queridos o suficiente. Todos podem estar mais "frios" e podemos ficar ressentidos com a falta de afeto das pessoas mais próximas. Não é um momento muito aconselhável para encontros. Não estamos na nossa melhor forma para seduzir.

Lua oposição Júpiter – 09:08 às 12:29 (exato 10:49)
Melhor tentar controlar as expectativas e não dispersar energia. Estabeleça suas metas e objetivos e coloque limites. Siga uma dieta mais rigorosa, esteja atento às taxas de colesterol.

Lua sextil Saturno – 11:45 às 15:03 (exato 13:24)

Momento ideal para estar com pessoas mais velhas ou mais experientes. Os conselhos e sugestões recebidos serão preciosos! Use este período para resolver o que for preciso.

DIA 19 DE MAIO – SEGUNDA-FEIRA

○ Cheia (disseminadora) ○ em Aquário às 06:57 ☾ LFC Início às 04:02 ☾ LFC Fim às 06:57

Enquanto a Lua estiver em Aquário, é um ótimo período para introduzir elementos novos na sua rotina, quebrar hábitos e cortar vícios. Também para adquirir e instalar aparelhos, máquinas e equipamentos de tecnologia em geral.

Lua trígono Sol – 02:15 às 05:48 (exato 04:02)

Partos e concepções altamente beneficiados. Pode-se sentir uma integração maior em tudo, como se as coisas estivessem no lugar, de acordo com sua natureza e função.

Lua trígono Marte – 20:20 às 23:40 (exato 22:00)

Ótimo momento para estreias, lançamentos e inaugurações. Os relacionamentos e conquistas amorosas estão favorecidos. Tenha atitudes encorajadoras.

DIA 20 DE MAIO – TERÇA-FEIRA

○ Cheia (disseminadora) ○ em Aquário ☾ LFC Início às 23:59

Entrada do Sol no signo de Gêmeos às 23h59min03seg

Lua sextil Urano – 06:20 às 09:42 (exato 08:01)

Uma boa ideia pode surgir numa pausa para um café. Mesmo que você não esteja disposto a mudar nada agora, esteja atento às sugestões inovadoras que podem surgir no início da manhã.

Lua quadratura Saturno – 13:30 às 16:51 (exato 15:11)

Na tarde de hoje, conte com alguns obstáculos. Agir com disciplina e senso prático irá ajudar a evitá-los. Prepare-se para algumas críticas e procure estar à altura delas que tudo correrá bem.

Lua sextil Vênus – 15:15 às 18:55 (exato 17:05)

Dê preferência às tarefas que você gosta de fazer. Bom momento para tratamentos de beleza inovadores, que utilizem tecnologia mais avançada.

Lua trígono Mercúrio – 17:30 às 21:12 (exato 19:21)

Mente atenta, muitos pensamentos e ideias. Aproveite a noite para fazer contatos. É um bom momento para começar novas amizades, buscar novos grupos e atividades. Vale jantar em um lugar diferente do habitual ou ao menos inovar algum item do cardápio.

DIA 21 DE MAIO – QUARTA-FEIRA

☽ Minguante às 10:00 em 00°24' de Peixes ☽ em Peixes às 09:18 ☺ LFC Fim às 09:18

Enquanto a Lua estiver em Peixes, vale se dedicar a atividades e eventos artísticos e a práticas espirituais. Prevalece um espírito mais contemplativo. Nos sentimos mais em sintonia com o que nos cerca. Tendemos a dar explicações mais mágicas para o que nos acontece e temos mais fé no inexplicável.

Lua quadratura Sol – 08:10 às 11:49 (exato 10:00)

Relacionamentos e parcerias ou sociedades muito desiguais correm grande risco de se romper. Estamos com maior facilidade de largar as coisas.

Lua conjunção Netuno – 20:22 às 23:48 (exato 22:05)

É provável que aconteçam coisas que você não sabe explicar. Vale a pena dedicar algumas horas a atividades menos práticas e rotineiras. Seduza as oportunidades, crie um "clima" envolvente que favoreça o que você deseja.

DIA 22 DE MAIO – QUINTA-FEIRA

☽ Minguante ☽ em Peixes

Lua sextil Plutão – 06:13 às 09:40 (exato 07:56)

Todos estão mais investigativos e capazes de se aprofundar em qualquer assunto nesta manhã. E também dispostos a dar uma segunda chance, perdoar e esquecer as mágoas. Ótimo período para aprofundar vínculos, tanto profissionais como pessoais.

Lua trígono Júpiter – 15:29 às 18:59 (exato 17:14)

O dia é muito favorável para atividades que atraiam o grande público, que tenham um interesse comunitário e também para tudo que diga respeito a processos legais. Atitudes justas e nobres estão em alta e promoverão imenso bem-estar.

Lua trígono Saturno – 16:21 às 19:48 (exato 18:04)

Disposição produtiva e determinação acentuada. Aproveite o fim da tarde para concluir algumas tarefas que ficaram pendentes. Estamos mais rigorosos e tendemos a fazer tudo com mais perfeição.

DIA 23 DE MAIO – SEXTA-FEIRA
☽ Minguante ☽ em Áries às 13:01 🌑 LFC Início às 03:25 🌑 LFC Fim às 13:01

Enquanto a Lua estiver em Áries, todos se sentem mais entusiasmados, dinâmicos e audazes. É um período de bastante atividade, impulso e disposição. "Não passa de hoje" pode ser a sensação dominante nesses dias. Ficamos mais intolerantes com a espera, sem paciência para indecisões ou obstáculos.

Lua quadratura Mercúrio – 01:32 às 05:19 (exato 03:25)
Talvez você não consiga levar até o fim nada do que fizer nesta madrugada. É provável que você se depare com pontos de vista diferentes do seu.

Lua sextil Sol – 15:45 às 19:31 (exato 17:38)
Reina um sentimento de bem-estar e harmonia. Um contentamento em ser quem somos. Pessoas mais tímidas ou inseguras podem descobrir ou revelar potenciais ocultos. Projetos que estavam ainda guardados podem mostrar suas possibilidades de desenvolvimento e brilho.

DIA 24 DE MAIO – SÁBADO
☽ Minguante ☽ em Áries

Lua oposição Marte – 03:20 às 06:53 (exato 05:06)
Os ânimos tendem a ficar alterados e alguma ansiedade pode surgir no início da manhã. Tendemos a agir de modo impulsivo e precipitado. Podemos "meter os pés pelas mãos" e acabar magoando aqueles de quem mais gostamos.

Lua quadratura Plutão – 10:33 às 14:06 (exato 12:20)
Esse é um aspecto difícil. Há grande tendência a brigas e rompimentos. Procure frear seus impulsos e controle a agressividade. Não é um bom momento para atividades de risco, competições e enfrentamentos. Faça coisas que lhe tragam conforto e paz de espírito.

Lua conjunção Urano – 14:05 às 17:39 (exato 15:52)
Este é um bom momento para fazer todos os tipos de atualizações. Não se obrigue a se manter na rotina e não combine nada que não possa ser desmarcado. Os imprevistos acontecem e você pode se ver obrigado a alterar os seus compromissos.

Lua quadratura Júpiter – 20:55 à 00:33 de 25/05 (exato 22:44)
O grande problema desta combinação planetária é a tendência a superestimar as oportunidades e o seu potencial de enfrentar as situações. Lembre-se, talvez você não tenha as armas necessárias para tanto.

DIA 25 DE MAIO – DOMINGO

☽ Minguante (balsâmica) ☽ em Touro às 18:27 ☉ LFC Início às 12:57 ☉ LFC Fim às 18:27

Enquanto a Lua estiver em Touro, ficamos mais atentos àquilo que nos dá prazer e conforto. Todos ficam mais dados a demonstrações concretas de afeto e ao contato físico de um modo geral. O comércio de comida, móveis e jardinagem tende a se favorecer nesses dias.

Lua conjunção Vênus – 09:08 às 13:05 (exato 11:07)
Um clima de harmonia e disposição para agradar às pessoas favorece os acordos. Charme, sedução e cordialidade aproximam. É uma excelente manhã para casamentos! Também pode ser esperado um aumento no consumo de produtos para o público feminino.

Lua sextil Mercúrio – 11:01 às 14:54 (exato 12:57)
Esse aspecto favorece a comunicação e expressão de ideias tornando o momento propício a todo tipo de conversas, esclarecimentos e trocas de informações. Sabemos nos fazer entender e podemos falar de coisas bastante profundas de um modo leve e agradável.

DIA 26 DE MAIO – SEGUNDA-FEIRA

☽ Minguante (balsâmica) ☽ em Touro

Lua sextil Netuno – 06:21 às 10:01 (exato 08:11)
Essa combinação favorece o setor de frete, franquias e comunicação com o mercado de outros estados. Excelente para se dedicar a tarefas que requerem criatividade e inspiração. Não deixe de introduzir algum elemento que torne sua rotina mais suave e agradável.

Lua trígono Plutão – 16:40 às 20:20 (exato 18:30)
A autoestima baseada na certeza de nosso potencial ganha um novo impulso nesse período. É um ótimo momento para todos os tipos de reparações. Se você anda doente ou está passando por algum problema, esse aspecto promete recuperação.

DIA 27 DE MAIO – TERÇA-FEIRA

☽ Minguante (balsâmica) ☽ em Touro ☉ LFC Início às 06:09

Lua oposição Saturno – 03:04 às 06:44 (exato 04:54)
Pode haver uma espécie de "surto" de responsabilidade e sentimento de restrição logo no início da manhã. As coisas que não estiverem suficientemente estruturadas ou os acordos pouco confiáveis podem ruir.

Lua sextil Júpiter – 04:17 às 08:03 (exato 06:09)

Apesar do clima pouco favorável, preste atenção em algumas oportunidades que podem surgir. Não permita que o desânimo o impeça de buscar suas metas. Pessoas conhecidas que ocupem posições privilegiadas podem oferecer ajuda neste momento.

DIA 28 DE MAIO – QUARTA-FEIRA

● Nova às 15:41 em 07°21 de Gêmeos ● em Gêmeos à 01:48 ☾ LFC Fim à 01:47

Enquanto a Lua estiver em Gêmeos, impera certa camaradagem e espontaneidade nos relacionamentos. Não temos disposição para nos dedicar por muitas horas a uma única atividade ou pensamento. Queremos variar, trocar, ver inúmeras possibilidades, mudar de interesses. O que pode levar a certa inquietação.

Lua conjunção Sol – 13:37 às 17:43 (exato 15:40)

Há um estado geral de entusiasmo, renovação e esperança, mas ainda não podemos avaliar os resultados, apesar da convicção de que novas chances podem surgir. Tudo ainda está em sua forma rudimentar e incipiente, a observação será a melhor conselheira.

Lua quadratura Netuno – 14:09 às 17:56 (exato 16:03)

Às vezes nos iludimos com algo só para facilitar as coisas e para não sermos obrigados a fazer as mudanças necessárias. Esteja atento a isso. Problemas referentes a umidade, como vazamentos, infiltrações e mofo, estão ampliados.

Lua trígono Marte – 17:51 às 21:42 (exato 19:46)

À noite, as coisas saem com mais rapidez, sem atrasos ou impedimentos. As pessoas estão mais despachadas e dispostas a dar andamento às situações. Mostrar-se prático, produtivo, disposto a enfrentar os obstáculos, pode trazer benefícios.

DIA 29 DE MAIO – QUINTA-FEIRA

● Nova ● em Gêmeos ☾ LFC Início às 06:58

Lua sextil Urano – 05:03 às 08:54 (exato 06:59)

No início da manhã, você encontrará energia suficiente dentro de você para ousar ser mais autêntico e original. Aproveite! Esse aspecto favorece tudo que for inaugural e fora dos seus padrões habituais. Fazer atividades diferentes ou apenas fazê-las de um modo diferente do usual é extremamente aconselhável no dia de hoje. É também muito favorável para o súbito entendimento de algo que nos parecia obscuro ou que não queríamos aceitar.

DIA 30 DE MAIO – SEXTA-FEIRA
● Nova ● em Câncer às 11:13 ☽ LFC Fim às 11:13

Enquanto a Lua estiver em Câncer, há uma maior facilidade de viver situações íntimas e aconchegantes. Estamos mais sensíveis aos que nos cercam, há uma maior *sintonia* em relação às necessidades dos outros. Damos muita importância às nossas raízes e tendemos a rememorar o passado. Buscamos nossas referências.

Lua conjunção Mercúrio – 10:46 às 14:52 (exato 12:49)
Sob essa influência, falamos com o coração. Sabemos exatamente como atingir as pessoas e isso pode ser muito favorável para o lançamento de produtos e serviços, principalmente relacionados à casa. Favorece também transações comerciais, contratos, aluguéis, negociação de pequenos itens que envolvam detalhamento.

Lua sextil Vênus – 12:54 às 17:13 (exato 15:03)
A tarde também será marcada por um ânimo mais afetuoso e um clima de sedução e aproximação entre as pessoas. É um bom momento para fazer acordos e alianças. Estamos sabendo seduzir as pessoas para que elas nos tratem bem e queiram estar ao nosso lado.

DIA 31 DE MAIO – SÁBADO
● Nova ● em Câncer

Lua trígono Netuno – 00:05 às 04:01 (exato 02:03)
Reina uma grande sintonia que dispensa explicações ou manifestações óbvias de afeto. Encontros românticos, com boa dose de fantasia, estão favorecidos. Assim como a introspecção, contemplação e inspiração artística.

Lua quadratura Marte – 04:29 às 08:29 (exato 06:29)
Já no início da manhã, os ânimos ficam mais tensos. Há maior propensão a atitudes agressivas e explosões emocionais. Nos ofendemos e nos magoamos por pouco. É o chamado "pavio curto".

Lua oposição Plutão – 10:57 às 14:54 (exato 12:56)
Todos podem estar mais passionais. Devemos tentar contornar as divergências para evitar confrontos. Não é um bom momento para atividades que reúnam um número muito grande de pessoas.

Lua quadratura Urano – 15:43 às 19:42 (exato 17:42)

No fim da tarde, o ânimo continua irritável e há bastante ansiedade. Desejamos fazer coisas "diferentes" para escapar do tédio, mas não há garantias de que vamos conseguir fazer o que desejamos e podemos terminar o dia ainda mais frustrados e irritados.

Lua trígono Saturno – 21:40 à 01:38 de 01/06 (exato 23:39)

Esse aspecto será muito bem-vindo em um dia como hoje! Ele garante maior bom senso, objetividade e comprometimento em tudo o que fizermos. Este é um bom período para colocar a cabeça no lugar e criar as estratégias a seguir em qualquer setor.

CALENDÁRIO LUNAR

JUNHO 2014

Domingo	Segunda-feira	Terça-feira	Quarta-feira	Quinta-feira	Sexta-feira	Sábado
1 ♌	**2** ♌	**3** ♌	**4** ♍	**5** ♍	**6** ♎	**7** ♎
Lua Nova em Leão às 22:43 LFC 03:32 às 22:42	Lua Nova em Leão	Lua Nova em Leão LFC início às 11:41	Lua Nova em Virgem às 11:19 LFC fim às 11:19	Lua Crescente em Virgem às 17:40	Lua Crescente em Libra às 22:59 LFC 06:12 às 23:00	Lua Crescente em Libra Início Mercúrio retrógrado
8 ♎	**9** ♏	**10** ♏	**11** ♐	**12** ♐	**13** ♐ ♑	**14** ♑
Lua Crescente em Libra LFC início às 16:46 Mercúrio retrógrado	Lua Crescente em Escorpião às 07:37 LFC fim às 07:38 Mercúrio retrógrado	Lua Crescente em Escorpião LFC início às 23:20 Mercúrio retrógrado	Lua Crescente em Sagitário às 12:21 LFC fim às 12:23 Mercúrio retrógrado	Lua Crescente em Sagitário Mercúrio retrógrado	Lua Cheia à 01:13 em Sagitário Lua em Capricórnio às 14:03 LFC 01:11 às 14:04 Mercúrio retrógrado	Lua Cheia em Capricórnio Mercúrio retrógrado
15 ♒	**16** ♒	**17** ♓	**18** ♓	**19** ♓ ♈	**20** ♈	**21** ♈ ♋
Lua Cheia em Aquário às 14:27 LFC 03:35 às 14:27 Mercúrio retrógrado	Lua Cheia em Aquário Mercúrio retrógrado	Lua Cheia em Peixes às 15:26 LFC 15:07 às 15:25 Mercúrio retrógrado	Lua Cheia em Peixes Mercúrio retrógrado	Lua Minguante em Peixes às 15:40 Lua em Áries às 18:25 LFC 16:05 às 18:25 Mercúrio retrógrado	Lua Minguante em Áries Mercúrio retrógrado	Lua Minguante em Áries LFC início às 19:23 Sol em Câncer às 07:51 Mercúrio retrógrado
22 ♉	**23** ♉	**24** ♊	**25** ♊	**26** ♋	**27** ♋	**28** ♋
Lua Minguante em Touro à 00:03 LFC fim à 00:03 Mercúrio retrógrado	Lua Minguante em Touro LFC início às 22:48 Mercúrio retrógrado	Lua Minguante em Gêmeos às 08:05 LFC fim às 08:05 Mercúrio retrógrado	Lua Minguante em Gêmeos Mercúrio retrógrado	Lua Minguante em Câncer às 18:05 LFC 08:56 às 18:05 Mercúrio retrógrado	Lua Nova em Câncer às 05:10 Mercúrio retrógrado	Lua Nova em Câncer LFC início às 22:02 Mercúrio retrógrado
29 ♌	**30** ♌					
Lua Nova em Leão às 05:42 LFC fim às 05:42 Mercúrio Retrógrado	Lua Nova em Leão Mercúrio Retrógrado					

O CÉU DO MÊS DE JUNHO 2014

O ano chega a sua metade e, durante quase todo o mês de junho, Marte e Plutão voltam a formar um aspecto de grande desarmonia, com momento mais intenso na metade do mês. O desafio consiste na avaliação de desempenho frente à meta anual. Mês em que se deve correr pouco risco. O aspecto formado pelo Sol e Plutão (03/06) traz a busca por alternativas para situações arrastadas e agravadas com o decorrer do tempo. Escolhas passam pelo medo de serem erros fatais. O diálogo entre poderes encontra um impasse: nenhum dos lados está disposto a ceder. Discussões promovem mais discussões. Melhor evitar a radicalidade. Mas, junto à tensão, Vênus e Netuno (04/06) também trazem momentos agradáveis, cheios de romantismo, sensualidade e sedução. A imaginação encontra solo fértil. Estar em boa companhia para um programa cultural ou em boa mesa, bem servida e arrumada, é uma ótima pedida. Gastos com bem-estar e terapias alternativas antiestresse estão bem indicados.

Sol e Urano harmonizados (06/06) geram oportunidades para o novo e para os novatos. Bom momento para ampliar relacionamentos, estar entre amigos e fazer novos contatos. Ações nesse sentido gratificam e podem gerar futuros bons negócios. Mercúrio e Saturno indicam que acordos, contratos, negociações e projetos iminentes ainda não estão a contento (06/06), mas, em breve, podem estar. Hora de aprimorar conteúdo.

Mesmo porque, no dia 7, Mercúrio em Câncer fará sua segunda retrogradação, entre as três que realizará durante um ano. E, enquanto retrógrado (até 01/07), Mercúrio volta a trazer problemas com comunicações, documentos, pequenos deslocamentos, estudos e memória. A retrogradação sempre indica necessidade de revisar situações. Em Câncer, fatos do passado ganham maior relevância. Renasce a ideia de recuperar um sentimento e reencontrar alguém afastado com quem se teve intimidade. No mesmo dia, Vênus e Marte (07/06) e, no dia seguinte, o Sol e Saturno (08/06) formam aspectos idênticos que envolvem ajustes sobre a partilha de bens e a divisão de tempo e tarefas. Dias de busca por acordos equânimes. Vênus e Plutão, em grande harmonia (08/06), possibilitam a conclusão de grandes operações financeiras e negócios valorosos. Fomentam, também, a intensidade das relações afetivas e sexuais. As parcerias formadas sob essa disposição astral tendem a durar, porque as partes estão dispostas a transformações radicais, se necessário, em benefício do relacionamento.

Dia 9, Netuno entra em movimento retrógrado até o final do ano (16/11). Durante esse período, a intuição será a base para a relativização dos fatos, eventos e pessoas. Tempo de revisão sobre o senso humanitário, coletivo e individual. A retrogradação de Netuno e de Mercúrio, somadas, fomentam obras em vias pluviais e transportes marítimos.

Desde o início do ano, Júpiter e Netuno desafiam a fé e as crenças religiosas. Até que chega um momento importante (11/06) em que escândalos morais e financeiros vêm ao conhecimento público e comprometem, ainda mais, a credibilidade das instituições. Política, religião e economia se misturam em mau aspecto. Mercúrio e Vênus (12/06) não estão em bom entendimento. Há irritação no ar. Devem-se evitar gastos com futilidade, comparações e discussões inúteis e precipitadas. Vênus e Saturno estão em oposição (13/06). A energia do momento traz rigidez, desconfiança e sentimento de rejeição. Por isso, relações e desejos não saudáveis tendem a ser descartados. Na vida material o orçamento não fecha e serão mais bem percebidas as carências, os pontos que precisam de reforço. No dia 14, o desafio que envolve Marte e Plutão, comentado no início do mês, fica exato. Há força contra o poder. Grande luta pela mudança com ou sem destruição. Há intransigência em grau extremo. Disputa de poder em todos os campos, inclusive o sexual, e maior disposição à violência e à transgressão. Os próximos dias são para atitudes comedidas.

Mercúrio retrógrado volta para Gêmeos (17/06) e ideias, tratos, conversas, textos entram em fase de retificação. Deve-se ter atenção ao "telefone sem fio". Há falta de clareza e consequente incompreensão. Dificuldade em manter informações reservadas. Meio e comunicação estão em desalinho. Momento de revisar as relações de troca. Vênus em harmonia com Júpiter (18/06) traz a alegria de viver, prazer material e intelectual. Bons momentos para economia, podem surgir ganhos com a revisão de valores. O encontro do Sol com Mercúrio (19/06) traz alguns dias de claro entendimento sobre assuntos complexos. Liga-se um "holofote" sobre o que precisa ser entendido. Indica-se que a revisão será produtiva. Tempo de solucionar difíceis problemas.

No dia 21, o Sol entra em Câncer e há maior sensibilidade e apego a pessoas e coisas. Dá-se mais atenção à capacidade prestativa. Câncer, signo que rege a família, busca segurança em suas origens para alcançar suas grandes ambições. Há maior receptividade, acolhimento e, também, olhos voltados para o lucro. No mesmo dia, Vênus e Plutão (21/06) formam um aspecto que estimula a cobiça. Há maior desejo de poder.

Sol e Saturno (23/06) começam a "desenhar" bons acordos para o próximo mês. Vênus entra em Gêmeos (23/06 a 18/07) e o comércio "se agita". Ainda que Mercúrio, regente de Gêmeos, esteja retrógrado e o céu do momento não seja para risco, muitos negócios começam a proliferar. Os relacionamentos ficam mais leves e as pessoas mais simpáticas. Oportunidade para conversas interessantes, sedutoras e para muitos namoricos.

Vênus forma um aspecto com Marte (24/06) e traz o dilema entre ficar com a novidade, que encanta, ou manter uma parceria desgastada com quem se tem muita identificação. Vênus em pequena desarmonia com Urano (24/06) deseja a mudança, mesmo que intempestiva. E Marte em oposição a Urano (25/06) gera a vontade de brigar por mais independência, liberdade de ação e autenticidade nas relações. Além disso, estimula sair da preguiça e mudar de posição. Em desarmonia com Netuno (29/06), Vênus traz um clima de desilusão e desencantamento. Mas o Sol, "o astro-rei", forma um aspecto de grande harmonia com Netuno em Peixes (29/06) e ilumina um sentimento maior, eleva o espírito das pessoas, promove a entrega de "alma" e inspira o sonho. Aumenta, sobretudo, a intuição e atenção para causas sociais. O mês termina com uma visão romanceada da vida.

POSIÇÃO DIÁRIA DA LUA
NO MÊS DE JUNHO

DIA 1 DE JUNHO – DOMINGO
● Nova ● em Leão às 22:43 ☾ LFC Início às 03:32 ☾ LFC Fim às 22:42

Enquanto a Lua estiver em Leão, há maior visibilidade e reconhecimento dos nossos talentos. É um ótimo momento para comemorar, cultivar a alegria e abrir o coração. Desatenções e tratamentos padronizados podem ser considerados uma ofensa nesses dias. Atitudes mais demonstrativas e desinibidas beneficiarão o andamento de todos os assuntos.

DIA 2 DE JUNHO – SEGUNDA-FEIRA
● Nova ● em Leão

Lua quadratura Vênus – 06:55 às 11:24 (exato 09:10)
Não tente coagir ou exigir muito do outro. Há um clima geral de insubordinação e de grande intolerância com a frustração. Portanto, não espere muita dedicação ao trabalho e não se obrigue a fazer muitas coisas que não trazem gratificação.

Lua sextil Marte – 17:13 às 21:19 (exato 19:16)
No fim da tarde, haverá maior disposição para tomar as providências necessárias e ir buscar aquilo que traz bem-estar. Aproveite o momento para "travar as lutas" necessárias de um modo mais justo e delicado. Não é preciso "enfrentar o inimigo", basta saber impor-se tranquilamente.

Lua sextil Sol – 21:41 às 02:05 de 03/06 (exato 23:56)
Há maior confiança e o sentimento de possuirmos as armas para enfrentar os desafios que se apresentem. Temos mais clareza sobre o nosso mundo interno e sentimos que há uma integração entre aquilo que somos e as nossas emoções.

DIA 3 DE JUNHO – TERÇA-FEIRA
● Nova ● em Leão ☾ LFC Início às 11:41

Lua trígono Urano – 04:08 às 08:11 (exato 06:09)
Essa é uma combinação que favorece os acasos e promete boas surpresas. É hora de experimentar o novo e ter atitudes mais desprendidas. Às vezes o

melhor modo de sair de uma crise ou situação difícil é planejando algo para o futuro e se lançando em novos projetos.

Lua quadratura Saturno – 09:40 às 13:42 (exato 11:41)
Neste período, falhas na administração e falta de competência podem causar sérios problemas. É aconselhável nos concentrarmos nas tarefas que já dominamos. Podemos ter algumas dúvidas sobre os nossos sentimentos e os que inspiramos nos outros. Tendemos a recuar por insegurança.

DIA 4 DE JUNHO – QUARTA-FEIRA
● Nova ● em Virgem às 11:19 ☉ LFC Fim às 11:19

Enquanto a Lua estiver em Virgem, nos sentimos mais produtivos e dispostos a ser úteis e ajudar. É um excelente período para organização. Promete escolhas bastante funcionais, facilitando as providências práticas. Não é um momento para exibicionismo ou reações muito dramáticas. Estamos mais pragmáticos e bem mais discretos na abordagem das situações.

Lua sextil Mercúrio – 15:07 às 19:13 (exato 17:10)
Não deixe de conversar sobre o que o incomoda, busque explicações. Não perca a oportunidade de se entender e entender aqueles que o cercam. Estamos conseguindo expressar com muita clareza os nossos objetivos e sentimentos, e isso pode ser fundamental para as relações afetivas ou profissionais.

DIA 5 DE JUNHO – QUINTA-FEIRA
☾ Crescente às 17:40 em 15°06 de Virgem ☾ em Virgem

Lua oposição Netuno – 00:35 às 04:37 (exato 02:36)
Durante a madrugada, pode haver variação de humor, pois estamos especialmente sensíveis às situações. Achamos que as coisas devem se resolver milagrosamente e tendemos a ter atitudes mais passivas.

Lua trígono Vênus – 02:09 às 06:36 (exato 04:23)
Atitudes e gestos que demonstrem atenção, cuidado e preocupação com o bem-estar do outro serão notados e beneficiados. Este é também um bom momento para cuidar da beleza e do corpo.

Lua trígono Plutão – 11:23 às 15:22 (exato 13:23)
Estamos mais dispostos a tomar medidas regeneradoras, a recuperar perdas e lidar com assuntos mais profundos que podem transformar radicalmente nossas vidas. É também um ótimo momento para curas e súbitas recuperações de saúde. Há uma enorme força regeneradora dentro de nós.

Lua quadratura Sol – 15:28 às 19:48 (exato 17:38)
Pode haver erros de avaliação das necessidades e da receptividade do público em relação a produtos ou propostas. Nos encontramos divididos entre um lado mais conservador e a vontade de realizar nossos desejos. Prevalece um sentimento geral de divisão e de descontentamento.

Lua sextil Saturno – 21:43 à 01:40 de 06/06 (exato 23:41)
Uma disposição produtiva e determinada pode derivar em um bom uso do seu tempo livre. Pense em seus projetos futuros, planeje suas metas, comece a tomar algumas providências em relação a isso. Você será reconhecido por sua capacidade de cumprir com a palavra e se comprometer.

DIA 6 DE JUNHO – SEXTA-FEIRA
☾ Crescente ☾ em Libra às 22:59 ☉ LFC Início às 06:12 ☉ LFC Fim às 23:00

Enquanto a Lua estiver em Libra, estamos dispostos a cooperar e a ceder. Preferimos a companhia de pessoas mais colaboradoras e buscamos situações mais justas. Procuramos também equilibrar nossas emoções e ter uma visão mais imparcial e objetiva dos relacionamentos. Focamos no que temos em comum com os outros e não nas diferenças.

Lua sextil Júpiter – 04:11 às 08:12 (exato 06:12)
O bom humor facilitará todos os assuntos no início da manhã. Pode contar com a sorte e a boa disposição dos que o cercam. Ninguém está disposto a "travar" o caminho de ninguém. Todos querem que as coisas aconteçam e há uma tendência ao encorajamento. As investidas mais ambiciosas têm boa chance de sucesso.

DIA 7 DE JUNHO – SÁBADO
☾ Crescente ☾ em Libra

Início Mercúrio retrógrado

Lua quadratura Mercúrio – 03:12 às 07:15 (exato 05:09)
Tome um cuidado extra com as palavras, não há muita facilidade de compreensão e podem ocorrer muitos mal-entendidos. Todas as situações que exigem sigilo e discrição estão prejudicadas e podemos ser obrigados a dar conta de coisas que dissemos no passado.

Lua conjunção Marte – 18:34 às 22:26 (exato 20:30)
Alta disposição para enfrentar qualquer desafio. Podemos encontrar soluções rápidas para problemas que nos atormentavam há muito tempo. Ótimo momento para defender o que é nosso.

Lua quadratura Plutão – 21:56 à 01:44 de 08/06 (exato 23:50)
Podemos ser invadidos por sentimentos que imaginávamos já ter superado. Alguma necessidade de controle e suspeitas podem surgir. Tente não medir forças nem fazer exigências nesse momento, isso pode pôr muita coisa a perder.

DIA 8 DE JUNHO – DOMINGO
☾ Crescente ☾ em Libra ☉ LFC Início às 16:46

Mercúrio retrógrado

Lua trígono Sol – 06:41 às 10:43 (exato 08:42)
É extremamente favorável para reconciliações e para o início de relacionamentos. Vemos com clareza as coisas como elas são e aceitamos bem o que nos acontece. Ótima energia e bastante vitalidade. Aproveite!

Lua quadratura Júpiter – 14:52 às 18:39 (exato 16:46)
À tarde, ao contrário, estaremos mais arrebatados e aventureiros afetivamente. Isso pode causar alguns conflitos no relacionamento. Podemos ter também uma expectativa de entrega incondicional partindo do princípio de que quem nos ama de verdade deve suportar todas as nossas demandas e atitudes inconsequentes.

DIA 9 DE JUNHO – SEGUNDA-FEIRA
☾ Crescente ☾ em Escorpião às 07:37 ☉ LFC Fim às 07:38

Mercúrio retrógrado

Enquanto a Lua estiver em Escorpião, há uma tendência a buscar o que se esconde por trás das aparências, o que pode tornar todos mais desconfiados e investigativos. Essa Lua também promove um período de recuperação e de grande capacidade de regeneração. Os contatos podem ser bem mais profundos e há muito magnetismo no ar.

Lua trígono Mercúrio – 11:15 às 14:49 (exato 13:02)
O público tende a ser receptivo neste período e o comércio está favorecido. Excelente para qualquer tipo de trabalho intelectual, principalmente para os que exigem maior aprofundamento e pesquisa.

Lua trígono Netuno – 19:32 às 23:06 (exato 21:19)
É um bom momento para praticar ioga, meditação e para entrar em contato com sentimentos mais sutis. Favorável também para o contato com as artes e

para os profissionais dessa área. Devemos reservar uma parte da noite para refletir de modo mais profundo sobre a nossa vida.

DIA 10 DE JUNHO – TERÇA-FEIRA

☾ Crescente ☾ em Escorpião ☉ LFC Início às 23:20

Mercúrio retrógrado

Lua sextil Plutão – 04:56 às 08:27 (exato 06:42)
Este é um excelente momento para eliminar o que não serve mais. Temos força suficiente para resolver de uma vez por todas assuntos com os quais não lidávamos por medo de perder algo. Diga o que pensa sem receio de encarar as verdades.

Lua oposição Vênus – 07:52 às 11:42 (exato 09:47)
Tendemos a cometer extravagâncias com o dinheiro, ou com a comida, para compensar qualquer desagrado, e terminamos ainda mais incomodados. É melhor arrumar outras formas de gratificação e não exigir muito de si mesmo. Faça algo simples, mas que você goste de fazer.

Lua conjunção Saturno – 13:44 às 17:14 (exato 15:29)
Aumento de produtividade e eficiência. Aproveite o período para lidar com assuntos que dependem de paciência e perseverança. Cuide apenas para não perder o humor ou se exceder no trabalho. Lembre-se de que manter uma visão realista das coisas não é ser pessimista em relação a elas.

Lua trígono Júpiter – 21:34 à 01:04 de 11/06 (exato 23:19)
É um bom momento para expandir seus negócios de um modo consciente. Tente contatos com o exterior ou busque mercados geograficamente distantes. Agir com espírito de grandeza irá ajudar a superar pequenos obstáculos que prejudicavam uma aproximação.

DIA 11 DE JUNHO – QUARTA-FEIRA

☾ Crescente ☾ em Sagitário às 12:21 ☉ LFC Fim às 12:23

Mercúrio retrógrado

Enquanto a Lua estiver em Sagitário, elevamos as nossas expectativas. Sentimos necessidade de expansão, de abrir os horizontes, de ampliar nossos conhecimentos. Estão favorecidas tanto as viagens quanto as provas, concursos, defesas de teses, assim como campeonatos esportivos.

Lua quadratura Netuno – 23:29 às 02:50 de 12/06 (exato 01:10)
No fim do dia, não estamos sabendo avaliar as consequências dos nossos atos. As coisas ficam um tanto confusas e sem controle. Podemos acabar magoados e desiludidos. O ideal seria manter uma atitude mais "zen". Esse aspecto também favorece traições e mal-entendidos.

DIA 12 DE JUNHO – QUINTA-FEIRA
☽ Crescente ☾ em Sagitário

Mercúrio retrógrado

Lua sextil Marte – 07:13 às 10:36 (exato 08:54)
Ótimo momento para tomar atitudes contando com o encorajamento de todos. Estamos bastante despachados, com facilidade de encontrar soluções e com iniciativa para providenciar o que for necessário. Excelente para a prática de esportes e competições.

Lua trígono Urano – 13:29 às 16:38 (exato 14:58)
Estamos dispostos a lidar com todos os tipos de pessoa e a viver experiências diferentes. É um ótimo momento para entrar em contato com o que não conhecemos e também para participar de eventos, festas e campanhas comunitárias. Momento de sorte e expansão em diversos níveis.

Lua oposição Sol – 23:25 às 02:55 de 13/06 (exato 01:10)
Há maior preocupação com a reciprocidade nesse período. Ficamos mais ressentidos com as pessoas que não correspondem aos nossos afetos e que não colaboram conosco como esperávamos. Não devemos provocar ninguém porque as reações podem ser inesperadas.

DIA 13 DE JUNHO – SEXTA-FEIRA
○ Cheia à 01:13 de 22°06 em Sagitário ○ em Capricórnio às 14:03 ☉ LFC Início à 01:11 ☉ LFC Fim às 14:04

Mercúrio retrógrado

Enquanto a Lua estiver em Capricórnio, a competência, o profissionalismo, a responsabilidade, assim como a capacidade de enfrentar as mais difíceis situações sem esmorecer, estão extremamente favorecidas. É hora de batalhar a nossa posição social e de aperfeiçoar a nossa carreira. Todos estão mais sérios, compenetrados e dispostos a produzir.

Lua oposição Mercúrio – 15:21 às 18:30 (exato 16:55)

Os deslocamentos e pequenas viagens não estão favorecidos nessa tarde. Há uma energia irrequieta no ar e os humores estão um tanto instáveis. Você pode encontrar oposição às suas ideias e ter que lidar com pontos de vista bastante diferentes dos seus. Não é um bom momento para atividades que dependam de muita concentração.

DIA 14 DE JUNHO – SÁBADO
O Cheia O em Capricórnio

Mercúrio retrógrado

Lua sextil Netuno – 00:44 às 03:58 (exato 02:21)

A busca de uma harmonia interna deve ser privilegiada e práticas ou atividades que conduzam a estados mais elevados de alma serão extremamente benéficas no momento. Excelente para relaxar e descansar. Garantia de um bom sono e muitos sonhos.

Lua conjunção Plutão – 09:06 às 12:19 (exato 10:43)

Essa conjunção representa uma poderosa energia de cura e regeneração em diversos níveis. Não seja superficial, encare as situações, aproveite a oportunidade de "cortar o mal pela raiz".

Lua quadratura Marte – 09:05 às 12:22 (exato 10:44)

A impaciência, a intolerância e a necessidade de se ver livre das coisas pode forçar acontecimentos que ainda não estavam plenamente maduros. É provável que haja um maior fluxo de público no comércio e há maior tendência a fazer compras de modo desordenado e sem pensar.

Lua quadratura Urano – 14:13 às 17:27 (exato 15:50)

Teremos que lidar com muitos elementos novos e há chance de perdermos alguma oportunidade por não estarmos atualizados o suficiente. Nem pense em fazer qualquer tipo de pressão ou tentar impor o seu ponto de vista nos relacionamentos.

Lua sextil Saturno – 16:57 às 20:09 (exato 18:33)

Temos uma noção mais exata do tamanho dos passos que podemos dar e do esforço necessário para atingir nossos objetivos. Garantia de bons serviços, organização e proveito nos programas de sábado à noite.

Lua trígono Vênus – 20:32 à 00:02 de 15/06 (exato 22:17)

Excelente para festas, eventos e encontros românticos. Tudo sai a contento e a disposição geral é muito receptiva. Bom momento para pedidos de casamento ou para oficializar e consolidar uniões.

DIA 15 DE JUNHO – DOMINGO

O Cheia O em Aquário às 14:27 ☽ LFC Início às 03:35 ☽ LFC Fim às 14:27

Mercúrio retrógrado

Enquanto a Lua estiver em Aquário, há maior facilidade de nos libertar de restrições e de abandonar as preocupações. Reina um espírito mais gregário — temos vontade de estar com os amigos ou de compartilhar ideias e pontos de vista. Favorece a aceitação das diferenças e o contato com situações ou pessoas muito distintas de nós. Ideias originais e inovadoras costumam passar por nossa mente.

Lua oposição Júpiter – 01:57 às 05:13 (exato 03:35)

A madrugada de sábado para domingo é altamente sujeita a exageros: de bebida, comida, palavras, sentimentos, otimismo. Muito cuidado na hora de tomar uma decisão baseada no entusiasmo distorcido que reina nesse período.

DIA 16 DE JUNHO – SEGUNDA-FEIRA

O Cheia O em Aquário

Mercúrio retrógrado

Lua trígono Marte – 10:27 às 13:46 (exato 12:07)

Muita disposição e ânimo propício para a tomada de iniciativas e atitudes. Essa combinação significa sempre um acréscimo de coragem para enfrentar os desafios. Podemos apostar em um maior consumo de produtos descartáveis e serviços rápidos que agilizam o funcionamento do dia.

Lua sextil Urano – 14:47 às 18:02 (exato 16:24)

Se você pensa em modificar algo na sua carreira, se lançar em um novo mercado, admitir ou demitir empregados, dar uma "mexida" nas coisas, introduzir novos elementos na sua vida, este é o momento. É hora de abrir espaço para projetos mais arrojados e mais atualizados.

Lua quadratura Saturno – 17:16 às 20:32 (exato 18:54)

O início da noite pode ser marcado por um sentimento de frustração. Tente manter-se produzindo no seu ritmo, mas não exija demais nem de você mesmo nem de quem está à sua volta, porque exigência excessiva só aumentará a chance de desacertos.

DIA 17 DE JUNHO – TERÇA-FEIRA

O Cheia (disseminadora) O em Peixes às 15:26 ☿ LFC Início às 15:07 ☿ LFC Fim às 15:25

Mercúrio retrógrado

Enquanto a Lua estiver em Peixes, favorece a interiorização e dá novo fôlego ao mercado de arte e da fantasia. Ficamos mais sensíveis e imaginativos. O básico parece muito banal e desejamos um pouco de encantamento em nossas vidas. Mas não é hora de tomar atitudes, as coisas acontecem por seu próprio movimento, não devemos tentar interferir.

Lua quadratura Vênus – 01:22 às 04:56 (exato 03:09)
Esse aspecto que ocorre durante a madrugada pode perturbar o sono e/ou levar a discussões e conflitos. Ele aumenta a carência e necessidade de gratificação de modo bastante distorcido. Melhor tomar um tranquilizante e apenas dormir!

Lua trígono Sol – 07:25 às 10:58 (exato 09:12)
Pela manhã, o ânimo está muito mais agradável e sentimos que as coisas estão no lugar. Sabemos bem o que queremos e não temos nenhuma dificuldade de buscar o que mais nos favorece afetivamente.

Lua trígono Mercúrio – 13:32 às 16:43 (exato 15:07)
Conversar, tentar explicar, expor suas ideias será o melhor modo de lidar com as situações neste período. É um momento de mente extremamente ágil e aberta onde de repente podemos entender com total clareza algo que até então nos parecia incompreensível. Favorece os estudos.

DIA 18 DE JUNHO – QUARTA-FEIRA

O Cheia (disseminadora) O em Peixes

Mercúrio retrógrado

Lua conjunção Netuno – 02:24 às 05:45 (exato 04:05)
Período de grande inspiração e criatividade. Quem lida com qualquer tipo de arte não deve deixar de aproveitar a madrugada para dar andamento ao seu trabalho. Mas o sono também será muito reparador e os sonhos bastante esclarecedores.

Lua sextil Plutão – 11:00 às 14:22 (exato 12:41)
Todas as medidas que visem o saneamento da vida comunitária estão favorecidas. Há um interesse mais profundo por questões sociais, o que pode ser muito positivo e de fato reformador. Também estão favorecidos os métodos de tratamento e diagnóstico ditos "alternativos".

Lua trígono Saturno – 19:04 às 22:28 (exato 20:46)
Há uma firme disposição para realizar nossos sonhos e sabemos onde nossas fantasias podem nos levar. É uma combinação bastante favorável que nos protege das ilusões excessivas. Bom para lançamentos, vernissages ou eventos artísticos.

DIA 19 DE JUNHO – QUINTA-FEIRA
☽ Minguante às 15:40 em 28°24 de Peixes ☽ em Áries às 18:25 🕐 LFC Início às 16:05 🕐 LFC Fim às 18:25

Mercúrio retrógrado

Enquanto a Lua estiver em Áries, precisamos tomar atitudes! Não é hora de ficar ponderando demais. Mas devemos tomar cuidado com a precipitação. Durante esses dias fazemos melhor as coisas sozinhos, sem esperar pelo outro, e indo direto ao ponto.

Lua trígono Júpiter – 06:30 às 10:01 (exato 08:15)
Processos, regulamentações, questões legais estão favorecidos. Se você pretende assinar um contrato favorável, faça isso na manhã de hoje. É um bom momento para ampliar o público-alvo e tomar resoluções.

Lua sextil Vênus – 08:22 às 12:09 (exato 10:15)
De um modo geral nos sentimos mais receptivos e temos atitudes mais sedutoras e agradáveis que podem nos favorecer em muitas áreas. Excelente período para tudo que diz respeito a arte e estética. Vale aproveitar a inspiração e o natural bom gosto reinante.

Lua quadratura Sol – 13:47 às 17:31 (exato 15:39)
A tarde, porém, não favorece acordos e podemos encontrar concorrência em tudo o que pretendemos fazer. É um período de desencontro nos relacionamentos e entre nossos sentimentos e objetivos.

Lua quadratura Mercúrio – 14:26 às 17:45 (exato 16:05)
Esse aspecto dificulta a comunicação e o fluxo das atividades. O comércio e todos os tipos de negociação e contratos estão desfavorecidos. Também não é

hora para conversas mais delicadas. Há maior dificuldade na escolha das palavras adequadas e podemos acabar magoando alguém.

DIA 20 DE JUNHO – SEXTA-FEIRA
☽ Minguante ☽ em Áries

Mercúrio retrógrado

Lua quadratura Plutão – 14:54 às 18:27 (exato 16:40)
Não é hora nem o momento para "encostar ninguém na parede" ou extravasar raivas contidas. Fazer planos mais humildes e permanecer rigorosamente dentro dos limites ajudará a manter o controle das situações.

Lua oposição Marte – 18:34 às 22:15 (exato 20:25)
Impaciência e precipitação. Qualquer impedimento torna-se insuportavelmente irritante. Não admitimos atrasos e o clima geral é de provocação e inquietação. Uma boa ideia é extravasar a energia através de exercícios físicos.

Lua conjunção Urano – 21:08 à 00:43 de 21/06 (exato 22:53)
Essa excelente combinação para a criatividade e para os *insights* traz muita abertura e mudanças. Mas não tente obrigar ninguém a ser igual a você. Procure aceitar as pessoas como elas são.

DIA 21 DE JUNHO – SÁBADO
☽ Minguante ☽ em Áries ☻ LFC Início às 19:23

Mercúrio retrógrado

Entrada do Sol no signo de Câncer às 07h51min13seg

Solstício de verão no H. Norte, solstício de inverno no H. Sul

Lua quadratura Júpiter – 12:23 às 16:04 (exato 14:14)
A tarde não será muito produtiva. É melhor não se desgastar. Temos maior necessidade de aventura causada por uma sensação de insatisfação emocional. Vale desconfiar das propostas. Elas podem parecer muito boas a princípio mas é muito provável que não se sustentem.

Lua sextil Mercúrio – 17:38 às 21:09 (exato 19:24)
O clima fica bastante descontraído no início da noite. Garantia de bares e restaurantes cheios, muita circulação e conversa. A mente fica afiada. É favorável para discutir pontos de vista sem mal-entendidos, de modo amigável.

Lua sextil Sol – 23:21 às 03:18 de 22/06 (exato 01:20)
Que tal terminar o dia com uma esclarecedora conversa com o parceiro? Nesse período as emoções estão "no lugar", na medida certa para uma abordagem sensata de qualquer problema sem risco de mal-entendidos.

DIA 22 DE JUNHO – DOMINGO
☽ Minguante ☽ em Touro à 00:03 ☾ LFC Fim à 00:03

Mercúrio retrógrado

Enquanto a Lua estiver em Touro, tendemos a não arriscar, pois não queremos passar pelo incômodo de uma escolha errada ou de perder algo ou alguém que valorizamos. Sentimos maior necessidade de conforto e de segurança.

Lua sextil Netuno – 12:06 às 15:48 (exato 13:57)
Excelente para um almoço de domingo com boa comida e em um ambiente especialmente encantador. Uma forte sensação de encantamento faz com que tudo ganhe um novo colorido. A tarde também é muito propícia a atividades artísticas de modo geral.

Lua trígono Plutão – 21:25 à 01:08 de 23/06 (exato 23:16)
Revigoramos nossas forças e nos sentimos mais potentes e capazes de enfrentar os desafios que surgem. A sensualidade está em alta neste período. Aproveite o clima para recuperar ou criar o interesse e a paixão em um relacionamento.

DIA 23 DE JUNHO – SEGUNDA-FEIRA
☽ Minguante (balsâmica) ☽ em Touro ☾ LFC Início às 22:48

Mercúrio retrógrado

Lua oposição Saturno – 06:06 às 09:51 (exato 07:59)
O dia começa cheio de obstáculos e impedimentos. Atrasos ou cancelamentos podem dificultar o cumprimento das tarefas. Melhor não programar nada muito essencial para esse período. Podemos nos deparar com exigências que não esperávamos. É bom estarmos bem preparados. Isso vale para todos os setores, inclusive o afetivo.

Lua sextil Júpiter – 20:53 à 00:44 de 24/06 (exato 22:49)
Esse aspecto promove a autoconfiança, de modo que, mesmo diante de alguns obstáculos, conseguimos manter o prumo e acreditar nas possibilidades que o futuro nos reserva. Excelente para jantares de negócio ou românticos.

DIA 24 DE JUNHO – TERÇA-FEIRA
☽ Minguante (balsâmica) ☽ em Gêmeos às 08:05 ☾ LFC Fim às 08:05

Mercúrio retrógrado

Enquanto a Lua estiver em Gêmeos, devemos manter a mente ocupada e preferir atividades intelectuais. É um bom momento para o lançamento de campanhas informativas ou documentários. É provável que o sono torne-se irrequieto e, para quem já tem tendência, esse pode ser um período em que a insônia se acentue.

Lua conjunção Vênus – 08:20 às 12:33 (exato 10:26)
Excelente manhã para entrevistas de emprego, apresentação de projetos ou pedidos de aumento ou patrocínio. Estamos especialmente agradáveis e sedutores e há muita receptividade. O comércio de roupas, cosméticos e os serviços de beleza estão em alta.

Lua quadratura Netuno – 20:34 à 00:24 de 25/06 (exato 22:29)
As coisas não funcionam como deveriam e pode haver atrasos e desvios. O período é propício a erros de julgamento e equívocos, pois avaliamos o que ocorre mais em função do que *gostaríamos* que fosse.

DIA 25 DE JUNHO – QUARTA-FEIRA
☽ Minguante (balsâmica) ☽ em Gêmeos

Mercúrio retrógrado

Lua sextil Urano – 13:19 às 17:11 (exato 15:15)
Todos os produtos e serviços que agilizem o andamento das coisas serão mais utilizados na tarde de hoje. É também um ótimo período para propor novas alternativas, buscar novos clientes ou tentar uma nova abordagem junto ao público.

Lua trígono Marte – 13:32 às 17:31 (exato 15:31)
Excelente disposição. Iniciativa em alta. Facilidade e ânimo para se deslocar e ir buscar as soluções. Atividades que associem habilidades físicas e mentais, como os esportes, estão favorecidas. Não é hora de ficar marcando passo ou de desistir. Não deixe de aproveitar o grande dinamismo dessa tarde.

DIA 26 DE JUNHO – QUINTA-FEIRA
☽ Minguante (balsâmica) ☽ em Câncer às 18:05 ☾ LFC Início às 08:56 ☾ LFC Fim às 18:05

Enquanto a Lua estiver em Câncer, a família e os laços afetivos tornam-se muito importantes. Estar próximo das pessoas queridas e cuidar da vida doméstica torna-se fonte de prazer nesses dias. Todos estão mais receptivos e protetores. Todas as atividades ligadas à história, ao passado ou à memória de algo serão privilegiadas.

Lua conjunção Mercúrio – 07:22 às 10:50 (exato 08:56)
Ideias mais claras, maior facilidade de negociar nossos pontos de vista e analisar os diversos lados de uma questão. É um bom momento para encontrar soluções para alguns impedimentos. É favorável para pequenas viagens.

DIA 27 DE JUNHO – SEXTA-FEIRA
● Nova às 05:10 em 05°37' de Câncer ● em Câncer

Mercúrio retrógrado

Lua conjunção Sol – 03:00 às 07:17 (exato 05:08)
A Lua Nova é considerada um período de início, de começo. Devemos introduzir algo novo em nossas vidas que poderá germinar no futuro. O alívio das tensões do mês anterior proporciona a sensação de estarmos zerados e disponíveis para iniciar novos projetos.

Lua trígono Netuno – 06:54 às 10:51 (exato 08:53)
Há um aumento das situações do acaso e coincidências devido à maior harmonia entre as pessoas. Sentimos que há grandes chances de realizar nossos sonhos. Deixe-se levar pelas circunstâncias, elas são favoráveis.

Lua oposição Plutão – 16:40 às 20:38 (exato 18:39)
Procure não tornar as coisas pesadas, tente relevar e procure manter um clima de intimidade. Caso contrário, você pode se arrepender de ter sido tão radical e de ter criado confusão e desarmonia à toa.

DIA 28 DE JUNHO – SÁBADO
● Nova ● em Câncer ☾ LFC Início às 22:02

Mercúrio retrógrado

Lua quadratura Urano – 00:16 às 04:15 (exato 02:16)

Esse aspecto torna as coisas imprevisíveis. Melhor não pressionar ninguém, todos estão mais estressados. Podemos ser invadidos pela ansiedade e muitas coisas podem virar de última hora. Evite todo tipo de velocidade e precipitação nessa madrugada.

Lua trígono Saturno – 01:49 às 05:46 (exato 03:47)
Garantia de eficiência nos serviços nesta madrugada. Se conseguirmos controlar nossa ansiedade e impulsividade, podemos fazer escolhas confiáveis, sensatas e rentáveis.

Lua quadratura Marte – 02:16 às 06:22 (exato 04:19)
Cuidado com a impaciência, intolerância e a necessidade de se ver livre das coisas. Atividades feitas de última hora não serão bem-sucedidas. Melhor trabalhar com uma margem de tempo e pensar em longo prazo.

Lua conjunção Júpiter – 20:00 à 00:05 de 29/06 (exato 22:02)
Aproveite a noite de sábado para sair e se divertir e deixar o comodismo de lado. Se ficar parado em casa, é possível que exagere na comida. Atividades ao ar livre, viagens e aventuras estão favorecidas.

DIA 29 DE JUNHO – DOMINGO
● Nova ● em Leão às 05:42 ☉ LFC Fim às 05:42

Mercúrio retrógrado

Enquanto a Lua estiver em Leão, é uma boa ocasião para todo tipo de comemoração e também para estreias de shows e espetáculos. Reina um clima de alegria e entusiasmo. O que nos aquece o coração é a sensação de sermos especiais, únicos, realmente singulares. E por isso, muitas vezes nos permitimos algumas extravagâncias e pequenas indulgências.

Lua sextil Vênus – 19:02 às 23:31 (exato 21:16)
É um bom momento para declarações de amor e iniciar novos romances. Conseguimos exaltar o que temos de melhor e recebemos muitos elogios! Programe-se para sair, encontrar os amigos e se divertir. Ou mesmo para relaxar ao lado de alguém.

DIA 30 DE JUNHO – SEGUNDA-FEIRA
● Nova ● em Leão

Mercúrio retrógrado

Lua trígono Urano – 12:38 às 16:41 (exato 14:39)

As ideias mais inovadoras estão favorecidas. Pequenos intervalos ou interrupções podem ajudar a executar melhor as tarefas. Bom período para realizar atividades em grupo e dar a sua contribuição pessoal.

Lua quadratura Saturno – 13:46 às 17:58 (exato 15:57)

Devemos tentar controlar o perfeccionismo exagerado e aprender a aceitar as imperfeições. Nem tudo irá sair a contento e é provável haver alguma frustração, mas não se deixe levar pelo pessimismo.

Lua sextil Marte – 16:36 às 20:48 (exato 18:42)

Temos as armas necessárias para lutar pelo que queremos e maior facilidade de impor nossa vontade sem criar atritos.

CALENDÁRIO LUNAR

JULHO 2014

Domingo	Segunda-feira	Terça-feira	Quarta-feira	Quinta-feira	Sexta-feira	Sábado
		1 ♍	2 ♍	3 ♍	4 ♎	5 ♎
		Lua Nova em Virgem às 18:23 LFC 06:59 às 18:23 Fim Mercúrio retrógrado	Lua Nova em Virgem	Lua Nova em Virgem	Lua Nova em Libra às 06:42 LFC 01:21 às 06:42	Lua Crescente em Libra às 09:00
6 ♏	7 ♏	8 ♐	9 ♐	10 ♐	11 ♑	12 ♑
Lua Crescente em Escorpião às 16:32 LFC 12:30 às 16:33	Lua Crescente em Escorpião	Lua Crescente em Sagitário às 22:22 LFC 19:32 às 22:24	Lua Crescente em Sagitário	Lua Crescente em Sagitário LFC início às 21:19	Lua Crescente em Capricórnio à 00:23 LFC fim à 00:24	Lua Cheia em Capricórnio às 08:26 LFC início às 22:56
13 ♒	14 ♓	15 ♓	16 ♓	17 ♈	18 ♈	19 ♉
Lua Cheia em Aquário à 00:06 LFC fim à 00:06	Lua Cheia em Peixes às 23:41 LFC 16:22 às 23:40	Lua Cheia em Peixes	Lua Cheia em Peixes LFC início às 21:57	Lua Cheia em Áries à 01:07 LFC fim à 01:06	Lua Minguante às 23:09 em Áries LFC início às 23:17	Lua Minguante em Touro às 05:42 LFC fim às 05:42
20 ♉	21 ♊	22 ♊	23 ♋	24 ♋	25 ♋	26 ♌
Lua Minguante em Touro	Lua Minguante em Gêmeos às 13:36 LFC 11:12 às 13:35	Lua Minguante em Gêmeos Sol em Leão às 18:41	Lua Minguante em Câncer às 23:59 LFC 21:52 às 23:59	Lua Minguante em Câncer	Lua Minguante em Câncer LFC início às 23:24	Lua Nova às 19:43 em Leão às 11:54 LFC fim às 11:54
27 ♌	28 ♌	29 ♍	30 ♍	31 ♎		
Lua Nova em Leão LFC início às 21:37	Lua Nova em Leão	Lua Nova em Virgem à 00:36 LFC fim à 00:36	Lua Nova em Virgem	Lua Nova em Libra às 13:08 LFC 11:47 às 13:09		

O CÉU DO MÊS DE JULHO 2014

No primeiro dia do mês, Mercúrio volta ao movimento direto. Comunicações, negociações e movimentações retomam seu ritmo normal. A vida caminha, assim, com menos "tropeços".

Vênus em aspecto com Júpiter e com Plutão (03/07) sugere que, em negociações ou nos relacionamentos, devem-se evitar exagero e radicalismo. Feito isso, bons negócios são promovidos e tormentos afetivos são evitados.

O Sol e Plutão estão em oposição (04/07) e criam momento de forte atração pelo poder material e grande possibilidade de regeneração espiritual. Sol e Plutão, em contato direto, produzem juntos efeitos curativos, ainda que o "remédio arda". No signo em que estão, tanto podem impactar sentimentos quanto questões relativas à matéria.

Vênus em harmonia com Urano e em ajuste com Saturno (07/07) indica que haverá muitas oportunidades de realização e de vivenciar situações excitantes. Será necessário, apenas, observar a intensidade adequada e o tempo certo para expressar intenções e desejos. Em meio a tantas oportunidades, a questão é eleger as mais consistentes e resistentes ao tempo.

No dia seguinte, é a vez do Sol fazer contato com Urano e com Saturno. O Sol desarmoniza com Urano e promove uma grande harmonia com Saturno (08/07). Será fácil identificar o que não precisa ser modificado. É um dia com maior tendência ao conservadorismo. O poder, as normas, as regras enraizadas tendem a prevalecer sobre a rebeldia. Não é, portanto, um dia bom para ousar.

Na metade do mês, excelentes negociações estão na disposição do céu. E, também, maravilhosos momentos de amor. Vênus, em grande harmonia com Marte (13/07), traz vontade de namorar e praticar muita troca afetiva. Dia de investimentos bem aplicados. Mercúrio entra em Câncer (13/07) no mesmo dia, e a razão flutua em ambiente sensível. Recomenda-se especial cuidado com palavras para não ferir sentimentos. Há, também, muita agitação no mercado financeiro e no comércio popular.

No dia 17, Júpiter entra em Leão. O grande benefício vai habitar, aproximadamente, por um ano a morada do Sol. Durante o período, a nobreza de espírito e as atitudes bondosas tendem a prevalecer. Há magnanimidade. A dimensão de tudo é ampliada — tendência a superestimar. Tempo de grande otimismo, de produção em larga escala. Aumentam-se gastos com luxo e conforto. Estimula a busca por uma vida com mais dignidade.

Vênus entra em Câncer (18/07 até 12/08) e traz apego a tudo o que se tem. Beneficia o mercado de ações. E aumenta o desejo pelo amor puro com a percepção de que é o amor que nutre a vida. Tempo de maior aproximação familiar.

Enquanto o Sol desarmoniza com Marte, Mercúrio se harmoniza com Netuno (19/07). Dia em que a provocação encontra oportunidade de caminhar em direção ao entendimento. Quem conseguir conter a raiva, evitar o confronto e optar pela conversa terá boa chance de êxito em qualquer assunto. Evidencia-se o "brigão" e privilegia-se o negociador. A violência sempre gera algum tipo de trauma. Pensar e agir com sensibilidade é o melhor caminho, tanto mais no dia de hoje. Momento propício para meditação e exercícios de relaxamento, a fim de aliviar a tensão disposta.

Dia 20, Saturno volta ao movimento direto. A vida e sua cronologia natural "acertam os ponteiros". Projetos que não "andavam", estavam em grande fase de revisão ou pareciam ter sido frustrados recuperam reais chances de concretização. Saturno, em Escorpião, demonstra que o tempo é o grande transformador e que a vida tem seu ciclo de regeneração. Afinal, sabedoria é aprender e capitalizar com a experiência pessoal e alheia.

No dia seguinte, Urano começa a sua retrogradação (de 21/07 até 21/12). Este é um período em que o inconformismo ganha proporções desmedidas. Convém fazer uma longa revisão sobre os próximos empreendimentos, porque há uma espécie de provocação ao pioneirismo e uma tendência maior à precipitação. Tempo de incoerência e de intensos questionamentos sobre vida e humanidade, sobre individualidade e espírito de grupo. Momento, também, de inovações complexas. A singularidade está em avaliação, assim como a rebeldia.

Mercúrio faz oposição a Plutão (22/07) e tem-se um dia de comunicações poderosas entre povo e poder. Observa-se, então, a capacidade invasiva de conversas e a força impactante de comunicados. O dia atrai solução para assuntos importantes. Ainda no dia 22, o Sol chega a sua casa, ao signo de Leão. Época de autoconfiança e muita animação. A alegria de viver é aumentada. Divertir-se e divertir os outros faz bem. Bom momento para os artistas. Pessoas e atitudes generosas ganham evidência. A criatividade é potencializada. Nota-se forte busca por prestígio. A visão sobre qualquer assunto apresenta-se de forma enfática e sob fortes convicções. Autoridade e hierarquia são vistas como necessárias ao bom convívio.

O Sol encontra Júpiter, Vênus forma um aspecto de intensa harmonia com Netuno e Mercúrio apresenta bom aspecto com Saturno (24/07). Tem-se um dos melhores dias do ano. Toda realização, neste momento, tende ao sucesso. Há visão de progresso, espírito colaborativo e grande entendimento intelectual. Mercúrio desarmoniza com Urano neste mesmo dia, sugerindo que, avaliados os riscos, tudo tende a fluir de maneira positiva. O desafio está em lembranças do passado que amedrontam o futuro Posto isso de lado, é um dia excepcional para a vida financeira e afetiva.

Marte chega ao signo de Escorpião (25/07 até 13/09), signo no qual também tem domicílio além de Áries, e onde exerce, com plenitude, suas qualidades essenciais. Nesse momento, constatam-se inteligência estratégica e atitudes mais sagazes. Presencia-se força suficiente para a conquista de objetivos planejados. Percebe-se grande intenção em penetrar a "alma" do outro. A energia sexual fica mais densa e intensa. O mistério é a maior fonte de atração. Atitudes concentram-se no que é ambicionado. Nota-se maior agitação entre autoridades.

Vênus, em oposição a Plutão (28/07), estimula o desejo de ter e guardar "coisas" e pessoas. Visão objetiva sobre os desejos íntimos. Momento de encontros viscerais e impactantes.

Sol e Netuno (30/07) fecham o mês indicando a necessidade de atenção aos ensinamentos da vida através de seus ciclos. Sinalizam que uma visão realista é sempre positiva, mas que é preciso agir com os sentimentos também, não só com a razão. O certo pode não ser o mais certo.

POSIÇÃO DIÁRIA DA LUA
NO MÊS DE JULHO

DIA 1 DE JULHO – TERÇA-FEIRA
● Nova ● em Virgem às 18:23 🕐 LFC Início às 06:59 🕐 LFC Fim às 18:23

Fim Mercúrio retrógrado

Enquanto a Lua estiver em Virgem, o momento é de seletividade e discriminação, por isso não é qualquer coisa que nos agradará. Tendemos a selecionar tudo com muito critério. Para atrair o público é necessário oferecer serviços de qualidade, bom atendimento, praticidade, organização e limpeza.

Lua sextil Mercúrio – 04:58 às 09:01 (exato 06:59)
Com essa configuração nossa capacidade de absorver e reter informações aumenta. Ela melhora a memória e beneficia os estudos. A mente encontra-se mais perspicaz e cuidadosa, tornando mais fácil perceber oportunidades e detalhes que favorecem os negócios.

DIA 2 DE JULHO – QUARTA-FEIRA
● Nova ● em Virgem

Lua oposição Netuno – 07:28 às 11:31 (exato 09:29)
Lua e Netuno se confrontam no céu e nos deixam preguiçosos e sonolentos. Nossa mente e imaginação poderão estar divagando em torno de coisas impossíveis ou muito fora da realidade, podendo ser difícil seguir qualquer planejamento. O melhor antídoto é estar com os pés no chão e atento.

Lua sextil Sol – 14:07 às 18:30 (exato 16:18)
Com os luminares em harmonia, há melhor entendimento e colaboração entre as pessoas. Favorável para se distribuir tarefas para que cada um atue segundo a sua posição e a sua competência.

Lua quadratura Vênus – 14:35 às 19:04 (exato 16:50)
Em geral esse aspecto provoca uma vontade insaciável de comprar ou de comer algo como uma forma de compensação por nossas insatisfações e carências. A autoindulgência pode propiciar um descontrole financeiro e na balança. Cuidado!

Lua trígono Plutão – 17:19 às 21:20 (exato 19:19)

A energia plutoniana traz determinação para lidar com os desafios sejam eles quais forem. O momento também é excelente para se reeducar, por isso reveja seu orçamento, estabeleça prioridades e corte despesas desnecessárias.

DIA 3 DE JULHO – QUINTA-FEIRA
● Nova ● em Virgem

Lua sextil Saturno – 02:31 às 06:32 (exato 04:31)

Saturno vem em nosso auxílio dando-nos autocontrole, força de vontade e determinação para superarmos as dificuldades. Além de destacar a nossa eficiência. Bom momento para iniciar tratamentos que exijam disciplina e perseverança. Boa hora para começar uma dieta.

Lua quadratura Mercúrio – 17:59 às 22:02 (exato 20:20)

Compromissos devem ser confirmados e, caso tenha que fazer deslocamentos, é melhor sair com antecedência. Há grandes chances de atraso, por trânsito tumultuado.

Lua sextil Júpiter – 23:18 às 03:21 de 04/07 (exato 01:20)

O dia termina abençoado, o que propicia uma gostosa noite de sono. O sentimento de fé se exalta nesse momento. Durma acreditando que nada é impossível. A fé move montanhas e renova a alma.

DIA 4 DE JULHO – SEXTA-FEIRA
● Nova ● em Libra às 06:42 ☉ LFC Início à 01:21 ☉ LFC Fim às 06:42

Enquanto a Lua estiver em Libra, o momento é das parcerias, dos cônjuges e sócios como também dos adversários, rivais e concorrentes. A Lua em Libra nos convida a agir com o objetivo de trazer equilíbrio e melhorar os nossos relacionamentos, inclusive com nós mesmos.

Hoje a Lua não faz aspecto com nenhum planeta no céu

DIA 5 DE JULHO – SÁBADO
☾ Crescente às 09:00 em 13°24 de Libra ☾ em Libra

Lua quadratura Plutão – 04:49 às 08:41 (exato 06:46)

O dia tende a ser turbulento. Esse é um aspecto que deflagra um processo de risco, podendo ocorrer conflitos com reações fora de controle ou rompimento de antigas situações mal resolvidas. É preciso cautela a qualquer movimento e ação.

Lua quadratura Sol – 06:52 às 11:03 (exato 09:00)

O dia amanhece com o Sol e Lua se desentendendo, indicando que conflitos e obstáculos, principalmente originados do passado, poderão dificultar o que queremos realizar.

Lua trígono Vênus – 08:42 às 12:59 (exato 10:51)

Esse aspecto planetário cai como uma luva para driblar a instabilidade dessa manhã. E diz que a melhor maneira de evitar aborrecimentos e situações desagradáveis no dia de hoje é usar o bom senso e a diplomacia.

Lua oposição Urano – 12:49 às 16:41 (exato 14:45)

O inesperado nos pega de surpresa, mudanças e contratempos de última hora podem alterar todo o rumo do dia. É bom estarmos preparados e flexíveis, caso seja necessário criar alternativas.

Lua conjunção Marte – 20:31 à 00:28 de 07/07 (exato 22:29)

O momento é delicado para se expor socialmente, embora a vontade seja de ir buscar diversão para extravasar o estresse. Convém ficarmos reservados e preservar a intimidade.

DIA 6 DE JULHO – DOMINGO

☾ Crescente ☾ em Escorpião às 16:32 🕐 LFC Início às 12:30 🕐 LFC Fim às 16:33

Enquanto a Lua estiver em Escorpião, ganha-se mais poder ou profundidade para conquistar a pessoa que amamos ou atrair um parceiro, pois intensifica-se o magnetismo e atração entre as pessoas, e o fato de que todos percebem além das aparências.

Lua trígono Mercúrio – 05:55 às 09:48 (exato 07:51)

A Lua estará iluminando a comunicação, tornando-a mais clara e verdadeira. As emoções em sintonia com os pensamentos propiciam a comunicação mais afetiva e profunda.

Lua quadratura Júpiter – 10:34 às 14:23 (exato 12:29)

A preguiça pode falar mais alto por essas horas. Portanto, não devemos criar nem gerar expectativas, nem esperar muito do outro. Cuidado também para não cair na tentação das guloseimas do almoço de domingo.

DIA 7 DE JULHO – SEGUNDA-FEIRA

☾ Crescente ☾ em Escorpião

Lua trígono Netuno – 04:23 às 08:02 (exato 06:13)

O dia amanhece com a Lua e Netuno em harmonia, deixando-nos mais sensíveis, intuitivos e com grande poder de empatia. O poder criativo está em alta, favorecendo a inspiração e as grandes sacadas. Bom para quem trabalha com as artes e campanhas de marketing.

Lua sextil Plutão – 13:08 às 16:46 (exato 14:57)

Lua e Plutão em harmonia despertam emoções e sentimentos intensos, aumentando a capacidade de compreensão entre as pessoas. Há um fortalecimento para lidar com os problemas, realizar autoanálise, talento para melhorar ou recuperar o que se dispôs a realizar ou mudar.

Lua trígono Sol – 19:30 às 23:20 (exato 21:25)

Momentos de grande comprometimento e cumplicidade para os relacionamentos pessoais, pois o trígono Sol-Lua aproxima e potencializa as afinidades. Aproveite para estar junto de quem você ama, compartilhando desejos e planos.

Lua conjunção Saturno – 21:23 à 00:56 de 08/07 (exato 23:09)

Sob essa energia estaremos mais conscientes. É uma boa hora para fazer um balanço frio do que precisamos acrescentar ou mudar para melhorar nossa vida pessoal ou profissional. Não deixe que o pessimismo interfira, pense que agora você está usando a razão, e não o coração.

DIA 8 DE JULHO – TERÇA-FEIRA

☽ Crescente ☾ em Sagitário às 22:22 ☉ LFC Início às 19:32 ☉ LFC às 22:24

Enquanto a Lua estiver em Sagitário, ela se encanta pela aventura, pelo desconhecido, e está aberta para novas experiências, sempre disposta a conquistar algo novo, principalmente quando isso representa um desafio.

Lua trígono Júpiter – 17:46 às 21:16 (exato 19:31)

Lua e Júpiter nos trazem entusiasmo para realizar grandes empreendimentos ou nos lançar em grandes projetos. Esse aspecto privilegiará todos os assuntos que queiramos uma ampla repercussão e que seja oportuno acontecer. Aproveite!

DIA 9 DE JULHO – QUARTA-FEIRA

☽ Crescente ☾ em Sagitário

Lua quadratura Netuno – 09:17 às 12:39 (exato 10:58)

Essa desarmônica configuração pode nos deixar mais sujeitos aos enganos e decepções. Por estarmos mais iludidos, mais cheios de fé, vemos apenas o que queremos ver, embora a realidade seja outra. Por isso é preciso evitar realizar negócios ou assumir compromissos financeiros.

DIA 10 DE JULHO – QUINTA-FEIRA
☾ Crescente ☾ em Sagitário ☉ LFC Início às 21:19

Lua trígono Urano – 00:32 às 03:52 (exato 02:12)
Um frenesi toma conta de nós. Dificilmente conseguiremos relaxar sob essa influência. Se não precisar acordar cedo, é um bom momento para adiantar tarefas ou sair para se divertir. Caso não, um ambiente calmo, uma música relaxante são necessários para desacelerar e ter um sono tranquilo.

Lua oposição Vênus – 06:42 às 10:16 (exato 08:29)
Preguiça e um sentimento de insatisfação podem nos abater logo pela manhã. Acorde devagar e espreguice-se calmamente. Caprichar no look do dia vai ajudar a levantar a autoestima, apenas lembre-se: nada de exageros na hora da produção, o menos é mais.

Lua sextil Marte – 10:24 às 13:47 (exato 12:05)
Momento de disposição e muito ânimo. Muito oportuno também para defender nossos ideais e projetos. Não desista daquilo que você acredita ser importante, portanto não tenha medo de ousar e se mostrar.

Lua oposição Mercúrio – 19:35 às 23:00 (exato 21:18)
Ter cuidado com as palavras é primordial por essas horas, estamos sujeitos a cometer gafes e criar mal-entendidos. Portanto, pense antes de falar. "A palavra é de prata, mas o silêncio é de ouro."

DIA 11 DE JULHO – SEXTA-FEIRA
☾ Crescente ☾ em Capricórnio à 00:23 ☉ LFC Fim à 00:24

Enquanto a Lua estiver em Capricórnio, os ânimos estão mais sérios. Um sentimento geral de responsabilidade, dever e compromisso prevalecem, favorecendo todo e qualquer empreendimento, seja na área profissional ou pessoal. Levar a sério os desafios garantirá sucesso e reconhecimento.

Lua sextil Netuno – 10:35 às 13:47 (exato 12:11)
Imaginação fértil. Bom momento de trazer para o real, de dar forma ao que foi planejado e almejado. Não anseie em mostrar um projeto, uma ideia, pois tudo tende a fluir sem obstáculo e sem resistência por essas horas.

Lua conjunção Plutão – 18:13 às 21:23 (exato 19:48)

Força extra! Se entregar de corpo e alma a qualquer situação vai gerar bons resultados e impressionará positivamente as pessoas. É o momento de ganhar pontos valiosíssimos perante pessoas importantes. Aceite os desafios, pois estamos predispostos para tal.

DIA 12 DE JULHO – SÁBADO

O Cheia às 08:26 em 20°03' de Capricórnio O em Capricórnio ☾ LFC Início às 22:56

Lua quadratura Urano – 01:08 às 04:19 (exato 02:44)

Madrugada agitada e sujeita a imprevistos e acidentes por pressa, nervosismo aliado a falta de atenção. Não devemos colocar o "carro na frente dos bois". Não beba se for dirigir. A lei seca está de olho em você.

Lua sextil Saturno – 01:31 às 04:41 (exato 03:06)

Simultaneamente, Saturno em boa posição vem nos ajudar a evitar possíveis contratempos que podem surgir por essas horas. Usar a razão é a saída do momento.

Lua oposição Sol – 06:43 às 10:05 (exato 08:24)

Zelar pelos relacionamentos pessoais ou de trabalho é fundamental se quisermos mantê-los. É o pior momento para se pensar só em si mesmo ou para negligenciar nossa participação e cooperação. Cuidado para não subestimar os adversários neste dia.

Lua quadratura Marte – 12:03 às 15:18 (exato 13:41)

A pressa é inimiga da perfeição! Suas insatisfações vêm à tona e podem se tornar o principal motivo de atritos. Seja cuidadoso ao agir.

Lua oposição Júpiter – 21:20 à 00:32 de 13/07 (exato 22:56)

A insatisfação tende a afetar nosso humor na noite de sábado. Estamos querendo e esperando mais do momento ou das pessoas. Entenda que nem tudo é sempre maravilhoso. O conselho é: relaxar e aproveitar a noite.

DIA 13 DE JULHO – DOMINGO

O Cheia O em Aquário à 00:06 ☾ LFC Fim à 00:06

Enquanto a Lua estiver em Aquário, estamos animados, irreverentes, criativos, originais e interessados em tudo que seja agitado e diferente. É um período especialmente recomendado para sair da rotina e se divertir. O amor se torna livre e sem preconceitos, e as pessoas estão mais dispostas a entender outros pontos de vista.

DIA 14 DE JULHO – SEGUNDA
O Cheia O em Peixes às 23:41 ☾ LFC Início às 16:22 ☾ LFC Fim às 23:40

Enquanto a Lua estiver em Peixes, acentua a tendência a sonhar, e por isso podemos não conseguir ver as coisas com clareza. O momento não é bom para assuntos que dependam de realismo e praticidade porque falta clareza, sendo mais favorável para atividades calmas e repousantes, meditação, atividades místicas, espirituais e para o desenvolvimento interno.

Lua quadratura Saturno – 00:51 às 04:01 (exato 02:26)
Ainda de madrugada podemos estar com nosso humor alterado, talvez indisposto e cansado. E talvez esteja exaltada também uma sensação de perda e nostalgia. Um banho quentinho antes de dormir e um ambiente tranquilo e aconchegante podem amenizar o peso que essa configuração traz.

Lua trígono Marte – 12:58 às 16:16 (exato 14:37)
Estamos mais dispostos a colaborar uns com os outros em prol de um objetivo. As disputas, concorrências e rivalidades não são capazes de interferir em nossos projetos. Estaremos lutando pelo que seja justo e certo.

Lua trígono Vênus – 14:39 às 18:07 (exato 16:23)
As pessoas tendem a estar mais amigáveis, cordiais e dispostas a ajudar, com maior boa vontade e generosidade, o que privilegia todas as apresentações públicas e contatos em geral.

DIA 15 DE JULHO – TERÇA-FEIRA
O Cheia O em Peixes

Lua trígono Mercúrio – 01:23 às 04:52 (exato 03:07)
A mente está inspirada e as palavras bem ditas se tornam poesia. Excelente momento para os artistas em geral. Se precisar ter uma conversa delicada, escrever um e-mail, a hora é oportuna, pois vamos conseguir nos expressar com alma e delicadeza.

Lua conjunção Netuno – 09:48 às 13:03 (exato 11:25)
Por essas horas experimentamos um sentimento de união. Um bom momento para eventos culturais e lançamentos em geral. Contamos com um grande número de pessoas e com um público aberto a comungar com nossos pensamentos e ideais.

Lua sextil Plutão – 17:30 às 20:46 (exato 19:08)

Encontramos maior força de regeneração e recuperação, sendo este período especialmente favorável para os doentes. Esse aspecto nos dá maior capacidade para criar, transformar, renovar e revitalizar situações.

DIA 16 DE JULHO – QUARTA-FEIRA

O Cheia (disseminadora) O em Peixes ☺ LFC Início às 21:57

Lua trígono Saturno – 01:09 às 04:27 (exato 02:48)

Conforto, segurança e proteção. Estar na companhia dos velhos amigos, familiares, aqueles com quem já se tem fortes laços emocionais, nos trará ainda maior conforto interno.

Lua trígono Sol – 13:27 às 17:01 (exato 15:14)

Sol e Lua se harmonizam, nos deixando mais motivados para correr atrás dos nossos desejos e sonhos. Aproveite as possibilidades interessantes que tendem a surgir ao longo do dia e divirta-se entre amigos.

Lua quadratura Vênus – 20:07 às 23:49 (exato 21:58)

Momentos de carência podem nos levar a cometer imprudências, por isso busque prazeres de modo responsável, respeitando os limites do seu corpo e do seu orçamento. O momento pede atividades tranquilas.

Lua trígono Júpiter – 23:41 às 03:08 de 17/07 (exato 01:24)

Sentimos que precisamos muito de intimidade com as pessoas. Contatos superficiais não serão satisfatórios. É um momento de sentimentos profundos. Queremos estar junto a pessoas que nos tragam boas recordações.

DIA 17 DE JULHO – QUINTA-FEIRA

O Cheia (disseminadora) O em Áries à 01:07 ☺ LFC Fim à 01:06

Enquanto a Lua estiver em Áries, ficamos mais entusiasmados, independentes e corajosos para enfrentar os problemas, mas também mais imprudentes, agressivos e impacientes. As pessoas estarão se impondo mais e quem trabalha com o público deve ser mais ágil e eficiente.

Lua quadratura Mercúrio – 07:33 às 11:20 (exato 09:26)

Nessas horas, o campo fica aberto para mal-entendidos e controvérsias. Um fala uma coisa, o outro entende outra. Diante disso é necessário prudência na comunicação, evite falar demais.

Lua quadratura Plutão – 19:55 às 23:24 (exato 21:40)

Cuidado! Tendemos a assumir uma postura excessivamente austera e controladora, podendo com isso afastar pessoas do nosso convívio. Evite situações negativas com quem você tanto gosta. O desafio é se mostrar mais acessível nas relações.

DIA 18 DE JULHO – SEXTA-FEIRA

☽ Minguante às 23:09 em 26°21 de Áries ☽ em Áries ☾ LFC Início às 23:17

Lua conjunção Urano – 03:52 às 07:23 (exato 05:37)

A impaciência e a precipitação marcam o dia. Afazeres que nos prendam e exijam atenção serão considerados chatos. Priorizar tarefas e organização será fundamental. Exercícios físicos também são recomendáveis para diminuir a tensão.

Lua quadratura Sol – 21:13 à 01:05 de 19/07 (exato 23:09)

Por essas horas os relacionamentos pessoais estão propensos a atritos e desentendimentos por conta de uma incompatibilidade de ânimos. Avaliar atitudes e ser mais flexível é a dica do momento.

Lua oposição Marte – 21:27 à 01:11 de 19/07 (exato 23:19)

Mais um momento do dia em que a ansiedade, impaciência e instabilidade de humor tomam conta. Perdemos a calma facilmente, pequenas coisas e fatos podem nos chatear ocasionando discussões e atitudes das quais podemos nos arrepender. Exercite a paciência!

DIA 19 DE JULHO – SÁBADO

☽ Minguante ☽ em Touro às 05:42 ☾ LFC Fim às 05:42

Enquanto a Lua estiver em Touro, as pessoas se tornam mais apegadas ao que possuem como também mais resistentes a aceitar mudanças. No entanto, temos persistência para alcançar nossos objetivos.

Lua quadratura Júpiter – 05:04 às 08:45 (exato 06:54)

Por essas horas, podemos ficar com preguiça e querer de alguma forma que as coisas caiam do céu. E por que não? Já que é esse o nosso desejo. Ficar algumas horas a mais na cama, sem fazer nada, só por conta do bem-bom, não vai causar mal algum.

Lua sextil Vênus – 05:34 às 09:35 (exato 07:34)

O dia é indicado aos assuntos ligados a beleza, moda e decoração. Como hoje é sábado, vale investir na aparência. Use e abuse do charme, para atrair, conquistar e seduzir.

Lua sextil Netuno – 16:59 às 20:40 (exato 18:49)

O período é altamente favorável para harmonizar o convívio com parentes e pessoas próximas. E igualmente positivo para você se aproximar de quem ama, mostrando-se atencioso e afetuoso.

Lua sextil Mercúrio – 18:47 às 22:58 (exato 20:52)

Ao anoitecer, a Lua se harmoniza com Mercúrio criando um canal de comunicação e deixando as pessoas mais expressivas e animadas. Esse aspecto torna as pessoas brincalhonas, versáteis, simpáticas e divertidas. É um ótimo dia para estar com amigos, encontros e paqueras.

DIA 20 DE JULHO – DOMINGO
☽ Minguante ☽ em Touro

Lua trígono Plutão – 01:40 às 05:21 (exato 03:31)

A madrugada favorece os amantes. Dê a si mesmo uma segunda chance. Dê uma segunda chance a quem se ama. Se necessário for, peça perdão, conserte, volte atrás. Um clima de erotismo recupera a intimidade dos laços que podiam estar resfriados.

Lua oposição Saturno – 10:29 às 14:13 (exato 12:21)

Podemos mostrar-nos mais temperamentais, cansados e insatisfeitos e as nossas obrigações e responsabilidades podem parecer mais pesadas. Podem surgir exigências e cobranças, mas não é o momento para solicitar favores, pois as pessoas estarão menos dispostas a concedê-los.

DIA 21 DE JULHO – SEGUNDA-FEIRA
☽ Minguante ☽ em Gêmeos às 13:36 ☻ LFC Início às 11:12 ☻ LFC Fim às 13:35

Enquanto a Lua estiver em Gêmeos, se alguma emoção vem lhe incomodando ou se você não consegue entender o que está acontecendo, nesse período conseguimos racionalizar os sentimentos e encontrar uma boa explicação para o que vem nos perturbando.

Lua sextil Sol – 09:09 às 13:17 (exato 11:13)

Lua e Sol estão em boa sintonia trazendo maior entendimento entre as pessoas e despertando o espírito de colaboração. Talvez venhamos a encontrar pessoas do passado ou reviver boas lembranças de momentos já vividos.

Lua sextil Júpiter – 13:56 às 17:49 (exato 15:52)
Espírito de fé e solidariedade marca o momento. Devido ao melhor ânimo, torna-se mais fácil obter a colaboração e proteção das pessoas. O trabalho de equipe é facilitado devido ao espírito colaborador e boa vontade.

DIA 22 DE JULHO – TERÇA-FEIRA
☽ Minguante (balsâmica) ☽ em Gêmeos

Entrada do Sol no signo de Leão às 18h41min21seg

Lua quadratura Netuno – 01:23 às 05:14 (exato 03:19)
Aflora a nossa sensibilidade para os sofrimentos do mundo. É preciso estar atento à realidade e evitar deixar-se dominar pelas impressões.

Lua sextil Urano – 19:32 às 23:26 (exato 21:29)
Nada que seja monótono nos atrairá. Durante a noite estaremos interessados em fazer algo diferente da rotina ou ser atraídos para divertimentos diferentes dos tradicionais, assim como mais abertos, para aderir a novas ideias e situações.

DIA 23 DE JULHO – QUARTA-FEIRA
☽ Minguante (balsâmica) ☽ em Câncer às 23:59 ☼ LFC Início às 21:52 ☼ LFC Fim às 23:59

Enquanto a Lua estiver em Câncer, podemos estar mais introspectivos e mais interessados pelos sentimentos, sendo necessária disposição para lidar com as nossas carências e as dos outros. Favorece buscar intimidade, organizar encontros familiares e cuidar de assuntos particulares.

Lua trígono Marte – 19:49 às 23:56 (exato 21:52)
O momento é altamente positivo para a resolução de problemas, principalmente para os que dependem exclusivamente da nossa energia. Mãos à obra. Não deixe para amanhã o que ainda dá tempo de ser feito hoje.

DIA 24 DE JULHO – QUINTA-FEIRA
☽ Minguante (balsâmica) ☽ em Câncer

Lua trígono Netuno 12:04 às 16:01 (exato 14:03)
Lua e Netuno em harmonia deixam-nos mais sensíveis, intuitivos e com grande poder de empatia. Tudo flui sem restrições. Convidar alguém especial para almoçar em lugar especial e aconchegante vai fazer toda a diferença.

Lua conjunção Vênus – 12:30 às 16:55 (exato 14:43)
O clima é de receptividade. Atividades ligadas ao lar estão favorecidas. Bom dia para comprar objetos, contratar serviços e produtos para casa. Um toque romântico e sentimental dará vida a tudo.

Lua oposição Plutão – 21:24 à 01:23 de 25/07 (exato 23:23)
Quem souber manter autocontrole, sabendo se reservar, ou se mantiver afastado de conflitos terá o final da noite mais tranquilo.

DIA 25 DE JULHO – SEXTA-FEIRA
☽ Minguante (balsâmica) ☽ em Câncer LFC Início às 23:24

Lua quadratura Urano – 06:48 às 10:49 (exato 08:49)
A irreverência e os imprevistos estarão no ar. Se planejarmos os nossos passos com responsabilidade e cuidarmos dos nossos deveres e obrigações será mais fácil vencer qualquer adversidade.

Lua trígono Saturno – 07:07 às 11:08 (exato 09:08)
Esse aspecto favorece estabelecer planos e projetos e conciliar interesses, deixando-nos com maior senso de responsabilidade e cumprimento de deveres. Podemos contar ou pedir ajuda de pessoas mais maduras e experientes.

Lua conjunção Mercúrio – 08:32 às 13:15 (exato 10:53)
Estaremos mais comunicativos, com vontade de estabelecer contatos e ampliando nossa rede social. Também favorece os contatos comerciais, pois estaremos mais perspicazes e atentos aos detalhes e oportunidades.

DIA 26 DE JULHO – SÁBADO
● Nova às 19:43 em 03°52' de Leão ● em Leão às 11:54 ☉ LFC Fim às 11:54

Enquanto a Lua estiver em Leão, o momento é favorável para ter autonomia no trabalho, realizar as tarefas com maestria e boa vontade e nos empenhar nos projetos em que possamos deixar nossa marca pessoal.

Lua quadratura Marte – 10:20 às 14:35 (exato 12:29)
Hoje você tende a experimentar o conflito entre atender suas demandas profissionais e dar vazão a seus desejos. O momento sugere que você busque o equilíbrio, priorizando os compromissos urgentes e reservando momentos para si.

Lua conjunção Júpiter – 14:30 às 18:36 (exato 16:33)
O estado de espírito é otimista e positivo. Uma atitude mais demonstrativa, um comportamento mais exagerado, desinibido, sensibilizará alguém que quer se aproximar. Também favorece eventos de grande porte.

Lua conjunção Sol – 17:30 às 21:53 (exato 19:41)
Um novo ciclo se inicia com o Sol emanando energias positivas. É um período de acontecimentos importantes. Vale a pena aproveitar esta fase e plantar todas as sementes desejadas.

DIA 27 DE JULHO – DOMINGO
● Nova ● em Leão ☺ LFC Início às 21:37

Lua trígono Urano – 19:12 às 23:15 (exato 21:14)
Canalize as energias para as áreas de interesse, pois dispomos de energia e criatividade para fazer as coisas acontecerem! Uma ideia genial pode atravessar a mente criando uma alternativa e uma visão totalmente nova para uma antiga questão.

Lua quadratura Saturno – 19:35 às 23:39 (exato 21:37)
Não deixe que o pessimismo nem aceite que limitações do momento atrapalhem seus planos. Siga sua intuição e deixe o coração falar mais alto.

DIA 28 DE JULHO – SEGUNDA-FEIRA
● Nova ● em Leão

Hoje a Lua não faz aspecto com nenhum planeta no céu

DIA 29 DE JULHO – TERÇA-FEIRA
● Nova ● em Virgem à 00:36 ☺ LFC Fim à 00:36

Enquanto a Lua estiver em Virgem, começar uma dieta mais saudável e fazer uma limpeza geral nos armários, organizar papéis, mente e coração nunca parecerão tão gratificantes.

Lua sextil Marte – 01:54 às 06:09 (exato 04:02)
O período é de bastante atividade, impulso e disposição. Temos a energia das crianças e a disposição dos atletas. Para os workaholics e atletas o momento é dinâmico e para os boêmios a noite é uma criança.

Lua oposição Netuno – 12:44 às 16:47 (exato 14:45)

Por essas horas, mais do que nunca devemos usar as qualidades virginianas do detalhamento e discriminação. Atenção redobrada é fundamental para não nos perdermos ou nos iludirmos. Nem tudo que parece é.

Lua trígono Plutão – 22:14 às 02:16 de 30/07 (exato 00:15)

Já à noite essa forte configuração astrológica nos dá uma sensibilidade maior para distinguir o verdadeiro do falso. Vemos além das aparências. Hábitos nocivos abandonados são erradicados.

DIA 30 DE JULHO – QUARTA-FEIRA
● Nova ● em Virgem

Lua sextil Vênus – 03:10 às 07:40 (exato 05:25)

A manhã vem com sensação de bem-estar. Dê atenção às suas necessidades e aos seus desejos. Cuide de si. Que tal pensar em começar adotando uma dieta saudável?

Lua sextil Saturno – 08:26 às 12:28 (exato 10:27)

Estar em dia com suas responsabilidades deve ser a preocupação desse momento. Dedique-se a elas, que com isso sua reputação só tem a crescer. Porém, evite o cansaço físico e o estresse incorporando hábitos saudáveis no seu dia a dia.

DIA 31 DE JULHO – QUINTA-FEIRA
● Nova ● em Libra às 13:08 ☾ LFC Início às 11:47 ☾ LFC Fim às 13:09

Enquanto a Lua estiver em Libra, há um estímulo ao trabalho em equipe e gostamos mais de estar cercados pelos outros. Há uma maior sensibilidade para beleza, elegância, refinamento e bons modos.

Lua sextil Mercúrio – 09:22 às 14:11 (exato 11:46)

Os ventos sopram a favor da comunicação. O dia nos convida a socializar, fazer contatos, enviar currículo, divulgar trabalhos e expressar ideias.

Lua sextil Júpiter – 18:07 às 22:03 (exato 20:01)

Este é um momento importante para você costurar ótimos relacionamentos, seja no âmbito profissional ou pessoal, e por isso você precisa se concentrar decididamente em suas metas para poder alcançá-las.

CALENDÁRIO LUNAR

AGOSTO 2014

Domingo	Segunda-feira	Terça-feira	Quarta-feira	Quinta-feira	Sexta-feira	Sábado
					1 ♎	2 ♏
					Lua Nova em Libra LFC início às 23:57	Lua Nova em Escorpião às 23:55 LFC fim às 23:56
3 ♏	4 ♏	5 ♐	6 ♐	7 ♑	8 ♑	9 ♒
Lua Crescente em Escorpião às 21:51	Lua Crescente em Escorpião LFC início às 14:42	Lua Crescente em Sagitário às 07:18 LFC fim às 07:18	Lua Crescente em Sagitário LFC início às 11:51	Lua Crescente em Capricórnio às 10:37 LFC fim às 10:38	Lua Crescente em Capricórnio	Lua Crescente em Aquário às 10:51 LFC 05:08 às 10:51
10 ♒	11 ♓	12 ♓	13 ♈	14 ♈	15 ♉	16 ♉
Lua Cheia em Aquário às 15:10 LFC início às 19:11	Lua Cheia em Peixes às 09:55 LFC fim às 09:55	Lua Cheia em Peixes LFC início às 13:00	Lua Cheia em Áries às 10:01 LFC fim às 10:00	Lua Cheia em Áries	Lua Cheia em Touro às 12:59	Lua Cheia em Touro
17 ♉ ♊	18 ♊	19 ♊	20 ♋	21 ♋	22 ♌	23 ♌ ♍
Lua Minguante às 09:27 em Touro Lua em Gêmeos às 19:41 LFC 09:25 às 19:41	Lua Minguante em Gêmeos	Lua Minguante em Gêmeos LFC início às 23:53	Lua Minguante em Câncer às 05:44 LFC fim às 05:44	Lua Minguante em Câncer LFC início às 16:33	Lua Minguante em Leão às 17:49 LFC fim às 17:49	Lua Minguante em Leão Sol em Virgem 01:45
24 ♌	25 ♍	26 ♍	27 ♎	28 ♎	29 ♎	30 ♏
Lua Minguante em Leão LFC início às 05:25	Lua Nova às em Virgem às 06:32 LFC Fim às 06:32	Lua Nova em Virgem LFC início às 23:28	Lua Nova em Libra às 18:53 LFC fim às 18:54	Lua Nova em Libra	Lua Nova em Libra LFC início às 12:59	Lua Nova em Escorpião às 05:52 LFC fim às 05:52
31 ♏						
Lua Nova em Escorpião						

O CÉU DO MÊS DE AGOSTO 2014

O primeiro dia do mês é bastante intenso tanto para o amor quanto para os assuntos relacionados a dinheiro. Deve-se optar pela estabilidade em vez de mudanças repentinas. É bom observar se os desafios são tratados com ética antes de assumir um compromisso. Em função do aspecto harmonioso entre Vênus e Saturno e da desarmonia entre Vênus e Urano, é mais interessante ser conservador do que se aventurar. Entre o novo e o antigo, hoje, é melhor ficar com o antigo. Marte em desarmonia com Júpiter propõe um desafio moral e intelectual (01/08).

Mercúrio encontra Júpiter (02/08) e surgem muitas ideias. Pensamentos são ampliados, o entendimento é facilitado e a conversa caminha pelo lado da correção. Comunicações entonam convicções profundas e, ainda que mais abrangentes, garantem a retenção da informação. Ótimo dia para os estudos, para ganho intelectual e atividades inspiradoras. Mercúrio em desarmonia com Marte (02/08) sinaliza que é necessário entender as motivações do outro. Os ruídos de comunicação são evitados, se respeitadas as formas de pensar e agir de cada um.

Sol em ajuste com Plutão (03/08) traz predisposição para medir forças. Momento de evitar qualquer situação que emane essa energia. Mesmo porque Mercúrio e Netuno formam o mesmo aspecto (04/08), indicando que algumas questões ainda estão confusas, que há mal-entendido, ou alguém pode estar sugestionado. Além disso, Plutão, também em aspecto com Mercúrio (06/08), evidencia que, sem entendimento, todos perdem.

Marte em grande harmonia com Netuno (07/08) fortalece o espírito de luta. É um dia em que se age assertivamente por instinto. Ótimo para trabalhos sociais e espirituais. Dia de bons negócios com grandes corporações e de investimentos no setor de transportes marítimos.

Sol e Mercúrio, juntos (08/08), desarmonizam com Saturno (entre 08 e 09/08) e harmonizam com Urano (08/08). É hora da virada entre o antigo e o novo. Desta vez, o que prevalece é tudo que representar futuro. Se algo não puder ser reciclado, deve ser descartado.

Vênus entra em Leão (12/08 a 05/09) e amplia o desejo por riqueza e por viver uma paixão. Os relacionamentos esquentam e ganham entusiasmo. Bom momento para o mercado do luxo, da arte e da beleza. Aumento da necessidade da autossatisfação. Há mais inspiração criativa. Bom pra se divertir como nos tempos de criança.

Júpiter e Netuno (entre a segunda e a terceira semana do mês — exato 15/08) formam um dilema que envolve ilusões religiosas. É preciso encontrar sentido para a vida através de experiências espirituais ou estudos sobre a vida em outro plano. Dias em que se busca inspiração para o desenvolvimento individual através de um sentimento coletivo.

No dia 15, Mercúrio entra em Virgem (até 02/09) e Marte harmoniza com Plutão. A indicação é a de que, nos detalhes dos processos de trabalho, está a "arma secreta" e poderosa para a realização de projetos ou objetivos ambicionados. Mercúrio, em Virgem, traz o preciosismo, a necessidade de depuração e confirmação por meio da experiência prática. Com Mercúrio neste signo, seu domicílio, nenhuma palavra se mostra inútil, todas têm razão de existir. Professores e enfermeiros são beneficiados. A comunicação escrita é privilegiada. Há interesse objetivo pelo que de fato funciona. Facilidade em manter o controle de qualidade.

Vênus em aspecto com Netuno em conjunto a Júpiter (17/08 e 18/08) soma ao dilema da busca espiritual formada por Júpiter e Netuno o desejo por uma vida com "glamour". Dias em que se deve conciliar o desejo de uma vida material equilibrada com o desenvolvimento da vida espiritual.

Mercúrio em oposição a Netuno (01/08) torna o pensamento mais sensível e atrai as ideias que privilegiam o serviço social. Existe maior solicitude.

Mercúrio em grande harmonia com Plutão (21/08) ameniza o aspecto formado por Vênus e Plutão no mesmo dia. Há entendimento sobre os desejos que movem o poder, que constroem e destroem a alegria de viver. Conversar e explicar têm alto poder regenerativo.

Marte e Urano (23/08) "ajustam-se" para lutar por algo que exige muita força para ser transformado. A dificuldade, nesse dia, está entre agir por impulso ou por estratégia. No dia 23, o Sol chega ao signo de Virgem. O Sol, neste signo, ilumina o que é saudável e o que contamina, o útil e o inútil. Enquanto o Sol estiver em Virgem, a vida pede mais organização e há mais disposição a servir. Para tudo funcionar, as "coisas" precisam estar em seu devido lugar. A beleza natural e da natureza são valorizadas. E também a alimentação saudável e os cuidados com a preservação da juventude.

Marte encontra Saturno (entre 20 e 26/08) e não faltará determinação, força tática e técnica para conquistar um grande objetivo. Juntos, esses planetas fomentam o senso de oportunidade.

O aspecto formado por Mercúrio e Urano (24/08) traz atenção para ajustes aos métodos de aplicação de mudança. Algum processo já avançado pode precisar ser reelaborado.

O dia 25 é rico em oportunidades, porque, além da harmonia de Mercúrio com Marte e com Saturno, Vênus está em boa disposição com Urano. Mercúrio e Marte trocam informações importantes sobre a forma de fazer. Mercúrio e

Saturno verificam a solidez das estruturas. Vênus e Urano compartilham um "céu" de descobertas enriquecedoras, tanto para o bolso quanto para a vida afetiva. Conversas em ambiente de trabalho melhoram a dinâmica da rotina, garantem uma posição conquistada e geram oportunidade de destaque do potencial individual e de um grupo.

Vênus em desarmonia com Saturno (26/08) e com Marte (28/08) traz o desafio de lidar com os desejos do ego e com disputas entre novas e velhas lideranças. Não são dias bem indicados para os investimentos, nem para avaliar as condições de um relacionamento. Sábio é esperar para lutar por um desejo no momento oportuno.

Sol em oposição a Netuno e Mercúrio em aspecto com Júpiter (29/08) fecham o mês, atraindo a atenção para os cuidados com o ecossistema e para a necessidade de educar e criar hábitos sustentáveis. Há maior conscientização da importância de preservar o planeta, cuidar da saúde do corpo e da alma.

DIA 1 DE AGOSTO – SEXTA-FEIRA
● Nova ● em Libra ☾ LFC Início às 23:57

Lua sextil Sol – 05:06 às 09:24 (exato 07:15)
O dia amanhece com os luminares em harmonia, a paz está reinando sobre a terra. Alinhe-se a essa energia positiva para o seu dia fluir com equilíbrio e serenidade.

Lua quadratura Plutão – 10:14 às 14:11 (exato 12:12)
Momento em que podem ocorrer disputas e rivalidades. Devemos adiar assuntos relacionados a amor e dinheiro. Tendemos a ser explosivos e o mercado financeiro pode sofrer alterações.

Lua oposição Urano – 19:46 às 23:41 (exato 21:46)
O clima ainda está tenso, havendo maior possibilidade de acidentes, aborrecimentos, alterações de percurso e problemas inesperados. Alternativas e jogo de cintura serão necessários para driblar mudanças de última hora.

Lua quadratura Vênus – 21:46 às 02:06 de 02/08 (exato 23:56)
Ao final da noite, questões emocionais colocam em risco nossa capacidade de decisão. Uma tendência a gastar mais do que deve pode comprometer o orçamento no final do mês, portanto reflita antes de dar o primeiro passo.

DIA 2 DE AGOSTO – SÁBADO
● Nova ● em Escorpião às 23:55 ☾ LFC Fim às 23:56

Enquanto a Lua estiver em Escorpião, são dias favoráveis para conseguir transformar alguma condição de nossa vida ou curá-la. Também são excelentes dias para limpar o que está deteriorado, resgatar ou revitalizar coisas e situações ou resolver pendências de coisas mal resolvidas do passado. É um bom momento para recomeçar!

DIA 3 DE AGOSTO – DOMINGO
☾ Crescente às 21:51 em 11°36 de Escorpião ☾ em Escorpião

Lua quadratura Júpiter – 05:37 às 09:27 (exato 07:32)
É preciso conter o entusiasmo e a empolgação, evitando fazer qualquer coisa sem planejar e assumir compromissos que não teremos condições de cumprir.

Lua conjunção Marte – 06:32 às 10:28 (exato 08:30)
Não deixe que a inquietação e a irritação tomem conta do seu dia. Esses sentimentos podem levá-lo a ter atitudes impulsivas e injustas, comprometendo seus relacionamentos, sua saúde e sua beleza. Os exercícios físicos ajudam a eliminar do organismo a adrenalina desnecessária.

Lua quadratura Mercúrio – 07:54 às 12:24 (exato 10:09)
As palavras mal ditas e com a intenção de machucar ou provocar podem ferir intensamente, gerando mágoas profundas, afastamentos e rompimentos. Devemos ser cautelosos ao nos pronunciar, mesmo estando com toda a razão.

Lua trígono Netuno – 11:03 às 14:49 (exato 12:56)
Cuidar do seu equilíbrio emocional está na ordem do dia. Desacelere-se das tensões diárias e cultive momentos de tranquilidade. O momento está favorecendo atividades religiosas, passeios em locais que nos tragam encantamento ou assistir filmes.

Lua sextil Plutão – 19:53 às 23:35 (exato 21:47)
Paralelamente teremos duas energias atuando, uma para o positivo e outra para o negativo. Devemos ficar atentos, pois o momento nos traz a oportunidade de nos redimir, restaurar, dos possíveis desentendimentos. Ouça mais e, se tiver que agir, faça de coração para coração.

Lua quadratura Sol – 19:48 às 23:48 (exato 21:51)
As diferenças gritam mais alto. Há tensão e conflito entre desejos e emoções, entre o que se é e o que se sente, entre os propósitos e as necessidades. Acalme a alma e não tome nenhuma iniciativa sem levar em conta as circunstâncias e o que elas estão pedindo.

DIA 4 DE AGOSTO – SEGUNDA-FEIRA
☾ Crescente ☾ em Escorpião ☺ LFC Início às 14:42

Lua conjunção Saturno – 05:35 às 09:17 (exato 07:28)
Estamos com sangue-frio para enfrentar situações difíceis e dramáticas, porém podemos estar impedidos de tomar qualquer atitude devido à falta de meios ou porque algo ou alguém interfere em nossas decisões.

Lua trígono Vênus – 12:40 às 16:42 (exato 14:41)

Um clima de harmonia e disposição para agradar as pessoas nos estimula e nos concede benefícios. O momento é auspicioso para assuntos que se referem ao amor, dinheiro e beleza. Fazer orçamentos, apresentar custos e cobranças têm bom resultado por essas horas.

DIA 5 DE AGOSTO – TERÇA-FEIRA
☾ Crescente ☾ em Sagitário às 07:18 ☉ LFC Fim às 07:18

Enquanto a Lua estiver em Sagitário, estaremos mais solidários, animados, otimistas, generosos e bem-dispostos. Trata-se de um bom momento para obter ajuda de outras pessoas ou encontrar apoio em nossos projetos

Lua trígono Júpiter – 13:28 às 17:03 (exato 15:15)

Estaremos mais decididos e com maior força de vontade para alcançar metas. Esse aspecto denota vitória, sucesso, aproveitamento de oportunidades, boas negociações e bons acordos. Todos estarão mais otimistas e entusiasmados.

Lua quadratura Netuno – 17:33 às 21:01 (exato 19:17)

A desarmonia entre Lua e Netuno pode nos deixar desanimados, confusos, pouco práticos e desorientados. Se tiver alguma tarefa importante para resolver por essas horas, recomenda-se intervalos mais sucessivos de descanso, pois a capacidade de concentração está diminuída.

DIA 6 DE AGOSTO – QUARTA-FEIRA
☾ Crescente ☾ em Sagitário ☉ LFC Início às 11:51

Lua trígono Mercúrio – 00:28 às 04:33 (exato 02:31)

Mente ativa, o que pode dificultar o sono. Esse aspecto é ótimo para escrever, estudar, pesquisar e fazer contatos com pessoas distantes. Pode-se aprender, encontrar e assimilar algo com facilidade.

Lua trígono Sol – 05:43 às 09:23 (exato 07:33)

Estaremos com facilidade para nos adaptar ou aceitar algumas mudanças. Será um momento excelente para tratar de assuntos íntimos ou resolver problemas de casa.

Lua trígono Urano – 10:08 às 13:32 (exato 11:50)

Podemos ser surpreendidos por boas e inesperadas notícias ou surgimento de algo novo, que nos deixa mais otimistas. Oportunidades podem surgir dos lugares mais inesperados e devemos ficar antenados e aproveitar o máximo possível.

DIA 7 DE AGOSTO – QUINTA-FEIRA
☾ Crescente ☾ em Capricórnio às 10:37 ◷ LFC Fim às 10:38

Enquanto a Lua estiver em Capricórnio, o esforço recompensa. Mais concentrados, conseguimos nos envolver com atividades que exijam atenção e foco por período prolongado. Mais produtivos, realizamos uma lista de tarefas do dia e quitamos as pendências.

Lua sextil Netuno – 20:04 às 23:19 (exato 21:42)
Estamos mais refinados, mais inspirados e recebemos avisos e intuições benéficas. Bom momento para resolver e encontrar saídas para problemas sem solução. É uma hora de compreensão e perdão.

Lua sextil Marte – 20:32 às 23:54 (exato 22:13)
Estaremos mais dispostos a fazer coisas que irão demandar tempo, energia e paciência. Bom momento para começar exercícios físicos e realizar tarefas ou assuntos que dependam somente de nós.

DIA 8 DE AGOSTO – SEXTA-FEIRA
☾ Crescente ☾ em Capricórnio

Lua conjunção Plutão – 03:44 às 06:58 (exato 05:21)
Boas horas de sono são obtidas aqui, e ao acordar estaremos nos sentindo prontos para o que der e vier. Aproveite!

Lua quadratura Urano – 11:38 às 14:50 (exato 13:14)
As pessoas estarão mais independentes, podendo se rebelar a qualquer tipo de controle. Tarefas de rotina podem causar irritação, havendo maior necessidade de programar algo novo ou mudar horários.

Lua sextil Saturno – 12:30 às 15:43 (exato 14:06)
Mais conscientes dos nossos limites e menos dispostos aos excessos, estaremos planejando cada passo com responsabilidade e cuidando dos nossos deveres e obrigações, sendo mais fácil recuperar algo ou vencer qualquer adversidade.

DIA 9 DE AGOSTO – SÁBADO
☾ Crescente ☾ em Aquário às 10:51 ◷ LFC Início às 05:08 ◷ LFC Fim às 10:51

Enquanto a Lua estiver em Aquário, estamos mais ávidos por mudanças, o que nos dá o impulso para nos libertarmos de circunstâncias restritivas, uma vez que estamos mais desejosos de independência e liberdade.

Lua oposição Vênus – 03:24 às 06:51 (exato 05:08)
O alto grau de sentimentalismo pode nos deixar insatisfeitos e desapontados com as mínimas coisas. Devemos ter cuidado para não ferir a suscetibilidade alheia, mas também para não ceder a possíveis chantagens emocionais.

Lua oposição Júpiter – 17:48 às 20:59 (exato 19:24)
Insatisfação nos romances, nos contatos sociais, nas compras e nas questões financeiras. Se for possível, adie festas e qualquer lançamento, pois nada estará à altura das expectativas.

Lua quadratura Marte – 22:13 à 01:28 de 10/08 (exato 23:50)
Estamos ávidos por liberdade e tendemos a mergulhar de cabeça, assumindo riscos sem avaliar as consequências de nossos atos. É preciso lembrar que o excesso de ousadia nem sempre é garantia de sucesso. Em tudo é sempre necessário pensar nas consequências e manter uma margem de segurança.

DIA 10 DE AGOSTO – DOMINGO
O Cheia às 15:10 em 18°02' de Aquário O em Aquário ☺ LFC Início às 19:11

Lua sextil Urano – 10:57 às 14:05 (exato 12:31)
A manhã de domingo nos estimula a sair da rotina e buscar novas oportunidades no âmbito das diversões. Ao se permitir essa abertura, você pode trilhar por caminhos bem interessantes, sobretudo na companhia de amigos.

Lua quadratura Saturno – 11:57 às 15:05 (exato 13:31)
Podemos nos deparar com pessoas rudes ou que nos causam problemas, nos limitam ou frustram os nossos desejos. Talvez tenhamos de renunciar a um desejo devido a uma responsabilidade ou obrigação.

Lua oposição Sol – 13:29 às 16:49 (exato 15:09)
Por essas horas os luminares se confrontam e a Lua Cheia acentua os conflitos e desentendimentos entre as pessoas. Podemos enfrentar oposição ao que desejamos realizar.

Lua oposição Mercúrio – 17:23 às 20:59 (exato 19:11)
Desatenção e falta de paciência para com o outro podem causar desentendimentos. Quem estiver viajando deve redobrar atenção nas estradas.

DIA 11 DE AGOSTO – SEGUNDA-FEIRA
O Cheia O em Peixes às 09:55 ☺ LFC Fim às 09:55

Enquanto a Lua estiver em Peixes, estarão particularmente beneficiadas as ações que pretendam atingir a sensibilidade do público, assim como lançamento de produtos que se relacionem aos sonhos, ao sono e à imaginação.

Lua conjunção Netuno – 18:51 às 22:01 (exato 20:26)
Os acontecimentos por essas horas tendem acontecer em níveis mais sutis, podendo ocorrer intuições acertadas para estarmos no lugar certo e na hora certa. E assim obtermos informações, encontrar pessoas ou qualquer coisa que desejamos de uma forma mágica.

Lua trígono Marte – 23:12 às 02:30 (exato 00:51)
O dia está acabando e com esse aspecto sentimos um entusiasmo e uma energia inesgotável, que pode muito bem ser aproveitada na realização de tarefas. Assim como na conquista de algo ou de alguém. As paqueras vão ter um sabor excitante.

DIA 12 DE AGOSTO – TERÇA-FEIRA
O Cheia O em Peixes ☽ LFC Início às 13:00

Lua sextil Plutão – 02:22 às 05:33 (exato 03:58)
Por essas horas nos sentimos mais sensíveis e com grande capacidade de entrar em contato com energias mais sutis. Bom momento para nos conectar com o alto através de orações. O sono tende a ser reconfortante, reparador, e os namoros têm clima de romance.

Lua trígono Saturno – 11:25 às 14:38 (exato 13:01)
Um bom momento em que encontramos um meio para dar forma, concretizar ou materializar um sonho. Facilidade para compra, vendas ou aluguel de imóveis. Assim como para investimentos de longa ou média duração.

DIA 13 DE AGOSTO – QUARTA-FEIRA
O Cheia O em Áries às 10:01 ☽ LFC Fim às 10:00

Enquanto a Lua estiver em Áries, beneficia as atividades esportivas ou solitárias, o início de projetos e tudo que dependa de energia, tal como se matricular na academia ou começar um programa de condicionamento físico.

Lua trígono Vênus – 10:56 às 14:31 (exato 12:43)
É um bom momento para tratar de negócios e finanças, bem como para namorar, paquerar, expressar afeto. Também favorecerá o lançamento de produtos, serviços e ideias, porque há maior aceitação do público.

Lua trígono Júpiter – 18:45 às 22:09 (exato 20:27)

A Lua está em harmonia com Júpiter trazendo maior ânimo, deixando-nos mais otimistas, espontâneos e autoconfiantes, o que beneficiará a aproximação das pessoas. Devido ao melhor ânimo estaremos dispostos a melhorar os ambientes, bem como a prestar apoio, ajuda e proteção aos outros.

DIA 14 DE AGOSTO – QUINTA-FEIRA
○ Cheia (disseminadora) ○ em Áries

Lua quadratura Plutão – 03:14 às 06:35 (exato 04:54)

Adote uma postura mais sublime para encarar as diversidades do dia a dia. Empenhe-se em manter a tranquilidade. Um banho quentinho com óleos essenciais apropriados, como o de lavanda, ajuda a combater o estresse e a ansiedade.

Lua conjunção Urano – 11:33 às 14:56 (exato 13:15)

Estamos mais independentes, com maior necessidade de espaço e liberdade. Tarefas repetitivas e que requerem atenção não são favoráveis. Bom momento para lançar algo novo ou fazer propostas inovadoras.

Lua trígono Sol – 21:32 à 01:15 de 15/08 (exato 23:24)

A Lua Cheia em excelente aspecto com o Sol tende a clarear as situações, tornando mais fácil identificar problemas e obstáculos que possam influenciar em nosso sucesso. Essa fase é especialmente favorável para realizar inaugurações e lançamentos de tudo para o que se deseja popularidade e divulgação.

DIA 15 DE AGOSTO – SEXTA-FEIRA
○ Cheia (disseminadora) ○ em Touro às 12:59

Enquanto a Lua estiver em Touro, protege os assuntos relativos a finanças, por isso favorece tratar de preços, fechar negócios e realizar compras, beneficiando principalmente tudo que tenha firmeza, consistência e constância.

Lua trígono Mercúrio – 10:49 às 14:54 (exato 12:51)

Estamos com maior disposição para falar de sentimentos e seremos bem compreendidos pelos outros. Por isso o momento é especialmente indicado para transformar brigas em entendimento e desacertos em acordos.

Lua quadratura Vênus – 18:59 às 22:55 (exato 20:57)

As pessoas tendem a estar insatisfeitas e emocionalmente distantes. Decepções românticas e financeiras poderão marcar o final da noite. Evite assinar contratos ou tratar de assuntos financeiros, pois pode haver exigências difíceis de cumprir.

Lua sextil Netuno – 22:49 às 02:23 de 16/08 (exato 00:36)

Por essas horas estamos mais sensíveis para perceber e ver soluções para problemas, com maior facilidade para nos adaptar a novas situações e caminhos de vida. Comungue com essa energia!

Lua quadratura Júpiter – 23:13 às 02:51 de 16/08 (exato 01:02)

O estado é de carência e insatisfação. Tendemos a estar indulgentes e podemos com muita facilidade adiar compromissos, quebrar dietas e consumir desnecessariamente. Cuidado com o bolso e a balança.

DIA 16 DE AGOSTO – SÁBADO

O Cheia (disseminadora) O em Touro

Lua trígono Plutão – 07:23 às 11:00 (exato 09:11)

Acordamos com a energia positiva de Plutão. Essa força nos concede equilíbrio e maturidade para lidar com nossas emoções e carências. Alie-se a essa potência para fugir de embates e de situações arriscadas.

Lua oposição Marte – 08:35 às 12:23 (exato 10:29)

No entanto, a Lua estará em desarmonia com Marte, o que pode nos deixar apressados e impacientes. Quem trabalha com o público deve se armar de paciência, pois as pessoas estarão com maior tendência à reclamação.

Lua oposição Saturno – 18:06 às 21:48 (exato 19:57)

Estamos mais conscientes de nossos deveres e responsabilidades. Bom momento para defender nossos interesses com todas as forças possíveis, assim como assumir compromissos.

DIA 17 DE AGOSTO – DOMINGO

☽ Minguante às 09:27 de 24°32' de Touro ☽ em Gêmeos às 19:41 ☽ LFC Início às 09:25 ☽ LFC Fim às 19:41

Enquanto a Lua estiver em Gêmeos, um cineminha, teatro, exposição são ótimos programas. Bater perna e prestar atenção ao que está acontecendo a sua volta pode ser estimulante. Só não é bom para lançamentos ou inaugurações por conta da Lua, que está na sua fase Minguante.

Lua quadratura Sol – 07:25 às 11:28 (exato 09:26)

Não é um dia favorável para nos expor socialmente. Podemos ser mal interpretados e inadequados para o momento. Com facilidade criamos divergências, e da mesma forma encontramos hostilidade alheia. Não é um bom dia para tentar reconciliações ou conversas mais difíceis, que demandem um nível maior de entendimento e de compreensão.

DIA 18 DE AGOSTO – SEGUNDA-FEIRA
☽ Minguante ☽ em Gêmeos

Lua quadratura Mercúrio – 02:53 às 07:20 (exato 05:06)
Devido à nossa instabilidade, com a mente dizendo uma coisa e o coração dizendo outra, é provável que estejamos nos sentindo hesitantes, inseguros e indecisos. Pode haver dificuldade em fazer julgamentos razoáveis e apropriados.

Lua quadratura Netuno – 06:05 às 09:55 (exato 08:00)
Não é um bom momento para contratações, decisões importantes e reuniões, principalmente as de longa duração. Nossos processos cerebrais durante essas horas estão atrapalhados, falhos. Trocamos e esquecemos tudo, erram-se cálculos, perdem-se papéis e enganos são comuns.

Lua sextil Júpiter – 07:36 às 11:30 (exato 09:33)
A confiança, o otimismo e o senso de colaboração ganham destaque. O trabalho de equipe é facilitado devido ao espírito de cooperação e boa vontade.

Lua sextil Vênus – 08:05 às 12:20 (exato 10:12)
Bom momento para mimos e cuidados. Como estamos em Lua Minguante, tratamentos de beleza como depilação, aplicação de tinturas e dietas estão favorecidos.

DIA 19 DE AGOSTO – TERÇA-FEIRA
☽ Minguante ☽ em Gêmeos ☺ LFC Início às 23:53

Lua sextil Urano – 00:46 às 04:38 (exato 02:42)
A sintonia Lua-Urano nos permite contornar problemas de ordem afetiva por meio de ações criativas. Sair da monotonia e surpreender a quem amamos com algo que ele ou ela sempre esperou e nunca fizemos é a sugestão para o momento.

Lua sextil Sol – 21:45 às 02:02 de 20/08 (exato 23:54)
Com os luminares em plena harmonia ficamos mais acessíveis, o que possibilita os entendimentos. Casais que são particularmente diferentes entre si encontram neste momento uma facilidade maior de se entender e conciliar suas diferenças.

DIA 20 DE AGOSTO – QUARTA-FEIRA
☽ Minguante ☽ em Câncer às 05:44 ⊕ LFC Fim às 05:44

Enquanto a Lua estiver em Câncer, é uma fase de nutrir, acolher, aninhar-se com aqueles que queremos por perto. Seja um porto seguro para quem você quiser cativar. Esta é uma energia de proximidade e envolvimento.

Lua trígono Netuno – 16:30 às 20:28 (exato 18:29)
Por essas horas relaxar a mente em ambientes mais íntimos e acolhedores vai alimentar a alma. Uma boa oportunidade também de deixar o lar mais confortável, assim como se aproximar e estreitar vínculos com pessoas do seu convívio diário.

Lua sextil Mercúrio – 23:39 às 04:20 de 21/08 (exato 01:59)
Estamos compartilhando expressões de carinho. Bom momento para falar das emoções, escrever bilhetinhos e cartas de amor, assim como desfazer mal-entendidos.

DIA 21 DE AGOSTO – QUINTA-FEIRA
☽ Minguante (balsâmica) ☽ em Câncer ⊕ LFC Início às 16:33

Lua oposição Plutão – 02:08 às 06:07 (exato 04:07)
Podem surgir ressentimentos, mágoas, um misto de amor e ódio, medo da perda e do abandono que causam um apego muito forte, o que pode gerar um comportamento obsessivo-compulsivo.

Lua trígono Marte – 09:42 às 13:55 (exato 11:48)
Estamos mais dispostos a fazer coisas que vão demandar tempo, energia e paciência. Bom momento para recomeçar o que não deu certo ou precisa de ajustes. Ou ir atrás do que queremos e desejamos.

Lua quadratura Urano – 11:55 às 15:55 (exato 13:55)
Nossa mente está acelerada com muitas ideias chegando ao mesmo tempo, mas não é tempo de expor novas ideias, pois os outros estarão inflexíveis e pouco abertos para inovações. Também podem ocorrer imprevistos e alterações de programação.

Lua trígono Saturno – 14:33 às 18:34 (exato 16:34)
Força de vontade e determinação não vão nos faltar para superar dificuldades e suportar responsabilidades. Bom momento para se empenhar em tarefas chatas e projetos ou investimentos de média e longa duração.

DIA 22 DE AGOSTO – SEXTA-FEIRA
☽ Minguante (balsâmica) ☽ em Leão às 17:49 ☺ LFC Fim às 17:49

Enquanto a Lua estiver em Leão, privilegia as demonstrações de afeto através de gestos, elogios e presentes. Os afagos ao nosso ego elevam a nossa autoestima, e sermos apreciados em nossas qualidades nos faz sentir bem.

Hoje a Lua não faz aspecto com nenhum planeta no céu

DIA 23 DE AGOSTO – SÁBADO
☽ Minguante (balsâmica) ☽ em Leão

Entrada do Sol no signo de Virgem à 01h45min58seg

Lua conjunção Júpiter – 08:43 às 12:50 (exato 10:46)
A harmonia Lua-Júpiter indica um dia favorável para buscar a companhia dos amigos, tanto para se divertir como para conversar a respeito de questões pessoais. O apoio mútuo tende a fortalecer os vínculos.

Lua conjunção Vênus – 20:45 à 01:16 de 24/08 (exato 23:01)
Charme e magnetismo pessoal são atributos que nos deixam em evidência no dia de hoje, em que Lua e Vênus formam conjunção. Tendemos a ser notados. Aproveite este momento para conquistar o que deseja. Permita-se!

DIA 24 DE AGOSTO – DOMINGO
☽ Minguante (balsâmica) ☽ em Leão, LFC Início às 05:25

Lua trígono Urano – 00:20 às 04:22 (exato 02:21)
O acaso e o inesperado é que vão dar o sabor desta madrugada agitada. Mas também é preciso manter a serenidade e a responsabilidade.

Lua quadratura Marte – 01:31 às 05:47 (exato 03:39)
Estamos mais temperamentais e apressados. Por isso, poderemos nos envolver em divergências, brigas, embates, discussões e implicâncias tolas por coisas insignificantes. Não dê importância a provocações!

Lua quadratura Saturno – 03:23 às 07:27 (exato 05:25)
A frieza e a falta de comprometimento podem ocasionar o distanciamento entre os casais. Em vez de perder tempo com situações negativas, faça com que os problemas emocionais sejam pequenos detalhes. Priorize a estabilidade da relação.

DIA 25 DE AGOSTO – SEGUNDA-FEIRA

● Nova às 11:14 em 02°19' de Virgem ● em Virgem às 06:32 ☾ LFC Fim às 06:32

Enquanto a Lua estiver em Virgem, são dias para utilizar os nossos talentos e virtudes bem como para cuidar do corpo e da saúde, controlar hábitos, abandonar vícios ou adotar uma dieta natural.

Lua conjunção Sol – 09:00 às 13:24 (exato 11:12)

Assuntos do passado podem interferir em nossos desejos, mas apesar disso é tempo de seguir em frente. É tempo de romper com tudo que nos limita e impede o nosso desenvolvimento.

Lua oposição Netuno – 17:14 às 21:15 (exato 19:15)

Idealizamos pessoas e situações, expondo-nos a muitas decepções e enganos. Podemos encontrar pessoas falsas e irresponsáveis que podem se fazer de vítima para abusar da nossa momentânea inocência em ajudá-las.

DIA 26 DE AGOSTO – TERÇA-FEIRA

● Nova ● em Virgem ☾ LFC Início às 23:28

Lua trígono Plutão – 03:06 às 07:08 (exato 05:07)

O dia nos brinda com excelentes configurações, marcando momentos de oportunidades de recomeçar, de reinventar o que não vinha dando certo. Também é um bom momento para iniciar tratamentos que requeiram grande força de vontade.

Lua sextil Saturno – 16:18 às 20:20 (exato 18:19)

Esse aspecto representa a oportunidade de dar início a novos projetos ou modos de vida, sendo uma fase em que poderemos realizar algo de acordo com a nossa vontade ou conforme planejamos. Aqui todo o esforço tem uma boa recompensa.

Lua sextil Marte – 17:30 às 21:44 (exato 19:37)

Marte nos deixa mais exaltados e nos sentimos entusiasmados para iniciar projetos e tomar iniciativas. E, por deixar-nos mais ousados, estaremos dispostos a nos aventurar por caminhos nunca antes trilhados.

Lua conjunção Mercúrio – 21:08 à 01:47 de 27/08 (exato 23:28)

Estamos iluminados, nossa mente está afiada e a comunicação, clara. Conseguimos realizar tudo o que colocamos na nossa interminável lista. Arrumar os papéis, as gavetas, os armários faz bem.

DIA 27 DE AGOSTO – QUARTA-FEIRA
● Nova ● em Libra às 18:53 ☾ LFC Fim às 18:54

Enquanto a Lua estiver em Libra, é a melhor hora possível para avaliar a reciprocidade de nossos relacionamentos e para tentar equilibrar os pratos da balança. Amizades, vínculos familiares ou afetivos em que só um dá são o mesmo que estar sozinho. Relações são feitas de troca e compartilhamentos. Relações e afetos unilaterais não florescem. Esses dias pedem harmonia e soluções diplomáticas. Os conflitos devem ser evitados ou contornados com gentileza.

DIA 28 DE AGOSTO – QUINTA-FEIRA
● Nova ● em Libra

Lua sextil Júpiter – 11:42 às 15:44 (exato 13:43)
Boa hora para otimizar recursos para que tudo funcione melhor. Contamos com a colaboração das pessoas. Bom período para acordos e para uma repaginada no visual.

Lua quadratura Plutão – 15:03 às 19:01 (exato 17:02)
Esse aspecto poderá nos deixar à mercê de intensas emoções. Tome cuidado para não liberar emoções reprimidas através de explosões com familiares, parceiros e filhos. É prudente evitar remoer ressentimentos e não provocar a fúria dos outros.

DIA 29 DE AGOSTO – SEXTA-FEIRA
● Nova ● em Libra ☾ LFC Início às 12:59

Lua oposição Urano – 00:31 às 04:27 (exato 02:29)
Estamos mais inconsequentes e rebeldes. Tendemos a agir com precipitação e de forma inesperada. Todo cuidado será necessário ao dirigir e ao lidar com as pessoas e situações em geral.

Lua sextil Vênus – 10:48 às 15:09 (exato 12:58)
Os ânimos estarão melhores, deixando as relações mais amigáveis e as pessoas mais cordiais e diplomáticas. Momento favorável para fazer compras, namorar, ir ao shopping, se divertir, promover encontro de amigos, pois todos estarão mais positivos.

DIA 30 DE AGOSTO – SÁBADO
● Nova ● Escorpião às 05:52 ☾ LFC Fim às 05:52

Enquanto a Lua estiver em Escorpião, estarão favorecidos a transformação, o renascimento, o poder, a intensidade e o sexo. O momento é bom para transformar alguma condição de nossa vida ou curá-la.

Lua trígono Netuno – 15:46 às 19:35 (exato 17:41)
Dia oportuno para mergulhar de cabeça nas necessidades do relacionamento afetivo. Bom momento para contornar situações difíceis e botar o coração em ordem.

Lua sextil Sol – 18:12 às 22:19 (exato 20:15)
Aumento da confiança nos vínculos próximos, principalmente com o sexo oposto. O romance, o equilíbrio emocional e contato com os outros estão facilitados.

Lua quadratura Júpiter – 23:03 às 02:54 de 31/08 (exato 00:59)
A tensão entre a Lua e Júpiter pode nos levar a julgamentos precipitados sem considerar as consequências de nossos atos, ou nos tornar excessivamente tolerantes e generosos. Em qualquer desses casos criaremos problemas para nós.

DIA 31 DE AGOSTO – DOMINGO
● Nova ● Escorpião

Lua sextil Plutão – 01:14 às 05:02 (exato 03:08)
É uma boa hora para entrar em contato com nosso íntimo, sem receio de encarar as nossas maiores fraquezas. Confrontar os medos nos ajuda a superá-los. Coragem!

Lua conjunção Saturno – 14:16 às 18:02 (exato 16:09)
Estamos mais reservados e cautelosos nos relacionamentos, mas também com maior disposição física para produzir algo com determinação e coragem. Talvez prefiramos sair e nos divertir sozinhos.

Lua conjunção Marte – 20:52 à 00:47 de 01/09 (exato 22:49)
É um tempo favorável também para vencer a resistência dos outros ou obstáculos, porque estamos mais decididos a lutar pelo que queremos.

CALENDÁRIO LUNAR

SETEMBRO 2014

Domingo	Segunda-feira	Terça-feira	Quarta-feira	Quinta-feira	Sexta-feira	Sábado
	1 ♐	2 ♐	3 ♑	4 ♑	5 ♒	6 ♒
	Lua Nova em Sagitário às 14:15 LFC 12:39 às 14:16	Lua Crescente em Sagitário às 08:12	Lua Crescente em Capricórnio às 19:14 LFC 15:06 às 19:14	Lua Crescente em Capricórnio	Lua Crescente em Aquáric às 20:58 LFC 12:08 às 20:58	Lua Crescente em Aquário
7 ♓	8 ♓	9 ♈	10 ♈	11 ♉	12 ♉	13 ♉
Lua Crescente em Peixes às 20:46 LFC 14:18 às 20:46	Lua Cheia em Peixes às 22:39	Lua Cheia em Áries às 20:33 LFC 16:09 às 20:33	Lua Cheia em Áries LFC início às 21:57	Lua Cheia em Touro às 22:17 LFC fim às 22:16	Lua Cheia em Touro	Lua Cheia em Touro LFC início às 18:56
14 ♊	15 ♊	16 ♋	17 ♋	18 ♋	19 ♌	20 ♌
Lua Cheia em Gêmeos às 03:26 LFC fim às 03:26	Lua Minguante em Gêmeos às 23:06 LFC início às 23:04	Lua Minguante em Câncer às 12:24 LFC fim às 12:24	Lua Minguante em Câncer	Lua Minguante em Câncer LFC início às 15:38	Lua Minguante em Leão à 00:10 LFC fim à 00:09	Lua Minguante em Leão
21 ♍	22 ♍	23 ♍	24 ♎	25 ♎	26 ♏	27 ♏
Lua Minguante em Virgem às 12:53 LFC 01:33 às 12:53	Lua Minguante em Virgem Sol em Libra às 23:29	Lua Minguante em Virgem LFC início às 09:14	Lua Nova às 03:15 em Libra à 00:58 LFC fim à 00:59	Lua Nova em Libra	Lua Nova em Escorpião às 11:28 LFC 09:38 às 11:29	Lua Nova em Escorpião
28 ♐	29 ♐	30 ♐				
Lua Nova em Sagitário às 19:49 LFC 17:30 às 19:50	Lua Nova em Sagitário	Lua Nova em Sagitário LFC início à 00:28				

O CÉU DO MÊS DE SETEMBRO 2014

Mercúrio chega ao signo de Libra (de 02/09 até 10/10) e as conversas ganham o tom da ponderação, as comunicações mostram-se mais harmônicas. Negociações tendem a contemplar de forma justa as partes.

O Sol em Virgem também abre o mês em grande harmonia com Plutão (03/09) e enaltece a eficácia no trabalho. Evidencia, ainda, o bom resultado entre lideranças e suas equipes. Momento oportuno para processos regenerativos de cura, além de investimentos estruturais na área de saúde. Relações entre governo e serviço público fluem em maior sintonia.

Os aspectos formados por Mercúrio e Saturno, Mercúrio e Netuno e Júpiter e Plutão (entre 04/09 e 06/09) recomendam analisar se o conteúdo corresponde à expectativa criada pela embalagem. Bom para avaliar pontos insólitos ou pouco claros em um projeto. Júpiter e Plutão trazem questionamento sobre otimismo e pessimismo, sobre exagero e escassez.

Vênus chega ao signo de Virgem (05/09 até 29/09) e intensifica desejo por uma vida mais produtiva, com hábitos saudáveis. Há timidez e certo puritanismo no ar. E, também, a ideia de que o amor deve ser útil e demonstrado de modo tangível. Questões relativas a dinheiro passam por depurada avaliação.

Os aspectos entre Marte e Plutão (07/09), Sol e Urano (08/09) e a desarmonia entre Mercúrio e Plutão (09/09) tornam esses dias bastante desafiadores. Deve-se ter atenção a posturas radicais e avaliações superficiais ou que supervalorizem a aparência.

Vênus se opõe a Netuno e Mercúrio em aspecto harmônico com Júpiter (10/09) enseja a resolução de assuntos judiciais. Possibilita, ainda, a dissolução de um relacionamento em que um dos lados encontra-se em condição de submissão.

Mercúrio e Marte (11/09) trazem irritação com apostas em pessoas que não merecem confiança e com conversas importantes tratadas de forma leviana. Com aspecto harmônico entre Sol e Saturno (11/09), floresce o reconhecimento aos responsáveis e aos perseverantes trabalhadores. Poder e serviço público têm oportunidade de resolver problemas básicos nas áreas da saúde e da educação.

Marte chega ao signo de Sagitário (13/09 até 26/10). Marte, neste signo, dinamiza o turismo. Bom para investir no setor, para viajar ou programar viagens longas e de longa distância. Cursos e atividades que ampliem a área de atuação estão bem indicados. Tempos de mais ação.

Mercúrio se opõe a Urano (13/09). Essa oposição possibilita inesperadas conversas e mudança de convicções. No dia seguinte, Vênus está em grande harmonia com Plutão (14/09). Excelente momento para materializar grandes desejos.

Ótimo dia para investimentos de risco e para gastos de significativas importân-
cias. Acordos podem mudar, mas mudam para melhor, para algo mais relevante.

Vênus e Urano (17/09) buscam o ajuste entre o que é criativo e o que é lu-
crativo — uma ideia que não rende não serve. Trazem, também, ansiedade pelo
encontro de um relacionamento em que se possa viver com mais autenticidade.

Vênus e Saturno (21/09) se harmonizam e possibilitam o envolvimento em
um relacionamento sério e duradouro, tanto no trabalho quanto na vida pessoal.
Na vida material encontra-se a maneira mais eficiente de alcançar o objetivo.

Marte em desarmonia com Netuno (22/09) pode trazer motivações que não
levam a nada. Há entusiasmo exagerado baseado em crenças infundadas. Por volta
do dia 22, devem-se evitar viagens marítimas ou investimentos no setor. No mesmo
dia, Sol e Júpiter (22/09) trazem uma espécie de irritação com questões burocráticas.

Plutão volta ao movimento direto (22/09) e os processos de profunda transformação voltam ao seu curso. Agora, algumas decisões radicais fazem mais sentido.

Ainda no dia 22, o Sol chega ao signo de Libra e há maior harmonia e equilíbrio em todas as relações. O Sol, neste signo, ilumina as necessidades do outro.
Tempo em que se é feliz com a felicidade do próximo. Atitudes e comportamentos mais elegantes estão em evidência.

Júpiter em fase de grande harmonia com Urano (25/09) cria uma das melhores oportunidades do ano para realizar mudanças bem-sucedidas. Todo empreendimento, no entorno desse dia, tende ao sucesso. Há grande otimismo
sobre o porvir. Dia em que os movimentos populares podem expressar boa
capacidade de transformação. No plano pessoal, aumenta a convicção de que a
transformação é positiva e o novo fará muito bem. Há generosidade e desprendimento coletivos. Atitudes de nobreza e alegria podem ser esperadas.

Em meio a tanta euforia sobre o futuro, Sol e Saturno (28/09) e Sol e Netuno (28/09) evocam melancolia e saudosismo. Neste dia, o ditado "a cada escolha
uma renúncia" é reforçado. Algo precisa terminar antes que outra coisa comece.
A dificuldade em fazer escolhas traz certa confusao, principalmente de ordem
administrativa ou operacional.

No dia 29 (até 23/10), Vênus chega a sua outra moradia, em Libra. Durante
esses dias, o maior desejo e amar e ser amado. Existe certeza de que o amor
é o grande êxito da vida. O tratamento romântico, entre pares, é estimulado.
Deseja-se também maior contato com a beleza, em todas as suas formas. Bom
momento, portanto, para todos os setores que envolvam arte.

Vênus e Júpiter (30/09) mostram que para crescer é preciso se dedicar a aprender e que, por isso, é importante atuar em áreas de grande interesse. O aspecto
astral, aqui, prioriza a formação por vocação e ilumina estudantes na escolha
acertada do curso a seguir. Essa busca por uma opção traz desconforto, sim, mas
reverbera ação proativa. Em adultos, desperta a necessidade de estudar para alcançar mais prestígio e usufruir dos prazeres na vida. Desperta o prazer intelectual

POSIÇÃO DIÁRIA DA LUA
NO MÊS DE SETEMBRO

DIA 1 DE SETEMBRO – SEGUNDA-FEIRA
● Nova ● em Sagitário às 14:15 🕐 LFC Início às 12:39 🕐 LFC Fim às 14:16

Enquanto a Lua estiver em Sagitário, nosso interesse estará voltado para coisas alegres, divertidas, ou para lugares diferentes e onde haja boa hospitalidade. Haverá maior disposição para experimentar tudo que seja novidade e fora da rotina. Ganham destaques locais e culturas distantes, comidas exóticas e inovações.

Lua quadratura Vênus – 02:13 às 06:18 (exato 04:16)
A insatisfação tende a nos abater. Identifique onde há problemas que precisam de mais atenção e mãos à obra. Em problemas familiares e do coração o melhor a fazer é dar tempo ao tempo.

Lua sextil Mercúrio – 10:33 às 14:42 (exato 12:38)
Estamos mais decididos e com maior força de vontade para alcançar metas. Esse aspecto denota que devemos aproveitar as oportunidades, boas negociações e bons acordos. Todos estarão mais otimistas e entusiasmados.

Lua quadratura Netuno – 23:29 às 03:05 de 02/09 (exato 01:17)
Ao idealizar pessoas e situações estamos nos expondo a muitas decepções e enganos. Isso também pode nos causar falsas impressões e nos deixar mais vulneráveis a circunstâncias confusas e pessoas evasivas, viciadas, irresponsáveis, incomuns ou que não se comprometem.

DIA 2 DE SETEMBRO – TERÇA-FEIRA
☾ Crescente às 08:12 em 09°55 de Sagitário ☾ em Sagitário

Lua quadratura Sol – 06:15 às 10:05 (exato 08:10)
Tendência a conflitos. Encarar os desafios com objetividade e otimismo nos ajudará a superá-los. Essa postura também nos favorece quando o assunto é o coração.

Lua trígono Júpiter – 07:21 às 10:57 (exato 09:09)

O sentimento é de generosidade e entusiasmo. Entramos em sintonia com os aspectos mais amplos da vida. Temas ligados a espiritualidade, esporte e viagens estão favorecidos. Portanto, aproveite para começar exercícios ou planejar aquela tão querida viagem.

Lua trígono Urano – 16:52 às 20:22 (exato 18:38)

Urano nos deixa mais dinâmicos, criativos e inventivos. De repente, coisas que estavam emperradas podem se destravar inesperadamente. Tudo que andava lento ganhará agilidade ou tenderá a fluir.

DIA 3 DE SETEMBRO – QUARTA-FEIRA

☽ Crescente ☽ em Capricórnio às 19:14 ☺ LFC Início às 15:06 ☺ LFC Fim às 19:14

Enquanto a Lua estiver em Capricórnio, ficamos mais prudentes porque consideramos as consequências antes de agir. Apesar de o momento favorecer a disciplina e a concentração do foco em coisas realizáveis, deixando-nos mais ativos e decididos, estaremos menos emocionais.

Lua trígono Vênus – 13:11 às 16:58 (exato 15:05)

O desejo de realização fica aumentado e facilitado. Bom momento para focar em nossa carreira e nossos objetivos. Através de bons contatos e de pessoas nas quais temos confiança podemos fazer bons negócios.

Lua quadratura Mercúrio – 22:08 à 01:55 de 04/09 (exato 00:02)

À noite a comunicação fica truncada, podemos falar demais ou ser muito secos com as palavras. Devemos ter cuidado para não magoar. Tem hora em que é melhor ficar calado e não causar mal-estar.

DIA 4 DE SETEMBRO – QUINTA-FEIRA

☽ Crescente ☽ em Capricórnio

Lua sextil Netuno – 03:46 às 07:08 (exato 05:27)

Os valores nobres exaltam-se quando estamos por conta dessa energia. Nossa capacidade de perdoar fica aumentada. Portanto, boa hora para reconhecer erros e perceber o que é preciso fazer para se melhorar.

Lua conjunção Plutão – 12:14 às 15:35 (exato 13:55)

Estamos nos sentindo revigorados, prontos a enfrentar as dificuldades e com disposição para fazer algo que possa resgatar e revitalizar situações. Bom momento para começar reparos e obras.

Lua trígono Sol – 13:56 às 17:31 (exato 15:43)
A consistência e confiabilidade estão presentes. Boa hora para fazer ajustes, remanejamentos de funcionários ou projetos para se adequar à realidade dos nossos recursos e do que temos no momento. Tempo favorável para inaugurar tudo o que se queira que aumente, se desenvolva e expanda com rapidez e consistência.

Lua quadratura Urano – 20:01 às 23:19 (exato 21:40)
Estamos mais impacientes com tudo e com todos. Toda essa incitação pode perturbar o sono e os relacionamentos em geral, podendo gerar desavenças à toa. Fazer algo que nos relaxe, como assistir a um filme, por exemplo, é uma opção para o momento.

DIA 5 DE SETEMBRO – SEXTA-FEIRA
☽ Crescente ☽ em Aquário às 20:58 ☺ LFC Início às 12:08 ☺ LFC Fim às 20:58

Enquanto a Lua estiver em Aquário, mudanças poderão ser implementadas para favorecer grupos e comunidades. Também podem surgir novas direções de vida ou conseguirmos nos livrar de algo que vinha nos incomodando, o que nos deixará com uma agradável sensação de liberdade. Estaremos mais desibinidos, rebeldes, raciocinando melhor e mais rápido para resolver os problemas.

Lua sextil Saturno – 00:16 às 03:35 (exato 01:56)
Nossas emoções estão sob controle, o que não significa que estejam reprimidas, mas equilibradas por uma visão realista da vida. Bom momento para organizar os sentimentos e avaliá-los com maturidade.

Lua sextil Marte – 10:25 às 13:49 (exato 12:07)
Lua e Marte nos trazem bastante energia. Uma boa dica é direcionar este gás para progressões na vida, estabelecer planos e rever nosso lugar no mundo. Bom momento para começar exercícios físicos.

DIA 6 DE SETEMBRO – SÁBADO
☽ Crescente ☽ em Aquário

Lua trígono Mercúrio – 05:05 às 08:37 (exato 06:51)
Essa configuração astrológica favorece a comunicação e a realização de atividades pautadas nos interesses em comum. Conversas francas tendem a ser altamente positivas para as relações pessoais.

Lua oposição Júpiter – 13:33 às 16:47 (exato 15:10)
Será um desafio nos manter dentro das rotinas ou finalizar nossas tarefas, porque tudo poderá nos parecer enfadonho. Estamos preguiçosos e queremos moleza. Nada que exija dedicação terá bom resultado.

Lua sextil Urano – 20:29 às 23:40 (exato 22:04)
Os relacionamentos pedem liberdade, espaço e, acima de tudo, novidade. Portanto, nada de controle e cobranças. Incomoda muito por essas horas se sentir obrigado ou forçado. Perdemos espaço no coração de quem amamos quando fazemos isso.

DIA 7 DE SETEMBRO – DOMINGO
☾ Crescente ☾ em Peixes 20:46 ☺ LFC Início às 14:18 ☺ LFC Fim às 20:46

Enquanto a Lua estiver em Peixes, ficar mais observador e contemplativo é a melhor opção. Ouvir mais e sentir para onde os ventos estão soprando dá mais certo do que sair tomando providências. Não tome nenhuma iniciativa sem levar em conta as circunstâncias e o que elas estão pedindo.

Lua quadratura Saturno – 00:55 às 04:07 (exato 02:31)
Não se culpe por não conseguir realizar seus planos e administrar suas insatisfações. As pessoas poderão estar se lamentando e expressando seus sentimentos de tristeza e melancolia. Outros estarão negativos, pessimistas, mal-humorados, rabugentos e querendo pouca conversa.

Lua quadratura Marte – 13:39 às 15:57 (exato 14:18)
Tensão poderá ocasionar discursos inflamados, indecisões, desacordos e todo tipo de mal-entendido. Fuja de confusão!

Lua oposição Vênus – 23:54 às 03:20 de 08/09 (exato 01:37)
O dia não proporcionou facilidades, nossos desejos possivelmente não foram atendidos, causando algumas frustrações. Não é hora para se pôr em primeiro lugar ou pensar apenas em si próprio.

DIA 8 DE SETEMBRO – SEGUNDA-FEIRA
○ Cheia às 22:39 em 16°19 de Peixes ○ em Peixes

Lua conjunção Netuno – 04:33 às 07:43 (exato 06:08)
Percepção aguçada! As coisas vão se encaixando, vão acontecendo. Se ficarmos atentos a isso, poderemos ver que uma série de sinais muito claros estão aparecendo. Anote os sonhos, eles podem ser reveladores e premonitórios.

Lua sextil Plutão – 12:40 às 15:51 (exato 14:16)
Momento propício para reciclagem, para descartar o que já expirou, fechar situações que se arrastam sem produzir efeitos, apagar os pensamentos que giram... giram... e nada concluem.

Lua oposição Sol – 20:56 à 00:20 de 09/09 (exato 22:38)
As relações tendem a estranhamentos, por conta de divergências. Demonstrar maturidade e humildade diante dos conflitos é a melhor maneira de evitar problemas de convivência. Ouça o que o outro tem a dizer.

DIA 9 DE SETEMBRO – TERÇA-FEIRA
O Cheia O em Áries às 20:33 ☾ LFC Início às 16:09 ☾ LFC Fim às 20:33

Enquanto a Lua estiver Áries, estaremos mais assertivos, independentes, firmes e com vontade de realizar o que desejamos, porém será preciso cuidado com as "cabeçadas", tanto no sentido literal quanto no sentido físico.

Lua trígono Saturno – 00:42 às 03:54 (exato 02:18)
As boas energias emanadas pela conexão entre Lua e Saturno acentuarão a paciência, o esforço pessoal e a maturidade para lidar com as questões que requeiram persistência.

Lua trígono Marte – 14:29 às 17:50 (exato 16:09)
Estamos mais competitivos e determinados para realizar empreendimentos. Nosso senso de oportunidade está em alta, portanto convém segui-lo. Apenas devemos ser cuidadosos na hora de fechar negócios. Não permita que as paixões o dominem.

DIA 10 DE SETEMBRO – QUARTA-FEIRA
O Cheia O em Áries ☾ LFC Início às 21:57

Lua quadratura Plutão – 12:53 às 16:10 (exato 14:32)
Sob esse aspecto as pessoas costumam estar mais ambiciosas. Para neutralizar as tendências negativas eleve sua autoestima, fuja de embates, de situações arriscadas, locais ermos e de energia pesada.

Lua trígono Júpiter – 14:42 às 18:01 (exato 16:22)
Este é um momento importante para você costurar ótimos relacionamentos, seja no âmbito profissional ou pessoal. Concentre-se, decididamente, em suas metas para poder alcançá-las.

Lua oposição Mercúrio – 14:37 às 18:14 (exato 16:25)
Panes, falhas e interrupções inesperadas nos sistemas de comunicação, rede elétrica, transmissão de dados, internet, transportes, entregas de cartas e mercadorias, bem como maior propensão para alterações, problemas e acidentes nos deslocamentos.

Lua conjunção Urano – 20:19 às 23:38 (exato 21:58)
Em termos tecnológicos pode ser um momento de upgrade. Na vida pessoal também estaremos mais dispostos a experimentar coisas novas. Quem apostar nas inovações e atitudes incomuns terá melhor resultado.

DIA 11 DE SETEMBRO – QUINTA-FEIRA
O Cheia O em Touro às 22:17 ☽ LFC Fim às 22:16

Enquanto a Lua estiver em Touro, percepção aguçada para avaliar se um relacionamento no qual vem investindo tem consistência e condição de durar. Também a mesma percepção para avaliar se um projeto ou expectativa tem condições de ser concretizado. Prefira o que tem na mão em vez de sonhos.

Hoje a Lua não faz aspecto com nenhum planeta no céu

DIA 12 DE SETEMBRO – SEXTA-FEIRA
O Cheia (disseminadora) O em Touro

Lua sextil Netuno – 06:32 às 10:01 (exato 08:17)
As pessoas estão mais colaborativas e temos maior capacidade de convencer os outros ou despertar para interesses que englobem o bem-estar em geral. Campanhas e assuntos que comunguem por um ideal em comum estão favorecidos.

Lua trígono Vênus – 11:15 às 15:05 (exato 13:10)
Esse aspecto favorece nosso senso prático e nossa capacidade empreendedora. O momento é positivo para lidar com questões financeiras e para definir prioridades. Planejar é essencial.

Lua trígono Plutão – 15:37 às 19:07 (exato 17:21)
Excelente para fazer faxina, limpar armários e gavetas, abrindo espaço para uma vida mais simples e construtiva. Colocar ordem na bagunça traz um sentimento especial de gratificação.

Lua quadratura Júpiter – 18:18 às 21:54 (exato 20:06)
A resistência em encarar os problemas nos predispõe a uma postura negligente. Não é uma boa assumir compromissos que não estamos economicamente aptos a cumprir. Resolva as pendências antes de seguir em frente.

DIA 13 DE SETEMBRO – SÁBADO
○ Cheia (disseminadora) ○ em Touro ☾ LFC Início às 18:56

Lua oposição Saturno – 05:36 às 09:12 (exato 07:24)
Caso se tenha algo a resolver por essas horas, pode-se esperar por atrasos e cancelamentos, o que dificulta a realização normal de nossas tarefas.

Lua trígono Sol – 08:35 às 12:28 (exato 10:32)
A energia do Sol impregna nossas emoções e nos deixa cheios de vida e atuantes. Ficamos com uma sensação de harmonia e bem-estar. É um bom momento para cuidar das questões pessoais e familiares, além de todos os relacionamentos mais íntimos.

DIA 14 DE SETEMBRO – DOMINGO
○ Cheia (disseminadora) ○ em Gêmeos às 03:26 ☾ LFC Fim 03:26

Enquanto a Lua estiver em Gêmeos, podemos encontrar a manifestação viva do poder da linguagem. Esse período favorece todo tipo de comunicação e propaganda. As pessoas estão ávidas por novidades e informação.

Lua oposição Marte – 01:58 às 05:49 (exato 03:54)
Nesta madrugada, mantenha a maturidade evitando o comportamento infantil de fazer birra. Fuja de discussões, controle e segure a "fera interior" que mora dentro de todos nós, não permitindo que outros venham soltá-la. Quem manda em seu humor é você.

Lua quadratura Netuno – 12:14 às 15:56 (exato 14:05)
Podemos ser julgados injustamente ou encontrar pessoas que se fazem de vítima para abusar da nossa momentânea inocência em ajudá-las. A distração é a marca desse aspecto, por isso é preciso cuidado nas estradas.

Lua quadratura Vênus – 23:11 às 03:22 de 15/09 (exato 01:17)
Devido à carência, podemos estar pouco seletivos em nossas escolhas. É preciso ter cuidado para não cair em "conversinhas baratas". As pessoas tendem a falar mais no intuito de conquistar.

DIA 15 DE SETEMBRO – SEGUNDA-FEIRA

☽ Minguante às 23:06 em 23°09' de Gêmeos ☽ em Gêmeos ☉ LFC Início às 23:04

Lua sextil Júpiter – 01:50 às 05:40 (exato 03:45)
Noite abençoada! Estamos mais otimistas e cheios de fé. E é essa força na confiança em nós mesmos e no que acreditamos que nos fará mover montanhas. As palavras têm força, acredite!

Lua sextil Urano – 06:19 às 10:07 (exato 08:13)
Comece o dia virando a página e se desfazendo do que não deu certo até aqui. Bom momento para ajustar e criar alternativas para que nossos planos e desejos mantenham o curso. Indicado também para se livrar de tarefas, pessoas e assuntos que aborrecem.

Lua trígono Mercúrio – 11:46 às 15:59 (exato 13:53)
Comunicação em alta! Elevando nosso potencial criativo para lidar com as pessoas. Ficamos mais habilidosos com as palavras, o que favorece nosso desempenho no ambiente profissional. Capacidade de argumentação fará a diferença.

Lua quadratura Sol – 21:05 à 01:11 de 16/09 (exato 23:05)
Há um grande desgaste energético ao tentar realizar as coisas. Será necessário fazer um esforço maior para esclarecer as situações e para que predominem o bom senso e a lucidez. Por isso não se adiante, espere para tomar qualquer tipo de atitude.

DIA 16 DE SETEMBRO – TERÇA-FEIRA

☽ Minguante ☽ em Câncer às 12:24 ☉ LFC Fim às 12:24

Enquanto a Lua estiver em Câncer, ela nos deixa mais carentes e hipersensíveis, por isso tendemos a buscar aconchego, carinho e proteção. Pode surgir a necessidade de acolher e ser acolhido, mas todos se sentem mais introspectivos. O momento favorece os encontros familiares, cuidar da intimidade, dos assuntos pessoais e do ambiente doméstico.

Lua trígono Netuno – 21:36 à 01:32 de 17/09 (exato 23:34)
Bom momento para estar em paz com os que nos são caros e especiais, sobretudo no ambiente familiar, e igualmente positivo para colocar em ordem nossos pensamentos e sentimentos.

DIA 17 DE SETEMBRO – QUARTA-FEIRA
☽ Minguante ☽ em Câncer

Lua oposição Plutão – 08:06 às 12:05 (exato 10:05)
Nosso desejo de estar junto das pessoas que amamos pode ser interpretado pelo outro como exigência e controle, mas na verdade estaremos com dificuldade de atuar com independência.

Lua sextil Vênus – 15:59 às 20:26 (exato 18:12)
Desperta o interesse para acolher e ser acolhido nas necessidades, cuidar da casa, encontrar soluções para os problemas domésticos, melhorar o ambiente em que se vive, adquirir eletrodomésticos, aparelhos para cozinha ou comprar alimentos.

Lua quadratura Urano – 16:39 às 20:38 (exato 18:38)
Esse aspecto costuma deixar as pessoas impacientes com tudo que as pressione e exija disciplina. Não é uma boa hora para "pegar no pé" de ninguém. Trabalhar com bastante liberdade e autonomia de decisão será mais gratificante.

DIA 18 DE SETEMBRO – QUINTA-FEIRA
☽ Minguante ☽ em Câncer ☺ LFC Início às 15:38

Lua trígono Saturno – 00:43 às 04:44 (exato 02:43)
A solidez dos vínculos será mais apreciada do que relações efêmeras. A seriedade com que tratamos os que amamos é que será apreciada nesse momento. Portanto, mostrar o quanto o outro é importante em nossas vidas fortalecerá os vínculos.

Lua quadratura Mercúrio – 04:47 às 09:12 (exato 06:59)
O raciocínio tende a ser ilógico e podemos ser tomados pela emoção. Harmonizar a mente antes de falar será inteligente. Caso tenha que sair por essas horas, saia com antecedência. O trânsito tende a estar tumultuado.

Lua sextil Sol – 13:26 às 17:49 (exato 15:38)
As emoções ganham clareza, estamos aptos a seguir conforme nossa intuição. Canalize as energias para seus interesses a fim de atingir suas metas atuais. Essas horas tendem a ser proveitosas para tratar de assuntos domésticos.

DIA 19 DE SETEMBRO – SEXTA-FEIRA
☽ Minguante (balsâmica) ☽ em Leão à 00:10 ☺ LFC Fim à 00:09

Enquanto a Lua estiver em Leão, é tempo de vida, calor, alegria, generosidade, charme, atração, magnetismo, brilho, liderança, realeza, dignidade, prestígio, autoestima e autoconfiança. O momento é favorável para brilhar nas áreas de nossas vidas que estejam sem energia e magnetizar tudo o que gostaríamos para nós.

Lua trígono Marte – 05:32 às 09:49 (exato 07:40)
A manhã de sexta é marcada pelo entusiasmo, o que nos deixa mais dispostos a enfrentar qualquer coisa. Devemos aproveitar e direcionar nossas ações para melhorar nossa vida, assim como utilizar nossa força para algo que não se movimenta ou esteja empacado.

DIA 20 DE SETEMBRO – SÁBADO
☽ Minguante (balsâmica) ☽ em Leão

Lua conjunção Júpiter – 02:25 às 06:32 (exato 04:29)
Os ventos sopram a favor! Vibrações positivas nos ajudam em nossas conquistas. Carisma aumentado. Um bom dia para viagens e passeios agradáveis.

Lua trígono Urano – 04:55 às 08:57 (exato 06:56)
Surpresas são super bem-vindas com esta configuração, quanto mais quando a Lua se encontra nesse signo, que nos convida a celebrar. Um bom motivo para presentear alguém especial com uma bela cesta de café da manhã.

Lua quadratura Saturno – 13:43 às 17:48 (exato 15:46)
Os projetos em curso poderão exigir adequação, ajustes, ou aqueles que pensávamos haver concluído precisarão de reparações. Não pense nisso como uma falta de sorte, mas sim como o céu lhe proporcionando uma segunda chance.

Lua sextil Mercúrio – 23:20 às 03:45 de 21/09 (exato 01:33)
A noite de sábado promete encontros e conversas com amigos, favorecendo a união e o entendimento mútuo. O momento é positivo para realizar atividades de lazer em grupo e que estimulem o grupo. Divirta-se!

DIA 21 DE SETEMBRO – DOMINGO
☽ Minguante (balsâmica) ☽ em Virgem às 12:53 ☉ LFC Início à 01:33 ☉ LFC Fim às 12:53

Enquanto a Lua estiver em Virgem, nosso interesse se volta para a ordem, organização e realização das nossas tarefas diárias, por isso passamos a refletir mais sobre nossas ações e escolhas. Virgem nos ensina a seguir etapas e manter o ritmo constante. Assim tendemos a dominar a roda do cotidiano, buscando sempre nos aperfeiçoar.

Lua quadratura Marte – 21:56 às 02:13 de 22/09 (exato 00:05)
Devemos evitar forçar os nossos limites, pois os excessos podem trazer reflexos negativos no futuro. Convém também não negligenciar questões básicas como uma boa alimentação e uma boa noite de sono.

Lua oposição Netuno – 22:06 às 02:07 de 22/09 (exato 00:07)
Nossa imaginação pode exceder os limites e nos fazer sonhar com coisas impossíveis. Também poderemos insistir em coisas que não trarão resultados, pelo menos imediatos. Caso depare com algo que parece ser bom demais, desconfie.

DIA 22 DE SETEMBRO – SEGUNDA-FEIRA
☽ Minguante (balsâmica) ☽ em Virgem

Entrada do Sol no signo de Libra às 23h29min04seg

Equinócio de outono no H. Norte, equinócio de primavera no H. Sul

Lua trígono Plutão – 09:02 às 13:03 (exato 11:03)
Bom momento para espantar os "fantasmas do armário", pois estaremos fortalecidos para lidar com os problemas, e também para melhorar ou recuperar a harmonia no ambiente doméstico ou profissional. Estaremos mais cientes de nossas capacidades e de nossos limites. Nada impedirá que alcancemos nossos objetivos importantes.

DIA 23 DE SETEMBRO – TERÇA-FEIRA
☽ Minguante (balsâmica) ☽ em Virgem LFC Início às 09:14

Lua sextil Saturno – 02:39 às 06:41 (exato 04:40)
O dia tende a ser produtivo. Agora é o momento oportuno para encarar as responsabilidades com coragem e determinação. Mostre-se disposto a encarar os desafios. Boa hora para iniciar dietas e exercícios físicos.

Lua conjunção Vênus – 07:01 às 11:27 (exato 09:14)
Vênus estará em harmonia, podendo ocorrer interessantes encontros com pessoas que venham a nos beneficiar seja no âmbito social ou afetivo. Esses encontros poderão trazer mudanças positivas e estáveis à nossa vida.

DIA 24 DE SETEMBRO – QUARTA-FEIRA
● Nova às 03:15 em 01°08' de Libra ● em Libra à 00:58 LFC Fim à 00:59

Enquanto a Lua estiver em Libra, é hora de sairmos por aí buscando o que nos dá satisfação. É tempo de agradar a nós mesmos, investindo em coisas bonitas e tornando o nosso mundo interior mais equilibrado. É tempo de esquecer os momentos tristes e nos abrir para novos relacionamentos, desenvolver maior sociabilidade.

Lua conjunção Sol – 01:04 às 05:22 (exato 03:13)

Nesta fase, a Lua nasce e se põe junto com o Sol. É um novo ciclo que começa. Temos facilidade de desenvolver situações que precisam ser alimentadas para seguir seu rumo, assim como a oportunidade de recomeçar, remodelar ou ajustar algo que não deu certo.

Lua sextil Marte – 13:24 às 17:35 (exato 15:30)

O momento favorece investir com garra em novos projetos. O desafio hoje é somar com os parceiros certos, aqueles que sabem pesar bem o valor do nosso talento, com interesses gerais.

Lua quadratura Plutão – 20:41 à 00:35 (exato 22:38)

Por essas horas tendemos a estar mais desconfiados. Também estamos mais irritados para ouvir os outros e receber conselhos, mas é prudente evitar decisões precipitadas. Tenha em mente que decisões tomadas poderão ser muito radicais e duradouras.

DIA 25 DE SETEMBRO – QUINTA-FEIRA

● Nova ● em Libra

Lua sextil Júpiter – 04:21 às 08:18 (exato 06:20)

Lua e Júpiter estão somando esforços a seu favor. É a vitamina que nos faz voar por aí. Bom momento para abrir espaço e ampliar projetos e desejos. Oportunidades à vista que não devem ser desperdiçadas.

Lua oposição Urano – 04:33 às 08:26 (exato 06:30)

Esse aspecto delicado mostra estresse mental. Devemos não encher a agenda de compromissos urgentes num curto espaço de tempo, pois algo surpreendente poderá interromper nossos planos.

DIA 26 DE SETEMBRO – SEXTA-FEIRA

● Nova ● em Escorpião às 11:28 ☾ LFC Início às 09:38:32 ☾ LFC Fim às 11:29

Enquanto a Lua estiver em Escorpião, pessoas estarão mais compenetradas, temperamentais e desconfiadas. O ciúme pode aparecer acompanhado de agressividade e acusações, havendo maior tendência a controlar a vida dos outros.

Lua conjunção Mercúrio – 07:35 às 11:39 (exato 09:37)

Por essas horas estamos mais convictos de nossas ideias e mais seguros para defender nossos interesses. Já que estamos com um sexto sentido aguçado, é mais fácil perceber as energias hostis pairando no ar.

Lua trígono Netuno – 18:58 às 23:46 (exato 21:52)

É favorável para ampliar nosso marketing pessoal, a publicidade e promoções, bem como dar início a projetos artísticos e literários que explorem mais a fantasia, a ficção, os bons sentimentos e a espiritualidade.

DIA 27 DE SETEMBRO – SÁBADO
● Nova ● em Escorpião

Lua sextil Plutão – 06:31 às 10:17 (exato 08:24)

Faro estratégico. Bom momento para corrigir o que esteve errado e recuperar o melhor das coisas antigas que tenham se degenerado. Brigou com alguém e se arrependeu? Peça perdão. Perdeu uma oportunidade de trabalho ou venda? Tente novamente.

Lua quadratura Júpiter – 14:43 às 18:32 (exato 16:38)

Tenha fé! Por mais que as circunstâncias mostrem o contrário, não devemos ceder ao pessimismo. Fé é isso, é acreditar apesar dos pesares. Siga a intuição e abra o coração. Não é tempo de esmorecer, é tempo de buscar sabedoria que conjuga conhecimento e experiência.

Lua conjunção Saturno – 23:25 às 03:38 de 28/09 (exato 01:45)

A madrugada de sábado tende a ser tranquila. As paqueras da noite não devem ser levadas na brincadeira. Se quiser conquistar alguém vá pelo comprometimento e respeito. Palavras e ações evasivas e sem profundidade não ganham espaço.

DIA 28 DE SETEMBRO – DOMINGO
● Nova ● em Sagitário às 19:49 ☉ LFC Início às 17:30 ☉ LFC Fim às 19:50

Enquanto a Lua estiver em Sagitário, o momento é propício para viajar, fazer longos deslocamentos ou planejar uma viagem. É melhor frequentar lugares não habituais, conhecer pessoas com atividades e cabeças diferentes da nossa. Estudos, cursos, seminários e tudo que amplie o conhecimento são uma boa opção para o período.

Lua sextil Vênus – 15:27 às 19:32 (exato 17:30)

Dia muito auspicioso para quebrar a rotina afetiva com novas atitudes e emoções. Esse aspecto nos concede sabedoria para lidar com os problemas, e assim conseguimos nos divertir ao lado daqueles que amamos de modo mais espontâneo.

DIA 29 DE SETEMBRO – SEGUNDA-FEIRA
● Nova ● em Sagitário

Lua quadratura Netuno – 03:52 às 07:30 (exato 05:42)

Aumento da intuição e imaginação, porém é necessário não confundir o real com o imaginário. Com esse aspecto podemos nos sentir tentados a superestimar as possibilidades ou subestimar as situações que estamos vivendo. É bom evitar escapismos.

Lua sextil Sol – 05:11 às 09:07 (exato 07:09)

Suas emoções estarão fluindo a contento, e as pessoas em geral o estarão percebendo como alguém simpático. E é justamente por esta qualidade maior de simpatia neste momento que você tenderá a conseguir as coisas sem muito esforço, valendo-se mais do sorriso e da elegância.

Lua conjunção Marte – 13:38 às 17:28 (exato 15:33)

Essa configuração nos estimula a assumir uma posição de liderança no meio social, assim com aproximar pessoas que nos interessam, já que nosso carisma e espontaneidade nos fortalecem. É também uma fase propícia para defender nossos interesses em diversas áreas.

Lua trígono Urano – 20:58 à 00:32 de 30/09 (exato 22:45)

Frequentes mudanças e pequenos imprevistos positivos o estimularão a ver as coisas sob pontos de vista diferentes. Podemos dizer, portanto, que este é um momento de novos aprendizados, e a mensagem aqui é clara: abrir a mente a novos horizontes garante o êxito.

Lua trígono Júpiter – 22:38 às 02:16 de 30/09 (exato 00:27)

Problemas que julgávamos insolúveis têm grandes possibilidades de um bom desfecho. Desfazendo os nós que vêm dificultando o progresso e o caminhar, tendemos a prosperar!

DIA 30 DE SETEMBRO – TERÇA-FEIRA
● Nova ● em Sagitário ☾ LFC Início à 00:28

Hoje a Lua não faz aspecto com nenhum planeta no céu

CALENDÁRIO LUNAR

OUTUBRO 2014

Domingo	Segunda-feira	Terça-feira	Quarta-feira	Quinta-feira	Sexta-feira	Sábado
			1 ♑	2 ♑	3 ♒	4 ♒
			Lua Crescente às 16:34 em Capricórnio à 01:39 LFC fim à 01:40	Lua Crescente em Capricórnio LFC início às 13:18	Lua Crescente em Aquário às 04:59 LFC fim às 04:59	Lua Crescente em Aquário LFC início às 15:32 Mercúrio Retrógrado
5 ♓	6 ♓	7 ♈	8 ♈	9 ♉	10 ♉	11 ♊
Lua Crescente em Peixes às 06:24 LFC fim às 06:24 Mercúrio retrógrado	Lua Crescente em Peixes LFC início às 16:38 Mercúrio retrógrado	Lua Crescente em Áries às 07:06 LFC fim às 07:06 Mercúrio retrógrado	Lua Cheia em Áries às 07:52 LFC início às 11:20 Eclipse Total Lunar às 07:55 15°05' de Áries Mercúrio retrógrado	Lua Cheia em Touro às 08:44 LFC fim às 08:43 Mercúrio retrógrado	Lua Cheia em Touro LFC início às 21:48 Mercúrio retrógrado	Lua Cheia em Gêmeos às 12:52 LFC fim às 12:50 Mercúrio retrógrado
12 ♊	13 ♋	14 ♋	15 ♋	16 ♌	17 ♌	18 ♍
Lua Cheia em Gêmeos Mercúrio retrógrado	Lua Cheia em Câncer às 20:30 LFC 14:58 às 20:30 Mercúrio retrógrado	Lua Cheia em Câncer Mercúrio retrógrado	Lua Minguante às 16:13 em Câncer LFC início às 20:26 Mercúrio retrógrado	Lua Minguante em Leão às 07:29 LFC fim às 07:29 Mercúrio retrógrado	Lua Minguante em Leão Mercúrio retrógrado	Lua Minguante em Virgem às 20:07 LFC 10:09 às 20:07 Mercúrio retrógrado
19 ♍	20 ♍	21 ♎	22 ♎	23 ♏	24 ♏	25 ♏
Lua Minguante em Virgem Mercúrio retrógrado	Lua Minguante em Virgem Mercúrio retrógrado	Lua Minguante em Libra às 09:11 LFC 01:29 às 09:11 Mercúrio retrógrado	Lua Minguante em Libra Mercúrio retrógrado	Lua Nova às 19:58 em Escorpião às 19:09 LFC 18:52 às 19:09 Sol em Escorpião às 09:57 Eclipse Solar Parcial às 19:45 00° 25' de Escorpião Mercúrio retrógrado	Lua Nova em Escorpião Mercúrio retrógrado	Lua Nova em Escorpião LFC início às 14:11 Fim Mercúrio retrógrado
26 ♐	27 ♐	28 ♑	29 ♑	30 ♒	31 ♒	
Lua Nova em Sagitário às 02:39 LFC fim às 02:39	Lua Nova em Sagitário LFC início às 14:18	Lua Nova em Capricórnio às 08:03 LFC fim às 08:03	Lua Nova em Capricórnio	Lua Crescente à 00:49 em Aquário às 11:51 LFC 01:00 às 11:51	Lua Crescente em Aquário	

Vênus em aspecto com Netuno (03/10) e Saturno (04/10) traz o dilema entre distinguir o sonho de ilusão nos relacionamentos afetivos. Provoca, também, desconforto por falta de compromisso consolidado. Ainda no dia 4, Sol e Plutão estão em desarmonia e atitudes radicais nos relacionamentos devem ser evitadas.

Mercúrio entra em movimento retrógrado (04/10) pela terceira e última vez no ano. Novamente, traz dificuldades com locomoção, necessidade de revisar acordos e contratos e o desafio de lidar com comunicações ruidosas. A orientação é evitar falar ou agir de modo que possa atingir, intimamente, o outro. Informações equivocadas e mal entendidas geram consequências de proporções intensas.

Marte em grande harmonia com Urano (05/10) motiva a procura por novos horizontes. Iniciativas são bem-vindas e bem vistas. Hora de buscar um ideal e seguir em direção ao futuro. Atitudes são baseadas em valores mais elevados e ganham mais espontaneidade. A energia disposta é: mudar para evoluir.

O Sol em oposição a Urano (07/10) traz grande necessidade de liberdade nos relacionamentos. Ilumina uma forma mais livre e independente de se relacionar. Dia impróprio para acordos, em razão do aspecto que Mercúrio forma com Marte (07/10). Conversas podem mais irritar do que resolver um assunto. É interessante observar com distanciamento os diferentes modos como cada um vê o todo.

Marte em grande harmonia com Júpiter (08/10) também oferece motivação suficiente para ir além das expectativas. Dia em que se encontram forças para alcançar objetivos maiores. Vênus em desarmonia com Plutão, no mesmo dia, estimula os desejos compulsivos que corrompem uma relação. Convém distinguir meta de obsessão. Momento de instabilidade nos relacionamentos.

Sol em harmonia com Júpiter (10/10) e Vênus em oposição a Urano (11/10) mostram que sentir-se livre é uma questão de entendimento. Não é necessário estar sozinho para tanto. O desejo independe de regras para existir. Diversão a dois ou em grupo é sempre muito melhor.

Vênus em harmonia com Júpiter (14/10) e Sol em harmonia com Marte (15/10) oferecem dias de boas oportunidades tanto para os relacionamentos quanto para as sociedades e os negócios. O desejo de crescer somado a atitudes assertivas fortalecem os vínculos. Dia de atitudes precisas.

Sol encontra Mercúrio e Mercúrio também se harmoniza com Marte (16/10). Há maior agilidade mental. Conversas tendem a compor bons acordos.

Ambas as partes argumentam com facilidade seus interesses e, da mesma forma, fazem concessões.

Mercúrio encontra Vênus (17/10) e as ideias permeiam o romantismo. Fatos são interpretados com maior benevolência. Boa hora para realizar permutas e todo tipo de troca.

Vênus em harmonia com Marte (20/10) fomenta a paquera, o namoro e ativa a libido dos casais. Clima de paixão "à primeira vista". O amor eleva o espírito e aumenta a fé na vida. Momento oportuno, também, para começar um negócio ou apresentar um projeto.

No dia 23, o Sol entra em Escorpião. Dias de maior profundidade nas relações e visão além da aparência. Há maior astúcia e poder de sedução. O Sol, neste signo, ilumina a inteligência estratégica e, também, o "tudo ou nada". Discrição e reserva são apreciadas.

No mesmo dia, Vênus chega ao signo de Escorpião (23/10 a 16/11). Durante esse período, em todas as relações, o ciúme está em alta, assim como o sentimento de posse. Vênus, neste signo, estimula a tentação, a luxúria e inspira o erotismo.

No dia 25, Mercúrio volta ao movimento direto. Pensamentos retomam o ritmo "normal" da vida que, agora, segue com menos tropeços. Sol encontra Vênus (25/10). O amor e as relações ganham um tom de "até que a morte nos separe". É instigado o sentimento de que, por amor, se é capaz de tudo. Importante, ainda, ter atenção para a diferença entre ambição e ganância.

Marte entra no signo de Capricórnio (26/10 até 4/12). Neste período, há flagrante força de vontade para conquistar os objetivos do ano. Concentra-se energia em favor de uma meta difícil, porém atingível. Nesse período, emana-se energia suficiente, inclusive, para eventuais recuperações. A confiança cresce, exponencialmente, quando desafiada.

Vênus e Sol em grande harmonia com Netuno (entre 27 e 28/10) tornam os últimos dias do mês favoráveis aos investimentos em ações, para a realização de negócios com órgãos públicos e instituições financeiras. O mês termina com esperança no amor e no seu poder regenerativo. Sexo e romance em comum união.

DIA 1 DE OUTUBRO – QUARTA-FEIRA
☾ Crescente às 16:34 em 08°33' de Capricórnio ☾ em Capricórnio à 01:39
☉ LFC Fim à 01:40

Enquanto a Lua estiver em Capricórnio, devemos caprichar em todas as tarefas. Com disciplina e determinação, chegaremos lá. Lidar com pessoas experientes ou com profissionais qualificados será muito gratificante. Todo esforço será recompensado. Por outro lado, não haverá perdão para a falta de responsabilidade nem para a negligência com assuntos sérios.

Lua sextil Mercúrio – 02:48 às 06:24 (exato 04:36)
O horário é inusitado, mas favorável à troca de informações e aos estudos. Estamos propensos a reter na mente o que for aprendido nessas horas.

Lua quadratura Vênus – 02:55 às 06:46 (exato 04:51)
Não vamos levar tudo "a ferro e fogo". Calma, essa carência ou frustração vai passar. Caso haja propensão a acordar na madrugada com uma sensação de vazio, vamos preenchê-lo com boas recordações.

Lua sextil Netuno – 09:14 às 12:42 (exato 10:58)
Os que avançaram madrugada adentro fazendo alguma atividade poderão sentir agora um soninho irresistível. De qualquer forma, este é um bom momento para relaxar, praticar ioga ou meditação.

Lua quadratura Sol – 14:40 às 18:23 (exato 16:32)
Mesmo que as circunstâncias não estejam tão favoráveis assim, devemos pôr nossos planos em prática e lutar pelo que queremos. Se tivermos um compromisso ou um convite, será importante marcar presença.

Lua conjunção Plutão – 19:04 às 22:30 (exato 20:47)
Bom para terapias em geral. Essa é uma força regeneradora. No entanto, é preciso estar atento. Devemos canalizá-la em tarefas que consumam um pouco dessa energia tão intensa. Que tal dar uma boa revisada nos armários, uma boa arrumação nas gavetas?

DIA 2 DE OUTUBRO – QUINTA – FEIRA
☾ Crescente ☾ em Capricórnio ☉ LFC Início às 13:18

Lua quadratura Urano – 01:27 às 04:53 (exato 03:10)
Estado de ânimo inquieto, agitação interna, apreensão. Ufa, isso pode tirar nosso sono. Massagem relaxante, um banho de banheira, um chazinho calmante são exemplos do que poderá ajudar na conciliação do sono.

DIA 3 DE OUTUBRO – SEXTA-FEIRA
☾ Crescente ☾ em Aquário às 04:59 ☉ LFC Fim às 04:59

Enquanto a Lua estiver em Aquário, nos chamarão mais atenção as coisas fora do comum, as atividades autônomas e tudo o que nos remeta a liberdade. Também são dias propícios para reunir todo tipo de pessoas. Todos se sentirão da mesma "tribo" No relacionamento afetivo, nada de "pegar no pé". Conceder liberdade e autonomia ao outro dará mais certo.

Lua quadratura Mercúrio – 07:01 às 10:23 (exato 08:42)
O ideal será evitar papos longos ou que falem de sentimentos. Também não estão favoráveis entrevistas de trabalho nem avaliação de conhecimento. Nesse momento, o emocional está interferindo no racional.

Lua trígono Vênus – 11:03 às 14:41 (exato 12:52)
Ótimo momento para "bolar" uma surpresa para alguém de nosso interesse. Uma boa pedida é, em vez do tradicional almoço, um piquenique num local onde nunca fomos antes. Lembre-se, tudo deverá ser de muito bom gosto. Esse aspecto também favorece a compra de presentes originais.

Lua trígono Sol – 21:07 à 00:40 de 04/10 (exato 22:53)
Belo aspecto para os casais, maior harmonia e entendimento. Podemos até "discutir a relação", porque perderá aquele ar sério e pesado. Aqui não haverá cobranças, e sim acordos baseados no bom senso e no mais verdadeiro sentimento.

DIA 4 DE OUTUBRO – SÁBADO
☾ Crescente ☾ em Aquário ☉ LFC Início às 15:32

Início de Mercúrio retrógrado

Lua sextil Marte – 02:29 às 05:57 (exato 04:13)
Esse aspecto favorece os que possuem atividades cedo, principalmente as ligadas aos esportes, caminhadas e academias. As decisões são tomadas com mais facilidade. Tudo o que depender de coragem também terá efeito positivo.

Lua sextil Urano – 03:39 às 06:56 (exato 05:18)

Quem trabalha durante estas horas terá a oportunidade de inventar uma nova forma de realizar o de sempre. Essa liberdade de criar, de fazer diferente, trará grande satisfação emocional. Outra dica é fazer um percurso diferente dos outros dias ao sair de casa.

Lua oposição Júpiter – 06:42 às 10:01 (exato 08:21)

Olha, com tanta agitação assim é capaz de dar um pouco mais de fome. Porém é preciso prestar atenção no que comer no café da manhã. Um pãozinho basta. Mas vamos ter vontade de dois, três... E tudo com geleia, de preferência. Os magrinhos podem.

Lua quadratura Saturno – 13:52 às 17:10 (exato 15:31)

A nossa vontade aqui será de nos isolar um pouco. Para o trato social, essa energia não colabora, pois nos torna mais "fechados" e críticos. Devemos driblar a tendência a ver o lado mais aborrecido das coisas. Seja no ambiente doméstico ou de trabalho, é preciso ser um pouco mais complacente com os outros e nós mesmos.

DIA 5 DE OUTUBRO – DOMINGO

☽ Crescente ☾ em Peixes às 06:24 ☉ LFC Fim às 06:24

Mercúrio retrógrado

Enquanto a Lua estiver em Peixes, a fé estará ampliada. E, por isso, as pessoas tenderão a procurar algo que alimente a alma. Aumento de fiéis nas missas dominicais e, também, nos cultos de outras religiões. Será mais fácil conseguir ajuda para causas nobres e que beneficiem os menos favorecidos. Campanhas de adesão a projetos comunitários também obterão mais sucesso.

Lua trígono Mercúrio – 08:28 às 11:41 (exato 10:05)

Todo tipo de comunicação está favorecido. Aumento da procura por jornais, revistas ou qualquer outro tipo de informativo. Como é domingo, haverá muitos telefonemas para as imobiliárias e muito trabalho para os corretores. Todos à procura do imóvel ideal. Atenção! Mercúrio está em movimento retrógrado. Não beneficia os negócios em geral.

Lua conjunção Netuno – 13:18 às 16:33 (exato 14:56)

Quem vai resistir a uma boa soneca após o almoço? A tendência com esse aspecto é moleza e falta disposição até para ir à esquina. Então, não devemos marcar nada que demande maior esforço para esse horário. Atividades contemplativas, passeio de barco, um bom filme... isso até que é possível.

Lua sextil Plutão – 22:42 à 01:56 de 06/10 (exato 00:19)
À noite, já recuperados da energia letárgica anterior, é possível pensarmos até em arrumações dentro de casa. Tipo arrastar móveis pra lá e pra cá, fazer mudanças de quadros ou arrumar o "porão". Apenas cuidado para a vizinhança não reclamar do barulho, devido ao horário.

DIA 6 DE OUTUBRO – SEGUNDA-FEIRA
☽ Crescente ☽ em Peixes ☉ LFC Início às 16:38

Mercúrio retrógrado

Lua quadratura Marte – 05:52 às 09:17 (exato 07:35)
Epa! Essa energia requer movimento, ação e muito pique. Quem ficar parado corre o risco de ser vítima de um tremendo mau humor. Portanto, aconselha-se pular logo da cama e procurar o que fazer. Quem pega o trânsito para ir ao trabalho deve procurar a todo custo não se estressar nem puxar discussão.

Lua trígono Saturno – 15:00 às 18:16 (exato 16:38)
Horas muito produtivas. Devemos deixar as tarefas mais difíceis ou menos atrativas para esse momento. Rendemos mais e tudo tende a ser feito conforme o planejado. Uma visita a parentes mais idosos, onde possamos atuar de forma concreta para beneficiá-los, será muito bem-sucedida.

DIA 7 DE OUTUBRO – TERÇA-FEIRA
☽ Crescente ☽ em Áries às 07:06 ☉ LFC Fim às 07:06

Mercúrio retrógrado

Enquanto a Lua estiver em Áries, todas as atividades autônomas estão favorecidas. Em Áries, a Lua nos incita à liberdade de ação e ao dinamismo. Devemos evitar tudo o que contribua para nos impacientar mais do que já estamos. Filas demoradas, serviços lentos, pessoas indolentes, enfim, fiquemos longe disso. Aqui a energia corre em ritmo acelerado e podemos resolver muitos impasses que venham se arrastando.

Lua oposição Vênus – 22:10 à 01:46 de 08/10 (exato 23:58)
Em qualquer tipo de relacionamento, dará mais certo falar francamente e sem rodeios. A propensão à carência emocional típica desse aspecto poderá ser resolvida indo-se logo ao ponto que a está causando.

Lua quadratura Plutão – 23:34 às 02:51 de 08/10 (exato 01:12)
Muito cuidado com ânimos alterados. Esse aspecto costuma ser responsável por desentendimentos graves. E muito rancor é colocado para fora. Lembranças passadas mal resolvidas vêm à tona para destruir a nossa noite. O importante é não permitir que isso aconteça, procurando um meio de expurgar todo esse "lixo", sem causar danos a ninguém.

DIA 8 DE OUTUBRO – QUARTA-FEIRA
○ Cheia às 07:52 em 15°05' de Áries ○ em Áries ☽ LFC Início às 11:20

Mercúrio retrógrado

Eclipse Total Lunar às 07:55 em 15°05' de Áries

Lua conjunção Urano – 05:13 às 08:31 (exato 06:52)
Uma situação que está "por um fio" pode eclodir agora, trazendo uma surpreendente revelação. Algo que era dado como certo pode se mostrar inviável. Compromissos marcados para esse horário poderão sofrer alterações. Talvez sintamos uma espécie de desassossego interno, o que fará com que levantemos logo cedo.

Lua oposição Sol – 06:04 às 09:37 (exato 07:51)
Esse é o aspecto referente à Lua Cheia. As desavenças tendem a aumentar. Uma situação poderá não se sustentar mais, causando muita rivalidade. Por outro lado, esse é um aspecto de complementaridade, devemos dividir tarefas e oferecer apoio.

Lua trígono Marte – 09:20 às 12:50 (exato 11:05)
Essa energia agiliza o dia e nos permite "sair em campo" e resolver tudo o que estiver na agenda. Os trabalhos, as atividades em geral, o pique para a academia, enfim, contamos com vigor extra para correr atrás do que pretendemos realizar.

Lua trígono Júpiter – 09:40 às 13:01 (exato 11:20)
Favorece planejamento de viagens culturais, de negócios ou de lazer. Aumento da procura por passagens. Grande movimentação nos aeroportos. Um sentimento de liberdade e aventura nos invade e nos faz querer ampliar nossos horizontes.

DIA 9 DE OUTUBRO – QUINTA-FEIRA
○ Cheia ○ em Touro às 08:44 ☽ LFC Fim às 08:43

Mercúrio retrógrado

Enquanto a Lua estiver em Touro, temos uma energia bem produtiva. Porém, tudo deve ser feito acompanhando o ritmo lento de Touro. Sem correrias, sem tumulto, um passo de cada vez. Os restaurantes que oferecem maior conforto e comodidade aos clientes, como manobristas, por exemplo, serão mais apreciados. Uma boa mesa, farta e bem-arrumada, será irresistível e apreciada por todos.

Lua oposição Mercúrio – 08:31 às 11:45 (exato 10:08)

Devemos prestar bastante atenção aos trabalhos de ordem mental, pois estamos sujeitos a erros de interpretação. As conversas mais elaboradas, assim como reuniões sérias de serviço, deverão ser marcadas para outro horário. Sob essa influência é mais difícil chegarmos a um consenso.

Lua sextil Netuno – 15:48 às 19:12 (exato 17:30)

Essa quinta-feira pede um happy hour especial. Num lugar glamoroso e com boa música. Estamos mais sensíveis às coisas belas e que nos toquem de uma maneira especial. Assistir a um bom filme comendo pipoca com a pessoa amada ou caminhar de mãos dadas pela orla... Que bem fará à alma!

DIA 10 DE OUTUBRO – SEXTA-FEIRA
O Cheia O em Touro ☾ LFC Início às 21:48

Mercúrio retrógrado

Lua trígono Plutão – 01:53 às 05:19 (exato 03:36)

Quem estiver precisando de cuidados com a saúde ou tomar medicamentos tem aqui um momento propício à recuperação física ou emocional. Conversas pela madrugada adentro com alguém que realmente nos entenda, dessas em que revelamos nossos mistérios e segredos, surtirão grande efeito para nosso autoconhecimento.

Lua quadratura Júpiter – 13:03 às 16:34 (14:49)

Tendência a esperarmos que algo "caia do céu" sem que para isso tenhamos feito algum esforço. Esperamos que as ajudas venham num "estalar de dedos". Sob essa influência, não virão. Em decorrência disso, haverá uma necessidade de autogratificação. A gulodice fica acentuada. Não vamos exagerar nas comidas ou bebidas. Esse sentimento passa... São só umas horinhas.

Lua oposição Saturno – 20:03 às 23:36 (exato 21:49)

Não é um momento adequado para pedir ajuda. Ao contrário, devemos pôr "a mão na massa" se quisermos realizar algo. Também é importante evitarmos criticar as pessoas próximas. Reclamações, indiretas, desânimo, tudo isso só irá piorar o sentimento de insegurança provocado por esse aspecto.

DIA 11 DE OUTUBRO – SÁBADO

○ Cheia ○ em Gêmeos às 12:52 ☾ LFC Fim às 12:50

Mercúrio retrógrado

Enquanto a Lua estiver em Gêmeos, o momento será propício à divulgação de um site ou para fazer propaganda. As pessoas estarão, de modo geral, mais curiosas e receptivas às informações. E ávidas por novidades. Bastante movimentação nos shoppings. Essa Lua nos instiga a circular, a encontrar pessoas para bater papo, tudo num clima de muita leveza e descontração.

Lua quadratura Netuno – 20:18 às 23:56 (exato 22:07)
Baixa de energia. A preferência deverá ser para atividades mais light. Relaxar num banho bem gostoso, ouvir sua música preferida ou se deixar encantar por uma boa leitura são exemplos do que pode nos nutrir emocionalmente neste fim de sábado.

DIA 12 DE OUTUBRO – DOMINGO

○ Cheia (disseminadora) ○ em Gêmeos

Mercúrio retrógrado

Lua sextil Urano – 13:07 às 16:47 (exato 14:57)
Que tal uma inovação para o almoço desse domingo? Pode ser no cardápio, ou indo a um lugar bem fora do usual. Aproveitando a Lua em Gêmeos, podemos colher boas informações sobre os lugares mais badalados do momento. Quanto mais diferente e exótico for, melhor. E se for junto com a "galera", melhor ainda.

Lua trígono Vênus – 16:31 às 20:38 (exato 18:34)
Aproveitando que hoje é o dia das crianças, uma ida ao shopping com a turminha para a escolha do presente será acertar "no alvo". Um passeio num local divertido também será providencial. Para os namorados e os apaixonados, ótima oportunidade para as demonstrações de afeto. Para quem está à procura de um par, sobem as chances. Vale investir numa boa produção e colocar todo o charme para fora. Depois é só procurar um barzinho descolado e se enturmar que logo aparece o pretendente.

Lua sextil Júpiter – 19:42 às 23:29 (exato 21:36)
Esse domingo realmente veio com tudo! Essa energia nos beneficia com alto astral e o sentimento de que "tudo vai dar certo". Se houver alguém com alguma dificuldade ou numa situação desfavorável, devemos dar apoio com

palavras de incentivo e fé. Isso fará com que a pessoa acredite mais na vida e em si própria. Porém, os mais beneficiados seremos nós mesmos.

Lua trígono Sol – 23:03 às 03:06 de 13/10 (exato 01:05)
Ótima oportunidade para os casais se conciliarem. Enxergamos com mais clareza os entraves de uma relação, sendo possível resolvê-los de forma satisfatória. As diferenças são minimizadas e conseguimos o que queremos do outro com mais facilidade. Esse aspecto favorece a fertilidade e a gestação.

DIA 13 DE OUTUBRO – SEGUNDA-FEIRA
O Cheia (disseminadora) O em Câncer às 20:30 O LFC Início às 14:58, LFC Fim às 20:30

Mercúrio retrógrado

Enquanto a Lua estiver em Câncer, podemos comprar roupas de cama, mesa e banho. Artigos para a casa, em geral, também são bem-vindos. Estar junto a familiares e pessoas queridas nos trará imenso bem-estar. Comer aquele bolo da vovó, então, nos remeterá a deliciosas memórias de infância. Estamos mais sensíveis. As palavras duras não devem ser proferidas. As mágoas costumam demorar a passar...

Lua oposição Marte – 00:14 às 04:12 (exàto 02:13)
Quem tem trabalho nesse horário deve ficar atento, pois há uma tendência a alteração nos ânimos. O que pode até gerar acidentes. Uma simples provocação pode se transformar em discussão. Nada disso valerá a pena. Manter a calma agora é indispensável.

Lua trígono Mercúrio – 13:14 às 16:43 (exato 14:58)
As tarefas que dependam de raciocínio devem ser feitas durante esse período. Reuniões de trabalho e negócios também transcorrem de forma mais assertiva. Todos querem participar com opiniões para a resolução dos impasses. Todos devem ser ouvidos. Hora de *brainstorming*. De repente as soluções começarão a pipocar e tudo será resolvido a contento.

DIA 14 DE OUTUBRO – TERÇA-FEIRA
O Cheia (disseminadora) O em Câncer

Mercúrio retrógrado

Lua trígono Netuno –·04:22 às 08:14 (exato 06:18)
Bons sonhos nos traz esse aspecto. Ficamos mais relaxados, mais *zen*. O momento é benéfico aos que gostam de praticar meditação ou ioga logo cedo.

Estamos, também, predispostos a ajudar quem precisa de nós. E será muito gratificante estender a mão nesse momento.

Lua oposição Plutão – 16:05 às 20:00 (exato 18:02)
Cuidado com rivalidades no trabalho. Ou mesmo no âmbito das relações. Podemos encontrar um oponente poderoso. É preciso evitar dar "murro em ponta de faca". A noite não está indicada para ir a lugares perigosos, com muita gente ou ermos. Ao dirigir, "olho vivo" em tudo ao redor.

Lua quadratura Urano – 22:10 às 02:05 de 15/10 (exato 00:07)
Estamos sujeitos à insônia sob esse aspecto. Algo com que contávamos pode não acontecer, ou acontecer algo inesperado. O melhor será ter um plano B. Também é aconselhável evitar estímulos externos perto da hora de dormir. Essa energia por si só já traz bastante agitação.

DIA 15 DE OUTUBRO – QUARTA-FEIRA
☽ Minguante às 16:13 em 22°'21 de Câncer ☽ em Câncer ☺ LFC Início às 20:26

Mercúrio retrógrado

Lua quadratura Vênus – 08:33 às 12:59 (exato 10:46)
Nesta manhã podemos nos sentir mais carentes. É importante termos consciência disso para não jogar a culpa no outro. Ele também, por certo, estará com essa mesma sensação. Se em vez de nos entregarmos fizermos por alguém o que gostaríamos que fizessem por nós, certamente anularemos esse sentimento.

Lua trígono Saturno –13:35 às 17:35 (exato 15:35)
Benditas horas onde podemos controlar melhor nossas emoções. Contamos com o bom-senso e aproveitaremos experiências passadas como aprendizado para enfrentar novas situações. Em qualquer tipo de atividade ou trabalho, estamos mais eficazes. Nas relações em geral, ficará valendo o que for combinado aqui.

Lua quadratura Sol – 14:02 às 18:22 (exato 16:12)
Esse aspecto se refere à entrada da Lua na fase Minguante. É um momento em que devemos recolher nossas forças. Há, naturalmente, uma baixa de vitalidade. Devemos evitar tomar atitudes ou decisões — não irão trazer os resultados esperados. É um período mais para reflexão do que propriamente ação.

Lua quadratura Mercúrio – 18:38 às 22:16 (exato 20:27)
Cuidado com o que disser nessas horas. As palavras poderão ser mal interpretadas. Não é aconselhável enviar e-mails nem escrever cartas. O trânsito passa a ser caótico. Não se recomenda nenhum tipo de reunião. As pessoas discordam entre si e há um desgaste maior para se chegar a um acordo. Ao assinar papéis ou documentos, valerá a pena ler com atenção as entrelinhas.

DIA 16 DE OUTUBRO – QUINTA-FEIRA
☽ Minguante ☽ em Leão às 07:29 ☉ LFC Fim às 07:29

Mercúrio retrógrado

Enquanto a Lua estiver em Leão, os dias parecerão mais alegres e as pessoas terão uma predisposição para festejar a vida. As solenidades, festas, comemorações estarão em alta. Mais do que nunca é preciso cobrir o outro de elogios. E receber, também. Todos querem ser tratados como se fossem reis. Ou rainhas. Taí uma dica para se conquistar de vez alguém. Reparar em suas virtudes e proclamá-las em alto e bom som. Nos eventos sociais devemos caprichar na roupa e, se possível, nas joias. Ah, e não esquecer o cabelo. Afinal, a "juba" do Leão tem que estar imponente.

Hoje a Lua não faz aspecto com nenhum planeta no céu

DIA 17 DE OUTUBRO – SEXTA-FEIRA
☽ Minguante ☽ em Leão

Mercúrio retrógrado

Lua trígono Urano – 09:57 às 13:59 (exato 11:58)
Horas em que a criatividade fica mais aflorada, o que garante um ótimo desempenho em qualquer tipo de atividade, tarefa ou profissão que requeira a capacidade de criar ou inovar. Aproveitando a Lua Minguante, o momento favorece largar hábitos que não condizem mais com o que desejamos. Algum tipo de relacionamento, também. Podemos fazer mudanças com mais leveza, sem nos afetar tanto.

Lua conjunção Júpiter – 19:02 às 23:08 (exato 21:05)
A fé acentuada permitirá que acreditemos que vamos alcançar aquilo que nos propusermos. Cultuar pensamentos positivos e, principalmente, agradecer por tudo que temos e somos trarão uma ótima vibração, além de atrair situações favoráveis. Facilmente conseguimos contagiar nosso ambiente e pessoas próxi-

mas. De otimismo. Muito otimismo. A noite desta sexta-feira promete muita alegria. Bom para sair, fazer contatos, encontrar pessoas queridas e brindar à vida!

DIA 18 DE OUTUBRO – SÁBADO

☽ Minguante ☽ em Virgem às 20:07 ☉ LFC Início às 10:09 ☉ LFC Fim às 20:07

Mercúrio retrógrado

Enquanto a Lua estiver em Virgem, estão indicadas todas as atividades referentes a limpeza e arrumação, na casa ou no local de trabalho. A desordem e a bagunça não serão toleradas. As reuniões ou programas devem envolver poucas pessoas, de preferência que já se conheçam, que já tenham intimidade. Estamos mais críticos e seletivos. Não é qualquer lugar ou companhia que irá nos agradar.

Lua sextil Mercúrio – 01:31 às 05·12 (exato 03:22)
Aqueles que preferem a tranquilidade da madrugada para realizar trabalhos mentais, ler ou escrever contam com uma excelente energia para isso. A mente está mais afiada e conseguimos nos expressar de forma lógica e precisa.

Lua quadratura Saturno – 02:31 às 06:37 (exato 04:34)
Melhor evitar tarefas pesadas, pois a energia está em baixa. Qualquer entrave parecerá pior do que é na realidade. É que estamos privilegiando o aspecto negativo das situações. Podemos ser muito duros em nossos julgamentos. Devemos nos alimentar bem antes de dormir para não acordar com uma sensação de "vazio".

Lua sextil Vênus – 06:13 as 09:57 (exato 08:28)
Favorece todos os tipos de encontro. Sob essa configuração é mais fácil agradar ao outro. Compras, em geral, costumam dar certo. Se tivermos um aniversário para ir hoje e ainda não tivermos decidido o presente, este é um bom horário para acertarmos na escolha. Tratar da beleza também é uma boa opção.

Lua trígono Marte – 06:08 10:27 (08:17)
Essa energia contribui para agilizar tudo o que pretendemos fazer no dia de hoje. Estamos mais confiantes para tomar uma atitude. Os esportes e competições estão favorecidos. Se o caso for conquistar alguém, vale a pena ser direto, sem rodeios. E, de repente, uma relação que não prometia grande coisa pode se tornar importante.

Lua sextil Sol – 07:57 às 12:22 (exato 10:09)
Essa manhã é de muita energia positiva! Esse aspecto aliado ao anterior nos permite conseguir tudo o que nos dispusermos a realizar. Uma questão até então "nublada" poderá ser vista como realmente é. Momento favorável ao diálogo entre casais, que têm aqui uma oportunidade de se compreender melhor.

DIA 19 DE OUTUBRO – DOMINGO
☽ Minguante (balsâmica) ☽ em Virgem

Mercúrio retrógrado

Lua oposição Netuno – 05:14 às 09:16 (exato 07:15)
Vai dar uma preguiça para sair da cama nessa manhã... Ainda bem que é domingo! Sob essa configuração a tendência à melancolia se acentua. Ficamos mais sensíveis. O sofrimento alheio nos atinge mais. As pessoas tenderão a buscar conforto nas missas ou em outros cultos religiosos. Todos estão atrás de palavras de fé. Prestar auxílio aos mais necessitados é uma bela forma de sublimar esse aspecto.

Lua trígono Plutão – 17:40 às 21:41 (exato 19:41)
Energia intensa e positiva que nos auxilia nas recuperações em geral, na saúde (física ou mental) ou em relação a algo que considerávamos perdido, como uma nova chance ou o retorno de alguém especial. É indicada, também, uma investigação profunda nas emoções. Por certo descobriremos o porquê de muitas coisas que nos afligem. Assim ficará mais fácil trabalhar essas emoções e expurgá-las.

DIA 20 DE OUTUBRO – SEGUNDA-FEIRA
☽ Minguante (balsâmica) ☽ em Virgem

Mercúrio retrógrado

Lua sextil Saturno – 16:31 às 20:32 (exato 18:32)
Estamos aptos a qualquer trabalho que exija concentração. A estabilidade emocional do momento nos permite encarar as situações com amadurecimento. Também contamos com disciplina suficiente para colocar em dia tarefas inacabadas.

Lua quadratura Marte – 23:22 às 03:35 de 21/10 (exato 01:29)
Clima de irritação e mau humor. É preciso contar até dez antes de começar qualquer discussão. Os ânimos estão alterados. Quem tem ocupações nesse

horário deve reservar intervalos para se movimentar ou fazer algo diferente da rotina. Ficar parado fazendo a mesma coisa só irá aumentar essa sensação de desassossego.

DIA 21 DE OUTUBRO – TERÇA-FEIRA
☽ Minguante (balsâmica) ☽ em Libra às 09:11 ☿ LFC Início à 01:29 ☿ LFC Fim às 09:11

Mercúrio retrógrado

Enquanto a Lua estiver em Libra, as pessoas tendem a agir com cordialidade, facilitando as conciliações de modo geral. É importante que os "pratos da balança" estejam em equilíbrio. Por isso, a imparcialidade deve nortear nossas atitudes e julgamentos. É indicado fazer tudo a dois. Buscar parceria. Seja na área profissional ou afetiva. Momento favorável à compra de artigos finos e joias.

Hoje a Lua não faz aspecto com nenhum planeta no céu

DIA 22 DE OUTUBRO – QUARTA-FEIRA
☽ Minguante (balsâmica) ☽ em Libra

Mercúrio retrógrado

Lua quadratura Plutão – 05:12 às 09:05 (exato 07:09)
Durante essas horas é provável que acordemos com uma sensação de que algo não está bem resolvido. Ou que lembranças passadas de fatos ou pessoas que nos magoaram venham nos atormentar. Uma boa solução é escrever sobre esses sentimentos. Isso trará alívio. Podemos analisá-los depois para encontrar uma saída.

Lua oposição Urano –10:28 às 14:19 (exato 12:19)
Estamos propensos à irritação e temos vontade de banir com tudo o que esteja nos sufocando. Portanto, devemos nos precaver de situações estressantes. No almoço, é preciso calma. Não comer correndo. A ansiedade prejudicará a digestão. Melhor não combinar nenhum compromisso sério para essas horas.

Lua conjunção Mercúrio – 17:34 às 21:16 (exato 19:25)
Ótimo para todo tipo de estudos, pesquisas, prestação de provas ou exames. Para a troca de informações, também. Os shoppings estarão animados. Com a mente alerta, podemos encontrar boas oportunidades de compras. Palestras e cursos em alta.

Lua sextil Júpiter – 20:51 à 00:43 de 23/10 (exato 22:43)
Esse aspecto unido ao anterior continua favorecendo palestras, simpósios e tudo o que nos permita ampliar conhecimentos. Também as feiras de negócios estão favorecidas. Se tivermos uma conversa difícil com alguém, será mais fácil nos fazer entender. É importante enaltecer sempre o lado positivo que há em cada situação ou pessoa.

DIA 23 DE OUTUBRO – QUINTA-FEIRA
● Nova às 19:58 em 00°25' de Escorpião ● em Escorpião às 19:09 ☾ LFC Início às 18:52 ☾ LFC Fim às 19:09

Mercúrio retrógrado

Eclipse Solar Parcial às 19:45 em 00°25' de Escorpião

Entrada do Sol no signo de Escorpião às 09h57min03seg

Enquanto a Lua estiver em Escorpião, os dias serão de emoções intensas. As pessoas se sentirão ameaçadas por qualquer dúvida ou suspeita. Doa a quem doer, o melhor é dizer a verdade. Até porque saberemos por intuição se é mesmo verdade ou não. Sob essa Lua podemos descobrir segredos e mistérios. Ela favorece trabalhos com pesquisa e os ligados a investigação.

Lua sextil Marte – 13:20 às 17:22 (exato 15:21)
As atividades tendem a fluir num ritmo mais acelerado, permitindo, assim, fazer mais em menos tempo. Tudo o que depender de coragem e decisão resultará satisfatoriamente. Então, nada de ficar parado. Vamos "mergulhar de cabeça" em tudo o que for importante: um trabalho, um relacionamento... Ou transformar planos em realidade.

Lua conjunção Vênus – 17:05 às 21:16 (exato 19:13)
Se a relação afetiva não vai muito bem, essa é a hora de corrigir o que estiver impedindo o seu bom andamento. Esse aspecto favorece todo tipo de contato. Podemos, inclusive, contar com o apoio e colaboração dos demais. Com muito jeito, charme e carinho, conseguimos alcançar nossos objetivos.

Lua conjunção Sol – 17:53 às 21:58 (exato 19:56)
Devemos evitar exames durante essas horas. O diagnóstico pode ficar "mascarado", pois não há clareza suficiente. Devemos aproveitar o clima da Lua Nova para nos envolver em novos projetos e fazer novas tentativas. O terreno está fértil! Vamos lançar as sementes do que pretendemos realizar nesse novo ciclo que está se iniciando.

DIA 24 DE OUTUBRO – SEXTA-FEIRA
● Nova ● em Escorpião

Mercúrio retrógrado

Lua trígono Netuno – 02:35 às 06:20 (exato 04:27)
Bons sonhos nos aguardam! E coloridos! Momento de muita inspiração. Por isso, favorece aqueles que preferem o horário silencioso da madrugada para escrever ou praticar alguma atividade artística.

Lua sextil Plutão – 14:22 às 18:06 (exato 16:14)
As consultas, em geral, tendem a dar certo. Sejam de ordem médica, psicológica ou jurídica. Contamos com maior agudeza e perspicácia por parte do profissional. Estamos em condições de mergulhar fundo num tratamento e enxergar possibilidades de solução para um impasse.

DIA 25 DE OUTUBRO – SÁBADO
● Nova ● em Escorpião ☺ LFC Início às 14:11

Fim Mercúrio retrógrado

Lua quadratura Júpiter – 05:52 às 09:34 (exato 07:44)
Neste sábado, há uma tendência para nos sentirmos mais poderosos do que na realidade estamos. Avaliamos mal as possibilidades e achamos que podemos nos dar bem em tudo. Melhor "baixar a bola" para não nos frustrarmos depois. O ideal é aceitar o que vem e procurar fazer o que tiver que ser feito, sem atropelos. Uma coisa de cada vez.

Lua conjunção Saturno – 12:19 às 16:01 (exato 14:10)
Devemos prestar atenção para a tendência em ficar muito ligados na realidade "nua e crua". Um pouco de sonho não fará mal. É preciso ter cuidado, também, com ossos, juntas e coluna. Um mau jeito, uma torção ou uma dor de dente, por exemplo, deverão ser muito bem cuidados, para não dar problemas futuros.

DIA 26 DE OUTUBRO – DOMINGO
● Nova ● em Sagitário às 02:39 ☺ LFC Fim às 02:39

Enquanto a Lua estiver em Sagitário, haverá uma necessidade por tudo o que nos remeta à ideia de liberdade. Amplos espaços, passeios a cavalo num sítio, viagens... E mesmo aqueles que não puderem sair poderão "viajar" através de leituras ou de filmes que retratem outras épocas e culturas. Aqui todo conhecimento é bem-vindo. Todos querem ensinar alguma coisa e dar conselhos. Bom momento, também, para encontrar novas formas de crescer profissionalmente.

Lua quadratura Netuno – 09:44 às 13:20 (exato 11:32)
Esse aspecto é responsável por uma baixa de energia. Como é domingo, podemos escolher atividades mais amenas. As comidas pesadas devem ser evitadas no almoço, pois poderão aumentar o estado de letargia e dar aquela "lombeira". Em almoços de família, convém evitar assuntos penosos ou que tragam más lembranças. Todos estão mais sensíveis e suscetíveis a mágoas.

DIA 27 DE OUTUBRO – SEGUNDA-FEIRA
● Nova ● em Sagitário ☾ LFC Início às 14:18

Lua trígono Urano – 01:34 às 05:08 (exato 03:21)
Dormir com papel e caneta à mão será providencial no caso de despertarmos com uma ideia genial na cabeça. Os insights são mais comuns sob essa configuração. O mesmo para quem tiver atividades durante essas horas. Ideias criativas poderão "pipocar" e é preciso aproveitá-las. Elas darão um *up* ao trabalho.

Lua sextil Mercúrio – 07:21 às 10:58 (exato 09:10)
Favorece os estudantes, o aprendizado de novos conteúdos e os cursos em geral. Também é uma boa hora para uma aula de autoescola. Os serviços burocráticos estão privilegiados. No trabalho, há condições de se resolver muita coisa, inclusive por telefone ou e-mail.

Lua trígono Júpiter – 12:30 às 16:04 (exato 14:17)
Ótima energia! Podemos agendar ou planejar uma viagem. Ou nos inscrever num curso que irá fazer toda a diferença no futuro. Essa é uma energia de expansão. Seja na vida pessoal ou profissional, devemos estar de olhos bem abertos para as oportunidades que surgirem. A generosidade também se expande. Incentivar, dar uma palavra de conforto e aconselhar eticamente alguém nos fará um bem enorme.

DIA 28 DE OUTUBRO – TERÇA-FEIRA
● Nova ● em Capricórnio às 08:03 ☾ LFC Fim às 08:03

Enquanto a Lua estiver em Capricórnio, não é indicado estar desocupado. A produtividade está em alta. Devemos aproveitar essa Lua para introduzir mais disciplina e perseverança seja no trabalho ou na vida pessoal. Sob a luz da realidade, nossa capacidade de avaliação está ampliada. Aqui, sonhos e devaneios ficam de lado. Com determinação alcançaremos nossos objetivos.

Lua conjunção Marte – 08:53 às 12:35 (exato 10:44)

Energia de muita garra e produção. Somos capazes de render muito mais no trabalho ou em qualquer outra atividade onde se pretenda um ótimo resultado. A ociosidade, nesse momento, é uma grande vilã, nos deixando aborrecidos e até com dor de cabeça. Portanto, a hora é de "correr atrás" do que se quer realizar.

Lua sextil Netuno – 14:51 às 18:20 (exato 16:35)

O contato com a natureza, especialmente com o mar, trará bem-estar e inspiração. Uma caminhada ecológica para se exercitar e se divertir está favorecida. E, por que não, reunir o lixo deixado pelo caminho por outras pessoas? Ioga e meditação serão praticadas com mais facilidade, assim como os trabalhos que requeiram sensibilidade, como é o caso dos artistas em geral.

Lua sextil Sol – 15:24 às 19:10 (exato 17:17)

Uma alegria poderá nos invadir pelo simples fato de estarmos onde estamos e sermos quem somos. Isto porque estamos mais coesos e enxergando melhor o que queremos e o que precisamos. Há uma integração entre nossas emoções e o nosso lado racional. O que favorece a resolução de conflitos, sejam eles internos ou externos. No trabalho, o momento é favorável para distribuir tarefas segundo a posição e competência de cada um.

Lua sextil Vênus – 17:04 às 20:54 (exato 19:00)

Mais uma ótima energia para hoje. O contato com as pessoas está muito beneficiado, especialmente as relações afetivas. Esse momento convida ao encontro a dois. Contamos com a colaboração e compreensão do outro. Boa hora, também, para pedir ou prestar um favor. Devemos dar preferência a tarefas que gostamos de fazer. Caprichar na apresentação estética dos trabalhos renderá uma simpatia extra.

DIA 29 DE OUTUBRO – QUARTA-FEIRA
● Nova ● em Capricórnio

Lua conjunção Plutão – 02:02 às 05:30 (exato 03:46)

Nada de discutir a relação nessas horas. Melhor dormir para aproveitar a energia de reconstrução física e emocional desse aspecto. Quem trabalha nesse período deve se acautelar sobre lugares perigosos ou de frequência duvidosa. Também deve-se evitar a todo custo as discórdias. Os ânimos estão exaltados.

Lua quadratura Urano – 06:06 às 09:32 (exato 07:49)

Energia nervosa no ar. Maior inquietação levando facilmente ao estresse. Quem tem horário marcado deve sair com uma margem de tempo. Não se deve ter coisas para resolver de última hora. É aconselhável reconfirmar os compromissos. Tudo está passível de mudança.

Lua quadratura Mercúrio – 13:41 às 17:17 (exato 15:29)
Melhor não fechar acordos. Excesso de informações e divergência de ideias podem interferir no trabalho, prejudicando o bom andamento das tarefas. As reuniões também não encontram um bom momento aqui. É mais difícil chegar a um acordo. Atenção! Palavras impróprias poderão ferir suscetibilidades.

Lua sextil Saturno – 23:16 às 02:44 de 30/10 (exato 01:00)
Esse aspecto nos concede maior concentração e disposição para se acabar alguma tarefa que ainda esteja por fazer. Essa sensação do dever cumprido nos garantirá uma boa noite de sono. Os que desempenham funções ou fazem plantão durante essas horas contam com maior disposição produtiva.

DIA 30 DE OUTUBRO – QUINTA-FEIRA
☾ Crescente à 00:49 em 07°36' de Aquário ☾ Aquário às 11:51 ☉ LFC Início à 01:00 ☉ LFC Fim às 11:51

Enquanto a Lua estiver em Aquário, o clima será de mais descontração. As pessoas estão mais soltas, dispostas a quebrar regras e romper com tudo que cerceie a liberdade. No relacionamento, ser independente e dar espaço para o outro é o que trará melhores resultados. E nada de dramas. Devemos exercer a aceitação das diferenças e o sentimento de fraternidade. Trabalhos em grupo são beneficiados.

Lua quadratura Sol – 22:58 às 02:37 de 31/10 (exato 00:47)
Devemos traçar um planejamento para alcançar os objetivos que ainda não foram alcançados. A Lua está entrando na sua fase Crescente. A hora é de batalhar pelo que se plantou na Lua Nova. Quem estiver exercendo algum trabalho ou profissão, saiba que não é uma boa hora para disputas, nem para tentar um acordo.

DIA 31 DE OUTUBRO – SEXTA-FEIRA
☾ Crescente ☾ Aquário

Lua quadratura Vênus – 01:41 às 05:25 (exato 03:33)
Durante estas horas, os que estão acordados podem se sentir mais solitários e carentes. As exigências em relação ao outro aumentam e ficamos mais suscetíveis a qualquer desatenção. Não é um bom momento para exigir uma definição no campo afetivo. O outro pode estar dividido e isso só aumentará a insegurança.

Lua sextil Urano – 09:15 às 12:38 (exato 10:57)

Boa energia que favorece as inovações e todo trabalho criativo. Não estamos tão envolvidos com as coisas e nem as levamos tão a sério. Não nos deixamos afetar tanto por elas. No trabalho, sair da rotina, alternar atividades, procurar um cliente novo, propor novas alternativas serão opções altamente produtivas.

Lua trígono Mercúrio – 19:52 às 23:29 (exato 21:40)

Reunir um grupo para a noitada dessa sexta-feira será uma ótima ideia. Haverá bom entrosamento, boa comunicação e trocas de experiências. Os deslocamentos são feitos com facilidade. É possível que se vá a algum lugar e de lá se vá para outro. Estamos curiosos e com vontade de experimentar novas alternativas.

Lua oposição Júpiter – 19:46 à 00:10 de 01/11 (exato 22:28)

Cuidado com o excesso de expectativa em torno do que se pretende. Em geral, tendemos a supervalorizar pessoas e situações. Isso deve ser evitado para não causar decepção depois. Melhor não ir "com muita sede ao pote". Ao sair para se divertir essa noite, é aconselhável maneirar na comida e bebida. A tendência é de abuso.

CALENDÁRIO LUNAR

NOVEMBRO 2014

Domingo	Segunda-feira	Terça-feira	Quarta-feira	Quinta-feira	Sexta-feira	Sábado
						1 ♓
						Lua Crescente em Peixes às 14:36 LFC 04:21 às 14:36
2 ♓	3 ♈	4 ♈	5 ♉	6 ♉	7 ♊	8 ♊
Lua Crescente em Peixes	Lua Crescente em Áries às 16:53 LFC 07:05 às 16:53	Lua Crescente em Áries	Lua Crescente em Touro às 19:33 LFC 11:24 às 19:32	Lua Cheia em Touro às 20:24	Lua Cheia em Gêmeos às 23:45 LFC 14:16 às 23:44	Lua Cheia em Gêmeos
9 ♊	10 ♋	11 ♋	12 ♌	13 ♌	14 ♌	15 ♍
Lua Cheia em Gêmeos LFC início às 14:21	Lua Cheia em Câncer às 06:38 LFC fim às 06:37	Lua Cheia em Câncer	Lua Cheia em Leão às 16:44 LFC 07:16 às 16:44	Lua Cheia em Leão	Lua Minguante em Leão às 13:17	Lua Minguante em Virgem às 05:08 LFC 00:52 às 05:08
16 ♍	17 ♎	18 ♎	19 ♎	20 ♏	21 ♏	22 ♐
Lua Minguante em Virgem	Lua Minguante em Libra às 17:29 LFC 09:11 às 17:29	Lua Minguante em Libra	Lua Minguante em Libra LFC início às 12:24	Lua Minguante em Escorpião às 03:29 LFC fim às 03:30	Lua Minguante em Escorpião	Lua Nova às 10:33 Sagitário às 10:18 LFC 07:38 às 10:19 Sol em Sagitário às 07:38
23 ♐	24 ♑	25 ♑	26 ♒	27 ♒	28 ♓	29 ♓
Lua Nova em Sagitário	Lua Nova em Capricórnio às 14:30 LFC 01:16 às 14:31	Lua Nova em Capricórnio	Lua Nova em Aquário às 17:22 LFC 13:29 às 17:22	Lua Nova em Aquário	Lua Nova em Peixes às 20:03 LFC 15:14 às 20:03	Lua Crescente em Peixes às 08:07
30 ♈						
Lua Crescente em Áries às 23:14 LFC 18:47 às 23:13						

O CÉU DO MÊS DE NOVEMBRO 2014

Mercúrio e Júpiter (01/11) abrem o mês com muitas oportunidades de negócios. Conversas ajudam a fazer um projeto prosperar. Bom momento para o entretenimento educativo e para os eventos que envolvem muitas pessoas.

No dia 8, Mercúrio entra em Escorpião. Durante esse período (até 28/01), conversas superficiais não são toleradas. É importante entender bem o que se fala. Do contrário, melhor guardar a informação para si. Flagram-se questionamentos inteligentes e posicionamentos sagazes.

Vênus em desarmonia com Júpiter (09/11) traz um desafio entre posse e doação, entre mesquinhez e generosidade. Devem-se evitar negócios de grande expressão e também desafios à própria sorte.

Marte e Plutão (10/11) encontram-se, no céu, aliando força e perspicácia ao poder. Podem ser esperadas atitudes radicais, agressivas e, sobretudo, contundentes. Dia de maior cobiça. Ideal para planejar o próximo ano e conquistar o posicionamento estratégico desenhado para este ano. Nos relacionamentos, libido em alta.

Mercúrio e Netuno em grande harmonia (12/11) promovem soluções abrangentes para problemas difíceis. Inteligência e intuição estão em comum união. Há grande poder de persuasão. Harmonia entre racional e irracional. Excelente para todo trabalho que envolve a psique humana. No mesmo dia, Marte desarmoniza com Urano (12/11) e traz conflito entre o poder de uma minoria contra o interesse coletivo. No plano pessoal, pode ser testada a força da determinação frente a um evento inesperado. E, ainda, Vênus encontra Saturno (12/11) sugerindo a necessidade de maior controle financeiro, contenção de despesas e planejamento estratégico dos investimentos. Acentua-se o desejo de aprofundar pesquisas e destaca-se o valor da maturidade.

O Sol em desarmonia com Júpiter (14/11) fomenta um olhar profundo sobre os assuntos do ego e promove grande oportunidade de regeneração. Brigas pelo poder e entre poderes estão na disposição dessa energia. Vênus e Plutão (14/11), além de evidenciar o amor pelo status, trazem o ciúme e o medo da perda. Não é um dia recomendado para grandes investimentos, mas para refletir sobre o valor dos relacionamentos frente às necessidades materiais.

Mercúrio e Plutão (16/11) geram oportunidades de entendimento com pessoas importantes ou de realização de acordos importantes. Dia de conversas extremamente produtivas. No mesmo dia, Netuno entra em movimento retrógrado (16/11) e começa uma revisão maior dos sonhos de vida. Estimula o desprendimento material e toca a sensibilidade para questões sociais e para a importância da preservação da natureza. Faz, também, uma revisão sobre o sentimento de pertencimento.

Ainda no dia 16,Vênus entra em Sagitário (até 10/12) e fomenta a percepção de que o amor é sagrado. Aumenta o desejo por relações exóticas e relacionamentos francos. Além disso, há maior honestidade nas transações comerciais e intensifica-se o senso ético.

Mercúrio e Urano (17/11) trazem o dilema entre pensamento estratégico e reação espontânea e promovem ajustes entre invenção e exploração da ideia.

Vênus e Marte (18/11) trazem ansiedade para os relacionamentos e para a conclusão de negócios. Sol encontra Saturno (18/11) e o tempo cobra resultado de esforços. Hora de avaliar a produção anual.

Sol e Plutão (19/11), com certa insatisfação iluminam a ambição desmedida, a meta superestimada e a necessidade de mudar de posição ou tática.

Vênus em desarmonia com Netuno (20/11) destaca o desejo insaciado e decepção por excesso de expectativa. Não é um bom dia para investir em arte, nem fazer investimentos de grande expressão. O melhor é refletir sobre o desafio de amar incondicionalmente e de se doar em expectativa de retorno. Dia que desafia o trabalho voluntário.

Marte e Netuno (21/11) trazem irritação entre ações pontuais e resultados insó litos. Mercúrio e Marte (21/11) geram oportunidade de agir de forma mais eficaz Boas possibilidades de ter acesso a informações importantes que fazem diferença

O Sol chega ao signo de Sagitário (22/11) e ilumina a expansão dos horizontes, tanto no mundo interior quanto no mundo exterior. Há aumento da fé, da religiosidade, do senso de justiça, e valorização da atitude nobre. O Sol, neste signo, valoriza a atitude espontânea e o pensamento positivo.

Mercúrio em desarmonia com Júpiter (23/11) mostra que pensamentos egoístas não trazem evolução. Conversas de bastidores vêm à tona. Articulistas estão em maus lençóis.

Marte em ajuste com Júpiter (24/11) realiza uma "medição de forças". É melhor fazer concessões agora do que enfrentar oposições ainda mais fortes no futuro próximo.

Mercúrio encontra Saturno (26/11) e há maior seriedade, responsabilidade e comprometimento para tratar qualquer assunto. Pensamento profundo e estruturado não permite atitudes destrutivas ou pensamentos negativos provocados pelo aspecto entre Mercúrio e Plutão (26/11) no mesmo dia.Vênus em grande harmonia com Urano (26/11) traz a esperança no futuro, na mudança e na capacidade humana de ir além.

Sol em desarmonia com Netuno (27/11) torna este dia especialmente melancólico, mas também destaca a percepção de que tudo passa e de que essa fugacidade pode ser boa, além de necessária.

Mercúrio entra em Sagitário (28/11 até 17/12). O pensamento ganha amplitude e a mente é capaz de buscar mais conhecimento em quaisquer circunstâncias. Há grande estímulo para a aquisição de saberes elevados, viagens culturais e conversas intelectuais. Bom momento para começar um curso de idiomas estudar filosofia ou qualquer assunto que alargue a mente e permita interagir com mais pessoas. Aumenta a capacidade argumentativa. Tempo de maior educação no trato com as pessoas.

POSIÇÃO DIÁRIA DA LUA NO MÊS DE NOVEMBRO

DIA 1 DE NOVEMBRO – SÁBADO
☾ Crescente ☾ em Peixes às 14:36 ☉ LFC Início às 04:21 ☉ LFC Fim às 14:36

Enquanto a Lua estiver em Peixes, as pessoas se tornam mais sentimentais e sonhadoras. Tudo o que faz esquecer um pouco a dura realidade será mais procurado. Ir ao cinema, dançar, ouvir música, assistir a um bom show são exemplos. Essa Lua também propicia uma facilidade extra para entrarmos em sintonia com os outros. Dessa forma, é mais fácil atrair alguém de nosso interesse. O melhor para esses dias é não oferecer resistência frente aos fatos. Deixar que as coisas simplesmente aconteçam, sem a nossa interferência. Permitir que algo maior as conduza será a grande saída.

Lua quadratura Saturno – 02:39 às 06:03 (exato 04:21)
Nesta madrugada, aqueles que estão exercendo alguma atividade, ou que "perderam" o sono, podem sentir certo abatimento e desânimo. Neste momento, o melhor é não "forçar a barra" para tentar consertar nada. Nem nas coisas de casa, nem em relacionamentos.

Lua conjunção Netuno – 21:04 à 00:26 de 02/11 (exato 22:45)
Requer maior atenção a tudo. Estamos propensos a esquecimentos e perda de objetos. Orações farão bem à alma, assim como tudo o que nos remeta a esperança e fé. Conversas sobre violência, assaltos, sofrimentos e afins devem ser evitadas. Isso só nos faria ficar para "baixo" e não solucionaria nada. O momento é de inspiração e envolvimento com coisas de ordem elevada.

Lua sextil Marte – 21:02 à 00:35 de 02/11 (exato 22:48)
Se tivermos que resolver alguma coisa que tenha ficado para trás no dia de hoje, essa é a hora. Contanto que não nos leve a um desgaste físico ou emocional, por conta da energia anterior. Apesar do horário, caminhar na orla observando o mar, o vaivém das ondas, ajudará a relaxar e a ter um sono mais tranquilo.

DIA 2 DE NOVEMBRO – DOMINGO
☾ Crescente ☾ em Peixes

Lua trígono Sol – 05:21 às 08:57 (exato 07:09)

Essa energia promove harmonia entre casais. Entrar em acordos, sensibilizar o outro para a nossa causa, será sucesso garantido. É um momento de muita fertilidade. De ideias, ideais, de fluidez com a vida e, inclusive, para engravidar.

Lua sextil Plutão – 08:04 às 11:25 (exato 09:44)

Estamos em condições de entender melhor nossas emoções e detectar o que realmente nos afeta no momento. Há uma predisposição para lidar com assuntos de natureza profunda, como vida após a morte, já que é dia de Finados, ou assuntos que nos estejam afetando de alguma forma. Bom dia para reencontrar amigos antigos. No relacionamento, favorece recuperar uma antiga paixão.

Lua trígono Vênus – 09:05 às 12:46 (exato 10:56)

Este domingo está mesmo especial! Esse belo aspecto promove um clima de entendimento entre todos. Favorece ajudas mútuas e o bom humor. Devemos nos aproximar das pessoas queridas. Ou nos reconciliar com quem anda afastado. As atividades agradáveis com pessoas agradáveis, passeio de mãos dadas com alguém especial... Tudo isso será um bálsamo para o corpo e a alma.

DIA 3 DE NOVEMBRO – SEGUNDA-FEIRA

☾ Crescente ☾ em Áries às 16:53 ☉ LFC Início às 07:05 ☉ LFC Fim às 16:53

Enquanto a Lua estiver em Áries, haverá um aumento da autoconfiança e, assim, somos capazes de enfrentar melhor os desafios e de nos autoafirmar. Todos estarão mais impacientes. Os serviços devem ser rápidos, senão o freguês desiste. Há uma tendência a resolver apressadamente mesmo o que não tem urgência. Filas ou burocracias devem ser evitadas.

Lua trígono Saturno – 05:23 às 08:46 (exato 07:05)

Acordar logo cedo e realizar o que estiver programado será mais fácil sob essa configuração. Nosso senso de disciplina e responsabilidade está ampliado. A prudência ditará as regras para lidar com qualquer situação.

DIA 4 DE NOVEMBRO – TERÇA-FEIRA

☾ Crescente ☾ em Áries

Lua quadratura Marte – 05:05 às 05:38 (exato 03:52)

Esse aspecto costuma trazer muita ansiedade. Tendência a agitação e a tomar atitudes precipitadas. Isso poderá acarretar pequenos acidentes. O pessoal que tira plantão nessas horas deve se acautelar quanto a isso. Principalmente os que lidam com trabalhos que ofereçam algum tipo de risco.

Lua quadratura Plutão – 10:26 às 14:07 (exato 12:08)

Seja no trânsito, no trabalho ou nos relacionamentos em geral, é preciso um verdadeiro exercício de gentileza. Os ânimos tendem a ficar mais exaltados. Não é um bom momento para entrar em atrito com ninguém. Principalmente com figuras de autoridade. Aquele pedido de aumento fica para outra hora. Produtos químicos e radioativos devem ser tratados com atenção redobrada.

Lua conjunção Urano – 11:48 às 16:10 (exato 15:29)

Pode-se esperar uma mudança repentina nos planos. Aumenta a inquietação. Devemos ter um plano "B" para driblar a tensão provocada por esse aspecto. No trabalho é aconselhável alternar tarefas e buscar novidades. Há maior intolerância para tarefas repetitivas. Não é hora de se cobrar decisões de ninguém.

DIA 5 DE NOVEMBRO – QUARTA-FEIRA

☽ Crescente ☽ em Touro às 19:33 ☉ LFC Início às 11:24 ☉ LFC Fim às 19:32

Enquanto a Lua estiver em Touro, nossas emoções estarão mais estabilizadas. O mundo dos sentidos estará mais apurado e estimulado. A gastronomia, em alta. Bons restaurantes serão mais procurados. Comer bem, com calma e em ambiente agradável trará grande satisfação emocional. Serviços ligados a estética, massagens, compra de artigos que nos tragam conforto em casa ou no escritório estão favorecidos.

Lua trígono Júpiter – 02:19 às 05:43 (exato 04:01)

Os que estiverem acordados ou tiverem atividades durante essas horas sentirão uma energia de ânimo e entusiasmo. Essa combinação astrológica nos motiva a enfrentar os obstáculos de cabeça erguida. E em condições de superá-los de forma efetiva. Estamos nos sentindo autoconfiantes e em condições de tomar decisões acertadas.

Lua oposição Mercúrio – 09:33 às 13:18 (exato 11:25)

Não é aconselhável o lançamento de campanhas ou propagandas. Toda forma de comunicação está sujeita a má interpretação. Expor sentimentos poderá ser um erro. Falar da vida alheia ou fazer julgamentos levará a mal-entendidos, causando discussões inúteis. Nessas horas não se deve fechar nenhum acordo. Cuidado, também, ao assinar papéis importantes. Se for o caso, deve-se ler bem as entrelinhas.

DIA 6 DE NOVEMBRO – QUINTA-FEIRA
O Cheia às 20:24 em 14°26' de Touro O em Touro

Lua sextil Netuno – 02:06 às 05:31 (exato 03:49)
Os que estiverem acordados sentirão um astral de leveza e romantismo. Ótimo para os artistas que escolhem esse horário tranquilo para criar suas obras, pois contam com muita inspiração.

Lua trígono Marte – 07:49 às 11:29 (exato 09:39)
Excelente energia para desempatarmos uma situação que vem se arrastando. Em qualquer tipo de relacionamento devemos ser verdadeiros na expressão de nossos sentimentos. Ser espontâneo e tomar a iniciativa de se aproximar de alguém trará o resultado esperado. No trabalho, vale a pena estar antenado para oportunidades que surgirem.

Lua trígono Plutão – 13:35 às 17:02 (exato 15:17)
Favorece todo tipo de recuperação. Inclusive recuperar público que já conheça o serviço ou o produto. Também é interessante para retomar projetos que deixamos para trás. Favorece, também, a reapresentação de propostas. Seja na vida pessoal ou profissional, algo que parecia perdido poderá tomar forma e mostrar-se possível.

Lua oposição Sol – 18:30 às 22:16 (exato 20:23)
Casais com diferenças acentuadas entre si poderão senti-las com mais intensidade. O melhor será oferecer apoio ao outro e dividir tarefas. Por outro lado, haverá uma energia propícia ao encontro a dois, levando a uma relação tórrida.

DIA 7 DE NOVEMBRO – SEXTA-FEIRA
O Cheia O em Gêmeos às 23:45 ☾ LFC Início às 14:16 ☾ LFC Fim às 23:44

Enquanto a Lua estiver em Gêmeos, as pessoas estarão mais abertas para fazer contatos. Através da troca de informações poderemos encontrar aquela que tanto buscávamos. No comércio, tudo o que incitar a curiosidade do público ou oferecer novidades será muito bem aceito. Impera certa camaradagem entre todos e até os atritos acabam dando em nada Bom período para se frequentar livrarias, bancas de jornal e feiras.

Lua oposição Vênus – 00:36 às 04:26 (exato 02:31)
Há um sentimento de estarmos divididos quanto aos desejos. Aumenta a carência emocional caso não se tenha um bom retorno do parceiro. Nesse momento, qualquer desatenção ganha grandes proporções.

Lua quadratura Júpiter – 06:13 às 09:45 (exato 07:59)
O sentimento de insatisfação poderá perdurar nesse início de manhã. Cuidado com exageros de todo tipo. As expectativas em relação a algo tendem a aumentar. A realidade será outra, provocando frustração.

Lua oposição Saturno – 12:31 às 16:04 (exato 14:17)
Devemos estar atentos para uma tendência à autocobrança. No trabalho as tarefas parecerão mais árduas e a sensação é de que, por mais que se faça, rendemos pouco. Esse aspecto desfavorece o contato social. Melhor um procedimento mais impessoal. Dará mais certo executarmos as tarefas que já dominamos.

DIA 8 DE NOVEMBRO – SÁBADO
O Cheia O em Gêmeos

Lua quadratura Netuno – 06:33 às 10:09 (exato 08:21)
Falta de objetividade. Muita preguiça, desânimo, falta de vontade para iniciar o dia. Os que puderem descansar um pouco mais nesse sábado ou praticar ioga ou meditação serão mais beneficiados. Quem tiver tarefas a cumprir, terá que prestar mais atenção a tudo. Sob essa configuração ficamos mais desligados e podemos esquecer algo importante.

Lua sextil Urano – 21:53 à 01:32 de 09/11 (exato 23:42)
Disposição leve. Uma noite com algo inusitado, tipo um novo jeito de se vestir, um novo penteado, sair com um grupo diferente do habitual, será compensadora. As mudanças e inovações serão bem-vindas e farão toda a diferença.

DIA 9 DE NOVEMBRO – DOMINGO
O Cheia O em Gêmeos ☪ LFC Início às 14:21

Lua sextil Júpiter – 12:30 às 16:14 (exato 14:22)
O almoço de domingo promete muita alegria e alto astral. Será ótimo reunir as pessoas queridas para um bate-papo descontraído e repleto de boas informações, inclusive culturais. Viagens e passeios beneficiados. Favorece campanhas, shows e espetáculos ao ar livre. Eventos de grande porte tenderão a lotar.

DIA 10 DE NOVEMBRO – SEGUNDA-FEIRA
O Cheia (disseminadora) O em Câncer às 06:38 ☪ LFC Fim às 06:37

Enquanto a Lua estiver em Câncer, estaremos à mercê das emoções. Ficamos mais sensíveis e menos racionais. Estar junto aos familiares ou a pessoas muito íntimas, cuidar da vida doméstica, enfeitar o lar, fazer com que fique bem aconchegante, será de grande importância. Nesses dias é disso que precisamos. Aconchego, carinho e proteção. Comer o "bolo da vovó" e sentir novamente o sabor da infância trará imensa satisfação emocional.

Lua trígono Mercúrio – 08:56 às 13:14 (exato 11:05)

Especialmente benéfico a leitura, escrita, aprendizado e entrevistas em geral. Estamos mais articulados e os pensamentos fluem melhor. Favorece mudanças e fretes. Faremos bons negócios comprando artigos para a casa. Propicia, também, a exposição de ideias e sentimentos. Se quisermos tocar mais fundo o coração dos que nos cercam, esse é o momento.

Lua trígono Netuno – 13:50 às 17:38 (exato 15:44)

A tarde mantém o bom astral, agora beneficiando artistas, compositores e escritores. Esse aspecto traz grande inspiração. Bom período para bazares de caridade. A divulgação de campanhas e projetos comunitários está favorecida. É mais fácil reunir pessoas em torno de um propósito.

DIA 11 DE NOVEMBRO – TERÇA-FEIRA
○ Cheia (disseminadora) ○ em Câncer

Lua oposição Plutão – 02:49 às 06:39 (exato 04:44)

Quem tiver atividades durante essas horas deverá redobrar a atenção quanto a lugares passíveis de assalto. Aumento da violência social. Ânimos alterados. Lembranças antigas de traumas ou mágoas poderão nos assombrar, tirando nossa paz e nosso sono. Isso é uma pena, pois o que passou, passou. Podemos aproveitar essa energia tão profunda e vasculhar nosso íntimo para descobrir o quanto já mudamos. O quanto tudo já mudou. Ficar presa de um passado somente atrapalhará nosso futuro desenvolvimento.

Lua oposição Marte – 03:10 às 07:15 (exato 05:13)

O astral continua pesado para essa madrugada e começo de manhã. Devemos evitar discussões e provocações. Nesse caso, "fingir que não ouviu" é a melhor saída para anular o início de uma briga. Atenção ao trânsito. Evite a velocidade. Manter a calma nesse momento é difícil, mas necessário.

Lua quadratura Urano – 05:57 às 09:49 (exato 07:52)

Aumento da ansiedade. Não devemos tomar nenhuma decisão. Essa poderá não estar madura o suficiente e ocorrer por impulso. É aconselhável ter flexibilidade de horário. Nada sai como agendado. Preservar nossa liberdade e concedê-la ao outro será primordial.

Lua trígono Sol – 17:47 às 22:03 (exato 19:55)
Ótimo astral para o encontro a dois. Aumenta o entendimento e a disposição para colaborar. No caso de precisarmos de ajuda, será melhor requisitá-la a alguém do sexo oposto. Aquela conversa delicada pode ser agora. O outro estará em melhores condições de entender e de se fazer entender

DIA 12 DE NOVEMBRO – QUARTA-FEIRA
O Cheia (disseminadora) O em Leão às 16:44 ☾ LFC Início às 07:16 ☾ LFC Fim às 16:44

Enquanto a Lua estiver em Leão, o clima será de alto astral, como alta também estará nossa disposição para viver a vida de forma mais plena e com tudo a que temos direito. As pessoas estarão mais alegres e esfuziantes. Aumenta a vontade de sair de casa, de se mostrar, devido à natureza calorosa e radiante emanada por Leão. Ótimo período para desempenhar trabalhos criativos, que expressem nosso estilo e ideias. Estar no centro das atenções trará uma satisfação imensa. Por isso, as homenagens são muito apreciadas durante esses dias.

Lua trígono Vênus – 03:27 às 07:49 (exato 05:38)
Nestas horas toda forma de aconchego e de carinho será muito bem-vinda. Se alguém especial estiver doente e pudermos lhe dispensar cuidados, demonstrando amor e dedicação, é provável que essa pessoa se restabeleça bem mais rápido. É, o amor cura!

Lua trígono Saturno – 05:17 às 09:16 (exato 07:16)
Compromissos agendados para esse início de manhã serão cumpridos no horário marcado. Com determinação conseguiremos enfrentar situações ou tarefas. Por mais desgastante que possam parecer, sob essa configuração, tudo parecerá mais fácil de ser resolvido.

DIA 13 DE NOVEMBRO – QUINTA-FEIRA
O Cheia (disseminadora) O em Leão

Lua quadratura Mercúrio – 03:39 às 08:15 (exato 05:57)
Devemos evitar o envio de e-mails ou postar informações importantes no Facebook. Pode haver má interpretação, ou mesmo distorcerem nossas intenções. Nas relações íntimas cuidado com palavras impróprias. Isso poderá gerar ressentimentos.

Lua trígono Urano – 17:03 às 21:04 (exato 19:03)
Disposição para se fazer coisas novas, quebrar a rotina, sair do padrão e conhecer pessoas novas, diferentes das habituais. No trabalho será mais produtivo

intercalar as atividades do que se dedicar exaustivamente a uma única. Uma atitude mais ousada irá surpreender alguém que esteja na nossa mira.

DIA 14 DE NOVEMBRO – SEXTA-FEIRA
☽ Minguante às 13:17 em 22°10' de Leão ☽ em Leão

Lua conjunção Júpiter – 10:15 às 14:20 (exato 12:17)
Esse aspecto nos permite pensar grande, alargar nossas perspectivas, colocar mais cor em nossa vida. Bom para planejamento de viagem ou mesmo viajar. Maior movimentação nos aeroportos, rodoviárias e estradas. No trabalho ou no relacionamento o bom humor ajudará a desembaraçar qualquer entrave. Festivais, campeonatos e exposições beneficiados.

Lua quadratura Sol – 11:02 às 14:28 (exato 13:15)
Melhor deixar as tarefas mais desgastantes ou que não sejam de nosso agrado para outro horário. Pode faltar energia e devemos nos poupar nesse momento. Entre os casais a tendência é de acirramento das incompatibilidades. Vamos aproveitar o aspecto anterior para não ficar reféns desse. Vamos nos lembrar de não levar tudo tão a sério e agir com bom humor e generosidade com o outro.

Lua quadratura Saturno – 17:59 às 22:05 (exato 20:02)
É recomendável dar uma checada na despensa, pois poderá faltar um item essencial para a receita do jantar. Podemos nos sentir mais desvitalizados. Há uma baixa de resistência. No caso de ir à academia, não se exija tanto. Até porque poderá dar um jeito na coluna ou forçar as articulações de forma inadequada.

Lua quadratura Vênus – 22:36 às 03:08 de 15/11 (exato 00:52)
Esse aspecto acentua a dificuldade de escolha. Portanto, tendo que definir, escolher ou tomar uma decisão, o melhor será um adiamento. Na hora parecerá o melhor, mas depois veremos que a decisão foi errada.

DIA 15 DE NOVEMBRO – SÁBADO
☽ Minguante ☽ em Virgem às 05:08 ☺ LFC Início à 00:52 ☺ LFC Fim às 05:08

Enquanto a Lua estiver em Virgem, nos tornaremos mais seletivos e criteriosos. Não será qualquer pessoa ou coisa que nos agradará. Com olhos de "lupa", veremos os defeitos com facilidade em qualquer situação. Os lugares públicos, como restaurantes, bares, mercados etc., deverão primar pelo asseio e arrumação para atrair os clientes. No amor recomenda-se a discrição. Fazer dramas ou dar "chilique" poderá pôr tudo a perder.

Lua conjunção Netuno – 12:50 às 16:53 (exato 14:51)

Quem puder tirar um soninho nesta tarde de sábado deve fazê-lo, pois a energia está em baixa e não há disposição para grandes feitos. Um cinema também cairá bem. Ou assistir a um bom filme em casa mesmo. A poesia, a música, as artes em geral também serão ótimas pedidas para dar um pouco de encantamento à alma.

DIA 16 DE NOVEMBRO – DOMINGO
☽ Minguante ☽ em Virgem

Lua sextil Mercúrio – 01:28 às 06:08 (exato 03:48)

Os notívagos poderão aproveitar essas horas para bater altos papos, mesmo que seja por mensagem, telefone etc. Essa energia tem tudo a ver com comunicação, troca de informação, pesquisas e estudos. Compras via internet beneficiadas.

Lua trígono Plutão – 02:50 às 06:54 (exato 04:52)

Excelentes horas para um sono profundo, curativo, recuperador. Será um benefício restaurador para o organismo. Se tomarmos a decisão de abandonar um hábito ou vício, será mais fácil erradicá-lo. Além de esse aspecto contribuir para isso, a Lua está na fase Minguante, ótima para se dar um fim ao que não nos serve mais.

Lua trígono Marte – 11:08 às 15:26 (exato 13:17)

Alta disposição. O domingo promete boa influência para a prática de esportes e caminhadas ao ar livre. Lugares amplos e abertos terão preferência. Se tivermos que preparar um almoço de última hora para reunir familiares ou amigos, num instante resolveremos o cardápio e agilizaremos tudo.

DIA 17 DE NOVEMBRO – SEGUNDA-FEIRA
☽ Minguante ☽ em Libra às 17:29 ☉ LFC Início às 09:11 ☉ LFC Fim às 17:29

Enquanto a Lua estiver em Libra, será mais fácil fazer as pazes ou se reconciliar, pois essa é uma energia de dar e receber. Se isto não estiver em equilíbrio, ou seja, uma das partes der mais que a outra, haverá um desacerto. Maior bem-estar em companhia de alguém que possa compartilhar nossos gostos e desejos. Com a Lua em Libra a solidão está proibida. Fazer tudo a dois é muito mais gratificante.

Lua sextil Sol – 05:15 às 09:36 (exato 07:26)

Promessa de muita harmonia e apaziguamento entre casais. Pode-se "discutir a relação". Nesse momento estamos mais coesos quanto a nossas necessidades e nossos desejos. Dessa forma, eles seguirão um só rumo, o que facilita alcançar nossas metas para o dia de hoje.

Lua sextil Saturno – 07:10 ás 11:11 (exato 09:10)
O senso de realidade estimulado por esse aspecto nos fará pensar e agir dentro do possível, sem devaneios. As emoções estão na medida certa. Podemos realizar tarefas com mais determinação. No trabalho ou nos estudos, a combinação entre disciplina e produtividade garantirá um melhor rendimento.

Lua sextil Vênus – 18:06 às 22:30 (exato 20:18)
Feliz final de segunda-feira. A noite promete encanto e sedução. É só preparar um ambiente bonito, enfeitar a mesa, caprichar no visual e chamar o ser amado para compartilhar o jantar. Quem sabe dançar depois...

DIA 18 DE NOVEMBRO – TERÇA-FEIRA
☽ Minguante (balsâmica) ☽ em Libra

Lua quadratura Plutão – 14:41 às 18:36 (exato 16:39)
Mais do que nunca devemos fazer uso da diplomacia. Seja em casa, na rua ou no ambiente de trabalho. Sob essa configuração ficamos mais desconfiados e tendemos a levar tudo para o lado pessoal. Principalmente com nossos desafetos. Essa atitude deve ser evitada. As explosões de temperamento devem ser controladas, pois serão destrutivas.

Lua oposição Urano – 17:06 às 20:58 (exato 19:03)
Essa energia também colabora para brigas e rompimentos inesperados. Logo, não devemos pressionar o outro. Naturalmente estamos impacientes e agitados. Atividades repetitivas e sem criatividade devem ser evitadas. Quem estiver no trânsito, atenção ao limite de velocidade e aos semáforos. Quem estiver a pé, não atravesse a rua afoitamente nem fora do sinal.

DIA 19 DE NOVEMBRO – QUARTA-FEIRA
☽ Minguante (balsâmica) ☽ em Libra, LFC Início às 12:24

Lua quadratura Marte – 02:25 às 06:32 (exato 04:29)
Promessa de agitação e ansiedade para essa madrugada. Tendência a enxaqueca. Os que trabalham nesse horário estarão ávidos para a hora passar rápido e poderem voltar para casa e fazer o que gostam. Os que levantam cedo para trabalhar devem ter cuidado com movimentos estabanados e atitudes impensadas.

Lua sextil Júpiter – 10:28 às 14:18 (exato 12:23)
O astral agora melhora bastante. Com o aumento da autoconfiança, teremos a sensação de que podemos alcançar tudo o que nos propusermos. O otimismo

colabora para isso e devemos entusiasmar as pessoas a nossa volta para lutarem pelo que querem. Gentileza gera gentileza. Generosidade gera generosidade.

DIA 20 DE NOVEMBRO – QUINTA-FEIRA

☽ Minguante (balsâmica) ☽ em Escorpião às 03:29 🌑 LFC Fim às 03:30

Enquanto a Lua estiver em Escorpião, será um período de maior disposição investigativa e profunda acerca dos nossos sentimentos e intenções. Tendemos a uma abordagem menos inocente e superficial da vida. Buscamos mais intensidade e consistência em todas as situações. Momento recomendável para eliminar uma situação que já venha se arrastando. Teremos coragem suficiente para isso. Medidas radicais também dão certo. Por exemplo, parar de fumar, ou iniciar uma dieta para emagrecer, aproveitando a Lua Minguante.

Lua trígono Netuno – 10:37 às 14:20 (exato 12:29)
Uma forte sensação de encantamento nos leva ao interesse por atividades mais singelas. Passeios junto ao mar, ou na natureza, observar um beija-flor ou o azul do céu são coisas aparentemente simples. Mas, em verdade, trarão uma ótima vibração.

Lua sextil Plutão – 23:40 às 03:21 de 21/11 (exato 01:31)
Apesar do horário avançado, os notívagos têm aqui uma excelente oportunidade para fazer arrumações e limpezas. Separar o que não tem mais utilidade para doar. Ou então encontrar um novo uso, ou mesmo reformar alguma coisa. A sensação de nos livrar dessa "tralha" proporcionará uma incrível sensação de leveza interior.

DIA 21 DE NOVEMBRO – SEXTA-FEIRA

☽ Minguante (balsâmica) ☽ em Escorpião

Lua sextil Marte – 14:05 às 17:56 (exato 16:00)
Vamos agendar o que for importante para ser resolvido nessas horas. Contamos com pique e espírito de iniciativa suficientes para enfrentar seja lá o que for. Importante manter a atenção quanto às oportunidades que poderão surgir, inclusive no trabalho. No relacionamento afetivo vale investir na sinceridade e ir direto ao ponto. Expressar os sentimentos com espontaneidade é o que dará certo.

Lua conjunção Mercúrio – 14:14 às 18:21 (exato 16:17)
Essa energia também nos ajuda a agilizar tarefas. Favorece deslocamentos em geral, inclusive trabalhos na rua. As atividades que requeiram concentração

e trabalho cerebral fluem melhor. Estudos, em geral, também. O momento beneficia reuniões de trabalho. O happy hour desta tarde de sexta promete muita conversa, troca de informações e contatos. Se quisermos encontrar alguém normalmente difícil de encontrar, agora é um bom momento para isso.

Lua quadratura Júpiter – 18:29 às 22:05 (exato 20:17)
Cuidado, estamos propensos a criar expectativas e a esperar favores que talvez não se cumpram. Tendência a se consumir mais do que o necessário. Por isso, devemos evitar compras nesse horário. Atenção ao jantar. É mais fácil extrapolar a dieta sob essa configuração.

DIA 22 DE NOVEMBRO – SÁBADO
● Nova às 10:33 em 00°07' de Sagitário ● em Sagitário às 10:18 ☾ LFC Início às 07:38 ☾ LFC Fim às 10:19

Entrada do Sol no signo de Sagitário às 07h38min10seg

Enquanto a Lua estiver em Sagitário, temos muito entusiasmo para viver aventuras, viajar e ir além do que foi estipulado. Somos contagiados com bom humor recheado de otimismo. Atividades em espaços amplos que deem a ideia de total liberdade serão as mais procuradas. Queremos nos sentir em movimento, indo em alguma direção. Atitudes mesquinhas, pessoas limitadas ou situações restritas passam a nos incomodar mais do que de costume. Em compensação, a fartura de afeto, de coisas materiais ou de ideias nos oferece imenso bem-estar.

Lua conjunção Saturno – 02:03 às 05:40 (exato 03:52)
Baixo astral e baixa de energia. Devemos mesmo aproveitar o horário para descansar. E não cansar o outro com cobranças ou exigências. Nesse momento ninguém está podendo. Problemas de coluna ou dores de dente podem se acentuar, assim como qualquer problema de saúde que não esteja sendo tratado devidamente.

Lua conjunção Sol – 08:36 às 12:26 (exato 10:31)
Este é o momento em que a Lua entra na fase Nova. Não são aconselháveis exames nem *checkups*. Ainda não há clareza suficiente para se fechar um diagnóstico. Podemos funcionar no planejamento das coisas. Tudo ainda se encontra numa etapa embrionária. Muita coisa ainda pode mudar.

Lua quadratura Netuno – 17:03 às 20:35 (exato 18:50)
Neste sábado, devemos buscar programas amenos, que não exijam muita energia física nem emocional. Cinema, teatro, show, concerto, exposição de

fotos ou quadros são boas opções. A sensibilidade está bastante aguçada e fica mais fácil nos colocarmos no lugar do outro. Prestar ajuda e caridade nos fará um bem imenso.

Lua conjunção Vênus – 20:20 à 01:12 de 23/11 (exato 00:16)
Ótimo momento para se conquistar alguém. Esse aspecto favorece as conquistas através de atitudes carinhosas, charme e sedução. Para quem já tem um par, hora de injetar um pouco de aventura e novidade na relação. As compras também estão beneficiadas. Encontramos com mais facilidade os artigos que nos interessam e é possível fazer bons negócios.

DIA 23 DE NOVEMBRO – DOMINGO
● Nova ● em Sagitário

Lua trígono Urano – 07:17 às 10:45 (exato 09:01)
Essa manhã de domingo pede uma programação fora do usual. Inventar algo novo para o café da manhã, telefonar para alguém que não vemos há muito tempo ou surpreender a pessoa amada com alguma atitude dará super certo.

Lua trígono Júpiter – 23:31 à 01:59 de 24/11 (exato 01:15)
O domingo que começou bem pode acabar melhor ainda. Esse aspecto favorece tudo o que nos leve a pensar grande, a fazer planos grandiosos que, certamente, darão certo. As viagens estão favorecidas, ou o planejamento delas. Nessas horas é mais fácil perceber que há algo maior e mais justo que norteia nossa vida e guia nossos passos. Pode apostar!

DIA 24 DE NOVEMBRO – SEGUNDA-FEIRA
● Nova● em Capricórnio às 14:30 ☉ LFC Início à 01:16 ☉ LFC Fim às 14:31

Enquanto a Lua estiver em Capricórnio, todos estão mais sérios e dispostos a oferecer e exigir competência. Não nos importamos em fazer sacrifícios em nome de objetivos futuros. Estamos menos imediatistas, pensamos melhor sobre as reais possibilidades de algum projeto antes de nos lançar a ele. Com mais sensatez é possível investir no que é seguro e confiável. Não é o melhor momento para buscar apoio nem para expressar sentimentos. Porém uma atitude responsável despertará o interesse de quem se queira conquistar.

Lua sextil Netuno – 21:02 à 00:26 de 25/11 (exato 22:44)
No relacionamento afetivo, prevalecerá a união de alma sobre a união dos corpos. Há maior sintonia entre as pessoas. Uma coincidência não será apenas

uma coincidência. Haverá muito mais do que "sonha a nossa vã filosofia". Sob essa configuração torna-se mais fácil intuir a melhor direção que devemos dar às coisas.

DIA 25 DE NOVEMBRO – TERÇA-FEIRA
● Nova ● em Capricórnio

Lua conjunção Plutão – 09:12 às 12:36 (exato 10:54)
Bom horário para consultas médicas. Haverá muita seriedade nos procedimentos e condições para aprofundar um diagnóstico. Mesmo os mais difíceis serão desvendados. Os profissionais com reconhecimento e *experts* no assunto terão mais êxitos. Essa energia nos deixa obsessivos enquanto não resolvemos o que nos incomoda.

Lua quadratura Urano – 10:42 às 14:06 (exato 12:24)
Devemos ter cuidado com ações precipitadas. Decisões não devem ser tomadas. Elas são fruto de impulso e não de amadurecimento. Essas são horas aceleradas. No trabalho parece que tudo pede urgência. Ou então as coisas saem do esquema, nos obrigando a procurar alternativas.

DIA 26 DE NOVEMBRO – QUARTA-FEIRA
● Nova ● em Aquário às 17:22 ☽ LFC Início às 13:29 ☽ LFC Fim às 17:22

Enquanto a Lua estiver em Aquário, será um momento favorável para atividades em grupo ou que reúnam um grande número de pessoas. É, também, recomendável para lançamento de produtos originais ou sem similares no mercado. Época para dar espaço ao acaso. Ele nos conduzirá a boas surpresas. Estaremos propensos a experimentar coisas diferentes. Restrições de qualquer espécie nos parecerão insuportáveis.

Lua conjunção Marte – 04:18 às 07:53 (exato 06:06)
Início de manhã bastante acelerado. Pulamos da cama com mais disposição para "enfrentar o mundo". Será recomendável ter o que fazer, pois a ociosidade será extremamente entediante, levando até ao mau humor. Os que vão logo cedo malhar serão beneficiados, pois o corpo apresentará melhor rendimento.

Lua sextil Saturno – 10:27 às 13:51 (exato 12:09)
Tudo o que foi agendado para estas horas tenderá a ser cumprido de maneira eficiente. No trabalho, as tarefas serão executadas com responsabilidade e empenho. Melhor será deixá-las bem finalizadas. Isso trará bem-estar emocional.

Lua sextil Mercúrio – 11:35 às 14:23 (exato 13:29)

Podemos marcar conversas difíceis para agora, pois o nível de entendimento entre as pessoas está ampliado. Somos capazes de agir com espontaneidade e dizer realmente o que estamos sentindo. Esse aspecto também favorece atividades ligadas a papéis, documentos e burocracia. Aulas em geral também beneficiadas. Inclusive aulas de direção.

DIA 27 DE NOVEMBRO – QUINTA-FEIRA
● Nova ● em Aquário

Lua sextil Sol – 00:39 às 02:17 (exato 01:29)

Essa combinação é bastante benéfica e aumenta a nossa disposição e vitalidade. Favorece os casados e os amantes. Por isso, essa madrugada "é apenas uma criança". O entendimento entre os pares aumenta. Temos mais clareza em relação ao nosso mundo interior, porque há uma natural integração entre o que desejamos e o que precisamos. Favorece concepção, gestação e parto.

Lua sextil Urano – 13:18 às 16:41 (exato 15:59)

Abrir um espaço para o novo e o inesperado é uma boa atitude para esta tarde. Seja no ambiente doméstico ou no profissional, tentemos novas alternativas para antigos impasses. O novo, o diferente, o inusitado, é o que fará sucesso nessas horas. Maior descontração e facilidade para fazer contatos pela internet, Facebook e afins.

Lua sextil Vênus – 17:47 às 18:29 (exato 16:38)

Horas agradáveis em clima ameno onde há mais compreensão entre as pessoas. Maior harmonia entre casais. Tudo o que desejarmos terá mais chance de ser conseguido se pedirmos com delicadeza. Os bons modos e o bom gosto serão muito apreciados em qualquer tipo de situação. Favorece a compra de presentes, pois aumenta a possibilidade de acertarmos na escolha.

DIA 28 DE NOVEMBRO – SEXTA-FEIRA
● Nova ● em Peixes às 20:03 ☽ LFC Início às 15:14 ☽ LFC Fim às 20:03

Enquanto a Lua estiver em Peixes, são dias que começam de um jeito e terminam de outro. Muitas vezes as coisas se resolvem por si só, sem a nossa interferência. Uma atitude contemplativa resultará mais que uma incisiva. Atividades de cunho espiritual estão beneficiadas. Nesse período as pessoas tendem a buscar explicações que vão para além da mera realidade como consolo aos seus problemas. Trabalhos com imagens, fotos, pintura, música e poesia serão realizados com mais inspiração.

Lua oposição Júpiter – 05:34 às 08:57 (exato 07:16)
Aumento de apetite. Em todos os sentidos. Por isso é bom ficar atento aos exageros e desperdícios. Há certa indolência natural sob esse aspecto, então é melhor evitar compromissos desgastantes para esse horário.

Lua quadratura Saturno – 13:31 às 16:56 (exato 15:14)
Possibilidade de sentirmos com mais veemência o peso das obrigações. Tudo poderá parecer mais difícil de lidar ou de resolver. Seja em casa ou no trabalho, algumas tarefas precisarão ser refeitas. Estamos mais antissociais e o trato entre as pessoas, em geral, não está beneficiado. Não é hora de depender de ninguém nem pedir favores ou fazer concessões.

Lua quadratura Mercúrio – 20:36 à 00:25 de 29/11 (exato 22:31)
Esta noite predomina um clima de agitação e ansiedade. Por estarmos mais indecisos é possível que tenhamos dificuldade em realizar metade daquilo que nos propusemos. Devemos falar diretamente com as pessoas, evitando intermediários. Ou deixar recados muito claros, pois há tendência a mal-entendidos.

DIA 29 DE NOVEMBRO – SÁBADO
☽ Crescente às 08:07 em 07°06 de Peixes ☽ em Peixes

Lua conjunção Netuno – 02:34 às 05:58 (exato 04:16)
Essas horas estão bem apropriadas ao sono. A melhor programação é, realmente, entregar-se "aos braços de Morfeu". Aqueles que trabalham, principalmente em hospitais e locais onde se atendam pessoas que sofrem, podem se sentir mais fragilizados frente a situações dolorosas. Porém, podem aproveitar o aumento do sentimento de empatia para fazer algo que contribua para minimizar o sofrimento alheio.

Lua quadratura Sol – 06:16 às 09:56 (exato 08:06)
Esse aspecto relativo à Lua Crescente vem nos lembrar que é preciso lutar pelos objetivos que pretendemos alcançar. Enquanto a Lua cresce, também crescem as oportunidades de realização. Portanto, essa manhã convida a um planejamento de tudo o que se pretende. Vamos caprichar na lista! E tratar de colocá-la em prática!

Lua sextil Plutão – 14:54 às 18:18 (exato 16:36)
Essas são horas ideais para se correr atrás de uma chance perdida. Procurar alguém do nosso passado, resolver uma situação incômoda, desfazer um sentimento negativo está super favorecido. Podemos nos deparar com novas possibilidades. Ou conceder uma nova chance ao outro. Veremos o quanto tudo é perdível e o quanto tudo é recuperável.

Lua quadratura Vênus – 21:35 às 02:20 de 30/11 (exato 00:28)
Um sentimento de descontentamento poderá nos invadir e haverá uma tendência a jogar a culpa no outro. Isso deve ser evitado. É melhor refletirmos sobre o que realmente está nos causando insegurança. Quem estiver no shopping deve resistir à tentação de comprar sem avaliar primeiro se aquilo será mesmo necessário.

DIA 30 DE NOVEMBRO – DOMINGO
☾ Crescente ☾ Áries às 23:14 ☉ LFC Início às 18:47 ☉ LFC Fim às 23:13

Enquanto a Lua estiver em Áries, há um aumento da coragem e da impulsividade. O momento favorece esportes em geral, principalmente os que envolvam competição. Passa a vigorar um aceleramento no comportamento das pessoas. Tudo tem que ser para "ontem". Nada de esperas. Eventos de curta duração serão mais apreciados. Êxito para atividades relacionadas a mecânica e motores. No trabalho, vamos realizar melhor tarefas criativas, arrojadas e de solução rápida. É recomendável maior autonomia no relacionamento afetivo. Nada de ficar "pendurado" no outro. Devemos nós mesmos resolver nossas questões.

Lua sextil Marte – 15:52 às 19:30 (exato 17:41)
Passeios em locais amplos que deem a ideia de liberdade serão muito apreciados nesta tarde de domingo. Aceitar um convite de última hora, na base do impulso, dará bons frutos. Assim como fazer um convite repentino a alguém que nos interesse.

Lua trígono Saturno – 17:03 às 20:31 (exato 18:47)
A partir deste horário nos sentimos mais coesos em relação as nossas emoções. É mais fácil coordená-las com equilíbrio. O aumento da sensatez torna nossas atitudes mais acertadas, fruto de um amadurecimento prévio. Ótimo horário para pôr ordem na casa, fazer lista de compras e agendar os compromissos da semana que se inicia.

CALENDÁRIO LUNAR

Domingo	Segunda-feira	Terça-feira	Quarta-feira	Quinta-feira	Sexta-feira	Sábado
	1 ♈	2 ♈	3 ♉	4 ♉	5 ♊	6 ♊
	Lua Crescente em Áries	Lua Crescente em Áries	Lua Crescente em Touro às 03:15 LFC 00:41 às 03:14	Lua Crescente em Touro	Lua Crescente em Gêmeos às 08:28 LFC 04:44 às 08:28	Lua Cheia em Gêmeos às 10:28
7 ♋	8 ♋	9 ♋	10 ♌	11 ♌	12 ♍	13 ♍
Lua Cheia em Câncer às 15:34 LFC 07:51 às 15:34	Lua Cheia em Câncer	Lua Cheia em Câncer LFC início às 22:14	Lua Cheia em Leão à 01:14 LFC fim à 01:14	Lua Cheia em Leão	Lua Cheia em Virgem às 13:18 LFC 10:48 às 13:18	Lua Cheia em Virgem
14 ♍	15 ♎	16 ♎	17 ♏	18 ♏	19 ♐	20 ♐
Lua Minguante às 10:52 em Virgem	Lua Minguante em Libra às 02:04 LFC 00:10 às 02:04	Lua Minguante em Libra	Lua Minguante em Escorpião às 12:50 LFC 03:39 às 12:51	Lua Minguante em Escorpião	Lua Minguante em Sagitário às 19:54 LFC 19:11 às 19:55	Lua Minguante em Sagitário
21 ♑	22 ♑	23 ♑	24 ♒	25 ♒	26 ♓	27 ♓
Lua Nova às 23:37 em Capricórnio às 23:24 LFC 21:03 às 23:25 Sol em Capricórnio às 21:03	Lua Nova em Capricórnio	Lua Nova em Capricórnio LFC início às 14:34	Lua Nova em Aquário à 00:51 LFC fim à 00:52	Lua Nova em Aquário	Lua Nova em Peixes às 02:07 LFC fim às 02:06	Lua Nova em Peixes LFC início às 13:43
28 ♈	29 ♈	30 ♉	31 ♉			
Lua Crescente às 16:33 em Áries às 04:35 LFC fim às 04:35	Lua Crescente em Áries LFC início às 22:45	Lua Crescente em Touro às 08:56 LFC fim às 08:55	Lua Crescente em Touro			

O CÉU DO MÊS DE DEZEMBRO 2014

O mês de dezembro começa com muita alegria. Vênus em grande harmonia com Júpiter (04/12) promove neste dia golpes de sorte. Bom momento para investimentos. Marte chega ao signo de Aquário (04/12 a 01/2015) e estimula o trabalho voluntário, ainda que haja acentuado individualismo. As pessoas estão mais dispostas a ajudar, mas também a agir conforme suas perspectivas e interesses em busca de liberdade de ação.

Mercúrio em grande harmonia com Urano (06/12) torna as conversas e negociações muito interessantes. Ideias revolucionárias podem surgir. A mente está mais aberta e disposta a viver novas experiências.

Sol e Mercúrio se encontram (08/12) e a capacidade de raciocínio é ampliada. Conceitos abrangentes são mais bem compreendidos. O pensamento viaja por outros caminhos e excelentes soluções aparecem. Júpiter entra em movimento retrógrado (08/12 a 04/2015) e em revisão estão os valores, a fé e o desenvolvimento. Próximo ao final do ano, a retrogradação de Júpiter orienta a revisão do processo evolutivo da vida individual e de toda a sociedade.

Mercúrio e Marte (10/12) agitam o ambiente e sugerem pressa com certa irritação. Melhor é respirar fundo e não agir com precipitação. Vênus chega ao signo de Capricórnio (10/12 a 01/2015). Há maior necessidade de cuidar das reservas financeiras. Só são indicados investimentos em bens duráveis. Há maior desejo por compromisso e por relações que possam resistir às dificuldades da vida. O amor ganha um ar de seriedade. Os recursos são utilizados de maneira bem planejada.

Sol e Mercúrio em grande harmonia com Júpiter (12/12) trazem esperança. Dia em que se tem fé na vida. Excelente para apresentação de estudos que promovam o desenvolvimento. Comunicações podem chegar de longe trazendo boas notícias. Dia de grande senso de justiça.

Vênus em harmonia com Netuno (14/12) inspira romance, charme e boas oportunidades de negócios. O bom uso da intuição traz resultados tangíveis. Dia ideal para estar em contato com obras de arte e para se envolver com sua história. Oportunidades de ganho cultural.

No dia 15, Urano entra em grande desarmonia com Plutão, quebrando estruturas e mudando o que precisa ser mudado. Toda situação de guerra, no mundo e na vida pessoal, está influenciada por essa energia. Deve-se evitar qualquer atividade de grande risco. A disposição é de grande tensão. O poder mal instituído enfrenta a força da reação popular.

Mercúrio chega ao signo de Capricórnio (17/12) e a mente pede ponderação, serenidade e tempo para refletir antes de decidir. "O tempo tem suas razões" – essa é a palavra de ordem. Entende-se a necessidade de dar tempo ao tempo para que tudo aconteça oportunamente. As ideias pragmáticas ganham voz, assim como há maior ceticismo.

Vênus encontra Plutão e desafia Urano (20/12). Deve-se ter atenção aos desejos cultivados por muitos anos que agora transbordam e mudam, radicalmente, a vida. Há obstinação e inconsequência. Mercúrio e Netuno se harmonizam (20/12) e o pensamento tende a dissolver a tensão disposta. Bom dia para conceituar questões específicas.

O Sol chega ao signo de Capricórnio (21/12). Momento para se dar maior valor ao tempo e à experiência. O Sol, neste signo, ilumina a responsabilidade, a postura correta, o exemplo e o planejamento bem executado. Marte se harmoniza com Urano no dia em que Urano volta ao movimento direto (21/12). Hora de planejar as ações futuras. Com calma e sabedoria, tudo pode ser mudado.

Depois de estar, aproximadamente, por dois anos e meio no signo de Escorpião, Saturno entra no signo de Sagitário (23/12). Durante os próximos dois anos e meio haverá maior busca por um sentido para a vida. Saturno trata do poder dos dogmas, das verdades absolutas e da exploração da boa-fé humana. Tempos de maior dedicação aos assuntos que envolvem a religiosidade.

Mercúrio em desarmonia com Urano (24/12) traz as conversas inoportunas que carregam informações duvidosas. Mercúrio encontra Plutão (25/12) e atitudes drásticas podem ser tomadas com base em equívocos. Deve-se ter atenção ao que se diz e ao que se ouve. Compras de última hora, ou por compulsão, saem ainda mais caras, em tempo e dinheiro; sobretudo por ser final do ano.

Vênus e Netuno (26/12) trazem saudade e desejo de estar próximo a pessoas por quem se nutre sentimento de pertencimento. Mas a comunicação enfrenta obstáculos em decorrência do aspecto formado por Mercúrio e Saturno (26/12). Viagens devem ser bem organizadas para evitar pequenos inconvenientes.

O Sol em harmonia com Netuno (27/12) sensibiliza o espírito humanitário e estimula o envolvimento com causas sociais e necessidades da população carente.

Vênus e Júpiter (28/12) trazem o dilema de fechar as contas do ano e avaliar os investimentos necessários para crescer e progredir na vida. Hora de verificar o potencial de negócios e relacionamentos. Parcerias precisam de ajustes para prosseguir.

Mercúrio e Netuno (29/12) trazem desconforto pela falta de um desfecho para uma situação. É melhor dispersar o pensamento negativo e ajustar-se entre o pensamento positivo e o negativo, sobretudo pelo aspecto formado entre Mercúrio e Júpiter (30/12). Marte se opõe a Júpiter (30/12) e aponta que dias melhores virão. Há que se ter confiança no futuro.

DIA 1 DE DEZEMBRO – SEGUNDA-FEIRA
☾ Crescente ☾ em Áries

Lua trígono Mercúrio – 06:18 às 10:12 (exato 08:15)
Disposição para os estudos. Momento propício para as provas de fim de ano. O que foi estudado é lembrado agora com mais facilidade. Trabalhos de rua e burocráticos favorecidos. Ótimo para reuniões de trabalho. As ideias fluem naturalmente, o entendimento entre os participantes é maior, como também a probabilidade de se chegar com rapidez às soluções necessárias.

Lua trígono Sol – 13:38 às 17:21 (exato 15:30)
Os pares essenciais em harmonia no céu promovem ótimas vibrações para os casais. Mais entendimento e colaboração. Necessitando de ajuda, melhor pedir a alguém do sexo oposto. Um bom momento para procurar o chefe e pedir um aumento de salário. Crescem as chances de engravidar.

Lua quadratura Plutão – 18:28 às 21:56 (exato 20:12)
Cuidado com palavras que possam ferir suscetibilidades. As reações tendem a ser desproporcionais aos fatos. Tendemos a levar tudo para o lado pessoal. Um simples descontrole emocional ganhará maiores dimensões, pondo coisas importantes a perder.

Lua conjunção Netuno – 19:28 às 22:56 (exato 21:12)
Preguiça e falta de ânimo. Tarefas mais pesadas devem ser evitadas. Assuntos mais complicados e que exijam concentração, também. Estamos mais "aéreos" e passíveis de cometer enganos. Portanto, não é aconselhável fechar nenhum negócio nem fazermos acordos de grande vulto.

DIA 2 DE DEZEMBRO – TERÇA-FEIRA
☾ Crescente ☾ em Áries

Lua trígono Vênus – 07:19 às 11:09 (exato 09:14)
Luminosa manhã nessa terça-feira, com um aspecto que proporciona vontade de agradar a si próprio e aos outros também. Em especial "aquela" pessoa que

nos interessa conquistar. O conselho é: partir para a conquista! Mandar flores, e-mail, marcar encontro... Dará certo se for feito com muito charme, porém de forma direta, sem rodeios.

Lua trígono Júpiter – 12:31 às 16:00 (exato 14:16)

O dia segue com outra ótima energia, dessa vez nos incitando a acreditar que somos capazes de conseguir tudo o que pretendermos agora. Essa é uma energia de boa sorte. O que depender de uma resposta favorável dará certo. Beneficia todo tipo de viagem.

Lua quadratura Marte – 22:50 às 02:33 de 03/12 (exato 00:42)

Esse aspecto aguça a ansiedade e queremos tudo para "ontem". Impera o mau humor, caso as coisas não saiam como pretendemos. O melhor a fazer, no caso, é ter o que fazer. Ocupar-se de algo que consuma um pouco dessa energia "briguenta". Os que têm atividades profissionais nessas horas devem evitar confrontos e discussões.

DIA 3 DE DEZEMBRO – QUARTA-FEIRA

☾ Crescente ☾ em Touro às 03:15 ☸ LFC Início à 00:41 ☸ LFC Fim às 03:14

Enquanto a Lua estiver em Touro, as pessoas tendem a ser mais cautelosas. Ninguém está a fim de correr riscos. Em nenhum setor da vida. Então tudo o que oferecer segurança e solidez terá preferência. Devemos dar continuidade a projetos e atividades já iniciados, por serem mais garantidos. Também é um período em que não devemos insistir em fazer alguém mudar de ideia. Estamos mais teimosos e preferimos seguir com nossos hábitos e conceitos já estabelecidos.

Lua sextil Netuno – 10:03 às 13:35 (exato 11:49)

Nesta manhã, as atividades devem ser amenas. As mais árduas devem ser deixadas para depois. Há uma disposição amorosa e de entendimento entre todos. É que fica mais fácil colocar-se no lugar do outro, o chamado sentimento de empatia. Todas as formas de artes estão favorecidas.

Lua trígono Plutão – 23:00 às 02:33 (exato 00:46)

Bom horário para recuperação da saúde e para tratamentos mais radicais. Um problema emocional que esteja nos afligindo poderá ser melhor enfrentado agora. E com muitas chances de ser resolvido.

DIA 4 DE DEZEMBRO – QUINTA-FEIRA

☾ Crescente ☾ em Touro

Lua quadratura Júpiter – 17:25 às 20:59 (exato 19:12)

Durante essas horas será preciso ter cuidado para não criar expectativas que não se confirmam. Tendemos a supervalorizar pessoas e situações. Aliás, há uma tendência aos exageros, de forma geral. Cautela quanto ao consumo exagerado de comida e bebida.

DIA 5 DE DEZEMBRO – SEXTA-FEIRA

☾ Crescente ☾ em Gêmeos às 08:28 ☉ LFC Início às 04:44 ☉ LFC Fim às 08:28

Enquanto a Lua estiver em Gêmeos, é um excelente momento para a comunicação e toda forma de divulgação e de estratégia de marketing. Devemos aproveitar esses dias para ler, aprender, fazer discursos, frequentar congressos, palestras e seminários. Cinema, teatro e atividades culturais estão favorecidas, assim como feiras de livro e exposições.

Lua oposição Saturno – 02:56 às 06:33 (exato 04:45)

Alguma preocupação em relação a algo que já devíamos ter feito poderá surgir e levar o sono embora. O melhor será planejar estrategicamente uma forma de resolver logo esse impasse.

Lua trígono Marte – 07:12 às 11:02 (exato 09:07)

Pronto! A partir de agora podemos partir para a ação e resolver de vez o que está esperando solução. Tudo se agiliza e, se soubermos realmente o que queremos, não haverá obstáculos que possam nos impedir de chegar lá. No trabalho, em pouco tempo, seremos capazes de realizar muito.

Lua quadratura Netuno – 15:32 às 19:09 (exaro 17:20)

Agora tudo muda de figura. Somos tomados por certa apatia e nos falta ânimo para grandes investidas. Melhor estarmos atentos a horários, endereços e trajetos antes de ir a algum compromisso, para não perdermos a viagem.

DIA 6 DE DEZEMBRO – SÁBADO

○ Cheia às 10:28 em 14°18' de Gêmeos ○ em Gêmeos

Lua sextil Urano – 05:38 às 09:18 (exato 07:28)

Uma boa ideia poderá surgir de repente e devemos aproveitá-la. Quem acorda cedo para as atividades matinais ou para o trabalho pode arriscar mudanças na rotina, como um trajeto ou uma maneira diferente de fazer algo.

Lua oposição Mercúrio – 06:11 às 10:21 (exato 08:15)

Mente dispersa. Será difícil manter a atenção em algo, devido a essa dispersão. O trânsito tende a congestionar. Se tiver compromisso nesse horário é recomendável sair com uma margem de tempo. Não favorece entrevistas de emprego.

Lua oposição Sol – 08:27 às 12:26 (exato 10:27)

Esse aspecto marca a entrada da Lua na fase Cheia. Os ânimos estão alterados. Se há algo sendo "segurado" até agora, é bem provável que venha à baila. "Sapos engolidos" escaparão agora! E com fúria. Qualquer discussão provocará esse tipo de comportamento. Principalmente entre casais com diferenças entre si.

DIA 7 DE DEZEMBRO – DOMINGO

O Cheia O em Câncer às 15:34 ☺ LFC Início às 07:51 ☺ LFC Fim às 15:34

Enquanto a Lua estiver em Câncer, as pessoas tendem à introspecção e a um estado de espírito mais tímido e sonhador. Essa é a mais romântica das Luas! Há um clima que favorece encontros amorosos. Tudo o que esteja ligado à vida doméstica, aos cuidados com a casa, à alimentação, à família e às crianças estará beneficiado.

Lua oposição Vênus – 05:47 às 09:56 (exato 07:51)

Durante essas horas é preciso moderar na alimentação. Tendência a compensar alguma frustração abusando de doces ou comidas mais engorduradas. Ovo com bacon no café da manhã, nem pensar!

Lua trígono Netuno – 22:59 às 05:46 de 08/12 (exato 00:53)

Temos aí um aumento da sensibilidade e da inspiração. Situações "ao acaso" e coincidências tendem a aumentar. Favorece todo tipo de trabalho filantrópico – como levar alimentos a moradores de rua – e de ajuda às pessoas em geral, como bombeiros, enfermeiros etc.

DIA 8 DE DEZEMBRO – SEGUNDA-FEIRA

O Cheia O em Câncer

Lua oposição Plutão – 13:07 às 16:57 (exato 15:02)

Muito cuidado ao tocar em assuntos delicados ou que possam atingir alguém que esteja mais vulnerável. É mais fácil magoar as pessoas sob essa configuração e fazer brotar ressentimentos. As emoções saem de controle mais facilmente. É preciso manter a calma e "não fazer tempestade em copo d'água".

Lua quadratura Urano – 13:38 às 17:27 (exato 15:33)
Os ânimos continuam alterados, como se estivéssemos sob pressão. Tudo irrita, há um desassossego que não nos deixa confortáveis em nenhuma situação. É aconselhável alternar as atividades, fugir de uma tarefa rotineira, procurar reinventar uma forma de fazer o de sempre.

DIA 9 DE DEZEMBRO – TERÇA-FEIRA
O Cheia O em Câncer ☾ LFC Início às 22:14

Lua trígono Saturno – 20:15 à 00:14 de 10/12 (exato 22:15)
Com a Lua em Câncer, há um desejo natural de estarmos próximos aos entes queridos, e, com esse aspecto, o contato com os mais velhos, os mais experientes, está muito beneficiado. Podemos ser brindados com revelações acerca do nosso passado, infância, memórias que nos farão um bem enorme a nível emocional. E teremos sempre o que aprender com a experiência de vida deles.

DIA 10 DE DEZEMBRO – QUARTA-FEIRA
O Cheia O em Leão à 01:14 ☾ LFC Fim à 01:14

Enquanto a Lua estiver em Leão, serão dias para brilhar, tirando o máximo de proveito dos nossos talentos. Reafirmar tudo o que dá sentido à vida, enaltecer e ser enaltecido são atitudes perfeitas para esse período. O que aquece nosso coração é a sensação de ser especial, único e querido. Não toleramos a falta de reconhecimento. Boa ocasião para todo tipo de comemoração e estreias de shows e espetáculos.

Lua oposição Marte – 07:31 às 11:45 (exato 09:38)
Manhã nervosa, tendência à agitação. O ideal é não ficar parado. Atividades como caminhadas, esportes ou academia ajudarão a canalizar essa inquietação. No trabalho é melhor não contar muito com colaboração. Pouca paciência para tarefas que requeiram muitas horas de dedicação.

DIA 11 DE DEZEMBRO – QUINTA-FEIRA
O Cheia (disseminadora) O em Leão

Lua trígono Urano – 00:17 às 04:16 (exato 02:17)
Quem tem atividades neste horário contará com uma predisposição a ideias inovadoras para a vida de modo geral. Aumento da criatividade e da inventividade acentua a chance de descobrirmos um novo caminho, um novo método ou uma nova maneira de ser.

Lua trígono Sol – 14:08 às 18:32 (exato 16:20)

Esse aspecto é muito benéfico, ainda mais com a Lua em Leão! Temos a chance de brindar a vida, de nos sentir felizes por ser quem somos. Há um sentimento de que tudo funciona obedecendo a uma ordem perfeita superior. Um ótimo momento para entusiasmar as pessoas ao nosso redor. Podemos investir mais em nossa autonomia e revelar nosso potencial. Seja na profissão ou na vida pessoal.

Lua trígono Mercúrio – 18:20 às 22:59 (exato 20:39)

Favorável aos estudos, provas, reuniões (tanto de trabalho como sociais). Se há alguém com quem tenhamos dificuldade de dialogar, esse é o momento mais indicado para esse tipo de conversa. Há mais facilidade em expor o que sentimos e o que pensamos e, também, de entendermos o lado do outro.

Lua conjunção Júpiter – 20:20 à 00:22 de 12/12 (exato 22:21)

O dia começou bem, continuou bem e termina com "chave de ouro"! Imperam o bom humor e o otimismo. Os problemas parecerão menores, porque nos sentimos grandiosos e com capacidade de enfrentar seja lá o que for. Para o comércio, aumento do público consumidor. Um clima de aventura torna as relações entre casais mais estimulantes.

DIA 12 DE DEZEMBRO – SEXTA-FEIRA

○ Cheia (disseminadora) ○ em Virgem às 13:18 ☽ LFC Início às 10:48 ☾ LFC Fim às 13:18

Enquanto a Lua estiver em Virgem, as pessoas se tornam mais intransigentes com a desordem, a displicência e a falta de higiene. Tudo deve ser feito com esmero e nenhum detalhe deve escapar. Isso nos fará ganhar muitos pontos na profissão ou na nossa vida particular. No relacionamento afetivo, atitudes práticas que possam ajudar efetivamente o parceiro valerão mais do que melosas palavras de amor.

Lua quadratura Saturno – 08:45 às 12:51 (exato 10:48)

Podemos nos deparar com algum obstáculo ou pensamento negativo que nos fará recuar por pura insegurança. É melhor enfrentá-lo, mesmo sendo difícil. Com persistência saberemos vencer esse momento. É recomendável dar uma olhada na despensa para ver se está faltando algum item essencial.

Lua trígono Vênus – 16:34 às 21:06 (exato 18:50)

Este horário está "dez" para namorar e revelar de forma verdadeira nossos sentimentos em relação à pessoa amada. Ocasião adequada para fazermos algo útil por essa pessoa. Ajudar, propor colaboração ou nos colocar à disposição para qualquer eventualidade fará crescer a admiração e, consequentemente, a paixão.

Lua oposição Netuno – 21:26 à 01:30 de 13/12 (exato 23:28)
É provável que o sono chegue mais cedo nessa noite. Notícias penosas ou de violência irão nos afetar mais do que de costume. A sensibilidade está aumentada. As atividades para esse horário deverão ser amenas. Há um desgaste emocional que acaba afetando o corpo físico. O melhor será mesmo descansar.

DIA 13 DE DEZEMBRO – SÁBADO
O Cheia (disseminadora) O em Virgem

Lua trígono Plutão – 12:44 às 16:48 (exato 14:46)
Quem puder se dedicar a arrumações durante esse horário fará tudo com mais facilidade. Colocar a casa em ordem, fazer uma "limpa" nos armários e gavetas separando o que se usa do que não tem mais utilidade é uma atitude pra lá de acertada. Vamos sentir um alívio e também uma sensação de arrumação interna.

DIA 14 DE DEZEMBRO – DOMINGO
☽ Minguante às 10:52 em 22°26' de Virgem ☽ em Virgem

Lua quadratura Sol – 08:38 às 13:03 (exato 10:50)
É o aspecto referente à Lua Minguante. Há uma baixa de energia. Hora de recolher forças e fazer uma avaliação do que foi conseguido no ciclo que agora termina. Novas chances e perspectivas surgirão na Lua Nova.

Lua quadratura Mercúrio – 16:27 às 21:05 (exato 18:46)
Ao sair para um passeio nesta tarde de domingo convém checar itinerários e endereços. Mensagens importantes, seja via internet ou telefone, não devem ser feitas durante esse horário. Há propensão a mal-entendidos. Também não é aconselhável tentar reconciliações nem explicar sentimentos.

Lua sextil Saturno – 22:08 às 02:11 de 15/12 (exato 00:10)
Esta combinação facilita um comportamento mais sensato e atitudes mais comedidas. As pessoas se satisfazem com pouco e não cometem desperdícios. Devemos aproveitar para estabelecer planos comuns com o(a) parceiro(a). Isto fortalecerá o relacionamento.

DIA 15 DE DEZEMBRO – SEGUNDA-FEIRA
☽ Minguante ☽ em Libra às 02:04 ☉ LFC Início à 00:10 ☉ LFC Fim às 02:04

Enquanto a Lua estiver em Libra, nos tornamos mais sociáveis, maleáveis e cordatos. Há um clima de delicadeza, bom gosto e refinamento. Em um ambiente social qualquer "gafe" é logo percebida e "pegará" mal. Por outro lado, as atitudes elegantes, os gestos refinados serão muito apreciados. Para se obter sucesso nesse c.as devemos manter o charme e a classe.

Lua quaaratura Vênus – 12:11 às 16:49 (exato 14:35)
Não devemos nos exigir muito neste momento, nem dos outros. Devemos introduzir na nossa rotina alguma atividade que nos dê prazer. Cuidado ao ir às compras. Tendência a comprar errado, ou seja, errar no número da roupa, na cor, ou comprar algum utensílio que, realmente, não era nada necessário.

Lua trígono Marte – 16:48 às 21:02 (exato 18:56)
Que tal namorar em plena segunda-feira? Esse aspecto promove um clima mais audacioso, mais "atirado". Dará certo investir (com charme, é claro), de forma direta, sem rodeios, na pessoa que nos interessa conquistar. Dará certo fazer ou aceitar convites de última hora.

DIA 16 DE DEZEMBRO – TERÇA-FEIRA
☽ Minguante ☽ em Libra

' Lua oposição Urano – 01:07 às 05:04 (exato 03:06)
Esse aspecto traz muita inquietação. Pode promover insônia, por isso estão indicadas técnicas de relaxamento e massagens. Especialmente se .eitas a dois.

Lua quaaratura Plutão – 01:12 às 05:09 (exato 03:10)
Esse aspecto se dá ao mesmo tempo do anterior. Promove tensão e fica difícil segurar as emoções. Os que estiverem acordados ou no trabalho deverão evitar assuntos de natureza complexa que deem margem a reviver mágoas antigas.

Lua sextil Júpiter – 20:34 à 00:25 de 17/12 (exato 22:29)
Podemos desfrutar de horas bem agradáveis na companhia de quem amamos. Esse aspecto promove um clima de alto astral e é mais fácil pensarmos positivo, o que favorece a resolução de qualquer impasse. Maior procura por passagens nos aeroportos e rodoviárias.

DIA 17 DE DEZEMBRO – QUARTA-FEIRA
☽ Minguante ☽ em Escorpião às 12:50 ☯ LFC Início às 03:39 ☯ LFC Fim às 12:51

Enquanto a Lua estiver em Escorpião, nos sentimos mais inclinados aos encontros e aventuras sexuais, pois há um clima de erotismo no ar. Essa Lua também provoca alterações no humor e tendemos a levar as coisas na base do "tudo ou nada". Discussões, conversas desafiadoras ou ultimatos podem ter consequências mais radicais e definitivas do que o esperado. Favorece trabalhos que envolvam investigação ou uma análise profunda.

Lua sextil Sol – 01:32 às 05:44 (exato 03:38)
Maior integração entre pessoas do sexo oposto. Período fértil. Facilita concepção, gravidez e partos. Conflitos internos são resolvidos e dúvidas, dissipadas.

Lua sextil Mercúrio – 12:14 às 16:35 (exato 14:24)
Estamos com a mente mais aguçada, o que propicia trabalhos mentais, estudos de natureza profunda e todo tipo de pesquisa. Investigar uma questão que esteja nos incomodando ou fazer contatos importantes também está beneficiado. Bom momento para adiantar alguma compra de Natal. Comércio em geral favorecido.

Lua trígono Netuno – 20:34 à 00:20 de18/12 (exato 22:27)
Esta noite pode ser mágica e especial. A intuição está aguçada e a capacidade de sonhar também, seja dormindo ou acordado. Há mais boa vontade entre as pessoas. Para quem tem religiosidade, favorece orações, mantras e exercícios de pensamento positivo e força mental.

DIA 18 DE DEZEMBRO – QUINTA-FEIRA
☽ Minguante (balsâmica) ☽ em Escorpião

Lua sextil Vênus – 04:54 às 09:01 (exato 06:58)
Esse aspecto no signo de Escorpião desperta uma energia intensa, paixões e desejos fortes. Será mais fácil conseguir o que queremos usando charme e sedução. Quem pega cedo no trabalho deve alterná-lo com alguma atividade que goste particularmente de fazer.

Lua quadratura Marte – 06:30 às 09:26 (exato 08:28)
Com esse aspecto há um inquietante desassossego interno e necessitamos de alguma forma para liberar um pouco dessa energia. Exercícios físicos estão indicados. Fisioterapia e pilates, também.

Lua sextil Plutão – 10:47 às 14:29 (exato 12:38)
Essa é uma energia de cura. Ideal para consultas, exames, psicoterapia ou mesmo tratamentos radicais. Favorece, também, reformas de propriedades e todas as medidas que beneficiem a moradia.

DIA 19 DE DEZEMBRO – SEXTA-FEIRA
☽ Minguante (balsâmica) ☽ em Sagitário às 19:54 LFC Início às 19:11 LFC Fim às 19:55

Enquanto a Lua estiver em Sagitário, é um período em que podemos apostar em algo melhor e na nossa capacidade de encontrar saídas para os problemas. Ficamos especialmente incomodados em relação a alguma área de vida em que sentimos que estamos "marcando passo". Concursos e exames estão favoráveis. As pessoas lotam os bares e restaurantes assim como lugares abertos, com espaços amplos. Ótimo para as confraternizações natalinas.

Lua quadratura Júpiter – 04:36 às 08:12 (exato 06:25)
Quem tiver atividades ou trabalho por essas horas, atente para uma tendência a esperar além do que dita a realidade.

Lua conjunção Saturno – 17:23 às 20:57 (exato 19:11)
O estado de ânimo passa a ser mais introvertido. Ficamos mais críticos. Estamos mais pessimistas e não é uma boa hora para demonstração de sentimentos. A plateia fica um pouco fria e exigente nos espetáculos. É necessário um esforço maior para agradar.

DIA 20 DE DEZEMBRO – SÁBADO
☽ Minguante (balsâmica) ☽ em Sagitário

Lua quadratura Netuno – 03:10 às 06:41 (exato 04:55)
Muita sonolência e vontade de nada. O horário sugere dormir, porém aqueles que trabalham, que tiram plantões, se sentirão mais desvitalizados. É preciso respeitar os limites do corpo e redobrar a atenção. Estamos mais distraídos e dados ao esquecimento.

Lua sextil Marte – 15:32 às 19:12 (exato 17:22)
Atividades ao ar livre em alta! Viagens que envolvam aventura beneficiadas. Entusiasmo e disposição para enfrentar desafios. Tomar iniciativas sem esperar por solicitação trará recompensas. Inclusive no campo amoroso.

Lua trígono Urano – 16:07 às 19:34 (exato 17:51)
Esse aspecto vem reforçar ainda mais a necessidade por liberdade. Fazer o que se quer, atividades mais descompromissadas, sem cobrar nem ser cobrado, é o que trará satisfação no momento.

DIA 21 DE DEZEMBRO – DOMINGO
● Nova às 23:37 em 00°06' de Capricórnio ● em Capricórnio às 23:24 ☻ LFC Início às 21:03 ☻ LFC Fim às 23:25

Entrada do Sol no signo de Capricórnio às 21h03min01seg

Solstício de inverno no H. Norte, solstício de verão no H. Sul

Enquanto a Lua estiver em Capricórnio, o estado de ânimo se torna mais sério e introspectivo. Bom momento para priorizar o dever e a disciplina. O sentimento geral é de seriedade e cautela. São dias muito produtivos e podemos dar o melhor de nós mesmos a nível profissional. É mais fácil suportar pequenos sacrifícios em prol de vantagens futuras.

Lua trígono Júpiter – 08:52 às 12:14 (exato 10:33)
As viagens de modo geral estão favorecidas. Estamos mais autoconfiantes e podemos planejar grandes projetos. Podemos abordar um assunto sério, pois teremos boas perspectivas de resolução. É aguardado um aumento de público em lugares de entretenimento.

Lua conjunção Sol – 21:47 à 01:22 de 22/12 (exato 23:34)
Esse é o aspecto referente à Lua Nova. Temos oportunidade de tentar coisas novas em nossas vidas. Mas ainda não é o momento de tomar decisões importantes, porque "muita água ainda vai rolar." De qualquer forma, vamos aproveitar para plantar novas sementes aqui. Algumas delas irão germinar.

DIA 22 DE DEZEMBRO – SEGUNDA-FEIRA
● Nova ● em Capricórnio

Lua sextil Netuno – 06:21 às 09:41 (exato 08:01)
Energia amena e inspiradora. Artistas que iniciam suas atividades cedo poderão ser brindados com uma disposição maior para criar. Trabalhos com imagens, fotografia, música e poesia especialmente beneficiados.

Lua conjunção Mercúrio – 12:04 às 15:48 (exato 13:56)
Comércio super ativo! Shoppings lotados. Compras de Natal bombando! Podemos realizar bons negócios e boas compras. Estamos antenados com as oportunidades de compras, o que é bastante apropriado, já que estamos às vésperas do Natal.

Lua quadratura Urano – 18:37 às 21:55 (exato 20:16)
Energia de muita ansiedade. Correria e estresse. Esse aspecto, ao contrário do anterior, não favorece ir a shoppings lotados nem a supermercados. Estamos sem paciência com filas e tudo é motivo de irritação. Além disso, é provável que não consigamos efetuar as compras que queríamos, pela qualidade de imprevistos própria dessa configuração.

Lua conjunção Plutão – 19:05 às 22:23 (exato 20:44)
Ânimos exaltados. Tendência ao radicalismo. Uma discussão pode se tornar algo mais grave. Fazer uma catarse e colocar para fora o que está incomodando pode ser o começo da cura de uma situação.

Lua conjunção Vênus – 23:28 às 03:04 de 23/12 (exato 01:18)
O clima agora melhora bastante entre as pessoas em geral, principalmente entre casais, que contam com uma energia que facilita a demonstração de amor e carinho. Momento excelente para presentear, ir a eventos sociais e festas. Crescem as chances de encontrar um amor, para quem está sozinho.

DIA 23 DE DEZEMBRO – TERÇA-FEIRA
● Nova ● em Capricórnio ☽ LFC Início às 14:34

Lua sextil Saturno – 23:17 às 02:35 de 24/12 (exato 00:56)
As emoções estão sob controle. Sentimos um apaziguamento interno, como se aquele turbilhão emocional tivesse sossegado. É mais fácil planejar as festas de final de ano, em geral um período tão estressante!

DIA 24 DE DEZEMBRO – QUARTA-FEIRA
● Nova ● em Aquário à 00:51 ☽ LFC Fim à 00:52

Enquanto a Lua estiver em Aquário, este Natal contará com muita espontaneidade e irreverência, num clima leve e de alto astral. Ideal para reunir pessoas, mesmo que sejam muito diferentes entre si, com opiniões e hábitos diferentes. Com a Lua em Aquário, dá certo. Há mais troca de experiências e aprendemos com as diferenças.

Lua sextil Urano – 19:47 às 23:04 (exato 21:26)
Quanto mais criativas forem a ceia de Natal e a decoração, mais apreciadas serão. Os presentes mais diferentes e inesperados, também. As surpresas serão especialmente favorecidas. Quer conquistar alguém em especial? Surpreenda essa pessoa com uma atitude, comida, proposta, enfim, o que sua imaginação permitir.

DIA 25 DE DEZEMBRO – QUINTA-FEIRA
● Nova ● em Aquário LFC Início às 13:10

Lua conjunção Marte – 00:52 às 04:19 (exato 02:35)
Quem está esticando as comemorações madrugada adentro conta com uma energia extra para continuar a festa. Mas cuidado para não abusar de bebidas e criar confusão. Aqui o pavio está curto. Melhor não estragar essa noite tão especial.

Lua oposição Júpiter – 11:32 às 14:49 (exato 13:11)
Atenção ao almoço de Natal. É comum abusar na alimentação durante essa época. Esse aspecto favorece mais ainda a vontade de extrapolar na comida, nos doces e bebidas. Alimentos gordurosos e bebida farão mal ao fígado, e cuidado também com o aumento da glicose.

DIA 26 DE DEZEMBRO – SEXTA-FEIRA
● Nova ● em Peixes às 02:07 LFC Fim às 02:06

Enquanto a Lua estiver em Peixes, favorece atividades que dependam mais de inspiração que de concentração. Devemos procurar atividades que nos façam bem à alma, como filmes, leituras, práticas religiosas, espetáculos e arte. Observar o pôr do sol, um jardim florido, o mar, enfim, tudo parecerá mais encantador. As pessoas não estão a fim de "esquentar a cabeça" com enigmas e problema mais sérios. O melhor mesmo é seguir a onda dos acontecimentos e deixar a imaginação correr solta.

Lua quadratura Saturno – 00:53 às 04:13 (exato 02:33)
Se houver algo pendente ou uma tarefa que ficou inacabada, isso afetará o nosso sono. Estamos propensos a preocupações e insegurança emocional. Melhor, então, procurar resolver essas coisas antes de dormir.

Lua sextil Sol – 07:59 às 11:34 (exato 09:46)
Emoções alinhadas com a razão nos tornam capazes de enxergar situações ou pessoas como são realmente. Por isso é mais fácil ponderar e corrigir questões mal resolvidas. Os casais encontram aí ótima oportunidade para "discutir a relação". Numa boa.

Lua conjunção Netuno – 09:10 às 12:31 (exato 10:50)
A sensibilidade está bastante aguçada. Podemos perceber os anseios do outro e fazer algo para lhe trazer conforto. O contato com mar ou cachoeira ajudará a "lavar a alma".

Lua sextil Plutão 22:05 à 01:27 de 27/12 (exato 23:46)
Se possível, será muito positivo tirar essas horas para dormir. O sono tende a ser recuperador de forças. Também ajuda a recuperar a saúde, tanto física como mental.

DIA 27 DE DEZEMBRO – SÁBADO
● Nova ● em Peixes ☺ LFC Início às 13:43

Lua sextil Mercúrio – 03:10 às 06:57 (exato 05:04)
Aqueles que preferem o horário tranquilo da madrugada para suas atividades se beneficiarão com leituras, estudos e papos na internet.

Lua sextil Vênus – 11:53 às 15:35 (exato 13:44)
Namorar será uma delícia com esta harmônica configuração. Sonhar e fazer planos juntos, usar a imaginação para tornar tudo mais fácil e ideal está favorecido. Marcar um almoço romântico com alguém especial será uma dádiva. Tudo tende a transcorrer bem e em clima de afeto e reciprocidade.

DIA 28 DE DEZEMBRO – SEXTA-FEIRA
☾ Crescente às 16:33 em 06°56 de Áries ☾ em Áries às 04:35 ☉ LFC Fim às 04:35

Enquanto a Lua estiver em Áries, predominará um estado de ânimo ativo, dinâmico e impetuoso. Teremos mais fôlego. Ficamos mais competitivos e individualistas. As reações emocionais passam a ser mais impulsivas. Atividades autônomas, ou as que realizamos sem precisar de ajuda, estão privilegiadas. Investimentos de retorno em curto prazo serão os mais procurados.

Lua trígono Saturno – 02:42 às 07:08 (exato 05:25)
Quem pega bem cedo no trabalho conta com uma energia bastante produtiva que, aliada à Lua em Áries, permitirá que se resolva muita coisa. Contamos com mais disciplina e autocontrole. Além da determinação necessária para cumprir com as responsabilidades.

Lua quadratura Sol – 14:40 às 18:23 (exato 16:31)
Predisposição a disputas entre parceiros, com mais dificuldade para se chegar a acordos. É provável que encontremos concorrência em tudo o que pretendemos. A hora é de enfrentar as situações e lutar pelo que se quer.

DIA 29 DE DEZEMBRO – SEGUNDA-FEIRA
☾ Crescente ☾ em Áries ☉ LFC Início às 22:45

Lua conjunção Urano – 00:35 às 04:04 (exato 02:19)
Horas bastante agitadas. Aumento da insônia para as pessoas que tenham propensão. Aconselha-se diminuição de estímulos como café, computador e outras coisas que "ligam" o cérebro. Por outro lado, os que trabalham usando a criatividade serão beneficiados.

Lua quadratura Plutão – 01:25 às 04:54 (exato 03:09)
Aumento da chamada violência social. As pessoas que estiverem transitando pelas ruas devem ter cautela em relação a lugares ermos, com possibilidade de assaltos.

Lua sextil Marte – 12:03 às 15:46 (exaro 13:54)
Se estiver faltando alguma coisa para ser feita ou resolvida antes do final do ano, este é o momento ideal para agir. Tudo se resolve rapidamente. Temos fôlego e pique para exercícios físicos e os esportes estão especialmente favorecidos. No trabalho, serão beneficiados aqueles que se anteciparem, que apresentarem a proposta primeiro, que "sentarem na primeira fila".

Lua quadratura Mercúrio – 13:20 às 17:18 (exato 15:19)
Nada de tentar explicar sentimentos nessas horas. A escolha das palavras não é adequada, o que pode gerar mal-entendido. Muitas tarefas menores podem surgir, nos tirando o foco do que é mais importante. Convém, então, ficarmos atentos a essa dispersão.

Lua trígono Júpiter – 16:52 às 20:22 (exato 18:37)
Muito benéfico para as viagens de final de ano. Cresce o movimento nos aeroportos e estradas. Grande procura por passagens. Bem-humorados, topamos programas que surgem de última hora. Aumento de público consumidor, seja no comércio, em bares ou restaurantes.

Lua quadratura Vênus – 20:49 à 00:49 de 30/12 (exato 22:46)
Tendência à autogratificação através do consumo de doces e de compras de utensílios que depois se mostram desnecessários. Esse comportamento deve ser evitado, pois faz parte de um quadro de carência emocional. Se não nos sentimos supridos emocionalmente nessas horas, o melhor a fazer é suprir o outro de carinho e atenção. Dessa forma, ficaremos satisfeitos, também.

DIA 30 DE DEZEMBRO – TERÇA-FEIRA
☽ Crescente ☽ Touro às 08:56 ☉ LFC Fim às 08:55

Enquanto a Lua estiver em Touro, tudo o que gere conforto, comodidade e regalias será muito bem aceito. Restaurantes com manobristas, mesas confortáveis, ar-condicionado e, é claro, comida farta e apetitosa estarão super em alta. São dias em que predominará o senso prático sobre o impulso. Bom momento para investimentos sólidos, sejam emocionais ou materiais.

Lua sextil Netuno – 16:41 às 20:16 (exato 18:28)
A intuição nesse momento poderá ser grande aliada para se resolver alguma coisa. Coincidências agradáveis poderão ocorrer, é bom ficar antenado! Projetos e produtos que visem beneficiar um grande número de pessoas estão favorecidos.

Lua trígono Sol – 23:44 às 03:37 de 31/12 (exato 01:40)
Ótimo momento para expressar com clareza nossos sentimentos. O contato com os outros está facilitado e sentimos que a vida flui da forma como tem que ser. Aumento da confiança nos vínculos próximos.

DIA 31 DE DEZEMBRO – QUARTA-FEIRA
☾ Crescente ☾ Touro

Lua trígono Plutão – 06:39 às 10:17 (exato 08:28)
Ótimo aspecto para o último dia do ano! Temos condições de fazer um mergulho em tudo o que passamos, em tudo o que realizamos ou não. Estamos aptos a extrair as melhores experiências através de uma análise profunda dos acontecimentos. Esse aspecto também favorece a recuperação de uma coisa ou relação que pensávamos estar perdida.

Lua quadratura Marte – 20:54 à 00:47 de 01/01/2015 (exato 22:50)
Essa é uma energia bélica e de ação. As reações são acaloradas, e para sair briga não custa muito. Portanto, é preciso estar preparado para receber na paz e de braços abertos o ano que se inicia, evitando disputas e confrontos. Os que forem à praia devem exercitar a paciência e evitar tumultos.

FELIZ ANO-NOVO!
PAZ E FRATERNIDADE A TODOS OS SERES DO UNIVERSO.
QUE O ANO NOVO NOS TRAGA GRANDE PROSPERIDADE,
EM TODOS OS SENTIDOS.

SERVIÇOS PROFISSIONAIS
DA AUTORA

Mapa natal
Interpretação da carta natal fornecendo um preciso diagnóstico da sua personalidade.

Trânsito e progressão
Técnica astrológica de previsão com duração para um ano. Deverá ser renovada anualmente.

Revolução solar
Técnica astrológica de previsão a partir do dia de aniversário em cada ano. Recomenda-se fazer um mês antes do aniversário.

Sinastria
Estudo de compatibilidade entre duas ou mais pessoas, para se avaliar o grau de afinidade. Indicado para relacionamentos afetivos ou parcerias comerciais.

Terapêutica astrológica
Uma série de sessões em que, através do próprio mapa astral, se levantam questões importantes da personalidade do indivíduo e a forma de melhor superá-las.

Astrologia eletiva
Indicada para a escolha de datas para abertura de negócios, novos empreendimentos, cirurgias etc.

Astrologia vocacional
Indicada para adolescentes em fase de escolha de profissão e para adultos em busca de novas alternativas. Excelente estudo para adequação entre personalidade, trabalho e profissão.

Astrologia infantil
Indicada para pais, educadores ou profissionais da área de saúde que queiram conhecer melhor aqueles que estão sob sua responsabilidade.

Astrologia empresarial
Para empresas ou profissionais liberais que queiram delinear os períodos de avanços, estratégias, planejamentos e precauções para seus negócios, formação de equipe e contratação de pessoal.

Astrologia financeira
Para investidores que queiram consultar as tendências do mercado financeiro.

Astrocartografia e relocação
Nesta técnica avaliamos os lugares (cidades e países) mais indicados para uma pessoa viver, fazer negócios ou promover uma melhoria na vida pessoal.

Cursos
Para iniciantes e formação completa (presenciais e à distância).

Consultas
Presenciais, on-line (Skype ou MSN) e também por gravação em CD.

CONTATOS COM A AUTORA

Sites: www.marciamattos.com.br e www.astralkids.net
E-mail: marciamattos@globo.com
Skype: marciarmattos
Facebook: facebook.com/marciamattosrj
Twitter: twitter.com/marciamattosRJ

COLABORADORES

As Astrólogas
Fátima Carneiro Bastos
fatbastos@gmail.com
Fernanda Santa Roza
santaroza@globo.com
fernandasantaroza.blogspot.com.br
Moraima Rangel
moraima1968@gmail.com

Márcia Costa
marciac@globo.com
Tatiana Magalhães
oi@tatianamagalhaes.net
tatiana@astralkids.net
Wilza Rosário
wilzinharosario@globo.com

REVISÃO

Wilza Rosário

Este livro foi composto na tipologia Bembo Std,
em corpo 11/13,9, impresso em papel off-white,
no Sistema Cameron da Divisão Gráfica
da Distribuidora Record.